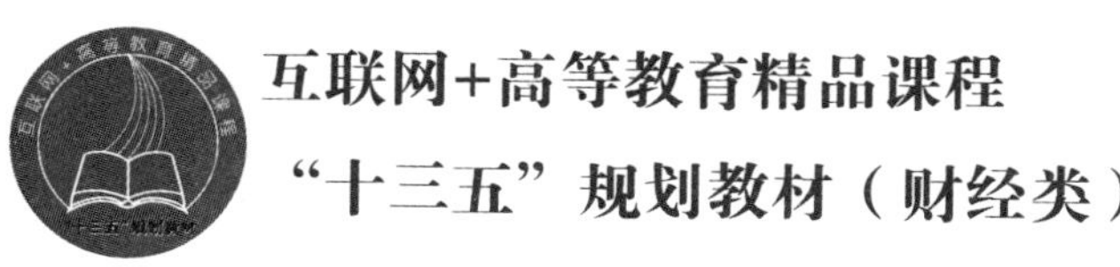

SHUIWU KUAIJI

税务会计

李海英　张俊龙　主编

西安交通大学出版社
XI'AN JIAOTONG UNIVERSITY PRESS

图书在版编目(CIP)数据

税务会计 / 李海英，张俊龙主编. -- 西安 ：西安交通大学出版社，2017.8
ISBN 978-7-5693-0004-8

Ⅰ. ①税… Ⅱ. ①李… ②张… Ⅲ. ①税务会计一高等职业教育一教材 Ⅳ. ①F810.62

中国版本图书馆 CIP 数据核字(2017)第 203043 号

书　　名　税务会计
主　　编　李海英　张俊龙
责任编辑　史菲菲

出版发行　西安交通大学出版社
　　　　　(西安市兴庆南路 10 号　邮政编码 710049)
网　　址　http://www.xjtupress.com
电　　话　(029)82668357　82667874(发行中心)
　　　　　(029)82668315(总编办)
传　　真　(029)82668280
印　　刷　陕西元盛印务有限公司

开　　本　787mm×1092mm　1/16　印张　18　字数　437 千字
版次印次　2017 年 10 月第 1 版　2017 年 10 月第 1 次印刷
书　　号　ISBN 978-7-5693-0004-8
定　　价　39.80 元

读者购书、书店添货，如发现印装质量问题，请与本社发行中心联系、调换。
订购热线：(029)82665248　(029)82665249
投稿热线：(029)82668133
读者信箱：xj_rwjg@126.com

编审说明

从2009年1月1日起，我国在全国范围内实行增值税转型，由生产型增值税转为消费型增值税。从2011年9月1日起，实施修改后的个人所得税法。从2012年1月1日起，实施新的车船税法。从2013年8月1日起，陆续在全国开展交通运输业、邮政业、电信业和部分现代服务业营业税改征增值税试点工作。2014年，财政部先后修订5项、发布3项具体会计准则。从2014年12月1日起，消费税、资源税进行了修改。从2015年起，企业所得税采用新的年度纳税申报表。从2016年5月1日起，在全国范围内全面推行营业税改征增值税试点，营业税从此退出了历史舞台。税法在变，会计法规也在变，教材也应及时修订更新。我们这部《税务会计》教材就是应时、应运而生的。

本教材具有以下特点：

(1)执行新标准。以《高等职业学校专业教学标准(试行)》为依据，服务经济社会发展和个人的全面发展。教材内容与职业标准对接，突出就业能力培养。

(2)构建新体系。教材整体规划，统筹安排，注重系统培养，兼顾多样成才，突出产教融合。遵循技术技能人才培养规律，构建服务于中职、高职衔接、职业教育与普通教育相互沟通的现代职业教育教材体系。

(3)找准新起点。教材编写遵循易用、易学、易教的原则，强调以学生为中心，符合职业教育的培养目标与学生认知规律。

(4)推选新模式。在高等职业教育工学结合、知行合一的人才培养模式下，改革教材编写体例，创新内容呈现形式，推进“任务驱动”“项目化”“工作过程导向”“理实一体化”“做中学、做中教”等教学模式的实施。

本书以最新的税法和会计准则为依据，将“营改增”等新的内容全部体现在书中各项目内容之中，且根据税务会计实际工作过程设计学习内容。全书以培养学生职业能力为主线，按照理实一体的高等职业教育要求，分别就纳税人和征税范围的确定、应纳税额的计算、涉税会计处理和纳税申报四个方面，对现行13个主要税种进行了全面的阐述。为方便教学和自学，每个学习任务后面附有练习，目的在于让学生边学边练，理实一体，在实训过程中掌握税务会计工作的基本操作流程和操作要领，能够计算企业常见税费的应缴金额，会办理各种税款的纳税申报和相关涉税会计处理。

本书编写时，作者对内容体系、难易程度、案例等方面进行了特殊处理，对增值税出口退税等一些较难的问题没有涉及，简明扼要，具有明显的针对性和易读性。

经审定，本书既可作为高等院校(含高职高专、成人高校)会计、财政、税务、审计、投资理财等财经类专业税务会计课程教材，也可作为广大在职人员培训用书和业务参考书。

本书由哈尔滨职业技术学院李海英、张俊龙主编，黑龙江农垦职业学院石琳、辽宁商贸职业学院李晓东、哈尔滨职业技术学院李鑫担任副主编，由黑龙江农垦职业学院隋书才高级会计师主审。具体编写分工如下：石琳（项目一），李海英（项目二、三），张俊龙（项目四、五），李鑫（项目六），李晓东（项目七）。

本书编写过程中，作者参考了不少同行的著作和教材，得到有关专家学者、院校领导的大力支持，在此一并表示感谢！

由于编者水平有限，书中疏漏之处在所难免，敬请广大读者不吝批评指正，以便进一步修订完善。

互联网+高等教育精品课程“十三五”规划教材编审指导委员会

2017年9月

目　录

项目一　税务会计工作流程

知识目标

（1）掌握税收的概念、职能和税制的构成要素。
（2）掌握税务会计的概念、对象、目标、职能、方法、基本前提、原则以及与财务会计的差异。
（3）熟悉涉税登记、发票领购及管理的相关内容。
（4）了解我国现行税收体制和纳税申报、税款缴纳的基本知识。

能力目标

（1）能根据学习任务的需要查阅有关资料。
（2）会根据企业经营范围的需要领购普通发票和增值税专用发票。
（3）培养敬业精神、团队合作能力和良好的职业道德修养。

项目引言

税务会计是为了适应纳税人的需要，或者说纳税人为了适应纳税的需要从财务会计中分离出来的，是介于税收学与会计学之间的一门新兴的边缘学科，是融国家税收法规和会计处理于一体的一种特殊的专业会计，可以说是税务中的会计、会计中的税务。

任务一　税务会计基础

人们都知道税收很重要，而前人对税收又有怎样的认识呢？请读以下税收名言：

税收是维系一个民族命运的大血脉。 —— 卡尔·马克思

世界上除了死亡和纳税，其他都不是必然的。 ——本杰明·富兰克林

我就我的收入纳税，这是我生命中最重要的事，让我感到无上光荣。 ——马克·吐温

没有，从不曾有，也绝不可能有“自愿”的税收制度。 ——唐纳德·C. 亚历山大

【知识准备与业务操作】

一、税收的性质

（一）税收的概念

税收又称为“赋税”“租税”“捐税”，是国家为了实现其职能，凭借政治权力按照法律规定，强制地、无偿地参与社会剩余产品分配，以取得财政收入的一种规范形式。可以从以下四个方

面来理解。

1. 税收的本质是一种分配

社会再生产包括生产、分配、交换、消费等环节，周而复始，循环不息。其中，生产创造社会产品；消费耗费社会产品；分配是对社会产品价值量的分割，并决定归谁占有，各占多少；交换是用自己占有的价值量去换取自己所需要的产品，解决使用价值的转移。征税只是从社会产品价值量中分割出一部分集中到政府手中，改变了社会成员与政府各自占有社会产品价值量的份额。因此，税收属于分配范畴。

2. 税收分配以国家为主体，凭借政治权力来实现

社会产品的分配可以分为两大类，一类是凭借资源拥有权力进行的分配，一类是凭借政治权力进行的分配。税收是以国家为主体，凭借政治权力进行的分配。

3. 征税的目的是为了满足社会公共需要

有社会存在，就有社会的公共需要存在。国家安全、社会稳定等公共需要的满足必须要由政府集中一部分社会财富来实现。而征税就是政府集中一部分社会财富的最好方式。与此相适应，社会成员之所以要纳税，是因为他们专门从事直接的生产经营活动，而不再兼职执行国家职能，因此需要为此付出一定的费用。

4. 税收具有无偿性、强制性和固定性的特征

国家筹集财政收入的方式除税收外，还有发行公债和收取各种规费等。税收分配方式与其他方式相比，具有无偿性、强制性和固定性的特征，习惯上称为税收的“三性”：无偿性是指国家征税后，税款即成为国家的财政收入，既不直接归还纳税人，也不需向纳税人支付任何回酬；强制性是指国家以社会管理者的身份，用法律、法规等形式对征收捐税加以规定，并依照法律强制征收；固定性是指国家在征税之前，应以法律形式预先规定征税对象、征收标准、征税方法等，征纳双方必须遵守，不得随意变动。

税收的“三性”是一个完整的统一体，缺一不可，无偿性是税收的核心特征，强制性和固定性是对无偿性的保证和约束。税收的“三性”是税收本质的具体表现，是税收区别于其他财政收入形式的标志。可以这样认为，一种财政收入如果同时具备税收“三性”的形式特征，即便其名称不叫税，实质上也是税收的一种。

（二）税收的职能

税收职能是指税收自身所固有的功能。我国税收具有组织财政收入、调节经济和监督社会经济活动的职能。

1. 组织财政收入

组织财政收入的职能是指税收通过参与社会产品的分配，形成国家财政收入，归国家支配使用，满足国家实现其职能的需要。组织财政收入的职能是税收最基本的职能，不论是什么性质国家的税收，不论是什么种类的税收，都具有这一职能。

2. 调节经济

调节经济的职能是指税收在积累国家财政资金过程中，通过设置不同的税种、税目，确定不同的税率，对不同的部门、单位、个人以及不同产业、产品的收入进行调节，以调整经济利益关系，促进社会经济按照客观规律发展。税收是一种经济杠杆，通过征与不征、多征与少征、加

征与减免等办法，造成对纳税人物质利益的不同影响，引导纳税人调整自己的活动，以配合产业政策，促进生产结构、消费结构的调整，优化资源配置。

3. 监督社会经济活动

监督社会经济活动的职能是指税收在参与社会产品分配和再分配过程中，对社会产品的生产、流通、分配和消费进行制约和控制。税收监督职能是通过税收征管来实现的，通过税收监督一方面要求纳税人依法纳税，以保证国家履行其职能的物质需要；另一方面，对社会再生产的各个环节进行监督，制止、纠正经济运行中的违法现象，打击经济领域的犯罪活动，保证税收分配的顺利进行，促进国民经济的健康发展。

（三）我国现行的税收体系

1994 年，通过大规模的工商税制改革，形成了我国工商税制的整体格局，彼时共有 26 种税。20 多年来，我国税收体系又多次作了调整，2016 年 5 月 1 日全面推开营业税改征增值税后，目前开征的只有 17 个税种，除关税、船舶吨税由海关征收外，其他税种由国家税务机关、地方税务机关负责征收。根据分税制财政管理体制，税收收入分为中央收入、地方收入和中央地方共享收入，相关税种内容如表 1-1 所示。

表 1-1　我国现行的税种内容

序号	税种	中央税	地方税	中央地方共享税	备　注
1	增值税	√		√	海关代征的增值税为中央固定收入；其他为共享，中央分享 75%，地方分享 25%；2016 年 5 月 1 日，全面推开“营改增”后，试点期间，分享比例调整为各占 50%
2	消费税	√			各海关代证的消费税
3	关税	√			
4	企业所得税	√		√	从 2002 年起铁道、运输、固有商业企业、开发行、农发行、进出口行以及海洋石油天然气企业缴纳的所得税为中央收入；其他由中央与地方共享，中央分享 60%，地方分享 40%
5	个人所得税		√	√	从 2002 年开始调整为共享税，中央分享 60%，地方分享 40%
6	房产税		√		
7	契税		√		
8	车船税		√		2007 年 1 月 1 日起车船使用税改为车船税；从 2012 年 1 月 1 日起执行新的车船税
9	印花税	√	√		从 2013 年 1 月 1 日起证券交易印花税收入归中央，其他印花税收入归地方
10	城市维护建设税	√	√		铁道部门、各银行总行、各保险总公司等集中缴纳的城市维护建设税为中央固定收入，其他为地方收入

续表 1-1

序号	税种	中央税	地方税	中央地方共享税	备　注
11	耕地占用税		√		
12	车辆购置税	√			2001 年 1 月 1 日起开征
13	资源税		√		按不同的资源品种划分，大部分资源税作为地方税，海洋石油企业缴纳的资源税作为中央收入
14	城镇土地使用税		√		
15	土地增值税		√		
16	烟叶税		√		2006 年 4 月 1 日起开征
17	船舶吨税	√			仅对境外港口进入境内港口的船舶征税

注：表中“√”表示“是”。

（四）税收分类

1. 按征税对象分类

征税对象是税法的一个基本要素，是一种税区别于另一种税的主要标志。按征税对象的不同来分类，是税收最基本和最主要的分类方法。

（1）流转税。流转税是指以商品或劳务的流转额为征税对象征收的一种税。这类税是以商品的货币交换为前提，只要纳税人销售了货物或提供了劳务，取得了销售收入、营业收入或发生了支付金额，就应该依法纳税。这类税涉及商品的生产和流通各个环节，主要有增值税、消费税，关税也可归入这一类。流转税是我国现行税制中最大一类税收。

（2）所得税。所得税是指以所得额为征税对象征收的一类税。所得额是指全部收入减除为取得收入所耗费的各项成本费用后的余额。主要包括企业所得税和个人所得税。

（3）财产税。财产税指以纳税人所拥有或支配的财产为征税对象征收的一种税。财产税以财产为征税对象，应税财产额在一般情况下是相对稳定的，因此财产税收入比较稳定。主要包括房产税、车船税、契税等。

（4）行为税。行为税是指为了调节某些行为，以这些行为为征税对象征收的一种税。主要包括印花税等。

（5）特定目的税。特定目的税是指为了达到特定目的而征收的一种税。主要包括城市维护建设税、耕地占用税、车辆购置税等。

（6）资源税。资源税是指对开发、利用和占有国有自然资源的单位和个人征收的一种税。主要对因开发和利用自然资源而形成的级差收入发挥调节作用。主要包括资源税、城镇土地使用税、土地增值税等。

（7）烟叶税。烟叶税是指国家对收购烟叶的单位按照收购烟叶金额征收的一种税。

2. 按税负能否转嫁分类

（1）直接税。凡纳税人一般不能直接将税负转嫁给他人的为直接税，如所得税、财产税等。

（2）间接税。凡纳税人能将税负全部或部分转嫁给他人负担的为间接税。间接税主要是指课征于一般消费品或劳务的税收，如增值税、消费税、关税等。

3.按计税依据分类

(1)从量税。从量税是指以征税对象的自然实物量(重量、件数、面积、长度等)为标准,采用固定单位税额征收的税种,如车船税等。

(2)从价税。从价税是指以征税对象的价值量为标准,按规定税率征收的税种,如增值税、企业所得税等。

(3)复合税。复合税是指同时以征税对象的自然实物量和价值量为标准征收的一种税,如白酒的消费税等。

4.按税收管理与使用权限分类

(1)中央税。中央税是指管理权限归中央,税收收入归中央支配和使用的税种,如关税、消费税等。

(2)地方税。地方税是指管理权限归地方,税收收入归地方支配和使用的税种,如车船税、房产税等。

(3)中央和地方共享税。中央和地方共享税则是指主要管理权限归中央,税收收入由中央政府和地方政府共同享有,按一定比例分成的税种,如增值税、所得税等。

5.按税收与价格的关系分类

(1)价内税。价内税是指商品税金包含在商品价格之中,商品价格由“成本+税金+利润”构成,如消费税等。

(2)价外税。价外税是指商品价格中不包含商品税金,仅由成本和利润构成,商品税金只作为商品价格之外的一个附加额,如增值税等。

6.按会计核算中使用的会计科目分类

(1)销售税金。销售税金是指在销售过程中实现,按销售收入或数量计税并作为销售利润减项,在“税金及附加”账户核算的税金,如消费税、资源税、土地增值税、城市维护建设税等。

(2)资本性税金。资本性税金是指在投资活动中发生,计入资产价值的税金,如契税、耕地占用税等。

(3)所得税。对净利润来说,所得税也是费用性税收,但它是通过“所得税费用”账户核算的。

(4)增值税。增值税是价外税,会计核算有它的特殊性。

二、税制构成的基本要素

(一)纳税人

纳税人也称纳税主体,是税法规定直接负有纳税义务的单位和个人,它是税款的法律承担者。纳税人可以是自然人,也可以是法人。

1.自然人

自然人是对能够独立享受法律规定的民事权利,并承担相应民事义务的普通人的总称。凡是在我国居住,可享受民事权利并承担民事义务的中国人、外国人或无国籍人,以及虽不在我国居住,但受我国法律管辖的中国人或外国人,都属于负有纳税义务的自然人。

2. 法人

法人，是指依照法定程序成立，有一定的组织机构和法律地位，能以自己的名义独立支配属于自己的财产、收入，承担法律义务，行使法律规定的权利的社会组织。如企业、事业单位、国家机关、社会团体、学校等都属于法人。法人若有税法规定的应税财产、收入和特定行为，就对国家负有纳税义务。

在实际纳税工作中要注意纳税人与扣缴义务人的区别。扣缴义务人是指按照税法规定负有扣缴税款义务的单位和个人。确定扣缴义务人有利于加强税收的源泉控制，简化征税手续，减少税款流失。但扣缴义务人不是纳税主体，而是纳税人和税务机关的中介。如果扣缴义务人按照税务机关和税法的要求，认真履行了扣缴义务，税务机关将给予其一定的手续费；反之，如果他们未按规定代扣代缴，使代扣代缴的税款不能按时缴入国库或帮助纳税人偷逃税款就要追究其法律责任。

（二）征税对象

征税对象又称课税对象，是征税的标的物，即对什么东西征税，是征税的客体，是一种税区别于另一种税的主要标志。征税对象体现不同税种征税的基本界限，决定着不同税种名称的由来以及各税种在性质上的差别，并对税源、税收负担等产生直接影响。与课税对象密切相关的有以下两个概念：

1. 税目

税目是税法上规定应征税的具体项目，是征税对象的具体化，反映各税种具体的征税项目，它体现每个税种的征税广度。税目一般分为两种：

(1)列举税目。列举税目就是将每一种商品或经营项目等，采用一一列举的方法，分别规定税目，必要时还可以在税目之下划分若干子目。

(2)概括税目。概括税目就是按照商品大类或行业，采用概括方法设计的税目。

2. 计税依据

计税依据是征税对象的数量化，是应纳税额计算的基础。具体分为三种：一是从价计征，即以计税金额为计税依据；二是从量计征，即以征税对象的实物单位量（如重量、体积等）为计税依据；三是复合计税，即同时以征税对象的计税金额和实物单位为计税依据。

（三）税率

税率是应纳税额与计税依据之间的法定比例，是衡量税负轻重的重要标志，体现了课税的深度。税率是最活跃、最有力的税收杠杆，是税收制度的核心。按照税率的表现形式，可以分为以绝对量形式表示的税率和以百分比形式表示的税率，常见有以下几种形式：

1. 比例税率

比例税率是指对同一征税对象或同一税目，不论数额大小，都按同一比例征税。税率、税额与计税依据之间的比例是固定的。我国现行的增值税、企业所得税等均采用比例税率。采用比例税率，计算简便，符合税收效率原则，对同一征税对象的不同纳税人税负相同，有利于企业在基本相同的条件下展开竞争。但不分纳税人实际环境差异按同一税率征税，这与纳税人的实际负担能力不完全相符，在调节企业利润水平方面有一定的局限性，难以体现税收的公平原则。

2. 累进税率

累进税率是指把计税依据按一定的标准划分为若干个等级，从低到高分别规定逐级递增的税率。这种税率形式的特点是税率等级与计税依据的数额等级同方向变动，有利于按纳税人的不同负担能力设计税率，更加符合税收公平的原则。累进税率按其累进依据和累进方式不同有以下三种形式：

(1)全额累进税率。全额累进税率是指将计税依据划分为若干个等级，从低到高每一个等级规定一个适用税率，当计税依据由低的一级升到高的一级时，全部计税依据均按高一级税率计算应纳税额。这种方式计算简便，但累进程度急剧，特别是在两个等级的临界处，会出现应纳税额增加超过计税依据增加的不合理现象。这种方法目前在世界各国已很少使用。

(2)超额累进税率。超额累进税率是指将计税依据划分为若干个等级，从低到高每一个等级规定一个适用税率，一定数额的计税依据可以同时适用几个等级的税率，每超过一级，超过部分按高一级的税率计税，各等级应纳税额之和为纳税人的应纳税总额。这种方式累进程度比较缓和，目前已被多数国家所采用。如工资、薪金所得的个人所得税税率等。

(3)超率累进税率。超率累进税率是指以征税对象的某种比例为累进依据，按超额累进方式计算应纳税额的税率。其计税原理与超额累进税率相同，只是税率累进的依据不是征税对象的绝对数额，而是相对比率(增值率等)，如我国现行的土地增值税税率。

3. 定额税率

定额税率是指按征税对象确定的计算单位直接规定一个固定税额，而不是规定征收比例，因此也称为固定税额，它是税率的一种特殊形式。与征税对象的价值量无关，不受征税对象价值量变化的影响。它一般适用于从量计征的税种，如城镇土地使用税、车船税等。

(四)纳税环节和纳税地点

纳税环节是指按税法规定对处于不断运动中的纳税对象选定的应当征税的环节。包括一次课征和多次课征，凡只在一个环节征税的称为一次课征，如我国的资源税只在开采环节征税；凡在两个及以上环节征税的称为多次课征，如我国的增值税对商品的生产、批发和零售环节均征税。

纳税地点是指税法规定的纳税人缴纳税款的地点。如纳税人的户籍所在地、居住地、营业执照颁发地、生产经营所在地等，一般说来，这些地点接近或一致，但也有许多不一致的情况。如在此地登记，而跨地区经营的情况。

(五)纳税时间

纳税时间是指税法规定的关于税款缴纳时间方面的限定，具体包括以下三个方面：

(1)纳税义务发生时间。具体是指应税行为发生的时间。

(2)纳税期限。具体是指每隔固定时间汇总一次纳税义务的时间。税法规定了每种税的纳税期限，如《中华人民共和国增值税暂行条例》规定，增值税的纳税期限分别为 1 日、3 日、5 日、10 日、15 日、1 个月或者 1 个季度。纳税人的具体纳税期限，由主管税务机关根据纳税人应纳税额的大小分别核定；不能按照固定期限纳税的，可以按次纳税。

(3)缴库期限。具体是指纳税期满后，纳税人将应纳税款缴入国库的期限。如《中华人民共和国增值税暂行条例》规定，纳税人以 1 个月或者 1 个季度为 1 个纳税期的，自期满之日起 15 日内申报纳税。

(六)减税免税

减税免税是对某些纳税人或征税对象的鼓励或照顾措施。减税是对应纳税额少征一部分税款,而免税是对应纳税额全部免征税款。减税免税可以分为以下三种形式:

1. 税基式减免

税基式减免是通过直接缩小计税依据的方式来实现的减税免税。其涉及的概念包括起征点、免征额、项目扣除以及跨期结转等。

起征点是征税对象达到一定数额开始征税的起点,对征税对象数额未达到起征点的不征税,达到起征点的按全部数额征税。

免征额是在征税对象的全部数额中免予征税的数额,对免征额的部分不征税,仅对超过免征额的部分征税。

项目扣除则是指在征税对象中扣除一定项目的数额,以其余额作为依据计算税额。

跨期结转是指将以前纳税年度的经营亏损从本纳税年度经营利润中扣除。

2. 税率式减免

税率式减免即通过直接降低税率的方式实现的减税免税,包括重新确定税率、选用其他税率、零税率。

3. 税额式减免

税额式减免即通过直接减少应纳税额的方式实现的减税免税,包括全部免征、减半征收、核定减免率以及另定减征额等。

(七)附加与加成

附加也称为地方附加,是地方政府按照国家规定的比例随同正税一起征收的一种款项,如教育费附加。

加成是指根据税制规定的税率征税以后,再以应纳税额为依据加征一定成数的税额。加成一成相当于应纳税额的10%,加征成数一般规定在1成至10成之间,如劳务报酬所得的个人所得税。

无论是附加还是加成,都增加了纳税人的负担,但这两种加税措施的目的是不同的,实行地方附加是为了给地方政府筹措一定的机动财力,用于发展地方建设事业。实行加成则是为了调节和限制某些纳税人获取的过多的收入或者是对纳税人违章行为进行处罚措施。

(八)法律责任

法律责任一般是指由于违法而应当承担的法律后果。违法行为是承担法律责任的前提,而法律制裁是追究法律责任的必然结果。法律制裁,习惯上又称为罚则或违章处理,是对纳税人违反税法的行为所采取的惩罚措施,它是税收强制性特征的具体体现。

三、税务会计的性质

(一)税务会计概述

1. 税务会计的概念

税务会计是以现行税法为准绳,以货币为主要计量单位,运用会计的专门方法对纳税单位税基的形成、税款的计算、申报和缴纳所引起的资金运动进行连续、系统的核算和监督的一门专业会计。它从财务会计中独立出来，成为现代会计的一个新分支，是融合税收法规和会计核算的一种特殊专业会计，可以说是税务中的会计，会计中的税务。

2. 税务会计的对象

税务会计的对象，即税务会计核算和监督的内容。凡是企业在生产经营过程中能够用货币表现的各种税务活动，都是企业税务会计核算和监督的内容。主要包括：

(1)税基的确定。税基是指课税基础，一是指某类税的经济基础，如流转税的课税基础是流转额，所得税的课税基础是所得额，财产税的课税基础是财产额等；二是指计算缴纳税金的依据或标准，既有从价计征，又有从量计征。在企业中，属于计税基础和依据的业务内容主要有应税流转额、生产经营成本(费用)扣除额、应税所得额、应税财产额、应税行为计税额等。

(2)税款的计算与核算。对每一税种应纳税额的计算是税务会计核算和监督的基本内容，它要求企业按照税收法规进行计算，并按税务会计的核算方法进行核算。包括征税对象、征税范围的界定，计税依据和标准的确定，计算方法的正确使用，应纳税额的正确核算等。

(3)税款的缴纳、退补和减免。正确地计算应缴各种税款后，应按税法规定的纳税期限、纳税环节、纳税时间和地点的要求，及时进行纳税申报并及时缴纳。退税、补税、减税、免税都是企业税务活动中的特殊业务，也应按税法规定执行，它的过程与结果也应及时在税务会计中得到反映。

(4)税收滞纳金和罚款。企业作为纳税义务人，应按税法规定，及时足额上缴税款。由于企业生产经营情况或其他原因，未经税务部门同意拖欠了税款，或是为了企业小团体利益，违背了税法规定等，必须按规定缴纳税收滞纳金或税收罚款，这些也属于税务活动，是税金支出的附加支出，也是税务会计核算和监督的内容。

3. 税务会计的目标

税务会计的目标是指税务会计工作所要达到的最终目的。税务会计最终是向其利害关系人提供有关纳税人税务活动的信息，具体可概括为以下三个方面：

(1)依法纳税，保证国家财政收入，并为国家宏观经济管理提供纳税信息。

(2)正确进行税务会计处理，为投资者、债权人进行决策提供有用的会计信息。

(3)科学进行纳税筹划，合理选择纳税方案，为企业内部加强经营管理提供信息。

4. 税务会计的职能

税务会计的职能是指税务会计本身所固有的内在功能。税务会计是会计学的一个分支，其基本职能与一般会计相同，主要是核算和监督，但税务会计与税收联系密切，其核算和监督的具体内容与一般会计有所不同。

(1)核算职能。核算职能是指税务会计根据国家的税收法规、会计准则和财务报告条例等，全面、真实、系统地记录和核算企业生产经营过程中的税务活动，即税务资金的形成、计算、缴纳、退补等，为国家组织税收提供可靠的依据。同时税务会计又要在遵守税法的前提下，针对纳税人自身的特点，利用会计特有的方法，科学筹划纳税人的纳税活动，使纳税人充分享受税收的优惠政策，最大限度地减轻或推迟纳税。通过税务会计活动及提供的资料进行分析，为企业改善经营管理、提高经济效益提供保证。

(2)监督职能。监督职能是指税务会计根据国家的税收法令和有关方针、政策、制度等，通过一系列核算方法，监督企业应纳税款的形成、计算和解缴情况，监督企业的收益分配，实现税收杠杆的经济调节作用。通过税务会计对企业税务活动的监督和控制及其提供的税收信息，保证国家税收法规的贯彻实施和适时修正。

（二）税务会计的基本前提

税务会计的基本前提是保证税务会计信息正确确认和计量的基础。税务会计源于财务会计，财务会计中的某些基本前提也适用于税务会计，如持续经营、会计分期、货币计量等。税务会计在具体运用时，也有某些特殊性，具体表现在以下四个方面：

1.纳税主体

纳税主体是指税务会计工作为之服务的法人或自然人，也就是税法所规定的纳税人，是税务会计所作用的空间范围。税务会计主体是指税务会计工作为其服务的特定单位或组织。纳税主体的税务活动与其他活动以及投资者个人经济业务是有区别的，只有纳税主体的税务活动才属于税务会计反映、监督的内容，换言之，企业税务会计人员只能站在企业的立场上，对企业税务活动的过程和结果予以揭示和管理，至于企业投资者的有关税务活动，则是投资者个人或另一个法人的事情，不属于这一纳税主体的活动范围。税务会计由纳税主体基本前提所决定，就要求企业税务会计人员既要严格依据税收法规进行计税和纳税，也要维护企业纳税人利益，经济合理地筹划和控制税款费用的发生。

2.货币时间价值

货币时间价值通常是指货币资金由于时间的推移而能够使自身增值的效能。即今天的1元钱比若干年后收到或付出1元钱的价值要大得多，随着时间的推移，投入周转使用的资金价值将会发生增值，这种增值的能力或数额，就是货币的时间价值。这一基本前提已成为税收立法、税务征管和纳税人选择会计方法的立足点，它深刻地揭示了纳税人进行纳税筹划的内在原因，也同时说明了所得税会计中采用“债务法”进行纳税调整的必要性。

3.纳税年度

纳税年度是指纳税人应向国家缴纳各种税款的起止时间。在我国，为了便于协调税务会计与财务会计的有关数据，应纳税年度与日历年度、财政年度、会计年度是相同的，都是每年公历1月1日到12月31日。在其他一些国家，应纳税年度多同于财政年度和会计年度，但却不同于日历年度，如美国是每年的7月1日起到次年的6月30日。对于在应纳税年度中间开始营业的纳税人来说，应纳税年度是指其营业开始日至同期应纳税年度终止日。

4.年度会计核算

年度会计核算是指财务会计依据会计准则的规定，遵循财务会计理论的要求，在会计年度内对企业的各项经济活动运用专门的会计方法，进行正确、及时的记录、整理和汇总，并定期结账和决算，编制公允的年度财务会计报告的全过程。年度会计核算是税务会计中最根本的前提，各国税制都是建立在年度会计核算期间的基础上，而不是建立在某一特定业务的基础上，课税只针对某一特定纳税期间里发生的全部事件的净结果，而不考虑当期事件在后续年度中的可能结果如何，后续事件将在其发生的年度内考虑。

（三）税务会计的原则

由于税务会计是会计领域的一个分支学科，因此财务会计中的总体要求原则、会计信息质量要求原则以及会计要素的确认与计量原则，大部分或基本上也适用于税务会计。但税务会计与税法的特定联系，税收理论和立法中的实际支付能力原则、公平税负原则、社会效益原则等，也会非常明显地影响税务会计。根据税务会计的特点，结合财务会计原则与税收原则，可将体现在税务会计上的特定原则归纳为以下五个方面：

1. 合法性原则

税务会计在核算收入与费用、计算应纳税额、筹划税务活动和申报缴纳税款的过程中，一切要以税收法规为准绳，不能违背法律。而税法因国家的政治、经济发展与政策调整会有所变更。因此，税法是有时效的，这就要求税务会计人员时刻紧跟税法的变化，坚持按现行税收法规处理业务。

2. 调整性原则

税务会计对财务会计的依存关系，决定了计税基础对会计账簿数据的依赖性。但税务会计与财务会计目标不同，又决定了两者之间会计概念上的差异。为达到正确计税和及时纳税的目的，税务会计必须对财务会计处理中与现行税法不符的会计事项进行调整。因此，调整性原则是税务会计有别于其他专业会计的突出标志。

3. 公平性原则

税收是调整国家与企业单位、国家与个人之间经济利益的手段，税务会计则是落实税收政策、达成公平课税的工具。在税法面前，每一个纳税人的权利和义务都是平等的。因此，税务会计必须客观、真实地核算纳税人的收入与费用，只有这样，才能达到合理、公平税收负担的效果。

4. 经济性原则

税务会计信息具有双向服务特点，决定了税务会计的经济性原则具有双向含义。也就是说，对于纳税人来讲，为了维护自身的经济利益，理应依法筹划税务活动，力求经济纳税；而对于税收机关来讲，为了实现国家的宏观管理职能，必然依法强化税收征管，以保证财政收入。因此，经济性原则就要求税务会计精确计算纳税人应纳税额，合理地完成纳税义务。

5. 修正的权责发生制原则

收付实现制是指所有关于收入和费用的确认，均以现金流入或现金流出为标准。也就是说只有收到现金的经济活动才作收入；只有为取得收入而形成现金付出的经济活动，才作为费用。收付实现制体现了公平负税和支付能力的原则，是确保纳税人有能力支付应纳税款而使政府获取财政收入的基础。但是，由于收付实现制不符合《企业会计准则——基本准则》的规定，一般不能用于财务会计报告目的，只适用于个人和不从事商品购销业务的中小企业的纳税申报。

权责发生制是指所有收入和费用的确认，均以权利已经形成或义务(责任)已经发生为标准，也就是说，一项收入之所以计入当期，是因为当期能取得它，所以具有享有该项收入的权利；一项费用之所以列入当期，是因为当期接受了它所提供的服务，所以负有承担该项费用的责任。权责发生制广泛用于财务会计报告，当它被用于税务会计时，与财务会计上的权责发生制存在一些区别：一是支付能力原则，使得纳税人在最有能力支付时支付税款；二是确定性原则，使得收入和费用的实际实现具有确定性；三是保护政府财政税收收入原则，如在收入的确认上，权责发生制的税务会计由于在一定程度上被支付能力原则所覆盖而包含着一定的收付实现制的方法，而在费用的扣除上，财务会计采用稳健原则列入的某些估计费用，在税务会计中不能采用。税务会计强调“该经济行为已经发生”的限制条件，从而起到保障政府税收收入的目的。

在税法和税务会计实务中，世界上大多数国家实际采用的是修正的权责发生制原则。

在美国税制中，有一条著名的“克拉尼斯基定律”，它可以充分说明修正的权责发生制原则的“真谛”，即如果纳税人的财务会计方法致使收益立即得到确认，而费用永远得不到确认，则税务当局可能会因所得税目的允许采用这种会计方法；如果纳税人的财务会计方法致使收益永远得不到确认，而费用立即得到确认，则税务当局可能会因所得税目的不允许采用这种会计方法。在该原则下，如果纳税人采用收付实现制，其发生的一次性资产租金支出，税务当局不允许将其一次扣除，而要求企业将租金资本化，在租赁期内平均摊销。如果纳税人采用权责发生制，其取得的一次性资产租金收入，税务当局则要求将租金收入全部计入当期的应税收入，而不允许在租赁期内分期确认应税收入。

四、税务会计与财务会计的比较

税务会计是社会经济发展到一定阶段而产生的，它是从财务会计中分离出来的，因此它与财务会计有着密切的联系；但税务会计又是融合现行税法和会计核算的一门特殊专业会计，因此又与财务会计有着一定的区别。

（一）税务会计与财务会计的联系

税务会计作为一项实质性工作并不是独立存在的，而是企业财务会计的一个特殊领域，是以财务会计为基础的，是税务中的会计，会计中的税务。税务会计既不要求企业在财务会计的凭证、账簿、报表之外再设一套会计账表，也不需要独立设置税务会计机构。企业只需要设置一套完整的会计账表，平时按财务会计准则、会计制度作会计处理，需要时按现行税法进行调整。所以税务会计的资料来源于财务会计。同时在计量单位、使用的文字和通用的基本会计原则等方面，税务会计与财务会计都是相同的。

（二）税务会计与财务会计的区别

1. 目标不同

财务会计所提供的信息，除为综合部门及外界有关经济利益者服务外，也为企业本身的生产、经营服务；税务会计在为利害关系人提供有关纳税人税务活动的信息时，要求按现行税法和缴纳办法，依法履行纳税人的纳税义务，充分享受纳税人的权利。

2. 对象不同

财务会计核算和监督的对象是企业以货币计量的全部经济事项，包括资金的投入、循环、周转、退出等过程；而税务会计核算和监督的对象只是与纳税人的纳税义务相关的经济活动，即税务活动。也就是说原来在财务会计中有关税款的核算、申报、解缴的内容，划归税务会计，并由税务会计作为核心内容分门别类地阐述，企业财务会计只对这部分内容作必要的提示即可。

3. 核算基础、处理依据不同

税收原则与会计准则存在某些差异，其中最主要差别在于收益实现的时间和费用的可扣减性方面。税收制度是收付实现制与权责发生制的结合，是修正的权责发生制。因为计算应税所得要考虑纳税人立即支付货币资金的能力、管理上的便利和征收当期收入的必要性，所以税务纳税年度自身存在独立性的倾向。财务会计只是遵循会计准则，依照会计制度处理各种经济业务，会计人员对某些相同的经济业务可能有不同的表述、出现不同的会计结果是正常的。而税务会计不仅要遵循一般的会计原则，更要严格按现行税法的要求进行会计处理，具有强制性、客观性、统一性。

4. 计算损益的程序不同

税收法规中包括了修正一般收益概念的社会福利、公共政策和权益条款，强调“会计所得”与“应税所得”的不同。各国所得税法都规定法定收入项目及税法允许扣除项目，在按税法确定两者金额后，其差额即为应税所得额。税务会计以此为法定依据。在实际计算时，在会计所得的基础上调整为应税所得，是税务会计的主要内容。

【职业能力判断与选择】

一、判断题

1. 税收分配凭借政治权力为主，财产权力为辅。　（　）

2. 税收的“三性”是不同社会制度下税收的共性，是税收区别于其他财政收入形式的标志。　（　）

3. 累进税率的基本特点是税率等级与征税对象的数额等级同方向变动，所以在级距临界点附近会出现税负增加超过征税对象数额增加的不合理现象。　（　）

4. 对同一征税对象，不论数额多少，均按同一比例征税的税率称为定额税率。　（　）

5. 我国的增值税实行的是一次课征制。　（　）

6. 税目是征税对象在应税内容上的具体化，它体现了征税的深度。　（　）

7. 税率是应纳税额占征税对象数额的比例，也是衡量税负轻重的重要标志。　（　）

8. 纳税期限是税收强制性和固定性在时间上的体现，因此各种税在其税法中都应规定纳税人的纳税期限。　（　）

9. 起征点是指达到或超过的就其全部数额征税，达不到的不征税；而免征额是指达到和超过的，可按扣除该数额后的余额计税。　（　）

10. 税务会计作为一项实质性工作是独立存在的，它要求企业在财务会计凭证、账簿、报表之外再设一套会计账表。　（　）

二、选择题（第1～6题为单项选择题，第7～10题为多项选择题）

1. 行为目的税是规定对某些特定行为及为实现国家特定政策目的征税的法律规范。在下列税法中，属于行为目的税的是（　　）。

A. 消费税　　B. 增值税　　C. 印花税　　D. 房产税

2. 税法上规定的纳税人是指直接（　　）的单位和个人。

A. 负有纳税义务　　B. 最终负担税款　　C. 代收代缴税款　　D. 承担纳税担保

3.（　　）是对同一征税对象，不论数额的大小，均按相同比例征税的税率。

A. 比例税率　　B. 累进税率　　C. 定额税率　　D. 累退税率

4. 定额税率的一个重要特点是(　　)。

A. 按税目确定税额　　B. 与征税对象数量成正比

C. 不受价格的影响　　D. 与课税数量成反比

5. 我国现行税法体系中,采用多次课征的税种是(　　)。

A. 增值税　　B. 消费税　　C. 企业所得税　　D. 资源税

6. 某纳税人某月取得收入 250 元,税率为 10%,假定起征点和免征额均为 240 元,则按起征点和免征额办法计算,分别应纳税(　　)。

A. 25 元和 1 元　　B. 25 元和 24 元　　C. 24 元和 1 元　　D. 1 元和 0 元

7. 税收职能是税收的一种长期固定的属性,我国社会主义税收的职能有(　　)。

A. 组织财政收入职能　　B. 调控经济运行职能

C. 促进经济发展职能　　D. 监督管理经济职能

8. 下列属于中央税的有(　　)。

A. 消费税　　B. 企业所得税　　C. 关税　　D. 增值税

9. 税法构成要素包括(　　)。

A. 征收对象　　B. 计税依据　　C. 税率　　D. 纳税人

10. 中国现行税制中采用的累进税率有(　　)。

A. 全额累进税率　　B. 超率累进税率

C. 超额累进税率　　D. 超倍累进税率

任务二　涉税登记

陈光是某高职院校的 2016 届会计专业毕业生。2016 年 5 月,他在人才交流会上看到一家企业在招聘报税岗住的会计人员,于是前去应聘,被当场录用。陈光非常兴奋,但同时也感到非常困惑。作为报税岗位的会计人员,企业创办之时,在办理了工商登记,取得由工商行政部门核发加载法人和其他组织统一社会信用代码的营业执照,即"三证合一、一照一码"之后还需到税务机关办理哪些涉税事务登记?在企业后来的经营活动中,如果企业原先登记的有关信息发生变化还需向税务机关办理变更,那如何办理变更?当企业发生解散、破产或撤销时如何办理注销和清税手续?

【知识准备与业务操作】

一、涉税登记

为改革市场准入制度,简化手续,缩短时限,2015 年 6 月 23 日,国务院办公厅发布了《关于加快推进"三证合一"登记制度改革的意见》。"三证合一"登记制度是指将企业登记时依次申请,分别由工商行政部门核发工商营业执照、质量技术监督部门核发组织机构代码证和税务部门核发税务登记证,改为一次申请、由工商行政管理部门核发一个营业执照的登记制度。为具体落实"三证合一"登记制度改革,同年 9 月 10 日,国家税务总局发布《国家税务总局关于落实"三证合一"登记制度改革的通知》,就税务部门落实"三证合一"登记制度改革作出了具体部署。在全面实施工商营业执照、组织机构代码征、税务登记证“三证合一”登记制度改革的基础上，再整合社会保险登记证和统计登记证，从2016年10月1日起，实现“五证合一、一照一码”登记制度改革。

自2015年10月1日起，新设立企业和农民专业合作社领取由工商行政部门核发加载法人和其他组织统一社会信用代码(以下简称统一代码)的营业执照后，无须再次进行税务登记，不再领取税务登记证。企业办理涉税事宜时，在完成补充信息采集后，凭加载统一代码的营业执照可代替税务登记证使用。除以上情形外，其他税务登记按照原有法律制度执行外，改革前核发的原税务登记证件在2017年年底前过渡期内继续有效，2018年1月1日起，一律改为使用加载统一代码的营业执照，原发税务登记证件不再有效。

工商登记“一个窗口”统一受理申请后，申请材料和登记信息在部门间共享，各部门数据互换、档案互认。各级税务机关应加强与登记机关的沟通协调，确保登记信息采集准确、完整。各省税务机关在交换平台获取“五证合一”的企业登记信息后，依据新设立企业和农民专业合作社住所按户分配至县(区)税务机关；县(区)税务机关确认分配有误的，将其退回至市(地)税务机关，由市(地)税务机关重新进行分配；省税务机关无法直接分配至县(区)税务机关的，将其分配至市(地)税务机关，由市(地)税务机关向县(区)税务机关进行分配。对于工商登记机关已经采集的信息，税务登记不再重复采集；其他必要涉税的基础信息，可在新设立企业和农民专业合作社办理有关涉税事宜时，及时采集，陆续补齐。发生变化的，由新设立企业和农民专业合作社直接向税务机关申报变更，税务机关及时更新税务系统中的企业信息。

已实行“五证合一、一照一码”登记模式的新设立企业和农民专业合作社办理注销登记，须先向税务主管机关申报清税，填写清税申报表(见表1-2)。新设立企业和农民专业合作社可向国税、地税任何一方税务主管机关提出清税申报，税务机关受理后应将企业清税申报信息同时传递给另一方税务机关，国税、地税税务主管机关按照各自职责分别进行清税，限时办理。清税完毕后一方税务机关及时将本部门的清税结果信息反馈给受理税务机关，由受理税务机关根据国税、地税清税结果向纳税人统一出具清税证明，并将信息共享到交换平台。

税务机关应当分类处理纳税人清税申报，扩大即时办结范围。根据企业经营规模、税款征收方式、纳税信用等级指标进行风险分析，对风险低的当场办结清税手续；对于存在疑点的，企业也可以提供税务中介服务机构出具的鉴证报告。税务机关在核查、检查过程中发现涉嫌偷、逃、骗、抗税或虚开发票的，或者需要进行纳税调整等情形的，办理时限自然中止。在清税后，经举报等线索发现少报、少缴税款的，税务机关将相关信息传至登记机关，纳入“黑名单”管理。

过渡期间未换发“五证合一、一照一码”营业执照的企业申请注销，税务机关按原规定办理。

表 1-2　清税申报表

<table>
<tr><td>纳税人名称</td><td></td><td>统一社会信用代码</td><td></td></tr>
<tr><td>注销原因</td><td colspan="3"></td></tr>
<tr><td rowspan="4">附送资料</td><td colspan="2"></td><td></td></tr>
<tr><td colspan="2"></td><td></td></tr>
<tr><td colspan="2"></td><td></td></tr>
<tr><td colspan="2"></td><td></td></tr>
<tr><td colspan="4">纳税人

经办人：　　　　法定代表人(负责人)：　　　　纳税人(公章)
年　月　日　　　　年　月　日　　　　年　月　日</td></tr>
<tr><td colspan="4">以下由税务机关填写</td></tr>
<tr><td>受理时间</td><td colspan="3">经办人：
年　月　日　　　　负责人：
年　月　日</td></tr>
<tr><td>清缴税款、
滞纳金、
罚款情况</td><td colspan="3">经办人：
年　月　日　　　　负责人：
年　月　日</td></tr>
<tr><td>缴销发票
情况</td><td colspan="3">经办人：
年　月　日　　　　负责人：
年　月　日</td></tr>
<tr><td>税务检查
意见</td><td colspan="3">检查人员：
年　月　日　　　　负责人：
年　月　日</td></tr>
<tr><td>批准
意见</td><td colspan="3">部门负责人：
年　月　日　　　　税务机关(签章)
年　月　日</td></tr>
</table>

二、增值税一般纳税人资格登记

增值税纳税人分为一般纳税人和小规模纳税人两类。一般纳税人资格实行登记制，登记事项由增值税纳税人向其主管税务机关办理，一般应具备以下条件：

(1)会计核算健全，能够准确提供税务资料。

(2)预计年应税销售额达到以下标准：①从事货物生产或者提供应税劳务的纳税人，以及以从事货物生产或者提供应税劳务为主，并兼营货物批发或者零售的纳税人，年应征增值税销售额(以下简称应税销售额)达到或超过 50 万元以上；②从事货物批发或零售的纳税人，年应税销售额在 80 万元以上；③从事销售服务、无形资产或者不动产纳税人年应税销售额在 500 万元以上的。

一般纳税人总、分支机构不在同一县(市)的，应分别向其机构所在地主管税务机关申请办理一般纳税人登记手续。

小规模纳税人会计核算健全，能够提供准确税务资料的，可以向主管税务机关申请一般纳税人登记。

【职业能力判断与选择】

一、判断题

1. 新设立企业和农民专业合作社领取由工商行政部门核发加载统一代码的营业执照后，无须再次进行税务登记，不再领取税务登记证。（　）

2. 企业办理涉税事宜时，在完成补充信息采集后，凭加载统一代码的营业执照可代替税务登记证使用。（　）

3. 已实行“五证合一、一照一码”登记模式的新设立企业和农民专业合作社办理注销登记，需分别向国税、地税主管机关提出清税申报。（　）

4. 增值税纳税人分为一般纳税人和小规模纳税人两类，一般纳税人实行登记制度。（　）

5. 小规模纳税人会计核算健全，能够提供准确税务资料的，可以向主管税务机关申请一般纳税人登记。（　）

二、选择题（第1～3题为单项选择题，第4～5题为多项选择题）

1. “五证合一、一照一码”登记模式，在税务机关正式实施的时间为（　　）。

A. 2015年10月1日　　B. 2015年6月23日

C. 2015年9月10日　　D. 2016年10月1日

2. 从事货物生产或者提供应税劳务的纳税人，以及以从事货物生产或者提供应税劳务为主，并兼营货物批发或者零售的纳税人，登记增值税一般纳税人时，其年应征增值税销售额应达到或超过（　　）万元以上。

A. 50　　B. 80　　C. 500　　D. 100

3. 交通运输业、邮政业、电信业、建筑业、金融业、服务业和销售无形资产、不动产纳税人登记增值税一般纳税人时，其应税服务年销售额应在（　　）万元以上的。

A. 50　　B. 80　　C. 500　　D. 100

4. “五证合一、一照一码”登记制度的五证是指（　　）。

A. 税务登记证　　B. 工商营业执照

C. 组织机构代码证　　D. 社会保险登记证

E. 统计登记证　　F. 残疾人登记证

5. 增值税一般纳税人登记应具备的条件包括（　　）。

A. 会计核算健全，能够准确提供税务资料

B. 预计年应税销售额达到规定标准

C. 具有固定生产经营场所

D. 生产企业或商品流通企业

任务三　账证管理

2011年4月中旬，一外地游客张某在河南省登封市红光快餐城用餐后，索要了4张面值为50元的定额发票，当刮开其中一张发票奖区后，发现自己竟中了3 000元大奖。经过咨询，张某便到登封市地税局兑奖。在领奖登记时，办税人员发现张某所说的用餐饭店与发票专用章显示的饭店不符。兑奖后，办税人员请税收管理员到这家快餐城核实发票来源，经查，红光快餐城的老板吴某在当月发票用完后，向同是开饭店的朋友唐某借了一些盖有印章的发票，应付索要发票的顾客，由于该快餐城临近路边，吴某思忖着来就餐的多是外地游客，取得发票后就走了，一般不会出现问题，可谁想一张中奖发票，把吴某借发票的事情"捅"了出来。

你认为该事件中，吴某、唐某的行为对吗？若不对，需要负什么责任？税务部门将会给他们什么处理？

【知识准备与业务操作】

一、涉税账簿的设置

从事生产、经营的纳税人应当自领取营业执照之日起15日设置账簿，一般企业要设置的涉税账簿有总分类账、明细账(按具体税种设置)及有关辅助性账簿。"应交税费——应交增值税"明细账使用特殊的多栏式账页，其他明细账使用三栏式账页，总分类账一般使用三栏式账页。扣缴义务人应当自税法规定的扣缴义务发生之日起10日内，按照所代扣、代收的税种设置代扣代缴、代收代缴税款账簿。同时从事生产、经营的纳税人应当自领取加载统一代码的营业执照之日起15日内，将其企业的财务制度、会计处理办法及会计核算软件报送税务机关备案。

生产经营规模小又确无建账能力的纳税人，可以聘请注册会计师或者经税务机关认可的财会人员代为建账和办理账务；聘请上述机构或者人员有实际困难的，报经县以上税务机关批准，可以按照税务机关的规定，建立收支凭证粘贴簿、进货销货登记簿或者使用税控装置。

二、发票的领购

纳税人领取加载统一代码的营业执照后，应携带有关证件向税务机关提出领购发票的申请，然后凭税务机关发给的发票领购簿中核准的发票种类、数量以及购票方式，向税务机关领购发票。

发票是指在购销商品、提供或者接受劳务和其他经营活动中，开具、收取的收付款凭证。发票是确定经济收支行为发生的证明文件，是财务收支的法定凭证和会计核算的原始凭证，也是税务稽查的重要依据。《中华人民共和国税收征收管理法》(以下简称《税收征管法》)规定：税务机关是发票主管机关，负责发票印制、领购、开具、取得、保管、缴销的管理和监督。发票一般分为普通发票和增值税专用发票。

（一）普通发票的领购

1. 发票领购簿的申请、核发

纳税人凭加载统一代码的营业执照副本到主管税务机关领取并填写发票领购申请审批表，同时提交：经办人身份证明（居民身份证或护照）、财务专用章或发票专用章印模及主管税务机关要求报送的其他材料。

主管税务机关发票管理环节对上述资料审核无误后，将核批的发票名称、种类、购票数量、购票方式（包括批量供应、验旧供新、交旧供新）等填写在发票领购簿上，同时对发票领购簿号码进行登记。

2. 普通发票的领购

领购普通发票时，纳税人须报送加载统一代码的营业执照副本、发票领购簿及经办人身份证明，一般纳税人购增值税普通发票还需提供税控 IC 卡，供主管税务机关发票管理环节在审批发售普通发票时查验，对验旧供新和交旧供新方式售票的，还需提供前次领购的发票存根联。

审验合格后，纳税人按规定支付工本费，领购发票，并审核领购发票的种类、版别和数量。

提示：

纳税人到外省（市、区）从事临时经营活动的，可以向临时经营活动所在地税务机关申请领购发票，在申请时根据领购发票的票面限额及数量缴纳不超过 10 000 元的保证金，并限期缴销发票。

（二）增值税专用发票的领购

1. 增值税专用发票领购簿的申请、核发

增值税一般纳税人，凭增值税一般纳税人登记表，到主管税务机关发票管理环节领取并填写增值税专用发票领购簿申请书，同时提交下列资料：①领取增值税专用发票领购簿申请书；②加载统一代码的营业执照副本；③办税员的身份证明；④财务专用章或发票专用章印模；⑤领取最高开票限额申请表。

主管税务机关发票管理环节对上述资料审核无误后，填发增值税专用发票领购簿，签署准购发票名称、种类、数量、面额、购票方式、保管方式等审核意见。

2. 增值税专用发票的初始发行

一般纳税人领购专用设备后，凭最高开票限额申请表和发票领购簿到主管税务机关办理初始发行，即主管税务机关将一般纳税人的下列信息载入空白金税卡和 IC 卡：①企业名称；②加载统一代码的营业执照代码；③开票限额；④购票限量；⑤购票人员姓名、密码；⑥开票机数量；⑦国家税务总局规定的其他信息。

一般纳税人发生上列信息变化，应向主管税务机关申请变更发行；发生第②项信息变化，应向主管税务机关申请注销发行。

3. 增值税专用发票的领购

增值税专用发票一般由县级主管税务机关发票管理环节发售，发售增值税专用发票实行交（验）旧供新制度。

审批后日常领购增值税专用发票，需提供以下资料：①发票领购簿；②IC 卡；③经办人身份证明；④上一次发票的使用清单；⑤税务部门规定的其他材料。

对资料齐备、手续齐全、符合条件而又无违反增值税专用发票管理规定行为的，主管税务机关发票管理环节予以发售增值税专用发票，并按规定价格收取发票工本费，同时开具收据交纳税人。

三、发票的开具

纳税义务人在对外销售商品、提供服务以及发生其他经营活动收取款项时，必须向付款方开具发票。在特殊情况下由付款方向收款方开具发票（收款单位和扣缴义务人支付给个人款项时开具的发票），未发生经营业务一律不准开具发票。

（一）普通发票的开具要求

开具普通发票应遵守的要求有：①应该按规定的时限，顺序、逐栏、全联、全部栏次一次性如实开具，并加盖单位财务印章或发票专用章。②发票限于领购单位在本省、自治区、直辖市内开具；未经批准不得跨越规定的使用区域携带、邮寄或者运输空白发票。③任何单位和个人都不得转借、转让、代开发票；未经税务机关批准，不得拆本使用发票；不得自行扩大专用发票使用范围。④开具发票后，如果发生销货退回需要开红字发票，必须收回原发票并注明“作废”字样，或者取得对方有效证明；发生折让的，在收回原发票并注明“作废”字样后重新开具发票。

（二）专用发票的开具要求

开具增值税专用发票，除要按照普通发票的要求外，还要遵守以下规定：①项目齐全，与实际交易相符；②字迹清楚，不得压线、错格；③发票联和抵扣联加盖财务专用章或者发票专用章；④按照增值税纳税义务的发生时间开具。

任务引例解析

唐某把发票私自借给吴某违反了国务院 2010 年 12 月 8 日颁布的《中华人民共和国发票管理办法》（国务院令第 587 号）（以下简称《发票管理办法》）第 24 条中有关任何单位和个人都不得转借、转让、代开发票的规定，这是违法行为。税务部门可以根据《发票管理办法》第 39 条的有关规定，给唐某和吴某处 10 000 元以上 50 000 元以下的罚款；情节严重的，处50 000元以上 500 000 元以下的罚款；有违法所得的予以没收。

四、账证的保管

单位和个人领购使用发票，应建立发票使用登记制度，设置发票登记簿，定期向主管税务机关报告发票的使用情况。增值税专用发票要专人保管，在启用前要检查有无缺号、串号、缺联以及有无防伪标志等情况，如发现问题应整本退回税务机关，并设立发票分类登记簿以记录增值税专用发票的购、领、存情况，每月进行检查统计并向税务机关汇报。

对已开具的发票存根和发票登记簿要妥善保管，保存期为 5 年，保存期满需要经税务机关查验后销毁。

纳税人、扣缴义务人必须按有关规定保管会计档案，自 2016 年 1 月 1 日起，会计凭证、账簿保管 30 年，月度、季度财务会计报告和纳税申报表保管 10 年，年度财务会计报告永久保管，不得伪造、变造或者擅自销毁。

【职业能力判断与选择】

一、判断题

1. 对于个体工商户确实不能设置账簿的，经税务机关批准，可以不设账簿。（　　）

2. 依据《税收征管法》规定，税务机关是发票主管机关，负责发票的印刷、领购、开具、取得、保管、缴销的管理和监督。（　　）

3. 对已开具的发票存根和发票登记簿要妥善保管，保存期为 10 年，保存期满需要经税务机关查验后销毁。（　　）

4. 税务机关对纳税人在境外取得的与纳税有关的发票或凭证有疑义的，可要求其提供注册会计师的确认证明。（　　）

二、选择题（第 1～4 题为单项选择题，第 5 题为多项选择题）

1. 从事生产经营的纳税人应自领取加载统一代码的营业执照之日起（　　）日内，按照国务院财政、税务主管部门的规定设置账簿，根据合法有效凭证记账，进行核算。

A. 10　　B. 15　　C. 30　　D. 60

2. 根据《税收征管法》的规定，从事生产经营的纳税人应当自领取加载统一代码的营业执照之日起（　　）日内，将其财务、会计制度或者财务、会计处理办法和会计核算软件报送税务机关备案。

A. 5　　B. 10　　C. 15　　D. 30

3. 发票的存放和保管应按税务机关的规定办理，不得丢失和擅自损毁。已经开具的发票存根联和发票等登记簿，应当保存（　　）年。

A. 1　　B. 3　　C. 5　　D. 10

4.《会计档案管理办法》规定，会计账簿、会计凭证应当保管（　　）年。

A. 3　　B. 5　　C. 10　　D. 30

5. 纳税人日常领购增值税专用发票时，需提供的材料有（　　）。

A. 发票领购簿　　B. IC 卡

C. 经办人身份证明　　D. 上一次发票的使用清单

任务四　纳税申报

任务引例

浙江省杭州市萧山区国税局在对上海某钢铁公司萧山分公司 2014 年、2015 年涉税情况进行检查时发现，该分公司除隐匿销售收入 140 973.83 元之外，还将每月 25 日结账后发生的销售额延至下一个纳税期申报，而未并入当月申报，造成部分税款滞纳。该国税局依法追缴税款 27 051.37 元，并处以相应罚款，同时加收滞纳金 55 236.37 元，在加收的滞纳金中，有 51 203.58元是由于过期申报造成的。

这一事例中，该公司由于过期申报而受到区国税局的处罚，你认为正确吗？

【知识准备与业务操作】

一、正常纳税申报

纳税申报是指纳税人、扣缴义务人、代征人为正常履行纳税、扣缴税款义务，就纳税事项向税务机关提出书面申报的一种法定手续。进行纳税申报是纳税人、扣缴义务人、代征人必须履行的义务。

（一）纳税申报主体

凡是按照国家法律、行政法规的规定负有纳税义务的纳税人或代征人、扣缴义务人（含享受减免税的纳税义务人），无论本期有无应纳、应缴税款，都必须按税法规定的期限如实向主管税务机关办理纳税申报。

纳税人应指派专门办税人员持办税员证办理纳税申报。纳税人必须如实填报纳税申报表，并加盖单位公章，同时按照税务机关的要求提供有关纳税申报资料，纳税人应对其申报的内容，承担完全的法律责任。

（二）纳税申报方式

一般来说，纳税申报主要有自行申报、邮寄申报、数据电文申报和其他申报等方式。

自行申报也称直接申报，是一种传统的申报方式，指纳税人和扣缴义务人按照规定的期限自行直接到主管税务机关（报税大厅）办理纳税申报手续。

邮寄申报是指经税务机关批准的纳税人、扣缴义务人使用统一规定的纳税申报专用信封，通过邮政部门办理交寄手续，并以邮政部门收据作为申报凭证的方式。其实际申报日期为寄出的邮戳日期。

数据电文申报是指以税务机关确定的电话语音、电子数据交换和网络传输等电子方式进行纳税申报。申报日期以税务机关计算机网络系统收到该数据电文的时间为准，与数据电文相对应的纸质申报资料的报送期限由税务机关确定。

其他方式是指实行定期定额缴纳税款的纳税人，可以实行简易申报、简并征期等方式申报纳税。简易申报是指实行定期定额缴纳税款的纳税人，在法律、行政法规的规定期限内以缴纳税款凭证代替申报的一种申报方式。简并征期是指实行定期定额缴纳税款的纳税人，经税务机关批准，可以采取将纳税期限合并为按季、半年、年的方式缴纳税款。简并征期相当于延长了纳税期限，本身也不属于一种独立的纳税申报方式。

（三）纳税申报期限

纳税申报期限是法律、行政法规规定的或者税务机关依照法律、行政法规的规定确定的纳税人、扣缴义务人向税务机关申报应纳或应解缴税款的期限。

纳税申报期限是根据各个税种的特点确定的，各个税种的纳税期限因其征收对象、计税环节的不同而不尽相同，同一税种，也可以因为纳税人的经营情况不同、财务会计核算不同、应纳税额大小的不等，申报期限也不一样。纳税人的具体纳税期限，由主管税务机关按各税种的有关规定确定；不能按照固定期限的，可以按次纳税。

纳税申报期限内遇有法定休假日的，申报期限依法须向后顺延。纳税人、扣缴义务人办理纳税申报期限的最后一日是法定休假日的，以休假日期满的次日为最后一日；在期限内有连续3日以上法定休假日的，按休假日天数顺延。

（四）纳税申报应报送的有关资料

纳税人依法办理纳税申报时，应向税务机关报送纳税申报表及规定的报送的各种附表资料、异地完税凭证、财务报表以及税务机关要求报送的其他有关资料。

代扣代缴义务人发生代扣代缴义务，在其第一次向税务机关报送资料时，需领取并填写代扣代缴义务人情况表一式两份（一份税务机关留存，一份扣缴义务人留存），由税务机关确认代扣税种、代扣税种的税目或品目、代扣期限、结缴期限、征收率（单位税额）等有关事宜。如代扣代缴义务人的代扣代缴情况发生变化，需到税务机关重新领取并填写代扣代缴义务人情况表。

（五）滞纳金和罚金

我国税法规定，纳税人未按规定纳税期限缴纳税款的，扣缴义务人未按规定期限解缴税款的，税务机关除责令限期缴纳外，从滞纳税款之日起，按日加收滞纳税款0.5‰的滞纳金。

税法还规定，纳税人发生违章行为的，按规定可以处一定数量的罚款。企业支付的各种滞纳金、罚款等不得列入成本费用，不得在税前列支，应当计入企业的营业外支出。

任务引例解析

根据《税收征管法》及相关法规规定，无论企业的会计结账日提前或延后，都不影响企业按照税法规定的申报期限进行纳税申报，该分公司会计人员为了贪图方便，将当月25日以后发生的业务收入不合并在当月进行纳税申报，给分公司造成多支付5万多元的滞纳金，这样的事件是完全可以避免的。

二、延期申报与零申报

（一）延期申报

延期申报是指纳税人、扣缴义务人不能按照税法规定的期限办理纳税申报或扣缴税款申报。经申请由税务机关批准可适当推延时间进行纳税申报。造成延期申报的原因有主观原因和客观原因。凡纳税人或扣缴义务人完全出于主观原因或有意拖缴税款而不按期办理纳税申报的，税务机关可视违法行为的轻重，给予处罚。纳税人、扣缴义务人延期申报，主要有两方面特殊情况：一是因不可抗力的作用，需要办理延期申报，不可抗力是指不可避免和无法抵御的自然灾害；二是因财务会计处理上的特殊情况，导致不能办理纳税申报而需要延期申报。出现这种情况一般是由于账务未处理完，不能计算应纳税款。纳税人、扣缴义务人按期办理纳税申报或者报送代扣代缴、代收代缴税款报告表确有困难的，需要延期申报的，应当在规定的纳税申报期限内提出书面申请，报请税务机关批准，并在核准期内办理纳税申报。主管税务机关视其具体情况批准延长期限。

根据审批意见，将制发《核准延期申报通知书》，当场或在规定时间内发给纳税人，并告知纳税人按上期实际缴纳税款或按税务机关核定的税额预缴税款。未核准的，在《延期申报申请审批表》签署意见后连同有关资料退回给纳税人，并告知其按规定要求申报缴纳。纳税人则应按税务机关的要求进行申报纳税。

（二）零申报

零申报是纳税人在规定的纳税申报期内按照计税依据计算申报的应纳税额为零（企业所

得税的纳税人在申报期内应纳税所得额为负数或零)而向税务机关办理的申报行为。纳税人和扣缴义务人在有效期间内,没有取得应税收入或所得,没有应缴税款发生,或者已办理加载统一代码的营业执照但未开始经营或者开业期间没有经营收入的纳税人,除已办理停业审批手续的以外,必须按规定的纳税申报期限进行零申报。纳税人进行零申报,应在申报期内向主管税务机关正常报送纳税申报表及有关资料,并在纳税申报表上注明"零"或"无收入"字样。

【职业能力判断与选择】

一、判断题

1. 纳税人可根据其自身情况选定纳税申报方式,但延期申报、邮寄申报和电子申报方式必须经主管税务机关批准。 ( )

2. 纳税人在纳税申报期内若有收入,应按规定的期限办理纳税申报;若申报期内无收入或在减免税期间,可以不办理纳税申报。 ( )

3. 纳税人未按规定纳税期限缴纳税款的,税务机关除责令限期缴纳外,从滞纳税款之日起,按日加收滞纳税款万分之五的滞纳金。 ( )

二、选择题(第 1～2 题为单项选择题,第 3 题为多项选择题)

1. 经税务机关批准延期缴纳的税款,在批准的延期内( )。

A. 不加收滞纳金　B. 加收滞纳金　C. 减半收滞纳金　D. 加倍征收滞纳金

2. 根据《税收征管法》的规定,致使纳税人未按规定的期限缴纳或者解缴税款的,税务机关除责令限期缴纳外,应当从滞纳税教之日起,按日加收滞纳税款( )的滞纳金。

A. 1‰　B. 2‰　C. 0.3‰　D. 0.5‰

3. 纳税申报方式主要有( )。

A. 直接申报　B. 邮寄申报　C. 电子申报　D. 简易申报

任务五　税款缴纳

企业办理了纳税申报以后,现需要缴纳税款,办税人员应根据企业的具体情况选择合适的税款缴纳方法。当企业发生税款减免、退还时,如何办理?国家在征税时采取哪些征收措施?纳税人和扣缴义务人在缴税过程中需负哪些法律责任?

【知识准备与业务操作】

一、税款征收方式

税款征收方式是指税务机关根据各税种的不同特点和纳税人的具体情况而确定的计算、征收税款的形式。我国税款征收方式主要有以下几种:

(一)查账征收

查账征收是税务机关按照纳税人提供的账表所反映的经营情况,依照适用的税率计算缴纳税款的方法。即先由纳税人在规定的纳税期限内，用纳税申报表的形式向税务机关办理纳税申报，经税务机关审查核实后，填写缴款书，并由纳税人到当地开户银行（国库）缴纳税款。这种征收方式适用于账簿、凭证和财务会计核算比较健全的纳税人。

（二）查定征收

查定征收是由税务机关依据纳税人的生产设备、生产能力、从业人员数量和正常情况下的生产销售情况，对其生产的应税产品实行查定产量、销售量或销售额，依率计征的一种征收方法。这种征收方式适用于生产不固定、账册不健全的纳税人。

（三）查验征收

查验征收是税务机关对某些零星、分散的高税率货物，在纳税人申报缴税时，由税务机关派人到现场实地查验，并贴上查验标记或盖上查验戳记，据以计算征收税款的一种征收方法。

（四）定期定额

定期定额是税务机关对一些营业额和所得额难以准确计算的纳税，采取由纳税人自报自议，由税务机关核定一定时期的营业额和所得税附征率，实行多税种合并征收的一种征收方式。纳税人在核定期内营业额达到或超过核定定额20%～30%时，应及时向税务机关申报调整定额。这种征收方式一般适用于小型的个体工商户。

二、税款缴纳方式

（一）纳税人直接向国库经收处缴纳

纳税人在申报前，先向税务机关领取税票，自行填写，然后到国库经收处缴纳税款，以国库经收处的回执联和纳税申报等资料，向税务机关申报纳税。这种方式适用于纳税人在设有国库经收处的银行和其他金融机构开设账户，并且向税务机关申报的纳税人。

（二）税务机关自收税款并办理入库手续

由税务机关直接收取税款并办理入库手续的缴纳方式，适用于由税务机关代开发票的纳税人缴纳的税款；临时发生纳税义务，需向税务机关直接缴纳的税款；税务机关采取强制执行措施，以拍卖所得或变卖所得缴纳的税款。

（三）代扣代缴

代扣代缴，是指按照税法规定负有扣缴税款义务的单位和个人，负责对纳税人应纳的税款进行代为扣缴的一种方式。即由支付人在向纳税人支付款项时，从所支付款项中依法直接扣收税款并代为缴纳。其目的是对零星分散、不易控管的税源进行源泉控制。如单位在支付个人工资薪金时，需依法代扣其应纳的个人所得税。

（四）代收代缴

代收代缴是指按照税法规定负有收缴税款义务的单位和个人，负责对纳税人应纳的税款进行代收代缴的一种方式。即由与纳税人有经济业务往来的单位和个人在向纳税人收取款项时依法收取税款并代为缴纳。其目的在于对税收网络覆盖不到或者难以控管的领域进行源泉控制。如受托加工应缴消费税的消费品，由受托方代收代缴消费税。

（五）委托代征

委托代征是指受托的有关单位按照税务机关核发的代征证书的要求，以税务机关的名义向纳税人征收一些零散税款的方式。目前,各地对零散、不易控管的税源,大多是委托街道办事处、居委会、乡政府、村委会及交通管理部门等代征税款。

(六)其他方式

随着现代技术的发展,新的纳税方式不断出现,如利用网络、用 IC 卡纳税等,适用于采用电子方式办理税款缴纳的纳税人。

三、税款缴纳程序

(一)正常缴纳税款

税款缴纳程序因征收方式不同而有所不同。一般来说是由纳税义务人、扣缴义务人直接向国库或者国库经收处缴纳,也可以由税务机关自收或者委托代征税款。如果自收或者委托代征税款,应由税务机关填制汇总缴纳书,随同税款缴入国库经收处。国库经收处收纳的税款,随同缴款书划转入库后,才完成了税款征收手续。无论采取哪种缴纳程序,征缴税款后,税务机关必须给纳税人开具完税凭证——中华人民共和国税收缴款书(盖有国库经收处收款章)或者税收完税证。

(二)延期缴纳税款

纳税人或扣缴义务人必须按法律、法规规定的期限缴纳税款,但有特殊困难不能按期缴纳税款的,按照《税收征管法》的规定,可以申请延期缴纳税款。

纳税人申请延期缴纳税款应符合下列条件之一,并提供相应的证明材料:①水、火、风、冰雹、海潮、地震等自然灾害的灾情报告;②可供纳税的现金、支票以及其他财产遭受查封、冻结、偷盗、抢劫等意外事故,由法院或公安机关出具的执行通告或事故证明;③国家经济政策调整的依据;④货款拖欠情况说明及所有银行账号的银行对账单、资产负债表。

纳税人延期缴纳税款申报的操作程序分为两步:

第一步:向主管税务机关填报《延期缴纳税款申请审批表》进行书面申请。

第二步:主管税务机关审核无误后,必须经省(自治区、直辖市)国家税务局或地方税务局批准方可延期缴纳税款。

需要注意的是,延期期限最长不能超过 3 个月,且同一笔税款不得滚动审批。

四、税款的减免、退还与追征

(一)税款的减免

按照税法的规定,纳税人可以用书面形式向税务机关申请减税、免税,但减税、免税申请必须经法律、行政法规规定的减免税审批机关审批,程序如下:

(1)企业申请。符合减免条件的企业,应在规定的期限内向所在地主管税务机关提交申请减免税报告,详细说明该单位的基本情况、相关指标、减免条件、政策依据,以及要求减免的税种、金额、期限等,并填写纳税单位减免税申请书。

(2)调查核实。主管税务机关在收到企业提交的申请后 15 日内派人员深入企业进行调查,核实企业实际情况。对不符合条件者以书面形式通知申请企业;对申请报告数据不实或不完善者,以书面形式告知并退回申请书,要求限期重报;对符合条件者,在纳税单位减免申请书中注明调查核实意见,详细说明减免条件、减免依据等,加盖公章后上报减免税管理部门审批。

(3)研究审批。减免税管理部门研究决定通过后，由经办人签注意见，并由主管领导审核后加盖公章，然后按减免税审批权限审批。

(4)纳税人领取减免税审批通知。

(二)税款的退还

退税的前提是纳税人已经缴纳了超过应纳税额的税款。退税情形有两种：一是技术差错和结算性质的退税；二是为加强对收入的管理，规定纳税人先按应纳税额如数缴纳入库，经核实后再从中退还应退的部分。

(1)退还的方式。可以是税务机关发现后立即退还，也可以是纳税人发现后申请退还。

(2)退税的时限要求：①税务机关发现的多征税款，无论多长时间都必须退还给纳税人。②纳税人发现的多征税款，可以自结算缴纳税款之日起 3 年内要求退还。③税务机关发现纳税人多缴税款的，应当自发现之日起 10 日内办理退还手续；纳税人发现多缴税款，要求退还的，税务机关应当自接到纳税人退还申请之日起 30 日内查实并办理退还手续，也可按照纳税人的要求抵缴下期应纳税款。

(3)纳税人申请退税需报送的资料和证件，主要有加载统一代码的营业执照副本、退税申请表一式三份、有关的税款缴纳凭证及纳税申报表。

(三)税款的追征

追征税款是指在实际的税款征缴过程中，由于征纳双方的疏忽、计算错误等原因造成的纳税人、扣缴义务人未缴或者少缴税款，税务机关依法对未征少征的税款要求补缴，对未缴少缴的税款进行追征的制度。

(1)追征税款的范围：①税务机关适用税收法律、行政法规不当或者执法行为违法造成的未缴或少缴税款；②纳税人、扣缴义务人非主观故意的计算错误以及明显笔误造成的未缴、少缴税款；③偷税、骗税和抗税。

(2)追征税款的时限：①因税务机关的责任，致使纳税人、扣缴义务人未缴或者少缴税款的，税务机关在 3 年内应要求纳税人、扣缴义务人补缴税款。②因纳税人、扣缴义务人计算错误等失误，未缴或者少缴税款的，税务机关在 3 年内应追征税款、滞纳金；有特殊情况的追征期可以延长到 5 年。"特殊情况"是指纳税人或者扣缴义务人因计算错误等失误，未缴或者少缴、未扣或者少扣、未收或者少收税款，累计数额在 10 万元以上的。③对偷税、抗税、骗税的，税务机关可以无限期追征其未缴或者少缴的税款、滞纳金或者所骗取的税款。

五、税款征收的措施

(一)税收保全措施

税收保全措施是指税务机关对可能由于纳税人的行为或某种客观原因，致使以后税款的征收不能保证或难以保证的案件，采用限制纳税人处理或转移商品、货物或其他财产的措施。《税收征管法》规定，税务机关有根据认为从事生产、经营的纳税人有逃避纳税义务行为的，可以在规定的纳税期限之前，责令限期缴纳税款；在限期内有明显的转移、隐匿其应纳税商品、货物以及其他财产迹象的，税务机关应责令其提供纳税担保。如果纳税人不能提供纳税担保，经县以上税务局(分局)局长批准，税务机关可以采取下列税收保全措施：一是书面通知纳税人开户银行或其他金融机构冻结纳税人的金额相当于应纳税款的存款；二是扣押、查封纳税人价值相当于应纳税款的商品、货物或者其他财产。纳税人在上述规定的限期内缴纳税款的，税务机关必须立即解除税收保全措施；限期期满仍未缴纳税款的，经县以上税务局(分局)局长批准，税务机关可以书面通知纳税人开户银行或其他金融机构，从其冻结的存款中扣缴税款，或依法拍卖或变卖所扣押、查封的商品、货物或其他财产，以拍卖或变卖所得抵缴税款。采取税收保全措施不当，或纳税人在期限内已缴纳税款，税务机关未立即解除税收保全措施，使纳税人的合法利益遭受损失的，税务机关应当承担赔偿责任。

(二)税收强制执行措施

《税收征管法》规定，从事生产、经营的纳税人、扣缴义务人未按照规定期限缴纳税款或解缴税款，纳税担保人未按照规定期限缴纳所担保的税款，由税务机关责令限期缴纳，逾期仍未缴纳的经县以上税务局(分局)局长批准，税务机关可以采取下列强制执行措施：一是书面通知其开户银行或其他金融机构从其存款中扣缴税款；二是扣押、查封、依法拍卖或变卖其价值相当于应纳税款的商品、货物或其他财产，以拍卖或变卖所得抵缴税款。

(三)税务检查

《税收征管法》规定，税务机关有权进行下列税务检查：①检查纳税人的账簿、记账凭证、报表和有关资料，检查扣缴义务人代扣代缴、代收代缴税款账簿、记账凭证和有关资料；②到纳税人的生产、经营场所和货物存放地检查纳税人应纳税商品、货物或其他财产，检查扣缴义务人与代扣代缴、代收代缴税款有关的经营情况；③责成纳税人、扣缴义务人提供与纳税或代扣代缴、代收代缴税款有关问题的情况；④询问纳税人、扣缴义务人与纳税或代扣代缴、代收代缴税款有关问题的情况；⑤到车站、码头、机场、邮政企业及其分支机构检查纳税人托运、邮寄应纳税商品、货物或其他财产的有关单据、凭证和有关资料；⑥经县以上税务局(分局)局长批准，凭全国统一格式的检查存款账户许可证明，查询从事生产、经营纳税人、扣缴义务人在银行或其他金融机构的存款账户。

税务机关在调查税收违法案件时，经设区的市、自治州以上的税务局(分局)局长批准，可以查询涉嫌人员的储蓄存款。税务机关查询所获得的资料，不得用于税收以外的用途。

税务机关依法进行税务检查，有权向有关单位和个人调查纳税人、扣缴义务人和其他当事人与纳税或代扣代缴、代收代缴税款有关的情况，有关单位和个人有义务向税务机关如实提供有关资料及证明材料。税务机关调查税务案件时，对与安全有关的情况和资料，可以记录、录音、录像、照相和复制。

税务机关派出人员进行税务检查时，应当出示税务检查证和税务检查通知书，并有责任为被检查人保守秘密；未出示税务检查证和税务通知书的，被检查人有权拒绝检查。纳税人、扣缴义务人必须接受税务机关依法进行的税务检查，如实反映情况，提供有关资料，不得拒绝、隐瞒。

六、税收法律责任

《税收征管法》规定的纳税人、扣缴义务人的税收法律责任主要有：

(一)未按规定申报并进行账证管理行为的法律责任

(1)纳税人有下列行为之一的，由税务机关责令限期改正，可处 2 000 元以下的罚款；情节严重的，处 2 000 元以上 1 万元以下的罚款：未按规定设置、保管账簿或保管记账凭证和有关资料的；未按规定将财务、会计制度或财务处理办法和会计核算软件报送税务机关备查的；未按规定将其全部银行账号向税务机关报告的；未按规定安装、使用税控装置，或者损毁或者擅自改动税控装置的。

(2)扣缴义务人未按规定设置、保管代扣代缴、代收代缴税款账簿或保管代扣代缴、代收代缴税款记账凭证及有关资料的，由税务机关责令限期改正，可处 2 000 元以下的罚款；情节严重的，处 2 000 元以上 5 000 元以下的罚款。

(3)纳税人未按规定期限办理纳税申报和报送纳税资料的，或扣缴义务人未按规定期限向税务机关报送代扣代缴、代收代缴税款报告和有关资料的，由税务机关责令限期改正，可处 2 000元以下的罚款；情节严重的，可处 2 000 元以上 1 万元以下的罚款。

(4)纳税人、扣缴义务人编造虚假计税依据的，由税务机关责令限期改正，并处 5 万元以下的罚款。纳税人不进行纳税申报，不缴或少缴应纳税款的，由税务机关追缴其不缴或少缴的税款、滞纳金，并处不缴或少缴税款 50%以上 5 倍以下的罚款。

(二)对偷税行为的认定及其法律责任

偷税行为是纳税人伪造、变造、隐匿、擅自销毁账簿、记账凭证，或在账簿上多列支出或不列、少列收入，或经税务机关通知申报而拒不申报或进行虚假纳税申报，不缴或少缴税款的行为。对纳税人的偷税行为，由税务机关追缴其不缴或少缴的税款、滞纳金，并处以不缴或少缴税款 50%以上 5 倍以下的罚款；构成犯罪的，依法追究刑事责任。此项处罚规定也适用于扣缴义务人不缴或少缴已扣、已收的税款。

《中华人民共和国刑法》(以下简称《刑法》)规定，对偷税数额占应纳税额 10%以上不满 30%并且偷税数额在 1 万元以上不满 10 万元的，或因偷税被税务机关二次行政处罚又偷税的，处 3 年以下有期徒刑或拘役，并处偷税数额 1 倍以上 5 倍以下罚金；偷税数额占应纳税额 30%以上并且偷税数额在 10 万元以上的，处 3 年以上 7 年以下有期徒刑，并处偷税数额 1 倍以上 5 倍以下罚金。对扣缴义务人采取前款所列手段，不缴或少缴已扣、已收税款，数额占应缴税额 10%以上并且数额在 1 万元以上的，依照前款的规定处罚。对多次犯有前两款行为，未经处理的，按照累计数额计算。

(三)逃避追缴欠税行为的法律责任

纳税人欠缴税款，采职转移或隐匿财产的手段，妨碍税务机关追缴欠缴税款的，由税务机关追缴其欠缴的税款、滞纳金，并处欠缴税款 50%以上 5 倍以下的罚款；构成犯罪的，依法追究刑事责任。

(四)骗取出口退税行为的法律责任

以假报出口或其他欺骗手段，骗取国家出口退税的，由税务机关追缴其骗取的退税款，并处以骗税款 1 倍以上 5 倍以下的罚款；构成犯罪的，依法追究其刑事责任。对骗取国家出口退税的，税务机关可以在规定期间停止为其办理出口退税。

《刑法》规定，以假报出口或其他欺骗手段，骗取国家出口退税款，数额较大的，处 5 年以下有期徒刑或拘役，并处以骗取税款 1 倍以上 5 倍以下罚金；数额巨大或有其他严重情节的，处 5 年以上 10 年以下有期徒刑，并处以骗取税款 1 倍以上 5 倍以下的罚金；数额特别巨大或有其他特别严重情节的，处 10 年以上有期徒刑或无期徒刑，并处以骗税款 1 倍以上 5 倍以下罚金或没收财产。

（五）抗税行为的法律责任

纳税人抗税，除由税务机关追缴其拒缴的税款、滞纳金外，依法追究刑事责任，情节轻微，未构成犯罪的，由税务机关追缴其拒缴税款1倍以上5倍以下的罚款。抗税是指以暴力、威胁方法拒不缴纳税款的行为。

《刑法》规定，以暴力、威胁方法拒不缴纳税款的，处3年以下有期徒刑或拘役，并处拒缴税款1倍以上5倍以下罚金；情节严重的，处3年以上7年以下有期徒刑，并处拒缴税款1倍以上5倍以下罚金。

（六）扣缴义务人不履行扣缴义务的法律责任

扣缴义务人应扣未扣、应收未收税款的，由税务机关向纳税人追缴税款，对扣缴义务人处以应扣未扣、应收未收税款50%以上3倍以下的罚款。

（七）不配合税务机关依法检查的法律责任

纳税人、扣缴义务人逃避、拒绝或以其他方式阻挠税务机关检查的，由税务机关责令改正，可处1万元以下的罚款；情节严重的，处1万元以上5万元以下的罚款。

（八）有税收违法行为而拒不接受税务机关处理的法律责任

从事生产经营的纳税人、扣缴义务人有税收违法行为，拒不接受税务机关处理的，税务机关可以收缴其发票或停止向其发售发票。

【职业能力判断与选择】

一、判断题

1. 税务机关对可不设或应设未设账簿的或虽设账簿但难以查账的纳税人，可以采取查定征收方式。（　）

2. 对有逃避纳税义务的从事生产、经营的纳税人适用税收保全措施的程序为：纳税担保在先，税收保全居中，责令限期缴纳断后。（　）

3. 只要税务机关有根据认为纳税人有明显的转移、隐匿其应纳税的商品、货物以及其他财产或应纳税收入等行为或迹象的，就可以对纳税人采取税收保全措施。（　）

4. 因纳税人、扣缴义务人计算错误等失误，未缴或者少缴税款的，税务机关在3年内可以追征；有特殊情况（即数额在10万元以上），税务机关可以无限期追征。（　）

5. 税务机关可依法到纳税人的生产、生活、经营场所和货物存放地检查纳税人应纳税的商品、货物或者其他财产。（　）

6. 纳税人、扣缴义务人逃避、拒绝或以其他方式阻挠税务机关检查的，由税务机关责令改正，可处1万元以下的罚款；情节严重的，处1万元以上5万元以下的罚款。（　）

7. 纳税人因有特殊困难，不能按期缴纳税款的，经县级税务局批准，可以延期纳税3个月；延期纳税3个月以上者，需经市（地）级税务局批准。（　）

二、选择题（第1～4题为单项选择题，第5～7题为多项选择题）

1. 对账簿、凭证、会计等核算制度比较健全的纳税人应采取的税款征收方式为（　　）。

A. 查账征收　　B. 查定征收　　C. 查验征收　　D. 邮寄申报

2. 因税务机关的责任，致使纳税人、扣缴义务人未缴或少缴税款的，税务机关在(　　)年内可以要求纳税人、扣缴义务人补缴税款，但是不得加收滞纳金。

A. 1　　B. 2　　C. 3　　D. 5

3. 根据《税收征管法》的规定，纳税人采取(　　)行为是偷税。

A. 伪造销毁账簿　　B. 假报出口骗取出口退税

C. 拒不缴纳应缴税款　　D. 超过期限未缴纳税款

4. 下列情形中，构成偷税罪的是(　　)。

A. 偷税数额占应纳税额的10%以上的

B. 偷税数额超过1万元的

C. 偷税数额占应纳税额10%以上或偷税数额超过1万元的

D. 偷税数额占应纳税额10%以上且偷税数额超过1万元的

5. 税务检查权是税务机关在检查活动中依法享受的权利，《税收征管法》规定税务机关有权(　　)。

A. 检查纳税人的账簿、记账凭证、报表和有关资料

B. 责成纳税人提供与纳税有关的文件、评审材料和有关资料

C. 到纳税人的生产、经营场所和货物存放地检查纳税人应纳税的商品、货物或者其他财产

D. 对纳税人的住宅及其他生活场所进行检查

6.《税收征管法》规定税务机关可以采取的强制执行措施主要有(　　)。

A. 书面通知纳税人开户银行冻结支付纳税人的金额相当于应纳税款的存款

B. 书面通知纳税人开户银行从其存款中扣缴税款

C. 扣押、查封纳税人的价值相当于应纳税款的商品、货物或者其他财产

D. 扣押、查封、拍卖其价值相当于应纳税款的商品、货物或者其他财产，以拍卖所得抵缴税款

7. 纳税人下列(　　)行为，由税务机关责令限期改正，可以处2 000元以下的罚款；情节严重的，处2 000元以上10 000元以下罚款。

A. 未按规定将其全部银行账号向税务机关报告的

B. 未按照规定设置、保管账簿

C. 未按照规定的期限办理纳税申报

D. 未按规定安装、使用税控装置的

项目小结

税务会计基础主要讲述了税收的概念、税制的构成要素、税收的分类以及税务会计的概念、对象、基本前提和原则等内容，从中可以了解税务会计特有的理论框架，并通过与财务会计的比较，分析两者的异同，是学习税务会计的基础和前提。

税务会计工作流程部分主要讲述了涉税登记、账证管理、纳税申报、税款缴纳等环节的基本知识和基本技能，为后面各税种的会计核算与纳税申报打下基础。

项目二　增值税会计核算与申报

知识目标

(1)理解增值税的概念、征税对象、纳税人、税率及减免政策。

(2)掌握增值税应纳税额的计算、纳税申报与税款缴纳。

(3)掌握增值税涉税业务的会计处理。

(4)熟悉增值税专用发票的使用与管理。

能力目标

(1)能根据学习内容的需要查阅有关资料。

(2)能判断哪类业务应当征收增值税、选择适用税率。

(3)能计算增值税一般纳税人的进项税额、销项税额和当期应纳税额以及小规模纳税人的应纳增值税额。

(4)会填制增值税一般纳税人与小规模纳税人的纳税申报表,并能进行增值税网上申报。

(5)能根据经济业务进行增值税一般纳税人与小规模纳税人的涉税会计业务处理。

(6)培养敬业精神、团队合作能力和良好的职业道德修养。

项目引言

增值税在我国开征不过 20 多年,现在已是我国第一大税种,已占到全部税收收入的 40%。2009 年 1 月 1 日起,我国增值税实行转型,全面实行消费型增值税,这意味着历经 15 年的生产型增值税已经退出历史舞台,而主宰税收重心的,是更为完善,对经济的贡献发挥更大作用的消费型增值税。

任务一　纳税人和征税范围的确定

任务引例

浙江安大木地板有限责任公司属于一般纳税人,主营销售各种木地板业务,兼营木地板安装服务,下设两个部门,采购部门负责采购木地板,安装部门负责安装木地板。2016 年 7 月安装木地板收入 60 万元,其中安装自己销售的地板收入 35 万元,安装其他企业的地板收入 25 万元;销售部门负责销售木地板,其收支均由公司实行统一核算。销售部门的收入由销售木地板收入、销售复合地板收入和销售实木地板收入组成。2016 年 7 月销售木地板收入 150 万元、销售复合地板收入 120 万元、销售实木地板收入 180 万元。

浙江安大木地板有限责任公司销售木地板、复合地板和实木地板以及安装木地板服务收入应当如何进行税务处理?

【知识准备与业务操作】

一、增值税纳税人的确定

增值税是以增值额为课税对象而征收的一种流转税,根据税法规定,在我国境内从事销售货物或者提供加工、修理修配劳务以及进口货物的单位和个人均为增值税的纳税人。

2013 年 8 月 1 日起陆续在全国范围内对交通运输业、邮政业、电信业和部分现代服务业实行营业税改征增值税的试点工作(以下简称"营改增"),2016 年 5 月 1 日起,在全国范围内全面推开营改增试点,至此,试点纳税人包括提供运输服务、邮政服务、电信服务、建筑服务、金融服务、现代服务、生活服务(以下简称"销售服务")和销售无形资产、不动产的单位和个人。

单位是指企业、行政单位、事业单位、军事单位、社会团体及其他单位;个人是指个体工商户和其他个人。

单位以承包、承租、挂靠方式经营的,承包人、承租人、挂靠人(以下统称承包人)以发包人、出租人、被挂靠人(以下统称发包人)名义对外经营并由发包人承担相关法律责任的,以该发包人为纳税人。否则,以承包人为纳税人。

在我国境外的单位或者个人在境内发生应税行为,在境内未设有经营机构的,购买方为增值税扣缴义务人。

为了严格增值税的征收管理和对某些经营规模小的纳税人简化计税办法,将纳税人按其经营规模大小及会计核算健全与否划分为小规模纳税人和一般纳税人。

(一)小规模纳税人

小规模纳税人是指年应税销售额在规定标准以下,并且会计核算不健全,不能按规定报送有关税务资料的增值税纳税人。

小规模纳税人年应税销售额的标准为:①从事货物生产或提供应税劳务的纳税人,以及以从事货物生产或提供应税劳务为主,并兼营货物批发或零售的纳税人,年应税销售额在 50 万元以下的;②从事货物批发或零售的纳税人,年应税销售额在 80 万元以下的;③从事销售服务、无形资产或者不动产纳税人年应税销售额在 500 万元以下的。

年应税销售额超过规定标准的其他个人不属于一般纳税人,年应税销售额超过规定标准但不经常发生应税行为的单位和个体工商户可选择按小规模纳税人纳税。

小规模纳税人不能领购和使用增值税专用发票的,按简易计税办法计算缴纳增值税。发生应税行为,购买方索取增值税专用发票的,可以向主管税务机关申请代开。

年应税销售额未超过规定标准的纳税人,会计核算健全,能够提供准确税务资料的,可以向主管税务机关办理一般纳税人资格登记,成为一般纳税人。

提示:

所谓年应税销售额,是指纳税人在连续不超过 12 个月的经营期内累计应征增值税销售额,含减免税销售额、发生境外应税行为销售额以及按规定已从销售额中差额扣除的部分。如

果该销售额为含税的，应按照适用税率或征收率换算为不含税的销售额。

（二）一般纳税人

应税行为的年应征增值税销售额超过财政部和国家税务总局规定标准的纳税人为一般纳税人。

下列纳税人不办理一般纳税人登记：

(1)个体工商户以外的其他个人。

(2)选择按照小规模纳税人纳税的非企业性单位。

(3)选择按照小规模纳税人纳税的不经常发生应税行为的企业。

除国家税务总局另有规定外，一经登记为一般纳税人后，不得转为小规模纳税人。

二、增值税征税范围的确定

增值税的征收范围，包括在我国境内的销售货物、提供应税劳务和销售服务、无形资产、不动产及进口货物。

（一）征税范围的一般规定

1.销售货物

这里所称货物是一个增值税法规中的特定概念，是指有形动产，包括电力、热力、气体在内。销售货物是指有偿转让货物的所有权，能从购买方取得货币、货物或其他经济利益。境内销售货物，是指所销售货物的起运地或所在地在我国境内。

2.提供加工、修理修配劳务

所谓加工，是指受托加工货物，即由委托方提供原料及主要材料，受托方按照委托方的要求制造货物并收取加工费的业务。所谓修理修配，是指受托方对损伤和丧失功能的货物进行修复，使其恢复原状和功能的业务。境内提供应税劳务，是指所提供的应税劳务发生在境内。

3.销售服务、无形资产或不动产

销售服务、无形资产或者不动产，是指有偿提供服务、有偿转让无形资产或者不动产，但属于下列非经营活动的情形除外：①行政单位收取的同时满足相关条件的政府性基金或者行政事业性收费；②单位或者个体工商户聘用的员工为本单位或者雇主提供取得工资的服务；③单位或者个体工商户为聘用的员工提供服务；④财政部和国家税务总局规定的其他情形。

“在境内销售服务、无形资产或不动产”是指：①服务（租赁不动产除外）或者无形资产（自然资源使用权除外）的销售方或者购买方在境内；②所销售或者租赁的不动产在境内；③所销售自然资源使用权的自然资源在境内。

下列情形不属于在境内销售服务或者无形资产：①境外单位或者个人向境内单位或者个人销售完全在境外发生的服务；②境外单位或者个人向境内单位或者个人销售完全在境外使用的无形资产；③境外单位或者个人向境内单位或者个人出租完全在境外使用的有形动产。

(1)销售服务。

销售服务，是指提供交通运输服务、邮政服务、电信服务、建筑服务、金融服务、现代服务、生活服务。

①交通运输服务。交通运输服务是指利用运输工具将货物或者旅客送达目的地，使其空

间位置得到转移的业务活动。包括陆路运输服务、水路运输服务、航空运输服务和管道运输服务。

A. 陆路运输服务，是指通过陆路（地上或者地下）运送货物或者旅客的运输业务活动，包括铁路运输、公路运输、缆车运输、索道运输、地铁运输、城市轻轨运输等。出租车公司向使用本公司自有出租车的出租车司机收取的管理费用，按陆路运输服务缴纳增值税。

B. 水路运输服务，是指通过江、河、湖、川等天然、人工水道或者海洋航道运送货物或者旅客的运输业务活动。水路运输的程租、期租业务，属于水路运输服务。

C. 航空运输服务，是指通过空中航线运送货物或者旅客的运输业务活动。航空运输的湿租业务，属于航空运输服务。航天运输服务按照航空运输服务征收增值税。

D. 管道运输服务，是指通过管道设施输送气体、液体、固体物质的运输业务活动。

无运输工具承运业务，按照交通运输服务缴纳增值税。无运输工具承运业务是指经营者以承运人身份与托运人签订运输服务合同，收取运费并承担承运人责任，然后委托实际承运人完成运输服务的经营活动。

②邮政服务。邮政服务是指中国邮政集团公司及其所属邮政企业提供邮件寄递、邮政汇兑和机要通信等邮政基本服务的业务活动。包括邮政普遍服务、邮政特殊服务和其他邮政服务。

A. 邮政普遍服务，是指函件、包裹等邮件寄递，以及邮票发行、报刊发行和邮政汇兑等业务活动。

B. 邮政特殊服务，是指义务兵平常信函、机要通信、盲人读物和革命烈士遗物的寄递等业务活动。

C. 其他邮政服务，是指邮册等邮品销售、邮政代理等业务活动。

③电信服务。电信服务是指利用有线、无线的电磁系统或者光电系统等各种通信网络资源，提供语音通话服务，传送、发射、接收或者应用图像、短信等电子数据和信息的业务活动。包括基础电信服务和增值电信服务。

A. 基础电信服务，是指利用固网、移动网、卫星、互联网，提供语音通话服务的业务活动，以及出租或者出售带宽、波长等网络元素的业务活动。

B. 增值电信服务，是指利用固网、移动网、卫星、互联网、有线电视网络，提供短信和彩信服务、电子数据和信息的传输及应用服务、互联网接入服务等业务活动。卫星电视信号落地转接服务，按照增值电信服务计算缴纳增值税。

④建筑服务。建筑服务是指各类建筑物、构筑物及其附属设施的建造、修缮、装饰，线路、管道、设备、设施等的安装以及其他工程作业的业务活动。包括工程服务、安装服务、修缮服务、装饰服务和其他建筑服务。

A. 工程服务，是指新建、改建各种建筑物、构筑物的工程作业，包括与建筑物相连的各种设备或者支柱、操作平台的安装或者装设工程作业，以及各种窑炉和金属结构工程作业。

B. 安装服务，是指生产设备、动力设备、起重设备、运输设备、传动设备、医疗实验设备以及其他各种设备、设施的装配、安置工程作业，包括与被安装设备相连的工作台、梯子、栏杆的装设工程作业，以及被安装设备的绝缘、防腐、保温、油漆等工程作业。

C. 修缮服务，是指对建筑物、构筑物进行修补、加固、养护、改善，使之恢复原来的使用价值或者延长其使用期限的工程作业。

D. 装饰服务，是指对建筑物、构筑物进行修饰装修，使之美观或者具有特定用途的工程作业。

E. 其他建筑服务，是指上列工程作业之外的各种工程作业服务。

⑤金融服务。金融服务是指经营金融保险的业务活动。包括贷款服务、直接收费金融服务、保险服务和金融商品转让。

A. 贷款服务，是指将资金贷与他人使用而取得利息收入的业务活动。各种占用、拆借资金取得的收入，以及融资性售后回租、押汇、罚息、票据贴现、转贷等业务取得的利息及利息性质的收入和以货币资金投资收取的固定利润或者保底利润，按照贷款服务缴纳增值税。

B. 直接收费金融服务，是指为货币资金融通及其他金融业务提供相关服务并且收取费用的业务活动。

C. 保险服务，是指投保人根据合同约定，向保险人支付保险费，保险人对于合同约定的可能发生的事故因其发生所造成的财产损失承担赔偿保险金责任，或者当被保险人死亡、伤残、疾病或者达到合同约定的年龄、期限等条件时承担给付保险金责任的商业保险行为。包括人身保险服务和财产保险服务。

D. 金融商品转让，是指转让外汇、有价证券、非货物期货和其他金融商品所有权的业务活动。金融商品转让不得开具增值税专用发票。

⑥现代服务。现代服务是指围绕制造业、文化产业、现代物流产业等提供技术性、知识性服务的业务活动。包括研发和技术服务、信息技术服务、文化创意服务、物流辅助服务、租赁服务、鉴证咨询服务、广播影视服务、商务辅助服务和其他现代服务。

A. 研发和技术服务，包括研发服务、技术转让服务、技术咨询服务、合同能源管理服务、工程勘察勘探服务。

B. 信息技术服务，是指利用计算机、通信网络等技术对信息进行生产、收集、处理、加工、存储、运输、检索和利用，并提供信息服务的业务活动。包括软件服务、电路设计及测试服务、信息系统服务和业务流程管理服务。

C. 文化创意服务，包括设计服务、知识产权服务、广告服务和会议展览服务。

D. 物流辅助服务，包括航空服务、港口码头服务、货运客运场站服务、打捞救助服务、装卸搬运服务、仓储服务和收派服务。

E. 租赁服务，包括融资租赁服务和经营租赁服务。

F. 鉴证咨询服务，包括认证服务、鉴证服务和咨询服务。翻译服务和市场调查服务按照咨询服务缴纳增值税。

G. 广播影视服务，包括广播影视节目(作品)的制作服务、发行服务和播映(含放映，下同)服务。

H. 商务辅助服务，包括企业管理服务、经纪代理服务、人力资源服务、安全保护服务。

I. 其他现代服务，是指除研发和技术服务、信息技术服务、文化创意服务、物流辅助服务、租赁服务、鉴证咨询服务、广播影视服务和商务辅助服务以外的现代服务。

⑦生活服务。生活服务是指为满足城乡居民日常生活需求提供的各类服务活动。包括文化体育服务、教育医疗服务、旅游娱乐服务、餐饮住宿服务、居民日常服务和其他生活服务。

A. 文化体育服务，包括文化服务和体育服务。文化服务是指为满足社会公众文化生活需求提供的各种服务。体育服务是指组织举办体育比赛、体育表演、体育活动，以及提供体育训练、体育指导、体育管理的业务活动。

B. 教育医疗服务,包括教育服务和医疗服务。教育服务是指提供学历教育服务、非学历教育服务、教育辅助服务的业务活动。医疗服务是指提供医学检查、诊断、治疗、康复、预防、保健、接生、计划生育、防疫服务等方面的服务,以及与这些服务有关的提供药品、医用材料器具、救护车、病房住宿和伙食的业务。

C. 旅游娱乐服务,包括旅游服务和娱乐服务。旅游服务是指根据旅游者的要求,组织安排交通、游览、住宿、餐饮、购物、文娱、商务等服务的业务活动。娱乐服务是指为娱乐活动同时提供场所和服务的业务。

D. 餐饮住宿服务,包括餐饮服务和住宿服务。餐饮服务是指通过同时提供饮食和饮食场所的方式为消费者提供饮食消费服务的业务活动。住宿服务是指提供住宿场所及配套服务等的活动。

E. 居民日常服务,是指主要为满足居民个人及其家庭日常生活需求提供的服务,包括市容市政管理、家政、婚庆、养老、殡葬、照料和护理、救助救济、美容美发、按摩、桑拿、氧吧、足疗、沐浴、洗染、摄影扩印等服务。

F. 其他生活服务,是指除文化体育服务、教育医疗服务、旅游娱乐服务、餐饮住宿服务和居民日常服务之外的生活服务。

(2)销售无形资产。

销售无形资产是指转让无形资产所有权或者使用权的业务活动。无形资产包括技术、商标、著作权、商誉、自然资源使用权和其他权益性无形资产。

(3)销售不动产。

销售不动产是指转让不动产所有权的业务活动。不动产,是指不能移动或者移动后会引起性质、形状改变的财产,包括建筑物、构筑物等。

4. 进口货物

进口货物是指将货物从我国境外移送至我国境内的行为。税法规定,凡进入我国海关境内的货物,应于进口报关时向海关缴纳进口环节增值税。

(二)属于征税范围的几个特殊项目

(1)货物期货。

(2)银行销售金银。

(3)典当业的死当物品销售和寄售业代委托人销售寄售物品。

(4)集邮商品(如邮票、首日封、邮折等)的生产以及销售。

(三)属于征税范围的几种特殊行为

1. 视同销售行为

单位或个体经营者的下列行为,视同销售货物、服务、无形资产或者不动产:

(1)将货物交付其他单位或者个人代销。

(2)销售代销货物。

(3)设有两个以上机构并实行统一核算的纳税人,将货物从一个机构移送其他机构用于销售,但相关机构在同一县(市)的除外。

(4)将自产或者委托加工的货物用于免税项目、简易计税项目。

(5)将自产、委托加工的货物用于集体福利或个人消费。

(6)将自产、委托加工或购进的货物作为投资,提供给其他单位或个体工商户。

(7)将自产、委托加工或购进的货物分配给股东或投资者。

(8)将自产、委托加工或购进的货物无偿赠送给其他单位或者个人。

(9)向其他单位或者个人无偿提供服务、转让无形资产或者不动产但用于公益事业或者以社会公众为对象的除外。

提示:

视同销售行为中,所涉及的外购货物进项税额,凡符合规定的,允许作为当期进项税额抵扣。其中,购进货物用于(4)、(5)项的,进项税不得抵扣,已经抵扣的,应作为进项税额转出处理。

2.混合销售行为

一项销售行为如果既涉及货物又涉及服务,为混合销售。从事货物的生产、批发或者零售的单位和个体工商户的混合销售行为,按照销售货物缴纳增值税;其他单位和个体工商户的混合销售行为,按照销售服务缴纳增值税。

上述从事货物的生产、批发或者零售的单位和个体工商户,包括以从事货物的生产、批发或者零售为主,并兼营销售服务的单位和个体工商户在内。

3.兼营行为

纳税人销售货物、加工修理修配劳务、服务、无形资产或者不动产,适用不同税率或者征收率的,应当分别核算适用不同税率或者征收率的销售额;未分别核算销售额的,按照以下方法适用税率或者征收率:

(1)兼有不同税率的销售货物、加工修理修配劳务、服务、无形资产或者不动产,从高适用税率。

(2)兼有不同征收率的销售货物、加工修理修配劳务、服务、无形资产或者不动产,从高适用征收率。

(3)兼有不同税率和征收率的销售货物、加工修理修配劳务、服务、无形资产或者不动产,从高适用税率。

纳税人兼营免税、减税项目的,应当分别核算免税、减税项目的销售额;未分别核算的,不得免税、减税。

4.代购货物

代购货物,凡同时具备下列条件,代购环节货物本身不征收增值税,仅按其手续费收入计缴增值税;如果不同时具备以下条件,无论会计准则规定如何处理,均应缴纳增值税。

(1)受托方不垫付资金。

(2)销售方将发票开具给委托方,由受托方将发票转交给委托方。

(3)受托方按销售方实际收取的销售额和增值税额与委托方结算款项,并另收手续费。

代理进口货物的行为,属于代购货物行为,应按增值税代购货物的征税规定执行。

任务引例解析

任务引例中浙江安大木地板有限责任公司的经营范围包括木地板销售和木地板安装,也就是说，顾客不买木地板，公司也可以为顾客提供安装木地板服务，而且二者没有必然的从属关系，属于兼营行为，企业应分别核算。分别按不同税率缴纳增值税：销售地板收入，包括销售木地板、复合地板、实木地板收入，应按销售货物申报缴纳增值税，而木地板安装劳务属于服务业，应按销售服务业申报缴纳增值税，这样对企业也更为有利。

三、增值税税率、征收率、抵扣率的选择

（一）基本税率

增值税一般纳税人销售或者进口货物，提供加工、修理修配劳务，低税率适用范围和销售个别旧货适用征收率外，税率一律为17%，这就是通常所说的基本税率。

（二）低税率

增值税一般纳税人销售或者进口下列货物，按低税率计征增值税，低税率为11%：①粮食、食用植物油；②自来水、暖气、冷气、热水、煤气、石油液化气、天然气、沼气、居民用煤炭制品；③图书、报纸、杂志；④饲料、化肥、农药、农机（不包括农机零部件）、农膜；⑤农产品、音像制品、电子出版物、二甲醚；⑥国务院规定的其他货物。

提示：

①淀粉不属于农产品的范围，应按照17%征收增值税；②工业用盐的增值税税率为17%，食用盐为11%的低税率。

（三）零税率

纳税人出口货物，税率为零，但国务院另有规定的除外。

提示：

不适用零税率的货物：原油、柴油、援外货物、天然牛黄、麝香、铜及铜基合金、白银、糖和新闻纸等。

纳税人兼营不同税率的货物或者应税劳务（如：某商场既销售税率为17%的商品，又销售税率为11%的粮食、食用油等；某农业机械厂既生产销售税率为11%的农机，又对外提供税率为17%的加工、修理修配业务），应当分别核算不同税率货物或者应税劳务的销售额；未分别核算销售额的，从高适用税率。

（四）销售服务、无形资或者不动产的税率

（1）提供交通运输、邮政、基础电信、建筑、不动产租赁服务，销售不动产，转让土地使用权，税率为11%。

（2）提供有形动产租赁服务，税率为17%。

（3）除了以上两种情形外，纳税人发生其他销售服务、无形资产应税行为，税率为6%。

（4）境内单位和个人发生财政部和国家税务总局规定范围内的跨境应税行为，税率为零。

（五）征收率

1. 小规模纳税人

（1）销售货物、加工修理修配劳务、服务、无形资产的征收率为3%。

（2）销售自己使用过的固定资产，减按2%征收率征收增值税。

（3）销售旧货，按3%征收率减按2%征收增值税。

(4)销售不动产(不含个体工商户销售购买的住房和其他个人销售不动产),按照5%的征收率征收增值税。

(5)房地产开发企业中的小规模纳税人,销售自行开发的房地产项目,按5%的征收率征收增值税。

(6)出租不动产(不含个人出租住房),按5%的征收率征收增值税。

2. 一般纳税人

(1)3%征收率(销售自产货物)。从2014年7月1日起,一般纳税人销售自产的下列货物,可选择按简易办法依3%征收率征收增值税:①县级及县级以下小型水力发电单位生产的电力。小型水力发电单位,是指各类投资主体建设的装机容量为5万千瓦以下(含5万千瓦)的小型水力发电单位。②建筑用和生产建筑材料所用的砂、土、石料。③以自己采掘的砂、土、石料或其他矿物连续生产的砖、瓦、石灰(不含粘土实心砖、瓦)。④用微生物、微生物代谢产物、动物毒素、人或动物的血液或组织制成的生物制品。⑤自来水。⑥商品混凝土(仅限于以水泥为原料生产的水泥混凝土)。

(2)3%征收率。从2014年7月1日起,一般纳税人销售下列货物,暂按简易办法依3%征收率征收增值税:①寄售商店代销寄售物品。②典当业销售死当物品。③经国务院或其授权机关批准认定的免税商店零售免税货物。

(3)3%征收率减按2%征收。包括:①一般纳税人销售旧货,按简易办法依3%征收率减按2%征收增值税,不得抵扣进项税额。②一般纳税人销售自己使用过的固定资产,区分不同情况征收增值税:一般纳税人销售自己使用过的2009年1月1日或纳入营改增试点之日后购进或自制的固定资产,按照适用税率征收增值税;销售自己使用过的2008年12月31日或纳入营改增试点之日前购进或自制的固定资产,按3%征收率减按2%征收增值税并且不得开具增值税专用发票,或者依照3%征收率缴纳增值税,可开具增值税专用发票。

(4)3%征收率(销售服务)。2016年5月1日起,一般纳税人发生下列特定应税服务,可以选择简易计税方法按3%计税,但一经选择,36个月内不得变更:

①公共交通运输服务。包括轮客渡、公交客运、地铁、城市轻轨、出租车、长途客运、班车。

②经认定的动漫企业为开发动漫产品提供的动漫脚本编撰、形象设计、背景设计、动画设计、分镜、动画制作、摄制、描线、上色、画面合成、配音、配乐、音效合成、剪辑、字幕制作、压缩转码服务,以及在境内转让动漫版权。

③电影放映服务、仓储服务、装卸搬运服务、收派服务和文化体育服务。

④以纳入营改增试点之日前取得的有形动产为标的物提供的经营租赁服务。

⑤在纳入营改增试点之日前签订的尚未执行完毕的有形动产租赁合同。

⑥以清包工方式提供的建筑服务。清包工方式,是指施工方不采购建筑工程所需的材料或只采购辅助材料,并收取人工费、管理费或者其他费用的建筑服务。

⑦为甲供工程提供的建筑服务。甲供工程,是指全部或部分设备、材料、动力由工程发包方自行采购的建筑工程。

⑧为建筑工程老项目提供的建筑服务。工程老项目是指合同注明的开工日期在2016年4月30日前的建筑工程项目。

(5)5%征收率(销售或出租不动产)。2016年5月1日起,一般纳税人发生下列特定应税行为,可以选择简易计税方法计税,但一经选择,36个月内不得变更。纳税人在不动产所在地按5%预缴税款后,向机构所在地主管税务机关进行纳税申报。

①销售其2016年4月30日前取得或者自建的不动产。

②房地产开发企业销售自行开发的房地产老项目。

③出租其2016年4月30日前取得的不动产。公路经营企业中的一般纳税人收取试点前开工的高速公路的车辆通行费,可依照5%的征收率减按3%征收。

3.其他

(1)其他个人销售其取得(不含自建)的不动产(不含其购买的住房),按照5%的征收率征税。

(2)其他个人出租其取得的不动产(不合住房),按照5%的征收率征税。

(3)个人出租住房,按照5%的征收率减按1.5%征收。

(六)增值税抵扣率(扣除率)

对企业从非增值税纳税人购进免税农产品,由于不能得到增值税专用发票,为了不增加企业的增值税税负,税法规定了按抵扣率计算抵扣进项税额。

增值税一般纳税人购进农业生产者销售的免税农业产品和向小规模纳税人购买农业产品,按买价11%的抵扣率计算进项税额,买价包括纳税人购进农产品在农产品收购发票或者销售发票上注明的价款和按规定缴纳的烟叶税。价款是指经上级主管税务机关批准使用的收购凭证上注明的价款。对一般纳税人购进农业产品开具的粮食收购发票(税务机关统一印制),可以按收购发票上注明的价款计算进项税额。

四、增值税优惠政策的运用

增值税的减免项目等优惠政策,由国务院统一规定,任何地区和部门都不得擅自出台优惠政策。

(一)增值税法定免税项目

(1)农业生产者销售的自产农业产品。

(2)避孕药品和用具。

(3)古旧图书。

(4)直接用于科学研究、科学试验和教学的进口仪器、设备。

(5)外国政府、国际组织无偿援助的进口物资和设备。

(6)由残疾人组织直接进口供残疾人专用的物品。

(7)个人销售自己使用过的物品。

(二)营业税改征增值税试点过渡优惠政策

1.免征增值税项目

(1)托儿所、幼儿园提供的保育和教育服务。

(2)养老机构提供的养老服务。

(3)残疾人福利机构提供的育养服务。

(4)婚姻介绍服务。

(5)殡葬服务。

(6)残疾人员本人为社会提供的医疗服务。

(7)医疗机构提供的医疗服务。

(8)从事学历教育的学校提供的教育服务。

(9)学生勤工俭学提供的服务。

(10)农业机耕、排灌、病虫害防治、植物保护、农牧保险以及相关技术培训业务,家禽、牲畜、水生动物的配种和疾病防治。

(11)纪念馆、博物馆、文化馆、文物保护单位管理机构、美术馆、展览馆、书画院、图书馆在自己的场所提供文化体育服务取得的第一道门票收入。

(12)寺院、宫观、清真寺和教堂举办文化、宗教活动的门票收入。

(13)行政单位之外的其他单位收取的符合相关规定条件的政府性基金和行政事业性收费。

(14)个人转让著作权。

(15)个人销售自建自用住房。

(16)2018 年 12 月 31 日前,公共租赁住房经营管理单位出租公共租赁住房。

(17)台湾航运公司、航空公司从事海峡两岸海上直航、空中直航业务在大陆取得的运输收入。

(18)纳税人提供的直接或者间接国际货物运输代理服务。

(19)以下利息收入:①2016 年 12 月 31 日前,金融机构农户小额贷款;②国家助学贷款;③国债、地方政府债;④人民银行对金融机构的贷款;⑤住房公积金管理中心用住房公积金在指定的委托银行发放的个人住房贷款;⑥外汇管理部门在从事国家外汇储备经营过程中,委托金融机构发放的外汇贷款;⑦统借统还业务中,企业集团或企业集团中的核心企业以及集团所属财务公司按不高于支付给金融机构的借款利率水平或者支付的债券票面利率水平,向企业集团或者集团内下属单位收取的利息。

(20)被撤销金融机构以货物、不动产、无形资产、有价证券、票据等财产清偿债务。

(21)保险公司开办的 1 年期以上人身保险产品取得的保费收入。

(22)下列金融商品转让收入:①合格境外投资者(QFII)委托境内公司在我国从事证券买卖业务;②香港市场投资者(包括单位和个人)通过沪港通买卖上海证券交易所上市 A 股;③对香港市场投资者(包括单位和个人)通过基金互认买卖内地基金份额;④证券投资基金(封闭式证券投资基金,开放式证券投资基金)管理人运用基金买卖股票、债券;⑤个人从事金融商品转让业务。

(23)金融同业往来利息收入。

(24)符合规定条件的担保机构从事中小企业信用担保或者再担保业务取得的收入(不含信用评级、咨询、培训等收入)3 年内免征增值税。

(25)国家商品储备管理单位及其直属企业承担商品储备任务,从中央或者地方财政取得的利息补贴收入和价差补贴收入。

(26)纳税人提供技术转让、技术开发和与之相关的技术咨询、技术服务。

(27)同时符合下列条件的合同能源管理服务:①节能服务公司实施合同能源管理项目相关技术,应当符合国家质量监督检验检疫总局和国家标准化管理委员会发布的《合同能源管理技术通则》(GB/T 24915—2010)规定的技术要求;②节能服务公司与用能企业签订节能效益分享型合同，其合同格式和内容，符合《中华人民共和国合同法》和《合同能源管理技术通则》(GB/T 24915—2010)等规定。

(28)2017年12月31日前，科普单位的门票收入，以及县级及以上党政部门和科协开展科普活动的门票收入。

(29)政府举办的从事学历教育的高等、中等和初等学校(不含下属单位)，举办进修班、培训班取得的全部归该学校所有的收入。

(30)政府举办的职业学校设立的主要为在校学生提供实习场所，并由学校出资自办、由学校负责经营管理、经营收入归学校所有的企业，从事"现代服务"(不含融资租赁服务、广告服务和其他现代服务)、"生活服务"(不含文化体育服务、其他生活服务和桑拿、氧吧)业务活动取得的收入。

(31)家政服务企业由员工制家政服务员提供家政服务取得的收入。

(32)福利彩票、体育彩票的发行收入。

(33)军队空余房产租赁收入。

(34)为了配合国家住房制度改革，企业、行政事业单位按房改成本价、标准价出售住房取得的收入。

(35)将土地使用权转让给农业生产者用于农业生产。

(36)涉及家庭财产分割的个人无偿转让不动产、土地使用权。

(37)土地所有者出让土地使用权和土地使用者将土地使用权归还给土地所有者。

(38)县级以上地方人民政府或自然资源行政主管部门出让、转让或收回自然资源使用(不含土地使用权)。

(39)为安置随军家属就业而新开办的企业(随军家属必须占企业总人数的60%(含)以上，并有军(含)以上政治和后勤机关出具的证明)和从事个体经营的随军家属(必须有师以上政治机关出具的可以表明其身份的证明)自办理税务登记事项之日起，其提供的应税服务3年内免征增值税。

(40)从事个体经营的军队转业干部和为安置自主择业的军队转业干部就业而新开办的企业(军队转业干部占企业总人数60%(含)以上)，自办理税务登记事项之日起，其提供的应税服务3年内免征增值税，自主择业的军队转业干部必须持有师以上部队颁发的转业证件。

2. 不征收增值税项目

(1)根据国家指令无偿提供的铁路运输服务、航空运输服务，属于公益事业的服务。

(2)存款利息。

(3)被保险人获得的保险赔付。

(4)房地产主管部门或者其指定机构、公积金管理中心、开发企业以及物业管理单位代收的住宅专项维修资金。

(5)在资产重组过程中，通过合并、分立、出售、置换等方式，将全部或者部分实物资产以及与其相关联的债权、负债和劳动力一并转让给其他单位和个人，其中涉及的不动产、土地使用权转让行为。

3. 增值税即征即退

(1)一般纳税人提供管道运输服务，对其增值税实际税负超过3%的部分实行增值税即征即退政策。

(2)经人民银行、银监会或者商务部批准从事融资租赁业务的试点纳税人中的一般纳税人,提供有形动产融资租赁服务和有形动产融资性售后回租服务,对其增值税实际税负超过3%的部分实行增值税即征即退政策。

增值税实际税负,是指纳税人当期提供应税服务实际缴纳的增值税额占纳税人当期提供应税服务取得的全部价款和价外费用的比例。

4. 扣减增值税

(1)持"就业失业登记证"(注明"自主创业税收政策"或附着"高校毕业生自主创业证")人员或退役士兵从事个体经营的,在3年内按照每户每年8 000元为限额依次扣减其当年实际应缴纳的增值税、城市维护建设税、教育费附加、地方教育附加和个人所得税。限额标准最高可上浮20%,各省、自治区、直辖市人民政府可根据本地区实际情况在此幅度内确定限额标准,并报财政部和国家税务总局备案。纳税人年度应缴纳税款小于上述扣减限额的,以其实际缴纳的税款为限;大于上述扣减限额的,应当以上述扣减限额为限。

(2)商贸企业、服务型企业、劳动就业服务企业中的加工型企业和街道社区具有加工性质的小型企业实体,在新增加的岗位中,当年新招用持"就业失业登记证"人员或退役士兵,与其签订1年以上期限劳动合同并依法缴纳社会保险费的,在3年内按照实际招用人数予以定额依次扣减增值税、城市维护建设税、教育费附加、地方教育附加和企业所得税优惠。定额标准为每人每年4 000元,最高可上浮30%(招用自主就业退役士兵的最高可上浮50%)。由试点地区省级人民政府根据本地区实际情况在此幅度内确定具体定额标准,并报财政部和国家税务总局备案。上述优惠政策的执行期限为2016年5月1日至2016年12月31日,纳税人在2016年12月31日未享受满3年的,可继续享受至3年期满为止。

5. 其他减免规定

(1)金融企业发放贷款后,自结息日起90天内发生的应收未收利息按现行规定缴纳增值税,自结息日起90天后发生的应收未收利息暂不缴纳增值税,待实际收到利息时按规定缴纳增值税。

(2)个人将购买不足2年的住房对外销售的,按照5%的征收率全额缴纳增值税。个人将购买2年及以上的住房对外销售的,免征增值税(北京市、上海市、广州市、深圳市除外);北京市、上海市、广州市、深圳市个人将购买2年及以上非普通住房对外销售的,以销售收入减去购买房屋的价款后的差额按照5%的征收率缴纳增值税,将购买2年及以上的普通住房对外销售的,免征增值税。

纳税人发生应税行为同时适用免税和零税率规定的,纳税人可以选择适用免税或者零税率。

(三)起征点

对销售额为达到规定起征点的个人(包括小规模纳税人的个体工商户和其他个人),可以免缴增值税。2011年11月1日起增值税的起征点为:

(1)按期纳税的,为月销售额5 000~20 000元(含本数)。

(2)按次纳税的,为每次(日)销售额300~500元(含本数)。

对增值税小规模纳税人中月销售额未达到2万元的企业或非企业性单位,免征增值税。

2017 年 12 月 31 日前，对月销售额 2 万元(含本数)至 3 万元的增值税小规模纳税人，免征增税。

起征点的调整由财政部和国家税务总局规定。省、自治区、直辖市财政厅(局)和国家税务局应当在规定的幅度内，根据实际情况确定本地区适用的起征点，并报财政部和国家税务总局备案。

五、增值税专用发票的使用

增值税专用发票是一般纳税人销售货物、加工修理修配劳务、服务、无形资产或者不动产开具的发票，是购买方支付增值税额并可按照增值税有关规定据以抵扣增值税进项税额的合法证明。由于其所具备的特殊作用，我国对增值税专用发票制定了严格的管理规定。

(一)增值税专用发票的领购和开具范围

1. 领购范围

一般纳税人可以凭发票领购簿、IC 卡和经办人身份证明领购增值税专用发票。一般纳税人有下列情形之一的，不得领购开具专用发票：

(1)会计核算不健全，不能向税务机关准确提供增值税销项税额、进项税额、应纳税额数据及其他有关增值税税务资料的。

(2)有《税收征管法》规定的税收违法行为，拒不接受税务机关处理的。

(3)有下列行为之一，经税务机关责令限期改正而仍未改正的：①虚开增值税专用发票；②私自印制专用发票；③向税务机关以外的单位和个人买取专用发票；④借用他人专用发票；⑤未按规定开具专用发票；⑥未按规定保管专用发票和专用设备；⑦未按规定申请办理防伪税控系统变更发行；⑧未按规定接受税务机关检查。

2. 开具范围

一般纳税人发生应税行为，应当向索取增值税专用发票的购买方开具增值税专用发票，并在增值税专用发票上注明销售额和销项税额。

属于下列情形之一的，不得开具增值税专用发票：

(1)向消费者个人销售货物、加工修理修配劳务、服务、无形资产或者不动产的。

(2)适用免征增值税规定的应税行为。

增值税小规模纳税人发生应税行为，购买方索取增值税专用发票的，可以向主管税务机关申请代开。

(二)增值税专用发票的基本内容和开具要求

增值税专用发票由基本联次或者基本联次附加其他联次构成。基本联次为三联，依次为记账联、抵扣联和发票联。记账联，作为销售方核算销售收入和增值税销项税额的凭证；抵扣联，作为购买方报送主管税务机关认证和留存备查的凭证；发票联，作为购买方核算采购成本和增值税进项税额的凭证。其他联次用途，由一般纳税人自行确定。

增值税一般纳税人应通过增值税防伪税控系统开具专用发票。防伪税控系统是指经国务院同意推行的，使用专用设备和通用设备、运用数字密码和电子存储技术管理专用发票的计算机管理系统。其中专用设备包括金税卡、IC 卡、读卡器等，通用设备包括计算机、打印机、扫描器具等。纳税人可以购买专用开票设备自行开票，也可以不购买上述专用开票设备，按《国家税务总局增值税防伪税控主机共享服务系统管理暂行办法》的规定，聘请社会中介机构代为开票。

增值税专用发票应按照增值税纳税义务的发生时间开具，不得提前或滞后，并与实际交易相符。开具时应项目齐全，字迹清楚，不得压线、错格，发票联和抵扣联加盖财务专用章或者发票专用章。对不符合上列要求的专用发票，购买方有权拒收。

对已开具增值税专用发票的销售货物、加工修理修配劳务、服务、无形资产或者不动产，销售方要及时足额计入当期销售额计税。凡开具了增值税专用发票，其销售额未按规定计入销售账户核算的，一律按偷税论处。

（三）增值税专用发票进项税额的抵扣

除国家税务总局另有规定的外，用于抵扣增值税进项税额的专用发票应经税务机关认证相符。纳税人应在增值税专用发票开具之日起 180 日内到税务机关认证，经过认证的增值税专用发票，应在认证通过的当月按规定核算当期进项税额并申报抵扣，否则不予抵扣进项税额。税务机关认证后，应向纳税人提供一份《增值税专用发票抵扣联认证清单》，以备企业作为纳税申报附列资料。自 2016 年 5 月 1 日起，纳税信用 A 级、B 级纳税人对取得的增值税专用发票可以不再进行认证，通过增值税发票税控开票软件登录本省增值税发票查询平台，查询、选择用于申报抵扣或者出口退税的增值税发票信息(以下简称“选择抵扣”)。

（四）开具增值税专用发票后发生退货或销售折让的处理

一般纳税人在开具专用发票当月，发生销货退回、开票有误等情形，收到退回的发票联、抵扣联符合作废条件的(即：收到退回的发票联、抵扣联时间未超过销售方开票当月；销售方未抄税并且未记账；购买方未认证或者认证结果为“纳税人识别号认证不符”“专用发票代码、号码认证不符”)，按作废处理；开具时发现有误的，可即时作废。作废专用发票须在防伪税控系统中将相应的数据电文按“作废”处理，在纸质专用发票(含未打印的专用发票)各联次上注明“作废”字样，全部联次留存。

一般纳税人取得专用发票后，发坐销货退回、开票有误等情形但不符合作废条件的，或者因销货部分退回及发生销售折让的，购买方应向主管税务机关填报《开具红字增值税专用发票申请单》(以下简称《红票申请单》)。

主管税务机关对一般纳税人填报的《红票申请单》进行审核后，出具《开具红字增值税专用发票通知单》(以下简称《红票通知单》)。《红票通知单》应与《红票申请单》一一对应。除不符合作废条件的销货退回、部分退回及销售折让等情况外，购买方必须暂依《红票通知单》所列增值税税额从当期进项税额中转出，未抵扣增值税进项税额的可列入当期进项税额，待取得销售方开具的红字专用发票后，与留存的《红票通知单》一并作为记账凭证。销售方凭购买方提供的《红票通知单》开具红字专用发票，在防伪税控系统中以销项负数开具。红字专用发票应与《红票通知单》一一对应。

（五）丢失已开具增值税专用发票的处理

一般纳税人丢失已开具增值税专用发票的发票联和抵扣联，购买方凭销售方提供的相应增值税专用发票记账联复印件及销售方所在地主管税务机关出具的《丢失增值税专用发票已报税证明单》，经购买方主管税务机关审核同意后，可作为增值税进项税额的抵扣凭证。如果丢失前尚未认证的，购买方需凭销售方提供的相应增值税专用发票记账联复印件到主管税务机关进行认证。

一般纳税人丢失已开具专用发票的抵扣联，如果丢失前已认证相符的，可使用专用发票发票联复印件留存备查；如果丢失前未认证的，可使用专用发票发票联到主管税务机关认证，专用发票发票联复印件留存备查。

一般纳税人丢失已开具专用发票的发票联，可将专用发票抵扣联作为记账凭证的附件，专用发票抵扣联复印件留存备查。

【职业能力判断与选择】

一、判断题

1. 在实际工作中，凡是属于生产资料转移价值的因素，都应该作为扣除项目，从商品总价值中扣除。（　　）

2. "生产型增值税"与"消费型增值税"的区别在于是否允许企业购入固定资产所含的税金进行抵扣。（　　）

3. 纳税人出口货物，税率为零，因此一般纳税人的税率有两档，即基本税率和零税率。（　　）

4. 免征增值税的农业产品按照买价的11%的扣除率计算进项税额，准予抵扣。（　　）

5. 增值税的免税、减税项目由国务院规定。任何地区、部门均不得规定免税、减税项目。（　　）

6. 增值税专用发票只限于增值税的一般纳税人和小规模纳税人领购使用，非增值税纳税人不得领购使用。（　　）

7. 小规模纳税人一律按照销售额的3%的征收率计算应纳税款，不得抵扣进项税额。（　　）

8. 小规模纳税人如符合规定条件，需开具专用发票的，可由当地税务机关代开增值税专用发票。（　　）

二、选择题（第1～8题为单项选择题，第9～15题为多项选择题）

1. 我国现行的增值税采用（　　）。

A. 价内税　B. 价外税　C. 定额税　D. 累进税

2. 下列货物适用17%增值税税率的是（　　）。

A. 生产销售啤酒　B. 生产销售煤炭

C. 生产销售石油液化气　D. 生产销售暖气

3. 我国对购进农产品的增值税扣除率为（　　）。

A. 7%　B. 10%　C. 11%　D. 17%

4. 下列货物中，目前允许按11%抵扣进项税额的是（　　）。

A. 购进免税农产品　B. 购进废旧物资

C. 购进固定资产　D. 购进原材料支付运输费用

5. 纳税人销售的下列货物中，免征增值税的是（　　）。

A. 销售农业机械　B. 销售煤炭

C. 销售日用百货　　D. 销售自产的农产品

6. 下列外购货物，应视同销售计征增值税的是(　　)。

A. 用于免征增值税项目　　B. 用于抵债

C. 作为奖金发放给职工　　D. 用于个人消费

7. 现行增值税纳税人中所称中华人民共和国境内是指销售货物的(　　)在我国境内。

A. 起运地　　B. 最终销售地　　C. 货物支付地　　D. 企业所在地

8. 在增值税法规中，“出口货物零税率”具体是指(　　)。

A. 出口货物免税　　B. 该货物的增值税率为零

C. 出口货物的整体税负为零　　D. 以上都正确

9. 应交增值税的行业包括(　　)。

A. 商品流通业　　B. 建筑业　　C. 交通运输业　　D. 制造业

10. 划分一般纳税人和小规模纳税人的标准有(　　)。

A. 销售额达到规定标准　　B. 经营效益好

C. 会计核算健全　　D. 有上级主管部门

11. 我国现行增值税的征收范围包括(　　)。

A. 在中国境内销售货物　　B. 在中国境内提供应税劳务

C. 进口货物　　D. 过境货物

12. 下列各项中，属于增值税征税范围的有(　　)。

A. 销售钢材　　B. 销售自来水　　C. 销售电力　　D. 销售房屋

13. 下列行为中，属于视同销售货物应征增值税的行为有(　　)。

A. 委托他人代销货物　　B. 销售代销货物

C. 将自产的货物分给职工做福利　　D. 将外购的货物用于免征增值税项目

14. 下列项目，属于免征增值税的有(　　)。

A. 农业生产者销售自产的粮食　　B. 药厂销售避孕药品

C. 个人销售自己使用过的物品　　D. 机械厂销售农业机具

15. 下列情况中，只开具发票而不开具专用发票的有(　　)。

A. 向消费者销售货物或者提供应税劳务的

B. 销售免税货物的

C. 小规模纳税人销售货物或者提供应税劳务的

D. 向小规模纳税人销售货物或者提供应税劳务的

任务二　增值税税款计算

任务引例

某电子设备生产厂(一般纳税人)，本月向某商场批发货物一批，开具增值税专用发票注明价款为200万元；向消费者零售货物，开具的普通发票注明的价款为50万元。

该电子设备生产厂的本月销售额中，既有不含税的销售额，也有含税的零售金额。

请问，如何计算该电子设备生产厂本月的计税销售额和销项税额？

【知识准备与业务操作】

一、一般纳税人应纳税额的计算

根据税法规定，一般纳税人实行进项抵扣法。一般纳税人凭增值税专用发票及其合法扣税凭证注明税款进行抵扣，其应缴增值税的计算公式为：

当期应交增值税＝当期销项税额－当期进项税额

（一）销项税额的计算

销项税额是纳税人发生应税行为，按照销售额和增值税税率计算，并向购买方收取的增值税税额，其计算公式为：

销项税额＝销售额×适用税率

1. 一般销售方式下销售额的确定

销售额是指纳税人发生应税行为取得的全部价款和价外费用。但是不包括收取的销项税额，体现增值税为价外税性质。因此，销售额的确定主要是确定价款和价外费用。

价外费用是指价外收取的各种性质的收费，包括价外向购买方收取的手续费、补贴、基金、集资费、返还利润、奖励费、违约金、滞纳金、延期付款利息、赔偿金、代收款项、代垫款项、包装费、包装物租金、储备费、优质费、运输装卸费以及其他各种性质的价外收费。无论会计制度规定如何核算，均应并入销售额计算应纳税额。但下列项目不包括在内：①向购买方收取的销项税额；②委托加工应征消费税的消费品所代收代缴的消费税；③符合国家税收法律、法规规定条件代为收取的政府性基金或者行政事业性收费；④以委托方名义开具发票代委托方收取的款项。

纳税人按照人民币以外的货币结算销售额的，应当折合成人民币计算，折合率可以选择销售额发生的当天或者当月 1 日的人民币汇率中间价。纳税人应当事先确定采用何种折合率，确定后 12 个月内不得变更。

税法规定各种性质的价外费用都要并入销售额计算征税，目的是防止企业以各种名义的收费减少销售额逃避纳税。但是在计算应缴税额时应当注意的是，对增值税一般纳税人向购买方收取的价外费用和逾期包装物的押金应视作含税收入，在计算时应换算成不含税收入再并入销售额。

另外，纳税人发生应税行为价格明显偏低或偏高且不具有合理商业目的的，或者有视同销售行为而无销售额的，主管税务机关有权按下列顺序确定销售额：

（1）按纳税人最近时期同类货物、劳务、服务、无形资产或者不动产的平均价格确定。

（2）按其他纳税人最近时期同类货物、劳务、服务、无形资产或者不动产的平均价格确定。

（3）按组成计税价格确定，组成计税价格的公式为：

组成计税价格＝成本×（1＋成本利润率）

其中：属于应征消费税的货物，其组成计税价格中应加计消费税额。成本利润率由国家税务总局确定。

2. 特殊销售货物方式下销售额的确定

在销售活动中，纳税人为了提高销售额会采用多种销售方式。由于销售方式的不同，纳税人的销售额的确定方式也会有所不同。下面介绍几种特殊方式下的销售额的确定方法。

(1)折扣、折让方式销售货物。纳税人采用的折扣方式一般有折扣销售、销售折扣和销售折让三种形式。不同折扣方式下其计税销售额也有所差别：

①折扣销售(商业折扣)，是由于购货方购货数量较大等原因而给予购货方的价格优惠。按税法规定：如果销售额和折扣额在同一张发票上分别注明的，可以按折扣后的销售额征收增值税；如果将折扣额另开发票，不论其在财务上如何处理，均不得从销售额中减除折扣额。另外，折扣销售仅限于价格折扣，不包括实物折扣。实物折扣不得从货物销售额中减除，应按增值税条例“视同销售货物”中的“赠送他人”计征增值税。

②销售折扣(现金折扣)，是为了鼓励及早付款而给予购货方的一种折扣优待。销售折扣不得从销售额中减除。因为销售折扣发生在销货之后，是一种融资性质的理财费用。

③销售退回或折让，是指货物售出后，由于品种、质量等原因购货方要求予以退货或要求销货方给予购货方的一种价格折让。由于是货物的品种和质量问题而引起的销售额减少，对手续完备的销售退回或折让而退还给购买方的增值税，可从发生销售退回或折让的当期的销项税额中扣减。对于销售回扣，其实质是变相的商业贿赂，不得从销售额中减除。

(2)以旧换新方式销售货物。以旧换新方式销售货物是指纳税人在销售货物过程中，折价收回同类旧货物，并以折价款部分冲减新货物价款的一种销售方式。

采取以旧换新方式销售货物的(金银首饰除外)，应按新货物的同期销售价格确定销售额，不得扣减旧货物的收购价格，对有偿收回的旧货物，不得抵扣进项税额。金银首饰以旧换新业务，可按销售方实际收取的不含增值税的全部价款征收增值税。

(3)还本销售方式销售货物。还本销售是指将货物销售出去以后，到约定的期限再由销货方一次或分次将购货款部分或全部退还给购货方的一种销售方式，其实质是一种以提供货物换取还本不付息的融资行为。税法规定纳税人采取还本销售方式销售货物，其销售额应是货物的销售全价，不得从销售额中减除还本支出。

(4)以物易物方式销售货物。以物易物是指购销双方不是以货币结算或主要不以货币结算，而是以货物相互结算，实现货物购销，是一种较为特殊的货物购销方式。虽然这种方式没有涉及货币收支，但其本质也是一种购销行为。税法规定，以物易物双方都应作购销处理，以各自发出的货物核算销售额，并以此计算销项税额，以各自收到的货物按规定核算购货额，并以此计算进项税额。以物易物双方，如果未相互开具增值税专用发票，也应计算销项税额，但没有进项税额。如果双方相互开具了增值税专用发票，则双方既要计算销项税额，也可抵扣进项税额。

(5)包装物租金、押金的计价。包装物租金作为价外费用，计入销售额计算销项税额。纳税人为销售货物而出租出借包装物所收取的押金，单独记账核算的，不计入销售额征税。但对逾期未收回包装物而不再退还的押金，应换算成不含税收入后计入销售额，按所包装货物的税率计税。另外，对销售除啤酒、黄酒以外的其他酒类产品，其包装物押金一律计入销售额，一并计税。

3.在特殊销售服务、无形资产和不动产方式下销售额的确定

(1)折扣方式销售服务、无形资产或者不动产。如果将价款和折扣额在同一张发票上的“金额”栏分别注明的，纳税人可以按价款减除折扣额后的金额作为销售额计算缴纳增值税；如果没有在同一张发票上的“金额”栏分别注明的，纳税人不得按价款减除折扣额后的金额作为

销售额,应按价款作为销售额计算缴纳增值税。

(2)贷款服务。以提供贷款服务取得的全部利息及利息性质的收入为销售额。

(3)直接收费金融服务。以提供直接收费金融服务收取的手续费、佣金、酬金、管理费、服务费、经手费、开户费、过户费、结算费、转托管费等各类费用为销售额。

(4)金融商品转让。按照卖出价扣除买入价后的余额为销售额。转让金融商品出现的正负差,按盈亏相抵后的余额为销售额。若相抵后出现负差,可结转下一纳税期与下期转让金融商品销售额相抵,但年末时仍出现负差的,不得转入下一个会计年度。金融商品转让,不得开具增值税专用发票。

(5)经纪代理服务。以取得的全部价款和价外费用,扣除向委托方收取并代为支付的政府性基金或者行政事业性收费后的余额为销售额。向委托方收取的政府性基金或者行政事业性收费,不得开具增值税专用发票。

(6)融资租赁和融资性售后回租业务。经批准提供融资租赁服务,以取得的全部价款和价外费用,扣除支付的借款利息、发行债券利息和车辆购置税后的余额为销售额。提供融资性售后回租服务,以取得的全部价款和价外费用(不含本金),扣除对外支付的借款利息、发行债券利息后的余额作为销售额。

(7)航空运输企业的销售额。不包括代收的机场建设费和代售其他航空运输企业客票而代收转付的价款。

(8)提供客运场站服务。以其取得的全部价款和价外费用,扣除支付给承运方运费后的余额为销售额。

(9)提供旅游服务。可以选择以取得的全部价款和价外费用,扣除向旅游服务购买方收取并支付给其他单位或着个人的住宿费、餐饮费、交通费、签证费、门票费和支付给其他接团旅游企业的旅游费用后的余额为销售额。选择该办法计算销售额的试点纳税人,向旅游服务购买方收取并支付的上述费用,不得开具增值税专用发票,可以开具普通发票。

(10)提供建筑服务适用简易计税方法的。以取得的全部价款和价外费用扣除支付的分包款后的余额为销售额。

(11)房地产开发企业中的一般纳税人销售其开发的房地产项目(选择简易计税方法的房地产老项目除外)。以取得的全部价款和价外费用,扣除受让土地时向政府部门支付的土地价款后的余额为销售额。

(12)销售其2016年4月30回前取得(不含自建)的不动产选择简易计税方法的,以取得的全部价款和价外费用减去该项不动产购置原价或者取得不动产时的作价后的余额为销售额;自建的不动产,以取得的全部价款和价外费用为销售额。

上述(5)～(12)项的规定从全部价款和价外费用中扣除的价款,应当取得符合法律、行政法规和国家税务总局规定的有效凭证,否则不得扣除。同时纳税人取得的凭证属于增值税扣税凭证的,其进项税额不得从销项税额中抵扣。

4.价税合计情况下含税销售额的换算

为了符合增值税价外税的特点,增值税纳税人在填写进销货发票及其他纳税凭证时应该分别填列不含税的销售额和相应的税款。在实际工作中,多方面原因使一般纳税人销售货物、加工修理修配劳务、服务、无形资产或者不动产时,未开具增值税专用发票,或采用销售额和增值税额一起收取的方法,此情况下销售价格是销售额和销项税额的合并定价,因而销售额是含税的销售额。

对于一般纳税人取得的含税销售额，在计算销项税额时，必须换算为不含税的销售额。含税销售额与不含税销售额的换算方法如下：

含税销售额＝不含税销售额×(1＋增值税税率)

不含税销售额＝含税销售额÷(1＋增值税税率)

任务引例解析

任务引例中电子设备生产厂开具增值税专用发票注明价款是不含税销售额，不需换算；普通发票注明的价款是含税销售额，需要换算。

向商场销售的计税销售额＝200(万元)

向消费者零售的计税销售额＝50÷(1＋17%)＝42.74(万元)

合计计税销售额＝200＋42.74＝242.74(万元)

销项税额＝242.74×17%＝41.27(万元)

提示：

销售价款中是否含税的判断可以遵循以下原则：

(1)普通发票中注明的价款一定是含税价格，例如：商场向消费者销售的“零售价格”。

(2)增值税专用票中记载的“价格”一定是不含税价格。

(3)增值税纳税人销售货物同时收取的价外收入或逾期包装物押金收入等一般为含税收入。

(二)进项税额的计算

纳税人购进货物或者接受应税劳务和应税服务支付或者负担的增值税额为进项税额。在同一项购销业务中，进项税额与销项税额相对应，即销售方收取的销项税额就是购买方支付的进项税额。

一般纳税人应纳增值税的核心是用收取的销项税额扣除其支付的进项税额，余额就是纳税人应实际缴纳的增值税额。但并不是所有的进项税额都可以抵扣。对此，税法明确规定了进项税额的抵扣范围。

1. 准予抵扣的进项税额

一般纳税人购进货物、加工修理修配劳务、服务、无形资产或者不动产所支付的进项税额，准予从销项税额中抵扣的有两种情形：

(1)以票抵扣。纳税人购进货物、加工修理修配劳务、服务、无形资产或者不动产取得下列法定扣税凭证，其进项税额允许抵扣：

①从销售方取得的增值税专用发票(含税控机动车销售统一发票，下同)上注明的增值税额。

②从海关取得的海关进口增值税专用缴款书上注明的增值税额。

③从境外单位或者个人购进服务、无形资产或者不动产，自税务机关或者扣缴义务人取得的解缴税款的完税凭证上注明的增值税额。

适用一般计税方法的试点纳税人，2016 年 5 月 1 日后取得并在会计制度上按固定资产核算的不动产或者 2016 年 5 月 1 日后取得的不动产在建工程，其进项税额应自取得之日起分 2 年从销项税额中抵扣，第 1 年抵扣比例为 60%，第 2 年抵扣比例为 40%。

(2)计算抵扣。购进农产品，除取得增值税专用发票或者海关进口增值税专用缴款书外，按照农产品收购发票或者普通增值税发票上注明的农产品买价和11%的扣除率计算的进项税额。其中，买价是指纳税人购进农产品在农产品收购发票或者普通增值税发票上注明的价款和按规定缴纳的烟叶税。计算公式为：

$$进项税额=买价\times扣除率$$

2.不得抵扣的进项税额

下列项目的进项税额不得从销项税额中抵扣：

(1)用于适用简易计税方法计税项目、免征增值税项目、集体福利或者个人消费的购进货物、加工修理修配劳务、服务、无形资产和不动产。其中涉及的固定资产、无形资产、不动产，仅指专用于上述项目的固定资产、无形资产(不包括其他权益性无形资产)、不动产。

(2)非正常损失的购进货物及相关的加工修理修配劳务和交通运输业服务。非正常损失，是指因管理不善造成被盗、丢失、霉烂变质，以及因违反法律法规造成货物或者不动产被依法没收、销毁、拆除的情形。

(3)非正常损失的在产品、产成品所耗用的购进货物(不包括固定资产)、加工修理修配劳务或者交通运输业服务。

(4)非正常损失的不动产，以及该不动产所耗用的购进货物、设计服务和建筑服务。

(5)非正常损失的不动产在建工程所耗用的购进货物、设计服务和建筑服务。纳税人新建、改建、扩建、修缮、装饰不动产，均属于不动产在建工程。

(6)购进的旅客运输服务、贷款服务、餐饮服务、居民日常服务和娱乐服务。

(7)纳税人接受贷款服务向贷款方支付的与该笔贷款直接相关的投融资顾问费、手续费、咨询费等费用。

(8)财政部和国家税务总局规定的其他情形。

上述讲的固定资产是指使用期限超过12个月的机器、机械、运输工具以及其他与生产经营有关的设备、工具、器具等。与会计准则相比，不包括不动产及不动产在建工程。

纳税人取得的增值税扣税凭证不符合法律、行政法规或者国家税务总局有关规定的，其进项税额不得从销项税额中抵扣。

上述第(1)种情形规定不得抵扣且未抵扣进项税额的固定资产、无形资产、不动产，发生用途改变，用于允许抵扣进项税额的应税项目，可在用途改变的次月按照下列公式计算可以抵扣的进项税额：

$$可以抵扣的进项税额=固定资产、无形资产、不动产净值\div(1+适用税率)\times适用税率$$

固定资产、无形资产或者不动产净值，是指纳税人根据财务会计制度计提折旧或摊销后的余额。

此外，一般计税方法的纳税人，兼营简易计税方法计税项目、免征增值税项目而无法划分不得抵扣的进项税额，按照下列公式计算不得抵扣的进项税额：

$$\begin{matrix}不得抵扣的\\进项税额\end{matrix}=\begin{matrix}当期无法划分的\\全部进项税额\end{matrix}\times\left(\begin{matrix}当期简易计税方法\\计税项目销售额\end{matrix}+\begin{matrix}免征增值税\\项目销售额\end{matrix}\right)\div\begin{matrix}当期全部\\销售额\end{matrix}$$

3.扣减进项税额

(1)已抵扣进项税额的购进货物(不含固定资产)、劳务、服务，发生不得抵扣进项税的情形

(简易计税方法计税项目、免征增值税项目除外)时,应当将该进项税额从当期进项税额中扣减;无法确定该进项税额的,按照当期实际成本计算应扣减的进项税额。

(2)已抵扣进项税额的固定资产、无形资产或者不动产,发生不得抵扣进项税额的情形时,按照下列公式计算不得抵扣的进项税额:

不得抵扣的进项税额=固定资产、无形资产或者不动产净值×适用税率

(3)因销售折让、中止或者退回而退还给购买方的增值税额,应当从当期的销项税额中扣减;因销售折让、中止或者退回而收回的增值税额,应当从当期的进项税额中扣减。

【做中学 2-1】 甲企业是增值税一般纳税人,2017 年 7 月有关生产经营业务如下:

(1)从 A 公司购进生产用原材料,取得 A 公司开具的增值税专用发票,注明货款 200 万元,增值税税额 34 万元。合同约定运输由甲企业自己负责,甲企业支付运输公司运费取得增值税专用发票,注明运输费 5 万元,增值税税额 0.55 万元。

(2)从 B 公司购进维修设备用零部件,由于 B 公司为小规模纳税人,取得 B 公司开具的普通发票,注明价款 11.7 万元。

(3)从农业生产者手中购进免税农产品,收购凭证上注明收购货款是 50 万元。委托运输公司运输,取得增值税专用发票,注明运输费 2 万元,增值税税额 0.22 万元。

要求:计算该企业当月可以抵扣的进项税额。

分析:

(1)分别从 A 公司和运输公司取得了增值税专用发票,可以凭票抵扣。

进项税额=34+0.55=34.55(万元)

(2)由于从 B 公司取得的是普通发票,所以不能抵扣进项税额。

(3)购进免税农产品,可以按收购凭证注明的收购价款计算抵扣 11%;支付运输费取得增值税专用发票,可以凭票抵扣。

进项税额=50×11%-1-0.22=4.28(万元)

当月可以抵扣的进项税额=34.55+4.28=38.83(万元)

(三)一般纳税人应纳税额的计算

增值税销项税额与进项税额确定后就可以得出实际应纳的增值税额,增值税一般纳税人应纳税额的计算方法如下:

应纳税额=当期销项税额-当期进项税额

上式计算结果是正数,为当期应纳增值税;如果计算结果为负数,则形成留抵税额,待下期抵扣,下期应纳税额的计算公式变为:

应纳税额=当期销项税额-当期进项税额-上期留抵税额

【做中学 2-2】 某运输企业为一般纳税人,2016 年 10 月取得交通运输收入 111 万元(含税),当月外购汽油 10 万元,购入运输车辆 20 万元(不含税金额,取得增值税专用发票),发生的联运支出 50 万元(不含税金额,取得增值税专用发票)。

要求:计算该纳税人 2016 年 10 月份应纳增值税额。

分析:

销项税额=111÷(1+11%)×11%=11(万元)

可抵扣的进项税额=10×17%+20×17%+50×11%=1.7+3.4+5.5=10.6(万元)

2016 年 10 月应纳税额=11-10.6=0.4(万元)

（四）建筑服务及不动产预缴税额的计算

（1）一般纳税人跨县（市）提供建筑服务，适用一般计税方法计税的，应以取得的全部价款和价外费用为销售额计算应纳税额。纳税人应以取得的全部价款和价外费用扣除支付的分包款后的余额，按照2%的预征率在建筑服务发生地预缴税款后，向机构所在地主管税务机关进行纳税申报。

（2）一般纳税人销售其2016年5月1日后取得（不含自建）的不动产，应适用一般计税方法，以取得的全部价款和价外费用为销售额计算应纳税额。纳税人应以取得的全部价款和价外费用减去该项不动产购置原价或者取得不动产时的作价后的余额，按照5%的预征率在不动产所在地预缴税款后，向机构所在地主管税务机关进行纳税申报。

（3）一般纳税人销售其2016年5月1日后自建的不动产，应适用一般计税方法，以取得的全部价款和价外费用为销售额计算应纳税额。纳税人应以取得的全部价款和价外费用，按照5%的预征率在不动产所在地预缴税款后，向机构所在地主管税务机关进行纳税申报。

（4）房地产开发企业采取预收款方式销售所开发的房地产项目，在收到预收款时按照3%的预征率预缴增值税。

（5）一般纳税人出租其2016年5月1日后取得的、与机构所在地不在同一县（市）的不动产，应按照3%的预征率在不动产所在地预缴税款后，向机构所在地主管税务机关进行纳税申报。

（6）一般纳税人销售其2016年4月30日前取得的不动产（不含自建），选择一般计税方法计税的，以取得的全部价款和价外费用为销售额计算应纳税额。纳税人应以取得的全部价款和价外费用减去该项不动产购置原价或者取得不动产时的作价后的余额，按照5%的预征率在不动产所在地预缴税款后，向机构所在地主管税务机关进行纳税申报。

（7）房地产开发企业中的一般纳税人销售房地产老项目，以及一般纳税人出租其2016年4月30日前取得的不动产，选择一般计税方法计税的，应以取得的全部价款和价外费用，按照3%的预征率在不动产所在地预缴税款后，向机构所在地主管税务机关进行纳税申报。

（8）一般纳税人销售其2016年4月30日前自建的不动产，选择一般计税方法计税的，应以取得的全部价款和价外费用为销售额计算应纳税额。纳税人应以取得的全部价款和价外费用，按照5%的预征率在不动产所在地预缴税款后，向机构所在地主管税务机关进行纳税申报。

【做中学2-3】 某建筑企业（一般纳税人）机构所在地为A省，2016年8月在B省提供建筑服务（非简易计税项目）取得建筑服务收入（含税）1 665万元，支付分包款555万元。购入建筑材料可抵扣的进项税额为80万元。

要求：计算该建筑企业在B省的预缴增值税款和回A省机构所在地纳税申报应缴的增值税款。

分析：

在B省建筑服务发生地预缴的增值税额＝（1 665－555）÷（1＋11%）×2%＝20（万元）

回A省机构所在地纳税申报时应缴的税额＝1 665÷（1＋11%）×11%－20－80－555÷（1＋11%）×11%＝10（万元）

二、小规模纳税人应纳税额的计算

小纳税人销售货物、加工修理修配劳务、服务、无形资产或者不动产，实行按照销售额和增值税征收率计算应纳税额的简易计税办法，不得抵扣进项税额。小规模纳税人应纳增值税额计算公式：

应纳税额＝销售额×征收率

按照税法规定，小规模纳税人销售货物只能开具普通销货发票，不能使用增值税专用发票，其购进货物不论是否取得增值税专用发票，都不能抵扣进项税额，但购进税控收款机除外。

上述公式中的销售额为不含税销售额，纳税人采用销售额和应纳税额合并定价方法的，应将含税销售额换算成不含税销售额，其计算公式为：

销售额＝含税销售额÷(1＋征收率)

纳税人提供适用简易计税方法计税的，因销售折让、中止或者退回而退还给购买方的销售额，应当从当期销售额中扣减。扣减当期销售额后仍有余额造成多缴的税款，可以从以后的应纳税额中扣减。

【做中学 2-4】 某商业企业为增值税小规模纳税人，2017 年第二季度发生以下销售业务：

(1)销售给某小型超市一批肥皂，销售收入 103 000 元。

(2)将本月所购化妆品销售给消费者，销售收入 20 600 元。

(3)销售给某制造企业货物一批，取得销货款 15 000 元，由税务机关代开增值税专用发票。

(4)6 月份，提供给个人消费者餐饮服务，取得销售收入 72 100 元。

要求：计算该商业企业第二季度的应纳税额。

分析：

先将含税销售额换算为不含税销售额，即

不含税销售额＝103 000÷(1＋3％)＋20 600÷(1＋3％)＋72 100÷(1＋3％)＝190 000(元)

本季应纳税额＝(190 000＋15 000)×3％＝6 150(元)

小规模纳税人销售或者出租不动产应纳税额计算的相关规定：

(1)小规模纳税人销售其取得(不含自建)的不动产(不含个体工商户销售购买的住房和其他个人销售不动产)，应以取得的全部价款和价外费用减去该项不动产购置原价或者取得不动产时的作价后的余额为销售额，按照 5％的征收率计算应纳税额。纳税人按照上述方法在不动产所在地预缴税款后，向机构所在地主管税务机关进行纳税申报。

(2)小规模纳税人销售其自建的不动产，应以取得的全部价款和价外费用为销售额，按照 5％的征收率计算应纳税额。纳税人按照上述方法在不动产所在地预缴税款后，向机构所在地主管税务机关进行纳税申报。

(3)房地产开发企业中的小规模纳税人，销售自行开发的房地产项目，按照 5％的征收率计税。

(4)小规模纳税人出租其取得的不动产(不含个人出租住房)，按照 5％的征收率计算应纳税额。如果不动产与机构所在地不在同一县的，纳税人按照上述方法在不动产所在地预缴税款后，向机构所在地主管税务机关进行纳税申报。

(5)小规模纳税人跨县(市)提供建筑服务，应以取得的全部价款和价外费用扣除支付的分包款后的余额为销售额，按照3%的征收率计算应纳税额。纳税人应按照上述计税方法在建筑服务发生地预缴税款后，向机构所在地主管税务机关进行纳税申报。

三、进口货物应纳税额的计算

无论是一般纳税人还是小规模纳税人申报进口货物都应缴纳增值税，需按规定的组成计税价格和规定的税率计算增值税额。其计算公式为：

应纳税额＝组成计税价格×税率

组成计税价格有以下两种情况：

(1)进口货物只征收增值税的，其组成计税价格为：

组成计税价格＝关税完税价格＋关税＝关税完税价格×(1＋关税税率)

(2)进口货物同时征收消费税的，其组成计税价格为：

组成计税价＝关税完税价格＋关税＋消费税
＝关税完税价格×(1＋关税税率)÷(1－消费税税率)

关于“关税完税价格”的确认问题，将在本教材项目四中详细介绍。

另外根据税法规定，纳税人进口货物，从海关取得的海关进口增值税专用缴款书上注明的增值税额可以在计算本月应纳增值税额时作为进项税额抵扣。

【做中学2-5】 某进出口公司(增值税一般纳税人)2016年11月报关进口数码相机60 000台，每台关税完税价格为3 000元，进口关税税率为60%。已交进口关税和海关代征的增值税并已取得增值税完税凭证。当月以不含税售价每台5 600元全部售出(数码相机不需缴纳消费税)。

要求：计算该公司当月进口环节和销售环节应纳增值税额。

分析：

(1)进口环节应纳税额的计算。

组成计税价格＝关税完税价格＋关税
＝3 000×60 000＋3 000×60 000×60%＝288 000 000(元)

进口环节应纳税额＝组成计税价格×适用税率＝288 000 000×17%＝48 960 000(元)

(2)国内销售环节应纳增值税税额的计算。

应纳税额＝当期销项税额－当期进项税额
＝5 600×60 000×17%－48 960 000＝8 160 000(元)

四、扣缴义务人应扣缴税额的计算

境外单位或者个人在境内销售服务、无形资产或者不动产，在境内未设有经营机构的，扣缴义务人按照下列公式计算应扣缴税额：

应扣缴税额＝购买方支付的价款÷(1＋税率)×税率

【做中学2-6】 境外公司为某纳税人提供咨询服务，合同价款106万元，且该境外公司没有在境内设立经营机构，应以服务购买方为增值税扣缴义务人。

要求：计算购买方应当扣缴的增值税税额。

分析：

应扣缴增值税税额＝106÷(1＋6%)×6%＝6(万元)

【任务设计——增值税应纳税额的计算】

工作实例

某生产型企业为增值税一般纳税人，2017 年 7 月发生以下经济业务，计算该企业本月应缴纳的增值税额：

(1)购进生产用原材料一批，已验收入库，取得增值税专用发票，注明价款为 50 万元，增值税税额为 8.5 万元，另外支付购货运费取得增值税专用发票，注明运输费 2 万元，增值税税额 0.22 万元。

(2)购进生产用设备一台，取得增值税专用发票注明价款为 20 万元，增值税税额为 3.4 万元。

(3)向农业生产者个人购入免税农产品一批，取得经税务机关批准的收购凭证，支付收购价 30 万元。

(4)购入企业自用小轿车一辆，取得税控机动车销售统一发票，价款 15 万元，增值税税额 2.55 万元，用支票付款。

(5)将本企业生产的一批产品通过民政部门捐赠给灾区，该产品成本价为 10 万元，销售价格为 18 万元。

(6)销售甲商品给某商场，开具增值税专用发票，价款 70 万元，增值税税额 11.9 万元。

(7)销售乙商品给某公司，开具普通发票，价税合计金额为 23.4 万元。

(8)接受外单位委托加工应税产品一批，收取委托方提供的原材料 5.87 万元，收取加工费 2.03 万元(含增值税税额)。

(9)将外购的原材料一批用于企业职工集体福利，该材料成本为 6 万元，其进项税额为 1.02万元。该原材料系以前购入，已在购入当月申报抵扣进项税额。

操作步骤

第一步：逐笔分析经济业务，确定是销项税额还是进项税额，并计算出具体数额。

(1)购进材料取得增值税专用发票，支付运费取得增值税专用发票，其进项税额凭票抵扣，则：

允计抵扣进项税额＝8.5＋0.22＝8.72(万元)

(2)购进生产经营用固定资产取得增值税专用发票，其进项税额允许抵扣，则：

允计抵扣进项税额＝3.4(万元)

(3)向农业生产者个人农产品，取得经税务机关批准的收购凭证，按农产品买价和 11％的扣除率计算进项税额，则：

允计抵扣进项税额＝30×11％＝3.3(万元)

(4)购进纳税人企业自用的消费品小轿车，从 2013 年 8 月 1 日起，其进项税额可凭税控机动车销售统一发票抵扣，则：

允计抵扣进项税额＝2.55(万元)

(5)将自产的一批产品捐赠给灾区属于视同销售，应该缴纳增值税，则：

销项税额＝18×17％＝3.06(万元)

(6)销售甲商品给某商场应该缴纳增值税，则：

销项税额＝11.9(万元)

(7)销售乙商品给某商场应该缴纳增值税，因为是价税合计，因此应换算成不含税的销售额后征收增值税，则：

销项税额＝23.4÷(1＋17%)×17%＝3.4(万元)

(8)接受外单位委托加工应税产品一批应该缴纳增值税，则：

销项税额＝2.03÷(1＋17%)×17%＝0.3(万元)

(9)将外购原材料用于企业职工集体福利，其进项税额不得抵扣，作进项税额转出处理，则：

进项税额转出＝1.02(万元)

第二步：计算本期销项税额。

当期销项税额＝3.06＋11.9＋3.4＋0.3＝18.66(万元)

第三步：计算本期可抵扣的进项税额。

进项税额＝8.72＋3.4＋3.3＋2.55－1.02＝16.95(万元)

第四步：计算本期增值税实际应纳税额。

当期应纳税额＝当期销项税额－当期进项税额＝18.66－16.95＝1.71(万元)

【职业能力判断与选择】

一、判断题

1. 增值税的计税依据是不含增值税的价格，它的最终承担者是经营者。（　　）
2. 混合销售是指销售多种产品或提供多种劳务的行为。（　　）
3. 销项税额＝销售额×税率，由销售方自己承担。（　　）
4. 应纳税额等于当期销项税额减当期进项税额，因此，所有的进项税额都可以抵扣，不足部分可以结转下期继续抵扣。（　　）
5. 一般纳税人与小规模纳税人的计税依据相同，都是不含税的销售额。（　　）
6. 进口货物按组成计税价格和规定的税率计税，不得抵扣任何税额。（　　）
7. 纳税人代收代垫的运费，应视为价外收费征收增值税。（　　）
8. 商业企业采取分期付款方式购进货物的，凡是发生销售方先全额开具专用发票，购货方再按规定分期付款情况的，应在每次支付款项以后申报抵扣进项税额。（　　）
9. 纳税人采取折扣方式销售货物，销售额和折扣额不在同一张发票上分别注明的，可按折扣后销售额征收增值税。（　　）
10. 增值税一般纳税人将外购货物作为职工集体福利，应视同销售计征增值税。（　　）

二、选择题(第1～7题为单项选择题，第8～10题为多项选择题)

1. 某服装厂将自产的服装作为福利发给本厂职工，该批产品制造成本共计10万元，利润率为10%，按当月同类产品的平均售价计算为18万元，计征增值税的销售额为(　　)万元。

A. 10　　B. 9　　C. 11　　D. 18

2. 某单位采取折扣方式销售货物，折扣额单独开发票，增值税销售额为(　　)。

A. 扣除折扣额的销售额　　B. 不扣除折扣额的销售额

C. 折扣额　　D. 加上折扣额的销售额

3. 某商场实行还本销售家具，家具现售价 16 500 元，5 年后还本，该商场增值税的计税销售额是（　　）元。

A. 16 500　　B. 3 300　　C. 1 650　　D. 不征税

4. 某单位外购下列货物时，按照增值税的有关规定，可以将进项税额从销项税额中抵扣的是（　　）。

A. 外购的低值易耗品

B. 外购的材料用于专门的免征增值税项目

C. 外购的货物用于简易计税项目

D. 外购的货物分给职工个人

5. 纳税人当期的进项税额大于当期的销项税额时，对不足抵扣部分的处理办法是（　　）。

A. 税务部门予以退税　　B. 不再给予抵扣

C. 可抵扣以前欠税　　D. 结转下期继续抵扣

6. 下列外购项目中，不得抵扣进项税额的是（　　）。

A. 用于简易计税方法的计税项目　　B. 无偿赠送他人

C. 对外投资　　D. 用于换取生产资料

7. 现行增值税基本税率为 17%，其对应的计税价格为不含税价，若换算成价内税，17%的价外税税率相当于（　　）的价内税税率。

A. 14.329%　　B. 14.529%　　C. 20.48%　　D. 14%

8. 某单位外购如下货物，按增值税有关规定不能抵扣进项税额的有（　　）。

A. 外购的生产性固定资产　　B. 外购货物用于免税项目

C. 外购货物用于集体福利　　D. 外购货物用于无偿赠送他人

9. 按现行增值税制度规定，下列行为应按"提供加工和修理修配劳务"征收增值税的有（　　）。

A. 商店服务部为顾客修理手表　　B. 企业受托为另一企业加工服装

C. 企业为另一企业修理锅炉　　D. 汽车修配厂为本厂修理汽车

10. 增值税法规定，对销售除（　　）以外的其他酒类产品而收取的包装押金，无论是否返还、会计上如何核算，均应并入当期销售额计征增值税。

A. 啤酒　　B. 黄酒　　C. 白酒　　D. 药酒

【任务训练】

1. 某商贸企业（增值税一般纳税人）进口机器一台，关税完税价格为 200 万元，假设进口关税为 40 万元；本月将机器售出，取得不含税销售额 350 万元。

要求：计算该商贸企业本月应纳增值税额。

2. 某电子企业为增值税一般纳税人，2017 年 6 月发生下列经济业务：

（1）销售 A 产品 50 台，不含税单价 8 000 元。货款收到后，向购买方开具了增值税专用发票，并将提货单交给了购买方。截至月底，购买方尚未提货。

（2）将 20 台新试制的 B 产品分配给投资者，单位成本为 6 000 元。该产品尚未投放市扬。

（3）单位内部职工集体福利领用甲材料 1 000 千克，每千克单位成本为 50 元。

(4)企业某项免征增值税项目领用甲材料200千克,每千克单位成本为50元,同时领用A产品5台。

(5)当月丢失库存乙材料800千克,每千克单位成本为20元,作待处理财产损溢处理。

(6)当月发生购进货物的全部进项税额为70 000元。

其他相关资料:上月进项税额已全部抵扣完毕,本月取得的进项税额抵扣凭证均已申报抵扣。购销货物增值税税率均为17%,税务局核定的B产品成本利润率为10%。

要求:

(1)计算当月销项税额。

(2)计算当月可抵扣进项税额。

(3)计算当月应缴增值税税额。

3.某工业企业(增值税一般纳税人)2017年6月购销业务情况如下:

(1)购进生产原料一批,取得的增值税专用发票上注明的价款23万元,增值税税额3.91万元,专用发票当月通过认证并申报抵扣。另支付运费取得增值税专用发票,注明运输费3万元,增值税税额0.33万元。

(2)购进钢材20吨,已验收入库,取得的增值税专用发票上注明的价款8万元,增值税税额1.36万元,专用发票当月通过认证并申报抵扣。

(3)直接向农民收购用于生产加工的农产品一批,经税务机关批准的收购凭证上注明的价款为42万元。

(4)以托收承付方式销售产品一批,货物已发出并办妥银行托收手续,但货款未到,向买方开具的增值税专用发票注明销售额42万元。

(5)期初留抵进项税额0.5万元。

要求:计算该企业当期应纳增值税税额。

4.某商业企业是增值税一般纳税人,2017年5月初留抵进项税额2 000元,6月发生下列业务:

(1)购入商品一批,取得增值税专用发票,价款10 000元,增值税税额1 700元。

(2)3个月前从农民手中收购的一批粮食毁损,账面成本5 220元。

(3)从农民手中收购大豆1吨,税务机关规定的收购凭证上注明收购款1 500元。

(4)从小规模纳税人处购买商品一批,取得税务机关代开的发票,价款30 000元,增值税税额900元,款已付,货物未入库,发票已认证。

(5)购买建材一批用于修缮仓库,价款20 000元,增值税税额3 400元。

(6)零售日用商品,取得含税收入150 000元。

(7)将2个月前购入的一批布料捐赠受灾地区,账面成本20 000元,同类商品不含税销售价格30 000元。

(8)外购电脑20台,取得增值税专用发票,每台不含税单价6 000元,购入后5台办公使用,5台捐赠希望小学,另10台全部零售,零售价每台8 000元。

假定相关可抵扣进项税额的发票均经过认证并申报抵扣。

要求:

(1)计算当期全部从销项税中抵扣的增值税进项税合计数(考虑转出的进项税额)。

(2)计算当期增值税销项税额。

(3)计算当期应纳增值税税额。

任务三　增值税会计核算

任务引例

天启机械公司将设备5台，价值200 000元（税务机关认定的计税价格为250 000元），无偿捐赠给灾区救灾使用，开具增值税专用发票。请对天启机械公司进行会计处理。

【知识准备与业务操作】

一、增值税核算会计科目的设置

（一）一般纳税人会计科目的设置

为了准确反映应纳增值税的核算和缴纳情况，一般纳税人应在“应交税费”科目下设置“应交增值税”“未交增值税”“预交增值税”“待抵扣进项税额”“待认证进项税额”“待转销项税额”“增值税留抵税额”“简易计税”“转让金融商品应交增值税”“代扣代交增值税”等二级科目进行核算。

1.“应交税费——应交增值税”科目

“应交税费——应交增值税”科目的借方发生额，反映企业购进货物、劳务或接受应税服务所支付的进项税额以及实际已缴纳的增值税额；其贷方发生额反映企业销售货物、劳务、服务、不动产或无形资产所收取的销项税额、出口货物退税额以及进项税额转出数；期末贷方余额反映企业应该缴纳的增值税，借方余额反映企业尚未抵扣的增值税。

企业在“应交税费——应交增值税”二级账内，一般可设置“进项税额”“销项税额抵减”“已交税金”“减免税款”“出口抵减内销产品应纳税额”“销项税额”“出口退税”“进项税额转出”“转出未交增值税”“转出多交增值税”等明细专栏，并按规定进行核算。账户结构如表2-1所示。

表2-1　应交税费——应交增值税

进项税额 已交税金 减免税款 出口抵减内销产品应纳税额 转出未交增值税	销项税额 出口退税 进项税额转出 转出多交增值税
备抵税额	

①“进项税额”专栏，记录一般纳税人购入货物、加工修理修配劳务、服务、无形资产或不动产而支付或负担的、准予从销项税额中抵扣的增值税额。

②“销项税额抵减”专栏，记录一般纳税人按照现行增值税制度规定因扣减销售额而减少的销项税额。

③“已交税金”专栏，记录一般纳税人已缴纳的当月应交增值税额。

④“减免税款”专栏，记录一般纳税人按现行增值税制度规定准予减免的增值税额。

⑤“出口抵减内销产品应纳税额”专栏，记录一般纳税人按“免、抵、退”办法计算的出口货

物的进项税额抵减内销产品的应纳税额。

⑥“销项税额”专栏，记录一般纳税人销售货物、加工修理修配劳务、服务、不动产或无形资产应收取的增值税额。

⑦“出口退税”专栏，记录一般纳税人出口货物、加工修理修配劳务、服务、无形资产或不动产按规定退回的增值税额。

⑧“进项税额转出”专栏，记录一般纳税人购进货物、加工修理修配劳务、服务、无形资产或不动产等发生非正常损失以及其他原因而不应从销销项税额中抵扣，按规定转出的进项税额。

⑨“转出未交增值税”和“转出多交增值税”专栏，分别记录一般纳税人月度终了转出当月应交未交或多交的增值税额。

2.“应交税费——未交增值税”科目

“应交税费——未交增值税”科目核算一般纳税人月度终了从“应交增值税”或“预交增值税”明细科目转入当月应交未交、多交或预交的增值税额，以及当月交纳以前期间未交的增值税额。

3.“应交税费——预交增值税”科目

“应交税费——预交增值税”科目核算一般纳税人转让不动产、提供不动产经营租赁服务、提供建筑服务、采用预收款方式销售自行开发的房地产项目等，以及其他按现行增值税制度规定应预交的增值税额。

4.“应交税费——待抵扣进项税额”科目

“应交税费——待抵扣进项税额”科目核算一般纳税人已取得增值税扣税凭证并经税务机关认证，按照现行增值税制度规定准予以后期间从销项税额中抵扣的进项税额。包括一般纳税人自 2016 年 5 月 1 日后取得并按固定资产核算的不动产或者 2016 年 5 月 1 日后取得的不动产在建工程，按现行增值税制度规定准予以后期间从销项税额中抵扣的进项税额；实行纳税辅导期管理的一般纳税人取得的尚未交叉稽核比对的增值税扣税凭证上注明或计算的进项税额。

5.“应交税费——待认证进项税额”科目

“应交税费——待认证进项税额”科目核算一般纳税人由于未经税务机关认证而不得从当期销项税额中抵扣的进项税额。包括一般纳税人已取得增值税扣税凭证、按照现行增值税制度规定准予从销项税额中抵扣，但尚未经税务机关认证的进项税额；一般纳税人已申请稽核但尚未取得稽核相符结果的海关缴款书进项税额。

6.“应交税费——待转销项税额”科目

“应交税费——待转销项税额”核算一般纳税人销售货物、加工修理修配劳务、服务、无形资产或不动产，已确认相关收入(或利得)但尚未发生增值税纳税义务而需于以后期间确认为销项税额的增值税额。

(二)小规模纳税人会计科目的设置

小规模纳税人只需设置“应交税费——应交增值税”二级账户，贷方发生额反映企业销售货物、劳务、服务、不动产或无形资产应缴纳的增值税额；借方发生额反映企业已缴纳的增值税额；期末贷方余额反映企业应交未交的增值税额；期末借方余额反映企业多交的增值税额。其账户采用三栏式账页。

二、一般纳税人的会计核算

(一)一般纳税人销项税额的会计处理

企业销售货物、劳务、服务、不动产或无形资产,应按实现的营业收入和按规定收取的增值税额,借记“应收账款”“应收票据”“银行存款”等账户,按实现的营业收入,贷记“主营业务收入”等账户,按专用发票上注明的增值税额,贷记“应交税费——应交增值税(销项税额)”账户。发生的销货退回,做相反会计分录。

1. 直接收款销售方式

税法规定,企业采取直接收款方式销售货物,不论货物是否发出,均为收到销售款或者取得索取销售款凭据的当天作为销售收入实现、纳税义务发生和开出增值税发票的时间。

【做中学 2-7】 夏新电视机厂(一般纳税人)本月向某商场销售 100 台电视机,每台不含税售价 6 000 元,夏新电视机厂开出的增值税专用发票上注明价款为 600 000 元,增值税税额 102 000 元。商场以支票形式支付货款及税款。

夏新电视机厂会计处理如下:

借:银行存款　　702 000
　贷:主营业务收入　　600 000
　　应交税费——应交增值税(销项税额)　　102 000

2. 预收货款销售方式

企业采用预收货款结算方式销售货物的,以货物发出的当天作为销售收入实现、纳税义务发生和开出增值税发票的时间。

【做中学 2-8】 宏鑫工厂和某公司签订供货合同,货款金额为 100 000 元,应缴增值税额为 17 000 元,该公司先预付货款的 50%,余款等到货后 1 个月内支付。

宏鑫工厂会计处理如下:

(1)预收款项时:

借:银行存款　　50 000
　贷:预收账款——某公司　　50 000

(2)发出货物,开具增值税专用发票时:

借:预收账款——某公司　　117 000
　贷:主营业务收入　　100 000
　　应交税费——应交增值税(销项税额)　　17 000

(3)收到余款时:

借:银行存款　　67 000
　贷:预收账款　　67 000

3. 赊销和分期收款销售方式

企业采取赊销和分期收款方式销售货物的,其纳税义务发生时间为书面合同约定的收款日期的当天;无书面合同或者书面合同没有约定收款日期的,为货物发出的当天作为纳税义务发生的时间。发出商品时,借记“长期应收款”账户,贷记“主营业务收入”账户,同时结转销售成本。按合同约定的收款日期开具发票时，借记“银行存款”“应收账款”账户等，贷记“长期应收款”“应交税费——应交增值税(销项税额)”账户。

【做中学 2-9】 华茂公司以分期收款方式销售产品 20 台给某公司，每台 60 000 元，该产品成本为 420 000 元，货已经发出。按合同规定货款分 3 个月付清，本月 25 日为第一次付款日。开出增值税专用发票注明销售额 400 000 元，增值税税额 68 000 元，货款已经收到。

华茂公司会计处理如下：

(1)发出商品时：

借：长期应收款 1 200 000

  贷：主营业务收入 1 200 000

借：主营业务成本 420 000

  贷：库存商品 420 000

(2)约定日收到款项时：

借：银行存款 468 000

  贷：长期应收款 400 000

    应交税费——应交增值税(销项税额) 68 000

在以后约定的收款日，作相同的账务处理。

4. 兼营业务

纳税人销售货物、加工修理修配劳务、服务、无形资产或者不动产适用不同税率的，应当分别核算适用不同税率的销售额，未分别核算销售额的，从高适用税率。

【做中学 2-10】 2017 年 6 月，A 物流企业本月提供交通运输收入 100 万元，物流辅助收入 100 万元，按照适用税率，分别开具增值税专用发票，款项已收。当月委托上海 B 企业一项运输业务，取得 B 企业开具的增值税专用发票，款项已付，价款 20 万元，注明的增值税税额为 2.2 万元。A 物流企业会计处理如下：

(1)取得运输收入的会计处理：

借：银行存款 1 110 000

  贷：主营业务收入——运输 1 000 000

    应交税费——应交增值税(销项税额) 10 000

(2)取得物流辅助收入的会计处理：

借：银行存款 1 060 000

  贷：其他业务收入——物流 1 000 000

    应交税费——应交增值税(销项税额) 60 000

(3)取得 B 企业增值税专用发票后的会计处理：

借：主营业务成本 200 000

  应交税费——应交增值税(进项税额) 22 000

  贷：银行存款 222 000

5. 委托代销

委托其他纳税人代销货物，为收到代销单位的代销清单或者收到全部或者部分货款的当天作为销售收入实现、纳税义务发生和开出增值税发票的时间。委托代销主要有视同买断和收取手续费两种方式。下面举例说明收取手续费方式下的会计核算。

【做中学 2-11】 太平洋商场收到某百货商店代销某品牌电视机的代销清单，列明销售电视机 300 台，每台不含税售价 1 500 元，价款 450 000 元，销项税额 76 500 元，按不含税代销价的 5%结算代销手续费，款项已经收到。

太平洋商场会计处理如下：

借：银行存款　　504 000
　　销售费用　　22 500
　贷：主营业务收入——某品牌电视机　　450 000
　　　应交税费——应交增值税（销项税额）　　76 500

6. 将自产或委托加工的货物用于集体福利

企业将自产、委托加工的货物用于集体福利，从会计角度看，属于非销售活动，不计入有关收入类账户，但按税法属于视同销售行为，应按自产、委托加工货物的成本与税务机关核定的货物计税依据计算缴纳增值税，纳税义务发生时间为货物移送的当天。

【做中学 2-12】 东方集团公司将自产产品一批作为公司职工集体福利使用，实际成本共计 100 000 元，税务机关认定的计税价格为 120 000 元，未开具发票。

该公司的会计处理如下：

借：应付职工薪酬　　120 400
　贷：库存商品　　100 000
　　　应交税费——应交增值税（销项税额）　　20 400

7. 用于对外投资、捐赠的货物

企业将自产、委托加工或购买的货物作投资，提供给其他单位或者个体工商户作为销售活动；无偿捐赠其他单位或个人的，按税法属于视同销售行为。

【做中学 2-13】 天启机械公司将自产的一台设备投资于某企业，该设备市场售价为 9 万元，成本为 6 万元。

该公司的会计处理如下：

借：长期股权投资　　105 300
　贷：主营业务收入　　90 000
　　　应交税费——应交增值税（销项税额）　　15 300

任务引例解析

任务引例中，天启机械公司将设备无偿捐赠给灾区使用的会计处理：

借：营业外支出　　242 500
　贷：库存商品　　200 000
　　　应交税费——应交增值税（销项税额）　　42 500

8. 将自产委托加工的货物分配给股东

纳税人将自产、委托加工的货物分配给股东，货物的所有权也发生了转移，所以同样要作为销售缴纳增值税，纳税义务的确认时间为货物移送的当天。

【做中学 2-14】 天启机械公司将自产的价值 500 000 元的设备作为股利分配给股东，账面成本为 480 000 元。

该公司的会计处理如下：

借：应付股利　　585 000

　贷：主营业务收入　　500 000

　　应交税费——应交增值税（销项税额）　　85 000

9. 销售自己使用过的固定资产

自 2009 年 1 月 1 日起，纳税人销售自己使用过的固定资产（即纳税人根据会计准则已经计提折旧的固定资产），应区分不同情形征收增值税：销售自己使用过的 2009 年 1 月 1 日以后购进或者自制的固定资产，按照适用税率征收增值税；销售自己使用过的 2008 年 12 月 31 日以前购进或者自制的固定资产，依 3%征收率减按 2%征收增值税。

【做中学 2-15】 2016 年 11 月 15 日，天启机械公司转让当年 8 月购入的生产用固定资产，原值 100 000 元，已提折旧 4 000 元，转让价 50 000 元（含增值税）。转让 2009 年 1 月 1 日以前购进或者自制的生产用固定资产，原值 200 000 元，已提折旧 100 000 元，转让价为 110 000 元（含增值税）。

天启机械公司转让生产用固定资产业务进行的会计处理如下：

（1）转让 2016 年 8 月购入的固定资产。

借：固定资产清理　　96 000

　累计折旧　　4 000

　贷：固定资产　　100 000

借：银行存款　　50 000

　贷：固定资产清理　　42 735.04

　　应交税费——应交增值税（销项税额）　　7 264.96

借：营业外支出　　53 264.96

　贷：固定资产清理　　53 264.96

（2）转让 2009 年 1 月 1 日以前年度的固定资产。

借：固定资产清理　　100 000

　累计折旧　　100 000

　贷：固定资产　　200 000

借：银行存款　　110 000

　贷：固定资产清理　　107 864.08

　　应交税费——应交增值税（简易计税）　　2 135.92

[110 000÷(1+3%)×2%]

借：固定资产清理　　7 864.08

　贷：营业外收入　　7 864.08

（二）一般纳税人进项税额的会计核算

纳税人购进货物、接受应税劳务、服务、无形资产或者不动产时，按增值税专用发票上注明的增值税额，借记“应交税费——应交增值税（进项税额）”账户，按发票上记载的应计入成本的金额，借记“在途物资”“原材料”“周转材料”“库存商品”“生产成本”“管理费用”“委托加工物资”等账户，按应付或实际支付的金额，贷记“应付账款”“应付票据”“银行存款”等账户。购入货物发生退货时，作相反的会计处理。

1. 可抵扣进项税额的核算

(1)购入材料、商品等取得增值税专用发票。

一般纳税人从国内采购货物或接受应税劳务，应按增值税专用发票上注明的增值税额，借记“应交税费——应交增值税(进项税额)”账户；按照增值税专用发票上注明的应计入采购成本的金额，借记“在途物资”“原材料”“库存商品”“周转材料”“制造费用”“管理费用”等账户；按应付或实际已付的价款、税费总额，贷记“应付账款”“应付票据”“银行存款”“库存现金”等账户。

【做中学 2-16】 某企业购进一批材料已验收入库，取得增值税专用发票上注明价款 100 000 元，增值税税额 17 000 元；支付运费取得增值税专用发票，注明运输费 2 000 元，增值税税额 220 元；支付装卸费取得增值税专用发票，注明装卸费 1 000 元，增值税税额 60 元。全部款项已用银行存款支付。

该企业会计处理如下：

增值税进项税额＝17 000＋220＋60＝17 280(元)

原材料总成本＝100 000＋2 000＋1 000＝103 000(元)

借：原材料	103 000	
应交税费——应交增值税(进项税额)	17 280	
贷：银行存款		120 280

(2)购入免税农产品进项税额的核算。

纳税人购入免税农产品，按购入农产品买价的 11%计算进项税额，借记“应交税费——应交增值税(进项税额)”账户；按照买价扣除按规定可扣除的进项税额，借记“在途物资”“原材料”“库存商品”等账户；按应付或实际已付的价款，贷记“应付账款”“银行存款”“库存现金”等账户。

【做中学 2-17】 某农副产品加工公司购入免税农产品一批，收购价为 40 000 元，货物已经验收入库，货款已经支付。

该公司会计处理如下：

借：原材料	35 600	
应交税费——应交增值税(进项税额)	4 400	
贷：银行存款		40 000

(3)接受应税劳务进项税额的核算。

企业接受加工、修理修配劳务，应使用增值税专用发票，分别反映加工、修理修配的成本和进项税额。

【做中学 2-18】 某企业委托加工材料一批，支付加工费 4 000 元(不含税)，材料工完成后验收入库。

该企业会计处理如下：

借：委托加工物资	4 000	
应交税费——应交增值税(进项税额)	680	
贷：应付账款		4 680

(4)接受投资或捐赠的进项税额的核算。

纳税人接受投资或捐赠转入的货物，按专用发票上注明的增值税额，借记“应交税费——应交增值税(进项税额)”账户；按照确认投资或捐赠货物的价值，借记“原材料”“库存商品”等账户；贷记“实收资本”“营业外收入”等账户。下面以接受捐赠为例进行核算。

【做中学 2-19】 某公司接受某基金会捐赠环保材料一批，增值税发票注明价款为 50 000 元，增值税税额为 8 500 元，设备已经运达。

该公司会计处理如下：

借：原材料　50 000

　应交税费——应交增值税(进项税额)　8 500

　贷：营业外收入　58 500

(5)进口货物进项税额的核算。

企业进口物资，应按其组成计税价格和规定的税率计税，依法缴纳增值税，按海关进口增值税专用缴款书上注明的增值税额，借记“应交税费——应交增值税(进项税额)”账户；按进口货物的实际成本，借记“原材料”“库存商品”等账户；贷记“银行存款”“应付账款”等账户。

【做中学 2-20】 某进口公司从 A 公司进口货物一批(非应税消费品)，关税完税价格折合人民币 10 万元，该货物适用的关税税率为 15%，增值税税率为 17%。货物已验收入库，货款尚未支付。

该公司会计处理如下：

应纳关税＝100 000×15%＝15 000(元)

应纳增值税额＝(100 000＋15 000)×17%＝19 550(元)

借：原材料　115 000

　应交税费——应交增值税(进项税额)　19 550

　贷：应付账款　134 550

(6)购入固定资产进项税额的核算。

自 2009 年 1 月 1 日起，增值税一般纳税人购进(包括接受捐赠、实物投资)或者自制(包括改扩建、安装)固定资产(不含不动产，下同)发生的进项税额，可凭增值税专用发票、海关进口增值税专用缴款书从销项税额中抵扣，其进项税额记入“应交税费——应交增值税(进项税额)”账户。

【做中学 2-21】 某公司购入生产用设备一台，取得增值税专用发票注明价款 120 000 元，增值税税额 20 400 元。

该公司会计处理如下：

借：固定资产　120 000

　应交税费——应交增值税(进项税额)　20 400

　贷：银行存款　140 400

但是纳税人购进固定资产发生下列情形的，进项税额不得抵扣而应计入固定资产的成本：①将固定资产专用于免税项目；②将固定资产专用于集体福利或个人消费。

(7)购入不动产进项税额的核算。

纳税人 2016 年 5 月 1 日后取得并在会计制度上按固定资产核算的不动产，或者 2016 年 5 月 1 日后取得的不动产在建工程，其进项税额自取得之日起分 2 年从销项税额中抵扣，第一年抵扣比例为60%,第二年抵扣比例为40%。其进项税额分别记入"应交税费——应交增值税(进项税额)""应交税费——待抵扣进项税额"账户。

【做中学 2-22】 2017 年 6 月 16 日,东方公司(增值税一般纳税人)购买了一层写字楼用于办公,不含税价 1 000 万元,进项税税额 110 万元。

该公司会计处理如下:

(1)2017 年 6 月抵扣 66 万元:

	借方	贷方
借:固定资产	10 000 000	
应交税费——应交增值税(进项税额)	660 000	
应交税费——待抵扣进项税额	440 000	
贷:银行存款		11 100 000

(2)2018 年 6 月(第 13 个月)抵扣剩余的 44 万元:

	借方	贷方
借:应交税费——应交增值税(进项税额)	440 000	
贷:应交税费——待抵扣进项税额		440 000

2.不得抵扣进项税额的核算

(1)取得普通发票的购进货物的核算。

一般纳税人在购入货物时(不包括购进免税农业产品),只取得普通发票的,应按发票累计全部价款入账,不得将增值税分离出来进行抵扣处理。在进行会计处理时,借记"在途物资""原材料""制造费用""管理费用""其他业务成本"等账户;贷记"银行存款""应付票据""应付账款"等账户。

(2)购入用于集体福利等项目的货物或劳务的核算。

企业购入货物及接受应税劳务直接用于职工集体福利等,按其专用发票上注明的增值税额,计入购入货物及接受劳务的成本,借记"应付职工薪酬"等账户;贷记"银行存款"等账户。需要注意,纳税人购进用于交际应酬的货物不允许抵扣进项税额。

(3)购进货物过程中发生非正常损失的会计处理。

企业在货物购进过程中,如果因管理不善造成货物被盗、发生霉烂、变质以及因违反法律法规造成货物或者不动产被依法没收、销毁、拆除而产生的损失,称为非正常损失,其进项税额不得抵扣。非正常损失不再包括自然灾害造成的损失。

3.进项税额转出的会计处理

已抵扣进项税额的购进货物或者应税劳务改变用途,用于免税项目、简易计税项目、集体福利或个人消费的,应当将该项购进货物或者应税劳务的进项税额从当期的进项税额中扣减。

(1)将购进的货物用于非货币性福利。

纳税人将外购的货物用于集体福利或个人消费的,其进项税额不得抵扣。企业以外购的货物作为非货币性福利提供给职工的,应当按照该产品的公允价值确定应付职工薪酬金额,其收入和成本的会计处理与正常商品销售相同,进项税额作转出处理。

【做中学 2-23】 甲公司将外购的商品一批分给职工,该商品售价为 10 000 元,成本价为 8 500元(已取得专用发票),增值税税率为 17%。

该公司会计处理如下:

	借方	贷方
借:应付职工薪酬——非货币性福利	9 945	

贷:库存商品 8 500

应交税费——应交增值税(进项税额转出) 1 445

(2)发生非正常损失。

购进的物资、在产品、产成品发生因管理不善造成的非正常损失,其进项税额应相应转入有关账户不得抵扣。借记“待处理财产损溢”账户,贷记“应交税费——应交增值税(进项税额转出)”账户。

【做中学 2-24】 甲企业由于管理不严造成原材料被盗,损失价值共计 25 000 元,增值税税率为 17%。后经主管部门批准,该损失作为营业外支出处理。

甲企业会计处理如下:

借:待处理财产损溢——待处理流动资产损溢 29 250

贷:库存商品 25 000

应交税费——应交增值税(进项税额转出) 4 250

借:营业外支出 29 250

贷:待处理财产损溢——待处理流动资产损溢 29 250

(三)一般纳税人已交增值税的会计核算

企业购销等业务发生的进项税额、销项税额,平时均在“应交税费——应交增值税”的明细科目有关专栏核算。月末,结出借、贷方合计和余额,计算企业当月应交未交的增值税额,并结转相关科目。

$$\text{当月未交增值税额}=\left(\text{销项税额}+\text{出口退税}+\text{进项税额转出}\right)-\left(\text{进项税额}+\text{期初留抵税额}+\text{已交税金}+\text{出口抵减内销产品应纳税额}\right)$$

月末根据计算的未交增值税额,做会计分录如下:

借:应交税费——应交增值税(转出未交增值税)

贷:应交税费——未交增值税

如果月末计算的未交增值税额为负数,在没有预交增值税的情况下,属于尚未抵扣的增值税额,不需要进行账务处理;在预交增值税的情况下,说明是多交了增值税额,月末做会计分录如下(转出多交增值税只能在本月已交税金的金额范围内转回):

借:应交税费——未交增值税

贷:应交税费——应交增值税(转出多交增值税)

(四)减免增值税的会计核算

减免增值税分先征收后返还、即征即退、直接减免三种形式,其会计处理也有所不同,但企业收到返还的增值税都应通过“营业外收入——政府补助”账户进行核算,作为企业利润总额的组成部分。

采用先征收后返还、即征即退办法进行减免的企业,在销售货物时,应按正常会计核算程序核算应纳增值税税额。当办理增值税退还手续,收到退税款时,直接做会计分录:

借:银行存款

贷:营业外收入——政府补助

直接减免增值税不属于政府补助。如果是免税,在会计处理时,借记“应收账款”等账户,贷记“主营业务收入”账户,即不反映“应交税费”的贷项;若是减税,只按应交增值税的税额,贷记“应交税费”账户即可。

三、小规模纳税人的会计核算

(一)小规模纳税人销售的核算

小规模纳税人发生应税行为实行简易计税方法,按征收率3%(不动产按5%)计算税额。以不含税销售额乘以征收率,计算其应交增值税。小规模纳税人一般不得为购买方开具增值税专用发票,如果购买方特别提出开具专用发票的要求,小规模纳税人应持普通发票前往税务机关换开专用发票。无论是否开具专用发票,小规模纳税人均按实现的应税收入和征税率计算应纳税额,并记入“应交税费——应交增值税”账户。实现销售时,按价税合计数,借记“银行存款”“应收账款”等账户;按不含税销售额,贷记“主营业务收入”“其他业务收入”等账户;按规定收取的增值税税额,贷记“应交税费——应交增值税”账户。

【做中学2-25】 三林商贸公司为小规模纳税人,本月销售货物一批,价款为88 000元(含税),开具普通发票,货款已收。

三林商贸公司会计处理如下:

借:银行存款　　88 000

　贷:主营业务收入　　85 436.89

　　应交税费——应交增值税　　2 563.11

上交本月应纳增值税时:

借:应交税费——应交增值税　　2 563.11

　贷:银行存款　　2 563.11

(二)小规模纳税人购进的核算

适用简易办法计算应纳增值税的小规模纳税人,购进货物、接受劳务、服务、无形资产或者不动产时,不论是否取得增值税专用发票,其支付给销售方的增值税额都不得抵扣,而应计入购进货物或接受劳务的成本。依据这一特点,在会计处理时,应按全部价款和税款,借记“在途物资”“原材料”“库存商品”“固定资产”“管理费用”“主营业务成本”“制造费用”等账户,贷记“银行存款”“应付账款”等账户。

【做中学2-26】 某小规模纳税企业购进商品的价款100 000元,增值税税额17 000元,支付运费2 000元,装卸费1 000元。上述款项均以银行存款支付。

该企业会计处理如下:

借:库存商品　　120 000

　贷:银行存款　　120 000

【任务实施——增值税涉税业务的会计核算】

工作实例

美途汽车集团为增值税一般纳税人,2017年5月份尚未抵扣完的进项税额为5 100元。该企业2017年6月份有关生产经营业务如下:

(1)以交款提货方式销售A型小汽车10辆给汽车销售公司,每辆不含税售价15万元,开具增值税专用发票注明应收价款150万元,款项全部收回。

(2)销售B型小汽车50辆给特约经销商，每辆不含税售价12万元，向特约经销商开具了增值税专用发票，注明价款600万元，增值税税额102万元。

(3)企业将某单位逾期未退还包装物押金4万元转作其他业务收入。

(4)购进机械设备取得增值税专用发票注明价款20万元、进项税税额3.4万元；支付运费取得增值税专用发票，注明运输费5万元，增值税税额0.55万元，该设备当月投入使用。

(5)当月购进原材料取得增值税专用发票注明金额600万元，进项税税额102万元，支付购进原材料运费取得增值税专用发票，注明运输费20万元，增值税税额2.2万元；支付装卸费，取得增值税专用发票，注明装卸费3万元，增值税税额0.18万元。

(6)企业以商业汇票方式购入包装物一批，价款为6万元，增值税税额为1.02万元。

(7)企业因质量问题将上月所购材料退还给供货方，收回价款4万元，增值税税额为0.68万元。

(8)委托一企业加工一批材料，发出原材料成本200万元，支付加工费10万元(不含税)，材料加工完成后验收入库。

(9)企业将购进的钢材转用于企业职工集体福利。按企业材料成本计算方法确定，该材料成本为52万元，其进项税税额为8.84万元。

(10)当月因管理不善，发生意外事故损失库存原材料金额35万元，经批准，计入营业外支出。

要求：计算该集团本月应缴纳的增值税额，并编制会计分录。

操作步骤

第一步：逐笔计算增值税销项税额、进项税额，并编制会计分录。

业务(1)：

增值税销项税额＝1 500 000×17%＝255 000(元)

借：银行存款　　1 755 000

　　贷：主营业务收入　　1 500 000

　　　　应交税费——应交增值税(销项税额)　　255 000

业务(2)：

借：银行存款　　7 020 000

　　贷：主营业务收入　　6 000 000

　　　　应交税费——应交增值税(销项税额)　　1 020 000

业务(3)：

逾期未退还包装物押金应纳税额＝[40 000÷(1＋17%)]×17%＝5 811.97(元)

借：其他应付款　　40 000

　　贷：其他业务收入　　34 188.03

　　　　应交税费——应交增值税(销项税额)　　5 811.97

业务(4)：

应抵扣固定资产增值税额＝34 000＋5 500＝39 500(元)

借：固定资产　　250 000

　　应交税费——应交增值税(进项税额)　　39 500

　　贷：银行存款　　289 500

业务(5)：

可抵扣进项税额＝1 020 000＋22 00C＋1 800＝1 043 800(元)

采购总成本＝6 000 000＋200 000＋30 000＝6 230 000(元)

会计分录	借方	贷方
借：在途物资	6 230 000	
应交税费——应交增值税(进项税额)	1 043 800	
贷：银行存款		7 273 800

业务(6)：

会计分录	借方	贷方
借：周转材料	60 000	
应交税费——应交增值税(进项税额)	10 200	
贷：应付票据		70 200

业务(7)：

会计分录	借方	贷方
借：银行存款	46 800	
贷：原材料		40 000
应交税费——应交增值税(进项税额)		6 800

业务(8)：

发出委托材料时：

会计分录	借方	贷方
借：委托加工物资	2 000 000	
贷：原材料		2 000 000

支付加工费时：

会计分录	借方	贷方
借：委托加工物资	100 000	
应交税费——应交增值税(进项税额)	17 000	
贷：银行存款		117 000

收回加工材料时：

会计分录	借方	贷方
借：原材料	2 100 000	
贷：委托加工物资		2 100 000

业务(9)：

企业将购进货物改变用途用于其他方面的，其进项税额应相应转入有关账户：

会计分录	借方	贷方
借：应付职工薪酬	608 400	
贷：原材料		520 000
应交税费——应交增值税(进项税额转出)		88 400

业务(10)：

应转出的进项税额＝350 000×17%＝59 500(元)

会计分录	借方	贷方
借：待处理财产损溢——待处理流动财产损溢	409 500	
贷：原材料		350 000
应交税费——应交增值税(进项税额转出)		59 500
借：营业外支出	409 500	
贷：待处理财产损溢——待处理流动财产损溢		409 500

第二步：根据会计处理计算本月应纳增值税税额。

本期销售额＝1 500 000＋6 000 000＋40 000/(1＋17%)＝7 534 188.03(元)

本期销项税额＝255 000＋1 020 000＋5 811.97＝1 280 811.97(元)

本期进项税额＝39 500＋1 043 800＋10 200－6 800＋17 000＝1 103 700(元)

进项税额转出＝88 400＋59 5 00＝147 900(元)

本期应纳税额＝1 280 811.97－1 103 700＋147 900－5 100＝319 911.97(元)

第三步:月末结转本月应交未交的增值税额,下月缴纳增值税税款时,做以下会计分录:

借:应交税费——应交增值税(转出未交增值税)　　319 911.97

　贷:应交税费——未交增值税　　319 911.97

下月实际缴纳增值税时:

借:应交税费——未交增值税　　319 911.97

　贷:银行存款　　319 911.97

【职业能力判断与选择】

一、判断题

1. 企业销售货物后,若发生销货退回或销售折让,应记入“应交税费——应交增值”(销项税额)”账户的借方。　(　)

2. “应交税费——应交增值税(已交税金)”账户核算企业当月上缴本月应缴增值税税额,收到退回的当月多缴增值税时以红字记入。　(　)

3. 包装物随同产品销售单独计价时销售额应记入“主营业务收入”账户,并计算缴纳增值税。　(　)

4. 销售折扣在购货方实际付现时才能确认,现金折扣不能冲减销售额,也不能抵减销项税额,而只能作为一种理财行为计入“财务费用”账户。　(　)

5. 企业接受货物捐赠,按增值税专用发票上注明的增值税税额,借记“应交税费——应交增值税(进项税额)”账户,按确认的捐赠货物的价值,借记“原料料”等账户,将接受捐赠的非货币资产的含税价值转入“营业外收入——捐赠利得”账户。　(　)

二、选择题(第 1～4 题为单项选择题,第 5～6 题为多项选择题)

1. 企业将自产的货物无偿赠送他人,应视同销售货物计算应交增值税,借记“营业外支出”账户,贷记“库存商品”和(　　)账户。

A. “应交税费——应交增值税(销项税额)”

B. “应交税费——应交增值税(进项税额转出)”

C. “应交税费——应交增值税(进项税额)”

D. “应交税费——应交增值税(已交税金)”

2. 某企业本月份将自产的一批生产成本为 20 万元(耗用上月外购材料 15 万元)的食品发给职工,下列说法中,正确的是(　　)。

A. 应反映销项税额 3.74 万元　　B. 应反映销项税额 3.4 万元

C. 应反映应纳税额 3.4 万元　　D. 应转出进项税额 2.55 万元

3. 天宏工厂委托渔阳木器厂加工产品包装用木箱,发出材料价值 15 000 元,支付加工费3 500元和增值税税额 595 元。天宏工厂支付加工费和增值税税额时,正确的会计分录为(　　)。

A. 借:委托加工物资　3 500
　　应交税费——应交增值税(进项税额)　595
　　贷:银行存款　4 095

B. 借:在途物资　3 500
　　应交税费——应交增值税(进项税额)　595
　　贷:银行存款　4 095

C. 借:周转材料　3 500
　　应交税费——应交增值税(进项税额)　595
　　贷:银行存款　4 095

D. 借:委托加工物资　4 095
　　贷:应交税费——应交增值税(进项税额转出)　595
　　　银行存款　3 500

4. 企业接受修理修配劳务,应根据增值税专用发票上注明的修理修配费用借记“制造费用”“管理费用”等账户,按专用发票上注明的进项税额,借记(　　)账户,贷记“银行存款”等账户。

A. “应交税费——应交增值税(进项税额)”

B. “应交税费——应交增值税(进项税额转出)”

C. “应交税费——应交增值税(销项税额)”

D. “应交税费——应交增值税”

5. 企业应在“应交税费——应交增值税”明细账中设置(　　)等专栏。

A. 进项税额　B. 已交税金　C. 销项税额　D. 未交增值税

6. 增值税一般纳税人企业购进的生产、经营用货物日后被用于(　　),即改变其用途时,应将其相应的增值税额记入“应交税费——应交增值税(进项税额转出)”账户的贷方。

A. 免征增值税项目　B. 集体福利

C. 分配给股东　D. 无偿赠送他人

【任务训练】

红光制造厂为增值税一般纳税人,2017 年 6 月发生下列经济业务:

(1)购进原材料一批,取得增值税专用发票上注明的价款为 700 000 元,增值税税额为 119 000 元。专用发票当月通过认证并申报抵扣。企业因资金不足,上述各款项全部尚未支付,材料验收入库。

(2)接受某公司无偿捐赠的原材料一批,增值税专用发票上注明的货款为 30 000 元,增值税税额为 5 100 元,专用发票当月通过认证并申报抵扣。材料已验收入库,并以银行存款支付相关手续费 300 元。

(3)基本生产车间委托某机修厂修理设备,以银行存款支出修理费 3 000 元,增值税税额为 510 元。工厂已收到机修厂开具的增值税专用发票,当月通过认证并申报抵扣。

(4)购入不需安装的新设备一台,取得的增值税专用发票上注明的价款为 20 000 元,增值税税额为 3 400 元,当月通过认证并申报抵扣,款项已用银行存款支付。

(5)销售产品取得销售额 500 000 元,按规定收取增值税税额为 85 000 元,开具增值税专用发票5张，款项已收到存入银行。

(6)随同产品出售一批单独计价的包装物，开具普通发票一张，金额1 053元，款项已收到。

(7)将一批外购的原材料对外投资，原材料账面实际成本为65 000元，适用增值税税率为17%，开具增值税专用发票一张。

(8)工厂以自产的一批产品作为福利发放给本厂职工个人，该批产品实际成本为60 000元，无同类产品售价，适用增值税税率为17%，未开具发票。

(9)将自产的一批产品送给某灾区，作为抗洪救灾用。该批产品按售价计算金额为80 000元，其实际成本为60 000元，适用增值税税率为17%，未开具发票。

要求：根据上述资料进行相应的会计处理，并计算当期应交增值税额。

任务四　增值税纳税申报

作为报税岗位的会计人员，每月在规定时间内，在做好增值税专用发票的认证或选择抵扣、抄税、报税的基础上，根据会计资料计算的应纳增值税税额，选择申报方式、准备材料，进行纳税申报和税款缴纳工作。本学习任务以任务三工作实例美途汽车集团为例来学习增值税的纳税申报过程。

【知识准备与业务操作】

一、增值税的征收管理

(一)纳税义务发生时间

(1)纳税人发生应税行为，为收讫销售款项或者取得索取销售款项凭据的当天。先开具发票的，为开具发票的当天。按销售结算方式的不同，具体分为下列几种形式：

①采取直接收款方式销售货物，不论货物是否发出，均为收到销售款或者取得索取销售款凭据的当天。

②采取托收承付和委托银行收款方式销售货物，为发出货物并办妥托收手续的当天。

③采取赊销和分期收款方式销售货物，为书面合同约定的收款日期的当天，无书面合同的或者书面合同没有约定收款日期的，为货物发出的当天。

④采取预收货款方式销售货物，为货物发出的当天，但生产销售生产工期超过12个月的大型机械设备、船舶、飞机等货物，为收到预收款或者书面合同约定的收款日期的当天。

⑤纳税人提供建筑服务、租赁服务采取预收款方式的，其纳税义务发生时间为收到预收款的当天。

⑥委托其他纳税人代销货物，为收到代销单位的代销清单或者收到全部或者部分货款的当天。未收到代销清单及货款的，为发出代销货物满180天的当天。

⑦销售应税劳务，为提供劳务同时收讫销售款或者取得索取销售款的凭据的当天。

⑧纳税人从事金融商品转让的，为金融商品所有权转移的当天。

⑨纳税人发生视同销售行为，其纳税义务发生时间为货物移送、服务及无形资产转让完成的当天或者不动产权属变更的当天。

(2)进口货物，为报关进口的当天。

(3)增值税扣缴义务发生时间为纳税人增值税纳税义务发生的当天。

(二)增值税的纳税期限

增值税的纳税期限分别为1日、3日、5日、10日、15日、1个月或者1个季度。纳税人的具体纳税期限，由主管税务机关根据纳税人应纳税额的大小分别核定；不能按照固定期限纳税的，可以按次纳税。

纳税人以1个月或者1个季度为1个纳税期的，自期满之日起15日内申报纳税；以1日、3日、5日、10日或者15日为1个纳税期的，自期满之日起5日内预缴税款，于次月1日起15日内申报纳税并结清上月应纳税款。扣缴义务人解缴税款的期限，依照纳税义务人规定执行。纳税人进口货物，应当自海关填发海关进口增值税专用缴款书之日起15日内缴纳税款。

以1个季度为纳税期限的规定适用于小规模纳税人、银行、财务公司、信托投资公司、信用社以及财政部和国家税务总局规定的其他纳税人。

(三)增值税纳税地点

(1)固定业户应当向其机构所在地或者居住地主管税务机关申报纳税。总机构和分支机构不在同一县(市)的，应当分别向各自所在地的主管税务机关申报纳税；经国务院财政部和国家税务总局或者其授权的财政和税务机关批准，可以由总机构汇总向总机构所在地的主管税务机关申报纳税；跨县(市)提供建筑服务或者销售取得的不动产，应按规定在建筑服务发生或不动产所在地预缴税款后，向机构所在地主管税务机关进行纳税申报。

(2)非固定业户应当向应税行为发生地主管税务机关申报纳税；未申报纳税的，由其机构所在地或者居住地的主管税务机关补征税款。

(3)其他个人提供建筑服务，销售或者租赁不动产，转让自然资源使用权，应向建筑服务发生地、不动产所在地、自然资源所在地主管税务机关申报纳税。

(4)进口货物，应当向报关地海关申报纳税。

(5)扣缴义务人应当向其机构所在地或者居住地的主管税务机关申报缴纳其扣缴的税款。

二、增值税的纳税申报

(一)一般纳税人的纳税申报

1.申报程序

一般纳税人办理纳税申报，需要经过专用发票认证(或选择抵扣)、抄税、报税、办理申报、缴纳税款等工作。

(1)专用发票认证(或选择抵扣)。增值税专用发票的认证方式可选择手工认证或网上认证。手工认证是单位办税员月底持专用发票“抵扣联”到所属主管税务机关服务大厅“认证窗口”进行认证；网上认证是纳税人月底前通过扫描仪将专用发票抵扣联扫入认证专用软件，生成电子数据，将数据文件传给税务机关完成认证。自2016年5月1日起，纳税信用A级、B级纳税人对取得的增值税专用发票可以不再进行认证，通过增值税发票税控开票软件登录本省增值税发票查询平台，查询、选择用于申报抵扣或者出口退税的增值税发票信息。

(2)抄税。抄税是在当月的最后一天，通常是在次月 1 日早上开票前，利用防伪税控开票系统进行抄税处理，将本月开具增值税专用发票的信息读入 IC 卡(抄税完成后本月不允许再开具发票)。

(3)报税。报税是在报税期内，一般单位在 15 日前，将 IC 卡拿到税务机关，由税务人员将 IC 卡的信息读入税务机关的金税系统。经过抄税，税务机关确保了所有开具的销项发票进入到了金税系统，经过报税，税务机关确保了所有抵扣的进项发票都进入了金税系统，就可以在系统内由系统进行自动进行比对，确保任何一张抵扣的进项发票都有销项发票与其对应。

(4)办理申报。申报工作可分为上门申报和网上申报。上门申报是指在申报期内，携带填写的申报表、资产负债表、利润表及其他相关材料到主管税务机关办理纳税申报，税务机关审核后申报表退还一联给纳税人。网上申报是指纳税人在征税期内，通过互联网将增值税纳税申报表主表、附表及其他必报资料的电子信息传送至电子申报系统。纳税人应从办理税务登记的次月 1 日起 15 日内，不论有无销售额，均应按主管税务机关核定的纳税期限按期向当地税务机关申报。

(5)税款缴纳。税务机关将申报表单据送到开户银行，由银行进行自动转账处理。对于未实行税库银联网的纳税人，还需自己到税务机关指定的银行进行现金缴纳。

2. 申报资料

电子信息采集系统一般纳税人纳税申报资料包括以下几项：

(1)必需填报资料：①增值税纳税申报表(一般纳税人适用)和反映本期销售情况明细的附列资料(一)，反映本期进项税额明细的附列资料(二)，反映服务、不动产和无形资产扣除明细的附列资料(三)，反映税额抵减情况表附列资料(四)，反映不动产分期抵扣计算表附列资料(五)以及固定资产(不含不动产)进项税额抵扣情况表、本期抵扣进项税额结构明细表、增值税减免税申报明细表；②备份数据软盘和 IC 卡；③资产负债表和利润表。

(2)其他必报资料：①海关完税凭证抵扣清单；②代开发票抵扣清单；③主管国税机关规定的其他必报资料。

(3)备查资料：①已开具普通发票存根联；②符合抵扣条件并且在本期申报抵扣的增值税专用发票抵扣联；③海关进口货物完税凭证、购进农产品普通发票存根联原件及复印件；④收购发票；⑤代扣代缴税款凭证存根联；⑥主管税务机关规定的其他备查资料。备查资料是否需要在当期报送，由各级国家税务局确定。

(二)小规模纳税人的纳税申报

小规模企业无论当季有无销售额，均应填报增值税纳税申报表(适用于小规模纳税人)，于季满次周 15 日前报主管税务征收机关。

1. 申报资料

(1)增值税小规模纳税人纳税申报表及其附列资料。

(2)资产负债表、利润表。

(3)主管税务机关要求的其他资料。

2. 申报缴纳

按主管税务机关规定的纳税期限携带填列准确无误的申报资料到申报征收窗口办理申报

缴款手续。以国税机关填开的《中华人民共和国税收通用缴款书》为完税凭证，作会计处理依据。

【任务实施——增值税纳税申报表的填写】

工作实例

接本项目学习任务三任务设计的工作实例，以美途汽车集团2017年6月增值税申报为例，说明增值税纳税申报表的填写过程。

操作步骤

第一步：申报期内，凭"应交税费——应交增值税"明细账，填写增值税附表一、附表二、固定资产进项税额抵扣明细表，具体如表2-2至表2-4所示。

第二步：根据"应交税费——应交增值税"明细账、附表一、附表二、固定资产进项税额抵扣明细表，填写增值税纳税申报表，具体如表2-5所示。

表 2-2　增值税纳税申报表附列资料(一)

(本期销售情况明细)

纳税人名称:(公章)美途汽车集团　　　　税款所属时间:2017 年 6 月 1 日至 2017 年 6 月 30 日

金额单位:元至角分

项目及栏次				开具增值税专用发票		开具其他发票		未开具发票		纳税检查调整		合计			服务、不动产和无形资产扣除项目本期实际扣除金额	扣除后	
				销售额	销项(应纳)税额	销售额	销项(应纳)税额	销售额	销项(应纳)税额	销售额	销项(应纳)税额	销售额	销项(应纳)税额	价税合计		含税(免税)销售额	销项(应纳)税额
				1	2	3	4	5	6	7	8	9=1+3+5+7	10=2+4+6+8	11=9+10	12	13=11−12	14=13÷(100%+税率或征收率)×税率或征收率
一、一般计税方法计税	全部征税项目	17%税率的货物及加工修理修配劳务	1	7 500 000	1 275 000			34 188.03	5 811.97			7 534 188.03	1 280 811.97	—	—	—	—
		17%税率的服务、不动产和无形资产	2														
		13%税率	3											—	—	—	—
		11%税率的货物及加工修理修配劳务	4a											—	—	—	—
		11%税率的服务、不动产和无形资产	4b											—	—	—	—
		6%税率	5											—	—	—	—
	其中:即征即退项目	即征即退货物及加工修理修配劳务	6	—	—	—	—	—	—	—	—			—	—	—	—
		即征即退服务、不动产和无形资产	7	—	—	—	—	—	—	—	—			—	—	—	—
二、简易计税方法计税	全部征税项目	6%征收率	8							—	—			—	—	—	—
		5%征收率的货物及加工修理修配劳务	9a							—	—			—	—	—	—
		5%征收率的服务、不动产和无形资产	9b							—	—			—	—	—	—
		4%征收率	10							—	—			—	—	—	—

续表 2-2

项目及栏次				开具增值税专用发票		开具其他发票		未开具发票		纳税检查调整		合计			服务、不动产和无形资产扣除项目本期实际扣除金额	扣除后	
				销售额	销项(应纳)税额	销售额	销项(应纳)税额	销售额	销项(应纳)税额	销售额	销项(应纳)税额	销售额	销项(应纳)税额	价税合计		含税(免税)销售额	销项(应纳)税额
				1	2	3	4	5	6	7	8	9=1+3+5+7	10=2+4+6+8	11=9+10	12	13=11−12	14=13÷(100%+税率或征收率)×税率或征收率
二、简易计税方法计税	全部征税项目	3%征收率的货物及加工修理修配劳务	11							—	—			—	—	—	—
		3%征收率的服务、不动产和无形资产	12							—	—						
		预征率%	13a							—	—						
		预征率%	13b							—	—						
		预征率%	13c							—	—						
	其中：即征即退项目	即征即退货物及加工修理修配劳务	14	—	—	—	—	—	—	—	—			—	—	—	—
		即征即退服务、不动产和无形资产	15	—	—	—	—	—	—	—	—						
三、免抵退税	货物及加工修理修配劳务		16	—	—		—		—	—	—		—	—	—	—	—
	服务、不动产和无形资产		17	—	—		—		—	—	—		—				—
四、免税	货物及加工修理修配劳务		18				—		—	—	—		—	—	—	—	—
	服务、不动产和无形资产		19	—	—		—		—	—	—		—				—

表 2-3　增值税纳税申报表附列资料(二)

(本期销售情况明细)

纳税人名称:(公章)美途汽车集团　　税款所属时间:2017 年 6 月 1 日至 2017 年 6 月 30 日

金额单位:元至角分

一、申报抵扣的进项税				
项　目	栏　次	份　数	金　额	税　额
(一)认证相符的增值税专用发票	1=2+3	7	6 640 000.00	1 110 500.00
其中:本期认证相符且本期申报抵扣	2	7	6 640 000.00	1 110 500.00
前期认证相符且本期申报抵扣	3			
(二)其他扣税凭证	4=5+6+7+8			
其中:海关进口增值税专用缴款书	5			
农产品收购发票或者销售发票	6			
代扣代缴税收缴款凭证	7		—	
其他	8			
(三)本期用于构建不动产的扣税凭证	9			
(四)本期不动产允许抵扣的进项税额	10	—	—	
(五)外贸企业进项税额抵扣凭证证明	11	—	—	
当期申报抵扣进项税额合计	12=1+4-9+10+11	7	6 640 000.00	1 110 500.00
二、进项税额转出				
项　目	栏　次	税　额		
本期进项税转出额	13=14 至 23 之和	15 700.00		
其中:免税项目用	14			
集体福利、个人消费	15	88 400.00		
非正常损失	16	59 500.00		
简易计税办法征税项目用	17			
免抵退税办法不得抵扣的进项税额	18			
纳税检查调减进项税	19			
红字专用发票信息表注明的进项税	20			
上期留抵税额抵减欠款	21			
上期留抵税额退税	22			
其他应作进项税额转出的情形	23	6 800.00		
三、待抵扣进行税额				
项　目	栏　次	份　数	金　额	税　额
(一)认证相符的增值税专用发票	24	—	—	—
期初已认证相符但未申报抵扣	25			
本期认证相符且本期未申报抵扣	26			
期末已认证相符但未申报抵扣	27			
其中:按照税法规定不允许抵扣	28			
(二)其他扣税凭证	29=30 至 33 之和			

续表 2-3

项　目	栏　次	份　数	金　额	税　额
其中:海关进口增值税专用缴款书	30			
农产品收购发票或者销售发票	31			
代扣代缴税收缴款凭证	32			
其他	33		—	
	34			
四、其他				
项　目	栏　次	份　数	金　额	税　额
本期认证相符的增值税专用发票	35	7	6 640 000.00	1 110 500.00
代扣代缴税额	36	—	—	

表 2-4　固定资产(不含不动产)进项税额抵扣情况表

纳税人名称:(公章)美途汽车集团　　填表日期:2017 年 7 月 14 日

金额单位:元至角分

项　目	当期申报抵扣的固定资产进项税额	当期申报抵扣的固定资产进项税额累计
增值税专用发票	34 000.00	34 000.00
海关进口增值税专用缴纳书		
合　计	34 000.00	34 000.00

表 2-5　增值税纳税申报表

根据国家税收法律法规及增值税相关规定制定本表。纳税人不论有无销售额,均应按税务机关核定的纳税期限填写本表,并向当地税务申报。

税款所属时间:自 2017 年 6 月 1 日至 2017 年 6 月 30 日　填表日期:2017 年 7 月 14 日　金额单位:元至角分

纳税人识别号					所属行业:制造业
纳税人名称	美途汽车集团(公章)	法定代表人姓名		注册地址		生产经营地址	
开户银行及账号		登记注册类型		电话号码	

项　目		栏　次	一般项目		即征即退项目	
			本月数	本年累计数		
销售额	(一)按适用税率计税销售额	1	7 534 188.03			
	其中:应税货物销售额	2	7 534 188.03			
	应税劳务销售额	3				
	纳税检查调整的销售额	4				
	(二)按简易办法计税销售额	5				
	其中:纳税检查调整的销售额	6				
	(三)免、抵、退办法出口销售额	7			—	—
	(四)免税销售额	8			—	—
	其中:免税货物销售额	9			—	—
	免税劳务销售额	10			—	—

续表 2-5

项　目		栏　次	一般项目		即征即退项目	
			本月数	本年累计数		
税款计算	销项税额	11	1 280 811.97			
	进项税额	12	1 110 500.00			
	上期留抵税额	13	5 100.00			—
	进项税额转出	14	154 700.00			
	免、抵、退应退税额	15			—	—
	按适用税率计算的纳税检查应补缴税额	16			—	—
	应抵扣税额合计	17＝12＋13－14－15＋16	960 900.00	—		—
	实际扣税额	18(如 17<11，则为 17,否则为 11)	960 900.00			
	应纳税额	19＝11－18	319 911.97			—
	期末留抵税额	20＝17－18			—	—
	简易计税办法计算的应纳税额	21				
	按简易计税办法计算的纳税检查应补缴税额	22				
	应纳税额减征额	23				
	应纳税额合计	24＝19＋21－23	319 911.97			
税款缴纳	期初未缴税额(多缴为负数)	25				
	实收出口开具专用缴款书退税额	26			—	—
	本期已缴税额	27＝28＋29＋30＋31				
	①分次预缴税额	28	—	—		—
	②出口开具专用缴款书预缴税额	29	—	—	—	—
	③本期缴纳上期应纳税额	30				
	④本期缴纳欠缴税额	31				
	期末未缴税额(多缴为负数)	32＝24＋25＋26－27	319 911.97			
	其中：欠缴税额(≥0)	33＝25＋26－27		—	—	—
	本期应补(退)税额	34＝24－28－29	319 911.97	—		—
	即征即退实际退税额	35	—	—		
	期初未缴查补税额	36			—	—
	本期入库查补税额	37			—	—
	期末未缴查补数额	38＝16＋22＋36－37			—	—

续表 2-5

授权声明	如果你已委托代理人申报，请填写下列资料：为代理一切税务事宜，现授权（地址）　　　　为本纳税人的代理申报人，任何与本申报表有关的往来文件，都可寄予此人。 授权人签字：	申报人声明	本纳税申报表是根据国家税收法律法规及相关规定填报的，我确定它是真实的、可靠的、完整的。 声明人签字：

主管税务机关：　　　　接收人：　　　　接受日期：

【职业能力判断与选择】

一、判断题

1. 进口货物增值税纳税义务发生的时间为报关进口后15天。（　　）

2. 以1个月为一期的增值税纳税人，于期满后15日内申报纳税。（　　）

3. 总机构和分支机构不在同一县(市)的，应当分别向各自所在地主管税务机关申报缴纳增值税。（　　）

4. 增值税纳税人进口货物应当自海关填发税款缴纳证的次日起7日内解缴国库。（　　）

5. 委托其他纳税人代销货物的纳税义务发生时间，为收到代销单位的代销清单或者收到全部或者部分货款的当天；未收到代销清单及货款的，为发出代销货物满180天的当天。（　　）

二、选择题(第1～3题为单项选择题，第4～5题为多项选择题)

1. 以1个月为一期的增值税纳税人，于期满后（　　）日内申报纳税。

A. 1　　B. 5　　C. 10　　D. 15

2. 总机构和分支机构不在同一县(市)的纳税人经（　　）的税务机关批准，其分支机构应纳税款也可以由总机构汇总向总机构所在地主管税务机关申报纳税。

A. 国家税务总局或其授权　　B. 省级以上

C. 总机构所在地　　D. 分支机构所在地

3. 进口货物的增值税由（　　）征收。

A. 进口地税务机关　　B. 海关

C. 交货地税务机关　　D. 进口方所在地税务机关

4. 下列关于纳税义务发生时间的说法中，正确的有（　　）。

A. 采取赊销方式销售货物的，为货物发生的当天

B. 采取预收货款方式销售货物的，为货物发生的当天

C. 采取托收承付方式销售货物的，为发出货物并办妥托收手续的当天

D. 采取直接收款方式销售货物的，为收到销售款或者取得索取销售款凭据的当天

5. 下列关于纳税义务发生时间的表述中，正确的有（　　）。

A. 委托其他纳税人代销货物，其纳税义务发生时间为收到代销款的当天

B. 销售应税劳务的，其纳税义务发生时间为提供劳务同时收讫销售额或取得索取销售额的凭据的当天

C. 企业采取分期收款方式销售货物的，其纳税义务的发生时间为书面合同规定的收款日期

D. 先开具发票的，其纳税义务的发生时间为开具发票的当天

项目小结

增值税会计核算与申报是本书重点项目之一，本项目主要介绍了我国现行增值税的纳税人、征税范围和税率；一般纳税人和小规模纳税人应纳税额的计算；一般纳税人增值税销项税额、进项税额、进项税额转出的计算及其会计处理方法；增值税结转、增值税上缴的会计处理方法；一般纳税人和小规模纳税人增值税的纳税申报。本项目涉及的内容多，会计处理方法比较复杂，应该在理解的基础上，边学边做，重点掌握。

项目三　消费税会计核算与申报

知识目标

(1)熟悉消费税的基本法律知识,掌握消费税的概念、征税对象、纳税人及税率。

(2)掌握消费税应纳税额的计算、纳税申报与税款缴纳。

(3)熟悉消费税涉税业务的会计处理。

能力目标

(1)能根据学习内容查阅有关资料。

(2)能判断哪些项目应征收消费税,选择适用税率。

(3)会根据业务资料计算应纳消费税额。

(4)会根据业务资料填制消费税纳税申报表及税款缴纳书。

(5)能根据业务资料进行消费税的涉税会计业务处理。

(6)培养敬业精神、团队合作能力和良好的职业道德修养。

项目引言

你可曾想过:抽一包中华牌卷烟,需向国家缴纳多少税金?其中又以哪种税最多?诺贝尔经济学奖获得者保罗·萨缪尔森曾称:消费税是对烟酒及其他对健康有害的物品的征税。这种旨在改善环境、保障健康,同时又能增加财政收入的税种为世界各国所称赞,目前已有120多个国家或地区开征消费税,在我国可追溯到西汉时期对酒的课税。

消费税和增值税的关系密切,消费税是对货物征收增值税以后,再根据特定的国家财政政策选择特定的消费品和消费行为在特定的环节征收的一种流转税。征收消费税的目的主要是为了调节产业结构,限制某些奢侈品、高能耗产品的主产,正确引导消费,保证国家财政收入。消费税与增值税同为流转税,凡征收消费税的物品肯定征收增值税,并且税率为17%。然而一个是价外税,一个是价内税,会计核算各不相同,征税环节也不一样,但其计税的依据相同,这在众多税种中是独一无二的,你知道其中的原因吗?

任务一　纳税人和征税范围的确定

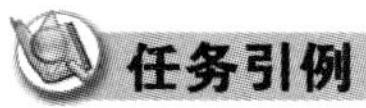

宝利珠宝饰品制造公司(中国人民银行批准的金银首饰经营单位)为增值税一般纳税人,

从事金银首饰经销和加工生产业务。2016年12月份发生如下经营业务：①向某大型商场（金银首饰经营单位）销售黄金项链100条；②同时向该商场销售自产包金项链5条、镀金项链5条；③向消费者销售自产纯金项链200条；④向消费者销售自产高档手表20块。

请问：上述四笔经济业务中，哪些需要征收消费税？各采用什么样的税率？

【知识准备与业务操作】

一、消费税纳税人的确定

消费税是对在我国境内从事生产、委托加工和进口应税消费品的单位和个人，就其应税消费品的销售额或销售量征收的一种税。在我国的税制结构体系中，消费税是与增值税配套的一个税种。它是在普遍征收增值税的基础上，根据国家产业政策的要求，选择少数消费品再征一道特殊的流转税，目的是引导消费和生产结构，调节收入分配，增加财政收入。它具有以特定消费品为课税对象、征税环节单一、计税方法灵活、实行价内征收等特点。

消费税的纳税人，是在中华人民共和国境内生产、委托加工和进口应税消费品的单位和个人。自1995年1月1日起，金银首饰消费税改在零售环节征收，在我国境内从事金银首饰零售业务的单位和个人，为金银首饰消费税的纳税人，委托加工、委托销售金银首饰的，受托方也是纳税人；自2009年5月1日起对卷烟在批发环节加征一道消费税，因此从事卷烟批发的单位和个人也是消费税纳税人。

这里所谓“中华人民共和国境内”，是指生产、委托加工和进口应税消费品的起运地或所在地在中国境内。所谓“单位”，是指国有企业、集体企业、私营企业、股份制企业、外商投资企业、外国企业和其他企业，以及行政单位、事业单位、军事单位、社会团体和其他单位。所谓“个人”，是指个体经营者和包括中国公民和外国公民在内的其他个人。

二、征税范围的确定

（一）征税范围的确定原则

（1）对人类健康、社会秩序、生态环境等方面造成危害的特殊消费品，如烟、酒、鞭炮、焰火等。

（2）奢侈品、非生活必需品，如贵重首饰、高档化妆品等。

（3）高能耗及高档消费品，如小汽车、摩托车等。

（4）不可再生和替代的资源类消费品，如汽油、柴油等。

（二）征税范围的具体规定

消费税的征税范围包括烟、酒、高档化妆品、贵重首饰及珠宝玉石、鞭炮焰火、成品油、摩托车、小汽车、高尔夫球及球具、高档手表、游艇、木制一次性筷子、实木地板、电池、涂料等15个税目，有的税目还可进一步划分若干子目。其具体范围如下：

1. 烟

本税目下设卷烟（分生产环节和批发环节）、雪茄烟和烟丝3类。

卷烟的征税范围包括各种规格、型号的国产卷烟、进口卷烟、白包卷烟、手工卷烟等；雪茄烟的征税范围包括各种规格、型号的雪茄烟；烟丝的征税范围包括以烟叶为原料加工生产的不经卷制的散装烟，如斗烟、莫合烟、烟末、水烟、黄红烟丝等。

2. 酒

本税目下设白酒、啤酒、黄酒、其他酒 4 个子目。

酒是指酒精度在 1 度以上的各种酒类饮料，包括白酒、啤酒、黄酒和其他酒。

饮食业、商业、娱乐业举办的啤酒屋（啤酒坊）利用啤酒生产设备生产的啤酒，应当征收消费税；无醇啤酒比照啤酒征税；"果啤"属于啤酒，应征消费税。

3. 高档化妆品

本税目征税范围包括：高档美容、修饰类化妆品、高档护肤类化妆品和成套化妆品。

4. 贵重首饰及珠宝玉石

本税目征税范围包括：各种金银珠宝首饰和经采掘、打磨、加工的各种珠宝玉石。

5. 鞭炮焰火

本税目征税范围包括：各种鞭炮、焰火。体育上用的发令纸、鞭炮引线不按本税目征税。

6. 成品油

本税目下设汽油、柴油、石脑油、溶剂油、润滑油、燃料油、航空煤油 7 个子目。

7. 摩托车

本税目征税范围包括：轻便摩托车、摩托车。摩托车包括：两轮车、边三轮车、正三轮车等。发动机气缸容量 250 毫升（不含）以下的小排量摩托车不征收消费税。

8. 小汽车

本税目下设乘用车、中轻型商用客车子目。

乘用车征收范围包括含驾驶员座位在内最多不超过 9 个座位（含）的，在设计和技术特性上用于载运乘客和货物的各类乘用车。

中轻型商用客车征收范围包括含驾驶员座位在内的座位数在 10 至 23 座（含 23 座）的，在设计和技术特性上用于载运乘客和货物的各类中轻型商用客车。

含驾驶员人数（额定载客）为区间值的（如 8～10 人，17～26 人）小汽车，按其区间值下限人数确定征收范围。电动汽车不属于本税目征收范围。

9. 高尔夫球及球具

本税目包括高尔夫球、高尔夫球杆及高尔夫球包（袋）等。

高尔夫球是指重量不超过 45.93 克、直径不超过 42.67 毫米的高尔夫球运动比赛、练习用球；高尔夫球杆是指被设计用来打高尔夫球的工具，由杆头、杆身和握把三部分组成；高尔夫球包（袋）是指专用于盛装高尔夫球及球杆的包（袋）。

10. 高档手表

本税目是指销售价格（不含增值税）每只在 10 000 元（含）以上的各类手表。

11. 游艇

本税目是指长度大于 8 米小于 90 米，船体由玻璃钢、钢、铝合金、塑料等多种材料制作，可以在水上移动的水上浮载体。按照动力划分，游艇分为无动力艇、帆艇和机动艇。

本税目征收范围包括艇身长度大于 8 米（含）小于 90 米（含），内置发动机，可以在水上移动，一般为私人或团体购置，主要用于水上运动和休闲娱乐等非牟利活动的各类机动艇。

12. 木制一次性筷子

本税目征税范围包括以木材为原料经过锯段、浸泡、旋切、刨切、烘干、筛选、打磨、倒角、包装等环节加工而成的各类一次性使用的筷子。

13. 实木地板

本税目是指以木材为原料，经锯割、干燥、刨光、截断、开榫、涂漆等工序加工而成的块状或条状的地面装饰材料。实木地板按生产工艺不同，可分为独板（块）实木地板、实木指接地板、实木复合地板三类；按表面处理状态不同，可分为未涂饰地板（白坯板、素板）和漆饰地板两类。

本税目征收范围包括各类规格的实木地板、实木指接地板、实木复合地板及用于装饰墙壁、天棚的侧端面为榫、槽的实木装饰板。未经涂饰的素板也属于本税目征税范围。

14. 电池

本税目征税范围包括原电池、蓄电池、燃料电池、太阳能电池和其他电池。原电池又称一次电池，是按不可以充电设计的电池，包括锌原电池、锂原电池和其他原电池，也可以分为无汞原电池和含汞原电池；蓄电池又称二次电池，是按可充电、重复使用设计的电池，包括酸性蓄电池、碱性或其他非酸性蓄电池、氧化还原液流电池和其他蓄电池；燃料电池是指通过一个电化学过程，将连续供应的反应物和氧化剂的化学能直接转换为电能的电化学发电装置；太阳能电池是指将太阳光能转换成电能的装置。

15. 涂料

涂料是指涂于物体表面能形成具有保护、装饰或特殊性能的固态涂膜的一类液体或固体材料之总称。

三、消费税税率的选择

消费税实行比例税率、定额税率和从量定额与从价定率相结合的复合计税 3 种形式，共设置了 20 余档不同的税率（税额）。多数消费品采用比例税率，最高税率为 56％，最低税率为 1％；成品油和黄酒、啤酒等实行定额税率；对卷烟、粮食白酒、薯类白酒实行从量定额与从价定率相结合计算应纳税额的复合计税办法。现行消费税税目税率（税额）如表 3-1 所示。

表 3-1　消费税税目税率(税额)表

税　目		征税范围	计税单位	税率(税额)
一、烟	1. 卷烟	甲类卷烟:每标准条(200 支,下同)调拨价 70 元(含 70 元,不含增值税,下同)以上		56%
			标准箱(50 000 支,下同)	150 元/箱(0.003 元/支;0.6 元/条)
		乙类卷烟:每标准条调拨价 70 元以下		36%
			标准箱	150 元/箱(0.003 元/支;0.6 元/条)
		商业批发		11%
			支	0.005 元
	2. 雪茄(生产环节)	包括各种规格、型号的雪茄烟		36%
	3. 烟丝(生产环节)	包括以烟叶为原料加工生产的不经卷制的散装烟	斤(500 克)	30%
二、酒	1. 粮食白酒	以高粱、玉米、大米、糯米、大麦、小麦、青稞等各种粮食为原料		20%
			斤(500 克)	0.5 元
	2. 薯类白酒	以白薯、木薯、马铃薯、芋头、山药等各种干鲜薯类为原料;用甜菜酿制的白酒,比照薯类白酒征税	吨	20%
			吨	0.5 元
	3. 啤酒(含果啤)	出厂价(含包装物及押金)3 000 元(含 3 000元,不含增值税,下同)以上	吨	250 元
		出厂价 3 000 元以下		220 元
	4. 黄酒	包括各种原料酿制的黄酒和酒精度超过 12 度(含 12 度)的土甜酒		240 元
	5. 其他酒	包括糠麸白酒、其他原料白酒、土甜酒、复制酒、果木酒、汽酒、药酒等		10%
三、高档化妆品		包括成套化妆品、高档护肤类化妆品		15%
四、贵重首饰及珠宝玉石	1. 金银首饰、铂金首饰和钻石及钻石饰品	包括各种金、银、珠宝首饰及珠宝玉石		5%
	2. 其他贵重首饰和珠宝玉石			10%
五、鞭炮焰火				15%
六、成品油	1. 汽油	以汽油、汽油组分调和生产的甲醇汽油、乙醇汽油也属于本税目征收范围	升	1.52 元
	2. 柴油	以柴油、柴油组分调和生产的生物柴油也属于本税目征收范围	升	1.20 元
	3. 石脑油		升	1.52 元
	4. 溶剂油		升	1.52 元
	5. 润滑油		升	1.52 元
	6. 燃料油		升	1.20 元
	7. 航空煤油		升	1.20 元

续表 3-1

<table>
<tr><th colspan="2">税　目</th><th>征税范围</th><th>计税单位</th><th>税率(税额)</th></tr>
<tr><td colspan="2" rowspan="2">七、摩托车</td><td>气缸容量在 250 毫升的</td><td></td><td>3%</td></tr>
<tr><td>气缸容量在 250 毫升以上的</td><td></td><td>10%</td></tr>
<tr><td rowspan="8">八、小汽车</td><td rowspan="7">1.乘用车</td><td>气缸容量(排气量,下同)在 1.0 升(含)以下的</td><td></td><td>1%</td></tr>
<tr><td>气缸容量在 1.0 升以上至 1.5 升(含)的</td><td></td><td>3%</td></tr>
<tr><td>气缸容量在 1.5 升以上至 2.0 升(含)的</td><td></td><td>5%</td></tr>
<tr><td>气缸容量在 2.0 升以上至 2.5 升(含)的</td><td></td><td>9%</td></tr>
<tr><td>气缸容量在 2.5 升以上至 3.0 升(含)的</td><td></td><td>12%</td></tr>
<tr><td>气缸容量在 3.0 升以上至 4.0 升(含)的</td><td></td><td>25%</td></tr>
<tr><td>气缸容量在 4.0 升以上</td><td></td><td>40%</td></tr>
<tr><td>2.中轻型商用客车</td><td></td><td></td><td>5%</td></tr>
<tr><td colspan="2">九、高尔夫球及球具</td><td></td><td></td><td>10%</td></tr>
<tr><td colspan="2">十、高档手表</td><td></td><td></td><td>20%</td></tr>
<tr><td colspan="2">十一、游艇</td><td></td><td></td><td>10%</td></tr>
<tr><td colspan="2">十二、木制一次性筷子</td><td></td><td></td><td>5%</td></tr>
<tr><td colspan="2">十三、实木地板</td><td></td><td></td><td>5%</td></tr>
<tr><td colspan="2">十四、电池</td><td></td><td></td><td>4%</td></tr>
<tr><td colspan="2">十五、涂料</td><td></td><td></td><td>4%</td></tr>
</table>

注:①自 1995 年 1 月 1 日起金银首饰(包括金基、银基合金首饰,以金、银和金基、银基合金的镶嵌首饰)、铂金首饰(从 2003 年 5 月 1 日起)和钻石及钻石饰品(从 2002 年 1 月 1 日起)的纳税环节由生产环节、进口环节转至零售环节,税率改为 5%。不属于上述范围的首饰,仍按 10%的税率在原纳税环节计缴。

②自 2006 年 4 月 1 日起,取消"护肤护发品"税目,将原属于护肤护发品征税范围的高档护肤类化妆品列入化妆品税目。

③自 2009 年 1 月 1 日起,航空煤油暂缓征收消费税;对用外购或委托加工收回的已税汽油生产的乙醇汽油免税。

④娱乐业、饮食业自制啤酒,一律按 250 元/吨征税。

⑤自 2014 年 12 月 1 日起,提高成品油消费税率,取消了酒精、汽车轮胎、气缸容量在 250 毫升以下摩托车、含铅汽车等产品征收消费税。

⑥自 2015 年 2 月 1 日起,电池、涂料征收消费税。但对无汞原电池、锂原电池、金属氢化物镍蓄电池、锂离子蓄电池、太阳能电池、燃料电池和全钒液流电池免征消费税;对施工状态下挥发性有机物含量低于 420 克/升(含)的涂料免征消费税。

在消费税税率选择中,应注意以下几个具体问题:

(1)对兼营不同税率的应税消费品适用税目税率的规定。纳税人兼营不同税率的应税消费品,应当分别核算其销售额或销售数量。未分别核算销售额或销售数量的,或者将不同税率的应税消费品组成成套消费品销售的,从高适用税率。

(2)对卷烟适用税目税率的具体规定。对白包卷烟、手工卷烟、自产自用没有同牌号规格调拨价格的卷烟、委托加工没有同牌号规格调拨价格的卷烟、未经国务院批准纳入计划的企业和个人生产的卷烟,除定额税率征收外,一律按 56%的比例税率征收。

(3)消费税税目、税率(税额)的调整由国务院确定,地方无权调整。

任务引例解析

宝利珠宝饰品制造公司发生的下列业务:①向大型商场销售黄金项链时,由于金银首饰在零售环节征收消费税,宝利珠宝饰品制造公司不征收消费税,由大型商场在出售时征收消费税,税率为5%;②向大型商场销售自产包金项链和镀金项链时,要征收消费税,因为包金项链、镀金项链在生产环节征消费税,税率为10%;③向消费者销售自产纯金项链,由于是向消费者销售,属于零售环节,要征收消费税,税率为5%;④向消费者销售自产高档手表,要征收消费税,高档手表在生产环节征税,税率为20%。

【职业能力判断与选择】

一、判断题

1. 消费税属于流转税、中央税、价内税。 ( )

2. 石化厂销售汽油应征收消费税不征增值税。 ( )

3. 在现行消费税的征税范围中,除卷烟、粮食白酒、薯类白酒之外,其他一律不得采用从价定率和从量定额相结合的复合计税方法。 ( )

4. 纳税人兼营不同税率的应税消费品(即生产销售两种税率以上的应税消费品时)应当分别核算不同税率应税消费品的销售额或销售数量,未分别核算的,按最高税率征收。 ( )

5. 纳税人将自产、委托加工收回和进口的应税消费品发放给本企业职工,均应视同销售征收消费税和增值税。 ( )

二、选择题(第1～5题为单项选择题,第6～10题为多项选择题)

1. 依据消费税的有关规定,下列行为中应缴纳消费税的是( )。

A. 进口卷烟　B. 进口服装　C. 零售化妆品　D. 零售白酒

2. 我国除另有规定外,只是对所有货物普遍征收增值税的基础上选择一部分消费品征收( )。

A. 消费税　B. 车船税　C. 关税　D. 资源税

3. 依据消费税的有关规定,下列消费品中属于消费税征税范围的是( )。

A. 高尔夫球包　B. 竹制筷子　C. 护肤护发品　D. 电动汽车

4. 消费税属于( )。

A. 价内税　B. 价外税转价内税

C. 价外税　D. 价内税转价外税

5. 下列情形中,不征收消费税的是( )。

A. 用于广告宣传的样品白酒

B. 用于本企业招待的卷烟

C. 委托加工收回后以不高于受托方计税价格销售的粮食白酒

D. 抵偿债务的小汽车

6. 下列各项中,符合消费税有关征收规定的有( )。

A. 以外购的不同品种白酒勾兑的白酒,一律按照粮食白酒的税率征税

B. 对用薯类和粮食以外的其他原料混合生产的白酒，一律按照薯类白酒的税率征税
C. 对用粮食和薯类、糠麸等多种原料混合生产的白酒，一律按照薯类白酒的税率征税
D. 外购酒精生产的白酒，凡酒精所用原料无法确定的，一律按照粮食白酒的税率征税

7. 下列各项中，应当交消费税的有(　　)。
A. 用于本企业连续生产的应税消费品
B. 用于奖励代理商销售业绩的应税消费品
C. 用于本企业生产基建工程的应税消费品
D. 用于捐助国家指定的慈善机构的应税消费品

8. 我国现行的消费税税率主要有(　　)。
A. 比例税率　　B. 平均税率　　C. 定额税率　　D. 累进税率

9. 应征收消费税的产品有(　　)。
A. 将自产的应税消费品用来奖励职工　　B. 将出厂前的化妆品进行化学检验
C. 自行车轮胎　　D. 作为展销品的化妆品

10. 下列属于零售环节征收消费税的货物有(　　)。
A. 珠宝玉石　　B. 金银首饰　　C. 钻石饰品　　D. 钻石

任务二　消费税税款计算

2016 年东风酒业集团向其所属销售公司销售粮食白酒 5 000 斤，每斤售价为 60 元，同类白酒对外销售价格为每斤 150 元，东风酒业集团按照税法规定计算销售白酒应纳的消费税额为 62 500 元，当销售公司再对外销售时，则无须缴纳消费税。如果该批白酒由东风酒业集团直接对外销售，则应缴纳的消费税税额为 152 500 元，销售给销售公司可直接为东风酒业集团节省税款 9 万元。

请问：这样的纳税筹划合理吗？

【知识准备与业务操作】

一、直接对外销售应税消费品应纳税额的计算

直接对外销售应税消费品消费税额的计算一般有从价定率法、从量定额法、从价定率和从量定额复合计税法三种方法。

(一)从价定率法应纳税额的计算

消费税是价内税，即以含消费税的价格作为计税价格，应纳税额的计算取决于应税消费品的销售额和适用税率两个因素。其计算公式为：

应纳税额＝应税消费品的计税销售额×比例税率

1. 计税销售额的一般规定

纳税人对外销售其生产的应税消费品，应当以其销售额为依据计算纳税。这里的销售额

包括向购货方收取的全部价款和价外费用。由于消费税和增值税实行交叉征收,消费税实行价内税,增值税实行价外税,因此实行从价定率征收消费税的消费品,其消费税税基和增值税税基是一致的,即都是以含消费税而不含增值税的销售额作为计税基数,所以在项目二中有关增值税确认销售额的规定同样适用于消费税,在此不再重复。

【做中学 3-1】 某日化厂为增值税一般纳税人,2017 年 3 月销售高档化妆品,开具增值税专用发票注明的销售额为 300 000 元;开具普通发票注明的销售额为 46 800 元。

要求:计算该日化厂 3 月份应缴纳的消费税额。

分析:

计税依据=300 000+46 800÷(1+17%)=340 000(元)

应纳消费税额=340 000×15%=51 000(元)

2. 计税销售额的特殊规定

(1)包装物及押金的计税销售额。

①应税消费品连同包装物销售的,无论包装物是否单独计价,也不论在会计上如何核算,均应并入应税消费品的销售额中征收消费税。

②如果包装物不作价随同产品销售而是收取押金,此项押金不应并入应税消费品的销售额中纳税。但对因逾期未收回的包装物不再退还的和已收取 1 年以上的押金,应并入应税消费品的销售额,按照应税消费品的适用税率缴纳消费税。

③对既作价随同应税消费品销售,又另外收取押金的包装物的押金,凡纳税人在规定的期限内不予退还的,均应并入应税消费品的销售额,按照应税消费品的适用税率缴纳消费税。

④对酒类产品生产企业销售酒类产品(从价定率办法征收的)而收取的包装物押金,无论押金是否返还与会计上如何核算,均需并入酒类产品销售额中,依酒类产品的适用税率征收消费税。但以上规定不适用于实行从量定额征收消费税的啤酒和黄酒产品。

提示:

几种包装物押金税务处理的比较如表 3-2 所示。

表 3-2　包装物押金的税务处理比较

押金种类	收取时,未逾期	逾期时
一般应税消费品的包装物押金	不缴纳增值税,不缴纳消费税	缴纳增值税,缴纳消费税(押金需要换算为不含税价)
酒类产品包装物押金(除啤酒、黄酒外)	缴纳增值税、消费税(押金需要换算为不含税价)	不再缴纳增值税、消费税
啤酒、黄酒包装物押金	不缴纳增值税,不缴纳消费税	只缴纳增值税,不缴纳消费税(因为从量征收)

(2)纳税人销售的应税消费品,如果是以外汇计算销售额的,应当按外汇牌价折合成人民币计算应纳税额。

(3)纳税人通过自设非独立核算门市部销售的自产应税消费品,应当按照门市部对外销售金额缴纳消费税。

(4)纳税人用于换取生产资料和消费资料、投资入股和抵偿债务等方面的应税消费品,应当以纳税人同类应税消费品的最高销售价格作为计税依据计算消费税。

(5)白酒生产企业向商业销售单位收取的“品牌使用费”是随着应税白酒的销售而向购货方收取的，属于应税白酒销售价款的组成部分，因此，不论企业采取何种方式或以何种名义收取价款，均应并入白酒的销售额中缴纳消费税。

(6)从2009年8月1日起，白酒生产企业销售给销售单位的白酒，生产企业消费税计税价格低于销售单位对外销售价格70%以下的，税务机关应核定消费税最低计税价格；已核定最低计税价格的白酒，销售单位对外销售价格持续上涨或下降时间达到3个月以上、累计上涨或下降幅度在20%(含)以上的白酒，税务机关重新核定最低计税价格。

任务引例解析

任务引例中东风酒业集团公司采用低价销售给自己所属的销售公司，然后再由销售公司对外销售的做法不符合税法规定。当白酒生产企业销售给销售单位的白酒，生产企业消费税计税价格低于销售单位对外销售价格70%以下的，税务机关应核定消费税最低计税价格。东风酒业集团公司的计税价格为60元，而对外销售的价格为150元，税务机关可以根据实际情况对计税价格进行调整，最低不低于105元(150×70%)，需要按调整后的价格计算应纳消费税税额。

(二)从量定额法应纳税额的计算

按从量定额办法计算消费税，应纳税额的计算取决于应税消费品的销售数量和单位税额两个因素。其基本计算公式为：

应纳税额＝应税消费品的销售数量×单位税额

1.应税消费品销售数量的确定

根据应税消费品的应税行为，应税消费品的数量具体规定为：

(1)销售应税消费品的，为应税消费品的销售数量。纳税人通过自设的非独立核算门市部销售自产应税消费品的，应当按照门市部对外销售数量征收消费税。

(2)自产自用应税消费品的(用于连续生产应税消费品的除外)，为应税消费品的移送使用数量。

(3)委托加工应税消费品的，为纳税人收回的应税消费品数量。

(4)进口的应税消费品，为海关核定的应税消费品进口征税数量。

2.计量单位的换算标准

按照《中华人民共和国消费税暂行条例》规定，对黄酒、啤酒、成品油等应税消费品采取从量定额办法计算应纳税额，其计量单位的换算标准如表3-3所示。

表3-3　计量单位的换算标准

品　名	换算标准	品　名	换算标准
啤酒	1吨＝988升	黄酒	1吨＝926升
汽油	1吨＝1 388升	柴油	1吨＝1 176升
石脑油	1吨＝1 385升	溶剂油	1吨＝1 282升
润滑油	1吨＝1 126升	燃料油	1吨＝1 015升
航空煤油	1吨＝1 246升		

【做中学3-2】　某炼油厂采购原油40吨，加工成无铅汽油12吨。

要求：计算该炼油厂应纳消费税税额。

分析：

应纳消费税税额＝12×1 388×1.52＝25 317.12(元)

(三)从价定率和从量定额复合计税法应纳税额的计算

现行消费税的征税范围中，实行复合征税方法的消费品有卷烟、粮食白酒和薯类白酒。其计算公式：

应纳税额＝应税消费品销售额×比例税率＋应税消费品销售数量×单位税额

粮食白酒、薯类白酒的计税依据与前面从价定率、从量定额相同，卷烟的计税依据有以下几方面的特殊规定：

(1)纳税人销售的卷烟因放开销售价格而经常发生价格上下浮动的，应以该牌号规格卷烟销售当月的加权平均价格确定征收类别和适用税率，但销售的卷烟有下列情况之一的，不得列入加权平均计算：①销售价格明显偏低而无正当理由；②无销售价格的。

(2)卷烟由于接装过滤嘴、改变包装或其他原因提高销售价格后，应按照新的销售价格确定征税类别和适用税率。

(3)实际销售价格高于计税价格和核定价格的卷烟，按实际销售价格征收消费税；实际销售价格低于计税价格和核定价格的卷烟，按计税价格或核定价格征收消费税。

(4)非标准条(每条包装多于或者少于200支)包装卷烟应当折算成标准条包装卷烟的数量，依其实际销售收入计算确定其折算成标准条包装后的实际销售价格，并确定适用的比例税率。折算的实际销售价格高于计税价格的，应按照折算的实际销售价格确定适用比例税率；折算的实际销售价格低于计税价格的，应按照同牌号规格标准条包装卷烟的计税价格和适用税率征税。卷烟的折算标准如下：

1箱＝250条

1条＝10包

1包＝20支

【做中学3-3】 某卷烟厂出售卷烟20个标准箱，每标准条调拨价格80元，共计400 000元，烟丝45 000元，采用托收承付结算方式，货已发出并办妥托收手续。

要求：计算该卷烟厂应纳消费税税额。

分析：

应纳消费税税额＝20×150＋400 000×56%＋45 000×30%＝240 500(元)

(四)已纳消费税扣除的计算

为了避免重复征税，现行税法规定，将外购应税消费品继续生产应税消费品销售的，准予从应纳消费税税额中按当期生产领用数量计算扣除外购已税消费品已纳的消费税税款。

1.扣税范围

在消费税15个税目中，除酒、小汽车、高档手表、游艇、电池、涂料等6个税目外，其余税目有扣税规定：

(1)外购已税烟丝生产的卷烟。

(2)外购已税高档化妆品生产的高档化妆品。

(3)外购已税珠宝玉石生产的贵重首饰及珠宝玉石。

(4)外购已税鞭炮焰火生产的鞭炮焰火。

(5)外购已税摩托车生产的摩托车(如用外购两轮摩托车改装三轮摩托车)。

(6)外购已税杆头、杆身和握把为原料生产的高尔夫球杆。

(7)外购已税木制一次性筷子为原料生产的木制一次性筷子。

(8)外购已税实木地板为原料生产的实木地板。

(9)外购已税石脑油为原料生产的应税消费品。

(10)外购已税润滑油为原料生产的润滑油,已税汽油、柴油为原料生产的汽油、柴油。

2. 扣税方法

上述当期准予扣除外购应税消费品已纳消费税税款的,在计税时按当期生产领用数量计算:

(1)从价定率。

$$\text{当期准予扣除的外购应税消费品已纳税款}=\text{当期准予扣除的外购应税消费品买价}\times\text{外购应税消费品适用税率}$$

$$\text{当期准予扣除的外购应税消费品买价}=\text{期初库存的外购应税消费品买价}+\text{当期购进的外购应税消费品买价}-\text{期末库存的外购应税消费品买价}$$

外购已税消费品的买价是指购货发票上注明的销售额(不包括增值税税款)。

纳税人用外购的已税珠宝玉石生产的改在零售环节征收消费税的金银首饰(镶嵌首饰),在计税时一律不得扣除外购珠宝玉石的已纳税款。允许扣除已纳税款的应税消费品只限于从工业企业购进的应税消费品和进口环节已缴纳消费税的应税消费品,对从境内商业企业购进应税消费品的已纳税款一律不得扣除。

(2)从量定额。

$$\text{当期准予扣除的外购应税消费品已纳税款}=\text{当期准予扣除的外购应税消费品数量}\times\text{外购应税消费品单位税率}$$

$$\text{当期准予扣除的外购应税消费品数量}=\text{期初库存的外购应税消费品数量}+\text{当期购进的外购应税消费品数量}-\text{期末库存的外购应税消费品数量}$$

【做中学 3-4】 某高档化妆品厂 9 月份发生如下业务:①购进化工 A 材料 2 吨,价款 10 000元,增值税税额 1 700 元;②购进散装香粉 1 吨,价款 10 000 元,增值税税额 1 700 元;③生产口红及精致香粉,领用 A 材料 1 吨及散装香粉 0.5 吨;④销售口红 5 箱,不含税价5 000 元;⑤销售香粉 1 箱,含税价 35 100 元。

要求:计算该化妆品厂应纳增值税及消费税税额。

分析:

销售香粉的不含增值税价款=35 100÷(1+17%)=30 000(元)

增值税销项税额=5 000×17%+30 000×17%=5 950(元)

应纳增值税税额=销项税额-进项税额=5 950-(1 700+1 700)=2 550(元)

应纳消费税税额=(5 000+30 000)×15%-10 000÷2×15%=4 500(元)

二、自产自用应税消费品应纳税额的计算

(一)自产自用应税消费品的确定

所谓自产自用,是指纳税人生产应税消费品后,不是直接用于对外销售,而是用于自己连

续生产应税消费品或用于其他方面。根据《中华人民共和国消费税暂行条例》的规定，纳税人用于连续生产应税消费品，不缴纳消费税；用于其他方面的，于移送使用时缴纳消费税。

所谓“连续生产应税消费品”，是指作为生产最终应税消费品的直接材料，并构成最终产品实体的应税消费品。对自产自用的应税消费品，用于连续生产应税消费品的不再征税，体现了税不重征和计税简便的原则，避免了重复征税。例如：卷烟厂生产的烟丝，如果直接对外销售，应缴纳消费税，但如果烟丝用于本厂连续生产卷烟，其烟丝就不征收消费税，只对最终生产出来的卷烟征收消费税。

所谓“用于其他方面的”，是指纳税人用于生产非应税消费品和在建工程、管理部门、非生产机构、提供劳务，以及用于馈赠、赞助、集资、广告、样品、职工福利、奖励等方面的应税消费品。企业自产的应税消费品虽然没有用于销售或连续生产应税消费品，但只要是用于税法所规定的范围都要视同销售，依法缴纳消费税。

（二）自产自用应税消费税计税依据的确定

根据《中华人民共和国消费税暂行条例》规定，纳税人自产自用的应税消费品，凡用于其他方面应当纳税的，其销售额的核算顺序如下：

(1)按照纳税人生产的当月同类消费品的销售价格计算纳税。

(2)如果当月同类消费品各期销售价格高低不同，应按销售数量加权平均计算。但销售的应税消费品有下列情况之一的，不得列入加权平均计算：①销售价格明显偏低又无正当理由的；②无销售价格的。

(3)如果当月无销售或者当月未完结，应按照同类消费品上月或最近月份的销售价格计算纳税。

(4)没有同类消费品销售价格的，按照组成计税价格计算纳税。

实行从价定率办法计算纳税的组成计税价格计算公式为：

$$组成计税价格=(成本+利润)\div(1-比例税率)$$

实行复合计税办法计算纳税的组成计税价格计算公式为：

$$组成计税价格=(成本+利润+自产自用数量\times定额税率)\div(1-比例税率)$$

上述公式中所称的“成本”是指应税消费品的产品生产成本。公式中所称“利润”是指根据应税消费品的全国平均成本利润率计算的利润。全国平均成本利润率由国家税务总局确定，具体规定如表 3-4 所示。

表 3-4 应税消费品的全国平均成本利润率(%)

序号	消费品名称	利润率	序号	消费品名称	利润率	序号	消费品名称	利润率
①	甲类卷烟	10	⑧	化妆品	5	⑮	高档手表	20
②	乙类卷烟	5	⑨	鞭炮、焰火	5	⑯	游艇	10
③	雪茄烟	5	⑩	贵重首饰及珠宝玉石	6	⑰	木制一次性筷子	5
④	烟丝	5	⑪	摩托车	6	⑱	实木地板	5
⑤	粮食白酒	10	⑫	乘用车	8	⑲	电池	4
⑥	薯类白酒	5	⑬	中轻型商用客车	5	⑳	涂料	7
⑦	其他酒	5	⑭	高尔夫球及球具	10			

（三）自产自用应税消费品应纳税额的计算

（1）从价定率征税的应税消费品应纳税额的计算。

应纳消费税税额＝自产自用同类应税消费品销售额或组成计税价格×适用税率

（2）从量定额征税的应税消费品应纳税额的计算。

应纳消费税税额＝应税消费品移送使用数量×单位税额

（3）复合计税方法征税的应税消费品应纳税额的计算。

$$\text{应纳消费税税额}=\text{自产自用同类应税消费品销售额或组成计税价格}\times\text{适用税率}+\text{应税消费品移送使用数量}\times\text{单位税额}$$

【做中学 3-5】 某酒厂将自产薯类白酒 1 吨发放给职工作福利，该薯类白酒对外销售价格为每吨 7 000 元，生产成本 4 000 元/吨，成本利润率 5%。其应纳消费税税额计算如下：

应纳消费税税额＝7 000×20%＋2 000×0.5＝2 400（元）

如果该种薯类白酒没有同类消费品的销售价格，其生产成本为 4 000 元，则其组成计税价格计算如下：

消费税组成计税价格＝[4 000×（1＋5%）＋2 000×0.5]÷（1－20%）＝6 500（元）

应纳消费税税额＝6 500×20%＋2 000×0.5＝2 300（元）

三、委托加工应税消费品应纳税额的计算

（一）委托加工应税消费品的确定

委托加工应税消费品，是指由委托方提供原料和主要材料，受托方只收取加工费和代垫部分辅助材料加工的应税消费品。对于由受托方提供原材料生产的应税消费品，或者受托方先将原材料卖给委托方，然后再接受加工的应税消费品，以及由受托方以委托方名义购进原材料生产的应税消费品，无论纳税人在财务上是否作销售处理，都不得作为委托加工应税消费品，而应当按照销售自制应税消费品缴纳消费税。

由此可见，作为委托加工的应税消费品，必须具备两个条件：①由委托方提供原料和主要材料；②受托方只收取加工费和代垫部分辅助材料。无论是委托方还是受托方，凡不符合规定条件的，都不能按委托加工应税消费品进行税务处理，只能按照销售自制应税消费品缴纳消费税。这种处理方法体现了税收管理的源泉控制原则，避免了应缴税款的流失。

（二）委托加工应税消费品计税依据的确定

委托加工的应税消费品，按照受托方的同类消费品的销售价格计算纳税，同类消费品的销售价格是指受托方当月销售的同类消费品的销售价格，如果当月同类消费品各期销售价格高低不同，应按销售数量加权平均计算。

但销售的应税消费品有下列情况之一的，不得列入加权平均计算：①销售价格明显偏低又无正当理由的；②无销售价格的。如果当月无销售或者当月未完结，应按照同类消费品上月或最近月份的销售价格计算纳税。没有同类消费品销售价格的，按照组成计税价格计算纳税。

实行从价定率办法计算纳税的组成计税价格计算公式为：

组成计税价格＝（材料成本＋加工费）÷（1－比例税率）

实行复合计税办法计算纳税的组成计税价格计算公式为：

组成计税价格＝（材料成本＋加工费＋委托加工数量×定额税率）÷（1－比例税率）

上述公式中的“材料成本”是指委托方所提供加工材料的实际成本。委托加工应税消费品的纳税人必须在委托加工合同上如实注明(或以其他方式提供)材料成本,凡未提供材料成本的,受托方所在地主管税务机关有权核定其材料成本。税法严格规定委托方提供原料和主要材料必须如实提供材料成本的目的是为了防止假冒委托加工应税消费品或少报材料成本逃避纳税的问题。

公式中的“加工费”是指受托方加工应税消费品向委托方收取的全部费用(包括代垫辅助材料的实际成本,不包括增值税税金),这是税法对受托方的要求。受托方必须如实提供向委托方收取的全部费用,这样才能既保证组成计税价格及代收代缴消费税准确计算出来,也使受托方按加工费得以正确计算其应纳的增值税。

(三)委托加工应税消费品应纳税额的计算

(1)从价定率征税的应税消费品应纳税额的计算。

应纳消费税税额=委托加工同类应税消费品销售额或组成计税价格×适用税率

(2)从量定额征税的应税消费品应纳税额的计算。

应纳消费税税额=纳税人收回的应税消费品数量×单位税额

(3)复合计税方法征税的应税消费品应纳税额的计算。

应纳消费税税额=委托加工同类应税消费品销售额或组成计税价格×适用税率+纳税人收回的应税消费品数量×单位税额

(四)委托加工应税消费品消费税的缴纳

(1)对委托加工应税消费品的应纳消费税,采取由受托方代收代缴税款的办法,由受托方在向委托方交货时代收代缴消费税。委托方将收回的应税消费品,以不高于受托方的计税价格出售的,为直接出售,不再缴纳消费税;委托方以高于受托方的计税价格出售的,不属于直接出售,需按照规定申报缴纳消费税,在计税时准予扣除受托方已代收代缴的消费税。受托方必须严格履行代收代缴义务,否则要承担税收法律责任。

(2)纳税人委托个体经营者加工应税消费品,一律在收回加工应税消费品后向所在地主管税务机关缴纳消费税。

(3)受托方没有代收代缴消费税的,委托方应补交税款,补税的计税依据为:①已直接销售的,按销售额计税;②未销售或不能直接销售的(如收回后用于连续生产等),按组成计税价格计税。

【做中学 3-6】 甲企业受托加工一批高档化妆品,委托方提供的材料成本 105 000 元,双方协议加工费为 9 070 元。

要求:计算甲企业应代收代缴的消费税税额。

分析:

组成计税价格=(105 000+9 070)÷(1-15%)=134 200(元)

应代收代缴消费税税额=134 200×15%=20 130(元)

(五)委托加工收回的应税消费品已纳税款的扣除

纳税人委托加工的应税消费品已由受托方代收代缴消费税,如果委托方收回货物后用于连续生产应税消费品的,其已纳税款准予按照规定从连续生产的应税消费品应纳消费税税额中扣除,这种扣税方法与外购已税消费品连续生产应税消费品的扣税范围、扣税方法、扣税环节相似。

1. 扣税范围

(1)以委托加工收回的已税烟丝为原料生产的卷烟。

(2)以委托加工收回的已税高档化妆品为原料生产的高档化妆品。

(3)以委托加工收回的已税珠宝玉石为原料生产的贵重首饰及珠宝玉石。

(4)以委托加工收回的已税鞭炮、烟火为原料生产的鞭炮、焰火。

(5)以委托加工收回的已税摩托车生产的摩托车。

(6)以委托加工收回的已税杆头、杆身和握把为原料生产的高尔夫球杆。

(7)以委托加工收回的已税木制一次性筷子为原料生产的木制一次性筷子。

(8)以委托加工收回的已税实木地板为原料生产的实木地板。

(9)以委托加工收回的已税石脑油为原料生产的应税消费品。

(10)以委托加工收回的已税润滑油为原料生产的润滑油,已税汽油、柴油为原料生产的汽油、柴油。

提示:

委托加工业务中委托方与受托方的关系如表 3-5 所示。

表 3-5　委托加工业务中委托方与受托方的关系

项　目	委托方	受托方
委托加工成立的条件	提供原材料	只收取加工费和代垫辅料
加工及提货时涉及的流转税	①购进材料和主要材料 ②支付加工费涉及增值税进项税 ③视同自产消费品应交消费税	①购买辅料涉及增值税进项税 ②收取加工费和代垫辅料涉及增值税销项税
消费税纳税环节	提货时受托方代收代缴(受托方为个体户的除外)	交货时代收代缴委托方消费税
代收代缴后消费税的相关处理	①不高于受托方计税价格直接出售的不再缴纳消费税 ②连续加工应税消费品售后在出厂环节缴纳消费税,可按生产领用抵扣已纳消费税	及时解缴代收代缴税款

2. 扣税方法

当期准予扣除的委托加工应税消费品已纳税款 = 期初库存的委托加工应税消费品已纳税款 + 当期收回的委托加工应税消费品已纳税款 − 期末库存的委托加工应税消费品已纳税款

纳税人用委托加工收回的已税珠宝玉石生产的改在零售环节征收消费税的金银首饰,在计税时一律不得扣除委托加工收回的珠宝玉石的已纳消费税税款。委托加工应税消费品已纳税款为代扣代收税款凭证注明的受托方代收代缴的消费税额。

四、进口应税消费品应纳税额的计算

纳税人进口应税消费品,按照组成计税价格和规定的税率计算应纳税额,组成计税价格包括:到岸价格、关税和消费税三部分。

（一）实行从价定率办法应纳税额的计算

应纳税额的计算公式：

应纳税额＝组成计税价格×消费税税率

组成计税价格＝(关税完税价格＋关税)÷(1－消费税税率)

公式中所称的“关税完税价格”，是指海关核定的关税计税价格。

（二）实行从量定额办法应纳税额的计算

应纳税额的计算公式：

应纳税额＝应税消费品数量×消费税单位税额

（三）实行从价定率和从量定额复合征税办法应纳税额的计算

应纳税额的计算公式：

应纳税额＝组成计税价格×消费税税率＋应税消费品数量×消费税单位税额

组成计税价格＝(关税完税价格＋关税＋进口数量×消费税单位税额)/(1－消费税比例税率)

注意：进口环节消费税除国务院另有规定者外，一律不得给予减税、免税。

【做中学3-7】 某公司进口成套化妆品一批，该批化妆品关税完税价格为34万元，关税税率为50%。

要求：计算该公司应纳消费税税额。

分析：

消费税组成计税价格＝340 000×(1＋50%)÷(1－15%)＝600 000(元)

应纳消费税税额＝600 000×15%＝90 000(元)

【任务实施——消费税应纳税额的计算】

工作实例

2017年8月，某高校会计专业毕业生赵小芬到ABC股份有限责任公司报税岗位上班。该公司主要生产经营酒类、卷烟和高档化妆品，8月份发生如下经济业务：

(1)8月1日销售化妆品100套，已知增值税专用发票上注明的价款30 000元，增值税税额5 100元，款已收到。

(2)8月4日将自己生产的啤酒20吨销售给家乐超市，货款已收到；另外将10吨让客户及顾客免费品尝。该啤酒出厂价为2 800元/吨，成本为2 000元/吨。

(3)8月10日销售粮食散白酒20吨，单价7 000元，价款140 000元。

(4)8月20日用自产粮食白酒10吨抵偿华盛超市货款70 000元，不足或多余部分不再结算。该粮食白酒每吨本月售价在5 500～6 500元之间浮动，平均售价为6 000元。

(5)8月25日将一批自产的高档化妆品作为福利发给职工个人，这批化妆品的成本为14 450元。假设该类化妆品不存在同类消费品销售价格。

(6)2017年7月10日将外购的烟叶100 000元发给嘉华加工公司，委托其加工成烟丝。嘉华加工公司代垫辅助材料4 000元(款已付)，本月应支付的加工费36 000元(不含税)，增值税税额6 120元。8月5日ABC公司以银行存款付清全部款项和代缴的消费税；6日收回已加工的烟丝并全部生产卷烟10箱；25日该批卷烟全部用于销售，总售价为300 000元，款已收到。

(7)8月26日向陈氏超市销售用上月外购烟丝生产的卷烟20个标准箱,每标准条调拨价格80元,共计400 000元(购入烟丝支付含增值税价款为93 600元),采取托收承付结算方式,货已发出并办妥托收手续。

(8)8月28日从国外购进成套化妆品,关税完税价格80 000美元,关税税率为50%。假定当日美元对人民币的汇率为1∶6.60,货款全部以银行存款付清。

请问:赵小芬如何计算该公司8月份应纳消费税税额?

操作步骤

第一步:判断经济业务类型。

属于直接对外销售应税消费品业务的有:业务(1)、(2)、(3)、(4)、(7);

属于自产自用应税消费品业务的有:业务(2)、(5);

属于委托加工应税消费品业务的有:业务(6);

属于进口应税消费品业务的有:业务(8)。

第二步:分别确定计税依据并逐项计算应纳消费税税额。

业务(1):

计税销售额=30 000(元);应纳消费税税额=30 000×15%=4 500(元)

业务(2):

对外销售的计税销售量=20(吨);应纳消费税税额=20×220=4 400(元)

免费品尝的计税销售量=10(吨);应纳消费税税额=10×220=2 200(元)

业务(3):

计税销售额=140 000(元);计税销售量=20×2 000=40 000(斤)

应纳消费税税额=140 000×20%+40 000×0.5=48 000(元)

业务(4):

计税销售额=10×6 500=65 000(元);计税销售量=10×2 000=20 000(斤)

应纳消费税税额=65 000×20%+20 000×0.5=23 000(元)

业务(5):

组成计税价格=14 450×(1+5%)÷(1-15%)=17 850(元)

应纳消费税税额=17 850×15%=2 677.5(元)

业务(6):

烟丝组成计税价格=(100 000+4 000+36 000)÷(1-30%)=200 000(元)

嘉华公司代收代缴烟丝的消费税税额=200 000×30%=60 000(元)

每条卷烟价格=300 000÷(10×250)=120(元),按56%税率计税:

卷烟应纳消费税税额=300 000×56%+10×150-60 000=109 500(元)

业务(7):

外购烟丝已纳的消费税额(可抵扣)=93 600÷(1+17%)×30%=24 000(元)

出售卷烟计税销售额=400 000(元);计税销售量=20(箱)

应纳消费税税额=(400 000×56%+20×150)-24 000=203 000(元)

业务(8):

进口化妆品组成计税价格=80 000×6.60×(1+50%)÷(1-15%)=931 764.71(元)

海关代征的化妆品消费税＝931 764.71×15％＝139 764.71(元)

第三步：汇总计算本月应纳消费税总额。

ABC股份有限责任公司8月份应申报缴纳的消费税税额＝4 500＋4 400＋2 200＋48 000＋23 000＋2 677.5＋109 500＋203 000＝397 277.5(元)

海关代征的消费税税额＝139 764.71(元)

嘉华公司代收代缴的消费税税额＝60 000(元)

【职业能力判断与选择】

一、判断题

1. 税法规定对于自产自用的应税消费品，用于连续生产应税消费品的不征税，体现了税不重征和计税简便的原则。 (　　)

2. 受托方以委托方名义购买原材料生产应税消费品的，可作为委托加工的应税消费品，由受托方向委托方交货时代收代缴。 (　　)

3. 生产企业销售酒类产品而收取的包装物押金，无论押金是否返还及会计上如何核算，均不需并入酒类产品销售额计征消费税。 (　　)

4. 应税消费品的销售额包括向购买方收取的全部价款和价外费用，但承运部门的运费发票直接开具给购货方的除外。 (　　)

5. 纳税人用外购的已税珠宝玉石生产的改在零售环节征收消费税的金银首饰(含镶嵌首饰)，在计税时一律不得扣除外购珠宝玉石的已纳税款。 (　　)

6. 企业在没有同类产品售价的情况下，可以按企业的实际成本利润率推算计税价格来计算该类产品的应纳消费税。 (　　)

7. 用外购已税酒精生产的白酒，其消费税的计税依据为销售额扣除外购已税酒精进价后的余额。 (　　)

8. 纳税人用于换取生产资料和消费资料、投资入股、抵偿债务的应税消费品，应以纳税人同类消费品的平均销售价格为依据计算消费税。 (　　)

二、选择题(第1～5题为单项选择题，第6～10题为多项选择题)

1. 一位客户向某汽车制造厂(增值税一般纳税人)订购自用汽车一辆，支付货款(含税)250 800元，另付设计、改装费30 000元。该辆汽车计征消费税的销售额为(　　)元。

A. 214 359　　B. 240 000　　C. 250 800　　D. 280 800

2. 下列各项中，应按当期生产领用数量计算准予扣除外购的应税消费品已纳消费税税款规定的是(　　)。

A. 外购已税白酒生产的药酒　　B. 外购已税高档化妆品生产的高档化妆品

C. 外购已税白酒生产的巧克力　　D. 外购已税珠宝玉石生产的金银镶嵌首饰

3. 甲企业委托乙企业加工应税消费品，是指(　　)。

A. 甲发料，乙加工

B. 甲委托乙购买原材料，由乙加工

C. 甲发订单，乙按甲的要求加工

D. 甲先将资金划给乙，乙以甲的名义购料并加工

4. 某企业委托酒厂加工药酒10箱，该药酒无同类产品销售价格，已知委托方提供的原料成本2万元，受托方垫付辅料成本0.15万元，另收取加工费0.4万元，则该酒厂代收的消费税为(　　)元。

A. 2 550　　B. 2 833　　C. 4 817　　D. 8 500

5. 进口应税消费品应按组成计税价格计算纳税，组成计税价格计算公式为(　　)。

A. (成本＋利润)÷(1－消费税税率)

B. (材料成本＋加工费)÷(1－消费税税率)

C. (关税完税价格＋关税)÷(1－消费税税率)

D. 销售额÷(1＋征收率)

6. 纳税人销售应税消费品向购买方收取的价外费用不包括(　　)。

A. 手续费　　B. 运费发票开具给购货方的

C. 违约金　　D. 委托方代收代缴的消费税

7. 下列情形的应税消费品，以同期应税消费品最高销售价格作为计税依据的有(　　)。

A. 用于抵偿债务的应税消费品　　B. 用于馈赠的应税消费品

C. 换取生产资料的应税消费品　　D. 换取消费资料的应税消费品

8. 如果出现下列(　　)情形，无论纳税人在财务上如何处理，都不得作为委托加工应税消费品，而应按销售自制应税消费品缴纳消费税。

A. 受托方提供原材料生产的应税消费品

B. 受托方先将原材料卖给委托方，然后再接受加工的应税消费品

C. 受托方以委托方名义购进原材料生产的应税消费品

D. 受托方将代垫辅料另行收费卖给委托方的生产的应税消费品

9. 下列应税消费品销售时可以扣除外购已税消费品已纳税额的有(　　)。

A. 外购已税烟丝生产的卷烟　　B. 外购已税小汽车生产的小汽车

C. 外购已税白酒生产的酒　　D. 外购已税高档化妆品生产的高档化妆品

10. 纳税人销售的应税消费品，以外汇结算销售额的，其销售额的人民币折合率可以选择(　　)的国家外汇牌价(原则上为中间价)。

A. 结算的当天　　B. 结算的次日

C. 结算的当月1日　　D. 结算的当月的月末

【任务训练】

1. 某化妆品公司为庆祝三八“妇女节”，特别生产精美套装化妆品，全公司600名女职工每人发一套，此套化妆品没有供应市场，每套生产成本100元，若国家税务总局确定化妆品全国平均成本利润率为5%，成套化妆品消费税税率为15%。

要求：计算该公司应纳消费税税额。

2. 甲企业为增值税一般纳税人，4月接受某烟厂委托加工烟丝，甲企业自行提供烟叶的成本为35 000元，代垫辅助材料2 000元，发生加工支出4 000元。烟丝成本利润率为5%。

要求：计算甲企业应代收代缴消费税税额。

3. 甲酒厂为增值税一般纳税人，7月发生以下业务：

(1)从农业生产者手中收购粮食30吨，每吨收购价2 000元，共计支付收购价款60 000元。

(2)甲酒厂将收购的粮食从收购地直接运往异地的乙酒厂生产加工白酒，白酒加工完毕，企业收回白酒8吨，取得乙酒厂开具的增值税专用发票，注明加工费25 000元，代垫辅料价值15 000元，加工的白酒当地无同类产品市场价格。

(3)本月内甲酒厂将收回的白酒批发售出7吨，每吨不含税销售额16 000元。

(4)另外支付给运输单位销货运输费用取得增值税专用发票，注明运输费10 000元，增值税税款1 100元。

(白酒的消费税固定税额为每斤0.5元，比例税率为20%)。

要求：

(1)计算乙酒厂应代收代缴的消费税和应纳增值税税额。

(2)计算甲酒厂应纳消费税和增值税税额。

4. 某化妆品生产企业为增值税一般纳税人，10月上旬从国外进口一批散装高档化妆品，关税完税价格150万元。本月内企业将进口的散装高档化妆品的80%生产加工为成套高档化妆品7 800件，对外批发销售6 000件，取得不含税销售额290万元；向消费者零售800件，取得含税销售额51.48万元。(高档化妆品的进口关税税率40%，消费税税率15%)

要求：

(1)计算该企业在进口环节应缴纳的消费税税额、增值税税额。

(2)计算该企业国内生产销售环节应缴纳的增值税税额、消费税税额。

任务三　消费税会计核算

任务引例

甲企业接受乙企业委托加工实木地板。收到乙企业提供的原材料，实际成本62 000元，收到加工费40 000元、增值税6 800元，同时按规定代收消费税，甲企业无同类产品销售价格。加工完成后乙企业收回实木地板，收回的实木地板以受托方的计税价格直接出售。

要求：对甲企业、乙企业的涉税业务作会计处理。

【知识准备与业务操作】

一、会计科目的设置

为了正确反映和核算消费税有关纳税事项，纳税人应在“应交税费”账户下设置“应交消费税”二级账户。其借方反映企业实际交纳的消费税和待抵扣的消费税；贷方反映按规定应交纳的消费税；期末余额在贷方，反映尚未交纳的消费税。期末借方余额，反映多交或待抵扣的消费税。

由于消费税属于价内税，即销售额中含有应负担的消费税额，应将消费税作为费用、成本的内容加以核算，因此，还应设置与之相应的会计科目，如“税金及附加”“其他业务成本”“长期股权投资”“在建工程”“营业外支出”“应付职工薪酬”等科目。

二、会计核算实务

（一）一般销售的核算

消费税是一种价内税，纳税人销售应税消费品的售价中包含了消费税。因此，纳税人缴纳的消费税应计入“税金及附加”账户，从销售收入中得到补偿。纳税人生产的需要缴纳消费税的消费品，在销售时应当按照应缴消费税借记“税金及附加”账户，贷记“应交税费——应交消费税”账户。实际缴纳消费税时，借记“应交税费——应交消费税”账户，贷记“银行存款”账户。发生销货退回及退税时做相反的会计分录。

（二）视同销售的核算

1. 用于在建工程、职工福利或者直接转为固定资产

纳税人将自产的应税消费品用于在建工程、职工福利或直接转为固定资产的，应于货物移送使用时，按同类消费品的平均销售价格计算应纳消费税和应纳增值税。贷记“应交税费——应交消费税”“应交税费——应交增值税”账户，按移送的货物成本，贷记“库存商品”账户；按应纳的增值税、消费税和移送货物的成本之和，借记“在建工程”“应付职工薪酬”“固定资产”等账户。

2. 用于捐赠、赞助、广告

纳税人将自产的应税消费品用于捐赠、赞助和广告的，应于货物移送使用时，按同类消费品的平均销售价格或组成计税价格计算应纳消费税和应纳增值税，贷记“应交税费——应交消费税”“应交税费——应交增值税”账户，按移送的货物成本，贷记“库存商品”账户；按应缴纳的增值税、消费税和移送货物的成本之和，借记“营业外支出”“销售费用”账户。

3. 应税消费品换取生产资料、消费资料

纳税人以生产的应税消费品用于换取生产资料和消费资料属于非货币性资产交换，应按非货币性资产交换的办法进行处理，按换入资产可抵扣的增值税进项税额，借记“应交税费——应交增值税（进项税额）”账户；按换出应税消费品应支付的相关税费，贷记“应交税费——应交增值税（销项税额）”“应交税费——应交消费税”等账户。

特别要注意：纳税人用于换取生产资料和消费资料、投资入股和抵偿债务等方面的应税消费品，应当以纳税人同类应税消费品的最高销售价格作为计税依据计算消费税；而增值税仍以同类产品的平均销售价格作为计税依据。

4. 应税消费品用于投资入股

纳税人以生产的应税消费品换入长期股权投资的（长期债权投资的处理相同），按对外投资处理办法，借记有关投资账户，按投资移送应税消费品的售价或组成计税价格，贷记“主营业务收入”账户；按应交的增值税额，贷记“应交税费——应交增值税（销项税额）”账户；按应交的消费税额，借记“税金及附加”账户，贷记“应交税费——应交消费税”账户；按移送的货物成本，借记“主营业务成本”账户，贷记“库存商品”账户。

5. 应税消费品用于抵偿债务

纳税人以生产的应税消费品清偿债务，应按应付账款的账面余额，借记“应付账款”账户；

按用于清偿债务的应税消费品的公允价值，贷记“主营业务收入”账户；按应交的增值税销项税额，贷记“应交税费——应交增值税(销项税额)”账户；按其差额，贷记“营业外收入”或借记“营业外支出”等账户；按应交的消费税额，借记“税金及附加”账户，贷记“应交税费——应交消费税”账户；同时按照该用于抵债的应税消费品的账面余额，借记“主营业务成本”账户，贷记“库存商品”账户。

(三)包装物押金的核算

1. 随同商品出售但单独计价的包装物

随同商品出售但单独计价的包装物，其收入贷记“其他业务收入”账户；按规定应缴纳的消费税，借记“税金及附加”账户，贷记“应交税费——应交消费税”账户，同时结转包装物的成本。

2. 出租、出借包装物逾期的押金

纳税人出租出借包装物逾期未退还的包装物押金，应从“其他应付款”账户转入“其他业务收入”账户，并按照应缴纳的消费税，借记“税金及附加”账户，贷记“应交税费——应交消费税”账户。

(四)委托加工应税消费品的核算

委托加工的应税消费品，由受托方所在地主管税务机关代收代缴消费税税款；委托个人加工的应税消费品，由委托方向其机构所在地或者居住地主管税务机关申报纳税。

1. 委托方的账务处理

(1)委托加工的应税消费品，收回后直接销售的，不再征收消费税。委托方应将受托方代收代缴的消费税计入委托加工的应税消费品成本，借记“委托加工物资”等账户，贷记“银行存款”“应付账款”等账户。

委托加工的应税消费品收回后用于连续生产应税消费品按规定准予抵扣的，委托方应按代收代缴的消费税税额，借记“应交税费——应交消费税”账户，贷记“银行存款”“应付账款”等账户。待加工成最终应税消费品销售时，按最终应税消费品应缴纳的消费税税额，借记“税金及附加”账户，贷记“应交税费——应交消费税”账户。

2. 受托方的账务处理

受托方按应收的消费税税额，借记“银行存款”“应收账款”等账户，贷记“应交税费——应交消费税”账户。

任务引例解析

根据本任务引例资料，分别做甲企业、乙企业涉税业务的会计分录。

受托方甲企业代收的消费税税额计算如下：

组成计税价格＝(62 000＋40 000)÷(1－5%)＝107 368.42(元)

代收代缴消费税税额＝107 368.42×5%＝5 368.42(元)

甲企业收取加工费、增值税和代收消费税时，会计分录如下：

	借方	贷方
借：银行存款	52 168.42	
贷：主营业务收入		40 000
应交税费——应交增值费(销项税额)		6 800
——应交消费税		5 368.42

乙企业支付加工费、增值税和消费税时，会计分录如下：

借：委托加工物资　　45 368.42
　应交税费——应交增值税（进项税额）　　6 800
　贷：银行存款　　52 168.42

（五）进口应税消费品的核算

进口应税消费品时，由海关代征的进口消费税，应计入应税消费品的成本中，根据海关完税凭证上注明的消费税税额，借记“固定资产”“在途物资”“库存商品”“应交税费——应交增值税（进项税额）”等账户；贷记“银行存款”“应付账款”等账户。

【任务实例——消费税业务的会计核算】

工作实例

接本项目学习任务二的工作实例，编制ABC股份有限责任公司8月份的会计分录，进行会计处理。

【操作步骤】

根据经济业务逐项编制会计分录：

业务(1)：

①销售高档化妆品：

借：银行存款　　35 100
　贷：主营业务收入　　30 000
　　应交税费——应交增值税（销项税额）　　5 100

②计提消费税：

借：税金及附加　　4 500
　贷：应交税费——应交消费税　　4 500

业务(2)：

①销售啤酒给超市：

借：银行存款　　65 520
　贷：主营业务收入　　56 000
　　应交税费——应交增值税（销项税额）　　9 520

②计提消费税：

借：税金及附加　　4 400
　贷：应交税费——应交消费税　　4 400

③啤酒给客户及顾客免费品尝：

借：营业外支出　　26 960
　贷：库存商品　　20 000
　　应交税费——应交增值税（销项税额）　　4 760
　　　　——应交消费税　　2 200

业务(3)：

①销售粮食白酒：

借：银行存款　163 800

　贷：主营业务收入　140 000

　　应交税费——应交增值税(销项税额)　23 800

②计提消费税：

借：税金及附加　48 000

　贷：应交税费——应交消费税　48 000

业务(4)：

①抵偿债务：

借：应付账款——华盛超市　70 000

　营业外支出——债务重组损失　200

　贷：主营业务收入　60 000

　　应交税费——应交增值税(销项税额)　10 200

②计提消费税：

借：税金及附加　23 000

　贷：应交税费——应交消费税　23 000

业务(5)：

①高档化妆品作为福利发给职工个人：

借：应付职工薪酬　17 484.5

　贷：库存商品　14 450

　　应交税费——应交增值税(销项税额)　3 034.5

②计提消费税：

借：税金及附加　2 677.5

　贷：应交税费——应交消费税　2 677.5

业务(6)：

①发出委托加工材料：

借：委托加工物资　100 000

　贷：原材料——烟叶　100 000

②支付辅助材料费、加工费及增值税：

借：委托加工物资　40 000

　应交税费——应交增值税(进项税额)　6 120

　贷：银行存款　46 120

③支付消费税时：

借：应交税费——应交消费税　60 000

　贷：银行存款　60 000

④完工入库

借：库存商品　140 000

　贷：委托加工物资　140 000

⑤销售卷烟：

	借方	贷方
借：银行存款	351 000	
贷：主营业务收入		300 000
应交税费——应交增值税（销项税额）		51 000

⑥计提消费税：

	借方	贷方
借：税金及附加	169 500	
贷：应交税费——应交消费税		169 500

业务（7）：

①上月购入烟丝时：

	借方	贷方
借：原材料——烟丝	80 000	
应交税费——应交增值税（进项税额）	13 600	
贷：银行存款		93 600

②领用烟丝投入生产时：

	借方	贷方
借：生产成本	56 000	
应交税费——应交消费税	24 000	
贷：原材料——烟丝		80 000

③销售卷烟：

	借方	贷方
借：应收账款	468 000	
贷：主营业务收入		400 000
应交税费——应交增值税（销项税额）		68 000

④计提消费税：

	借方	贷方
借：税金及附加	227 000	
贷：应交税费——应交消费税		227 000

业务（8）：

①进口化妆品，支付货款时：

	借方	贷方
借：在途物资	528 000	
贷：银行存款		528 000

②支付关税时：

	借方	贷方
借：在途物资	264 000	
贷：银行存款		264 000

③支付增值税、消费税时：

	借方	贷方
借：在途物资	139 764.71	
应交税费——应交增值税（进项税额）	158 400	
贷：银行存款		298 164.71

④申报缴纳当月消费税：

	借方	贷方
借：应交税费——应交消费税	397 277.5	
贷：银行存款		397 277.5

【职业能力判断与选择】

一、判断题

1. 消费税是一种价内税，纳税人销售应税消费品的售价中包含了消费税，因此纳税人缴纳的消费税应计入“税金及附加”账户，从销售收入中得到补偿。（ ）

2. 随同商品出售但单独计价的包装物，其收入记入“其他业务收入”账户；按规定缴纳的消费税，记入“其他业务成本”账户。（ ）

3. 纳税人将自产的应税消费品用于捐赠或赞助的，按规定应缴纳的消费税借记“税金及附加”账户。（ ）

4. 进口应税消费品时，由海关代征的进口消费税，应计入应税消费品的成本中，借记“固定资产”“在途物资”等账户。（ ）

5. 委托加工的应税消费品收回后用于连续生产应税消费品按规定准予抵扣的消费税，不计入委托加工的成本，委托方支付时，应借记“应交税费——应交消费税”账户。（ ）

二、选择题(第 1～2 题为单项选择题，第 3～4 题为多项选择题)

1. 企业收回委托加工应税消费品用于对外销售的，其支付的消费税，应当记入（ ）账户的借方。

A.“委托加工物资” B.“应交税费——应交消费税”

C.“待摊费用——待转消费税” D.“原材料”

2. 某生产企业生产销售镀金包金首饰，其包装物单独计价核算，取得的包装物收入应交纳的消费税，正确的会计处理是记入（ ）账户的借方。

A.“生产成本” B.“税金及附加”

C.“其他业务支出” D.“销售费用”

3. 某化妆品生产企业为增值税一般纳税人，2017 年 3 月份销售高档化妆品，开具增值税专用发票注明价款共计 850 000 元，增值税税额 144 500 元。对于上述业务下列处理正确的有（ ）。

A. 应交消费税税额为 255 000 元

B. 计提消费税的会计分录为：

借：税金及附加 255 000

　贷：应交税费——应交消费税 255 000

C. 计提消费税的会计分录为：

借：销售费用 255 000

　贷：应交税费——应交消费税 255 000

D. 实现销售收入的会计分录为：

借：银行存款 994 500

　贷：主营业务收入 850 000

　　应交税费——应交消费税 144 500

4. 某酒厂系增值税一般纳税人，欠甲公司货款 50 000 元，经双方协商现以自产粮食白酒

10 吨抵偿债务，该粮食白酒成本为 3 000 元/吨，每吨售价在 4 800～5 200 元浮动，平均售价为 5 000 元/吨。上述业务以下处理正确的有(　　)。

A. 增值税的计税依据为货物的平均售价，即为 50 000 元

B. 消费税的计税依据为货物的最高售价，即为 52 000 元

C. 借：应付账款——甲公司　50 000
　　营业外支出　8 500
　　贷：主营业务收入　50 000
　　　　应交税费——应交增值税(销项税额)　8 500

D. 借：税金及附加　20 400
　　贷：应交税费——应交消费税　20 400

【任务训练】

1. 某酒厂向当地举办的酒文化节无偿赠送 500 瓶薯类白酒，计 250 千克，每瓶酒的市场价格为 68 元(含增值税)，成本价为 40 元。

要求：计算该厂应纳消费税税额，并作账务处理。

2. 某进出口公司从国外进口一批气缸容量在 250 毫升的摩托车，经海关审定的关税完税价格为 180 000 元，应纳关税 216 000 元。

要求：计算应纳消费税税额，并作账务处理。

3. 某黄酒厂 5 月份销售情况如下：

(1)销售瓶装黄酒 100 吨，每吨 5 000 元(含增值税)，随黄酒发出不单独计价包装箱 1 000 个，一个月内退回，每个收取押金 100 元，共收取押金 100 000 元。

(2)销售散装黄酒 40 吨，取得含增值税的价款 180 000 元。

(3)作为福利发给职工个人黄酒 10 吨，参加展示会赞助 4 吨，每吨黄酒成本为 4 000 元，销售价格为 5 000 元(不含增值税)。

要求：计算该黄酒厂本月应纳消费税税额，并作账务处理。

4. A 卷烟厂 2017 年 8 月份发生如下经济业务：

(1)8 月 5 日购买一批烟叶，取得增值税专用发票注明的价款为 10 万元，增值税 1.7 万元。

(2)8 月 15 日，将 8 月 5 日购进的烟叶发往 B 烟厂，委托 B 烟厂加工烟丝，收到的专用发票注明的支付加工费 4 万元，税款 6 800 元。

(3)A 卷烟厂收回烟丝后领用一半用于卷烟生产，另一半用于直接对外销售，取得价款 18 万元，增值税 30 600 元。

(4)8 月 25 日，A 卷烟厂销售卷烟 100 箱，每箱不含税售价 5 000 元，款项存入银行。

(5)B 烟厂无同类烟丝销售价格。

要求：计算该厂当期应纳的消费税，并分别为 A、B 烟厂作账务处理。

任务四 消费税纳税申报

作为报税岗位的会计人员，每月在规定时间内，根据会计资料计算应纳消费税税额，选择申报方式、准备材料，进行纳税申报和税款缴纳工作。本学习任务以任务二的工作实例 ABC 股份有限责任公司为例来学习消费税的纳税申报过程。

【知识准备与业务操作】

一、消费税的征收管理

（一）纳税义务发生时间

纳税人生产的应税消费品于销售时纳税，进口应税消费品应于报关进口环节纳税，但金银首饰、钻石及钻石饰品在零售环节纳税。消费税纳税义务发生时间，以货款结算方式或行为发生时间分别确定。

（1）纳税人销售的应税消费品，其纳税义务发生时间为：

①采取赊销和分期收款结算方式的，为纳税人书面合同约定的收款日期的当天，书面合同没有约定收款日期或者无书面合同的，为发出应税消费品的当天。

②采取预收货款结算方式的，为纳税人发出应税消费品的当天。

③采取托收承付和委托银行收款方式销售的应税消费品，为纳税人发出应税消费品并办妥托收手续的当天。

④采取其他结算方式的，为纳税人收讫销售款或者取得索取销售款凭据的当天。

（2）自产自用的应税消费品，其纳税义务的发生时间，为纳税人移送使用当天。

（3）委托加工的应税消费品，其纳税义务的发生时间，为纳税人提货的当天。

（4）进口的应税消费品，其纳税义务的发生时间，为纳税人报关进口的当天。

（二）纳税期限

按照《中华人民共和国消费税暂行条例》的规定，消费税的纳税期限分别为 1 日、3 日、5 日、10 日、15 日、1 个月或者 1 个季度。由主管税务机关根据纳税人应纳税额的大小分别核定其具体的纳税期限；如果不能按照固定期限纳税的，则可以按次纳税。

纳税人以 1 个月为一期纳税的，自期满之日起 15 日内申报纳税；以 1 日、3 日、5 日、10 日，或者 15 日为一期纳税的，自期满之日起 5 日内预缴税款，于次月 1 日起至 15 日内申报纳税并结清上月应纳税款。

纳税人进口应税消费品，应当自海关填发税款缴款书之日起 15 日内缴纳税款。

（三）纳税地点

（1）纳税人销售的应税消费品，以及自产自用的应税消费品，除国家另有规定的外，应当向纳税人机构所在地或居住地主管税务机关申报纳税。

（2）委托加工的应税消费品，由受托方向其所在地主管税务机关代收代缴消费税税款；委托个人加工的应税消费品，由委托方向其机构所在地或者居住地主管税务机关申报纳税。

（3）进口的应税消费品，由进口人或者其代理人向报关地海关申报纳税。

(4)纳税人到外县(市)销售或委托外县(市)代销自产应税消费品的,于应税消费品销售后,回纳税人机构所在地或居住地缴纳消费税。

(5)纳税人的总机构与分支机构不在同一县(市)的,应当分别向各自机构所在地的主管税务机关申报纳税。但经财政部、国家税务总局或者其授权的财政、税务机关批准,可以由总机构汇总向总机构所在地的主管税务机关申报纳税。

(6)纳税人销售的应税消费品,如因质量等原因由购买者退回时,经机构所在地或者居住地主管税务机关审核批准后,可退还已缴纳的消费税税款,但不能自行直接抵减应纳税款。

二、消费税的纳税申报

纳税人无论当期有无销售或是否盈利,均应在次月 1 日至 15 日内根据应税消费品分别填写《烟类应税消费品消费税纳税申报表》《酒类应税消费品消费税纳税申报表》《成品油消费税纳税申报表》《小汽车消费税纳税申报表》《其他应税消费品消费税纳税申报表》,向主管税务机关进行纳税申报。

除了纳税申报表以外,每类申报表都有附表:《本期准予扣除计算表》《本期代收代缴税额计算表》《生产经营情况表》《准予扣除消费税凭证明细表》等,在申报时一并填写。

【任务实施——消费税纳税申报】

工作实例

接本项目任务二的工作实例,填报 ABC 股份有限责任公司 8 月份消费税的纳税申报表,办理 2017 年 8 月份消费税的缴纳工作。

【操作步骤】

第一步:分析经济业务内容,选择纳税申报表。

采用烟类应税消费品消费税纳税申报表的业务:业务(6)、(7);

采用酒类应税消费品消费税纳税申报表的业务:业务(2)、(3)、(4);

采用其他应税消费品消费税纳税申报表的业务:业务(1)、(5)。

第二步:分别填制纳税申报表。

填制申报表如表 3-6、表 3-7、表 3-8、表 3-9 所示。

表 3-6　烟类应税消费品消费税纳税申报表

税款所属期:2017 年 8 月 1 日至 2017 年 8 月 31 日

纳税人名称(公章):

纳税人识别号:

填表日期:2017 年 9 月 14 日　　单位:卷烟万支、雪茄烟支、烟丝千克;金额单位:元(列至角分)

项目 应税消费品名称	适用税率		销售数量	销售额	应纳税额
	定额税率	比例税率			
卷烟	30 元/万只	56%	150	700 000	396 500
卷烟	30 元/万只	36%			
雪茄烟	—	36%			
烟丝	—	30%			
合　计	—	—	—	—	

续表 3-6

<table>
<tr><td></td><td rowspan="5">声明
此纳税申报表是根据国家税收法律的规定填报的，我确定它是真实的、可靠的、完整的。
经办人(签章)：
财务负责人(签章)：
联系电话：</td></tr>
<tr><td>本期准予扣除税额：84 000</td></tr>
<tr><td>本期减(免)税额：</td></tr>
<tr><td>期初未缴税额：</td></tr>
<tr><td></td></tr>
<tr><td>本期缴纳前期应纳税额：</td><td rowspan="5">(如果你已委托代理人申报，请填写)
授权声明
为代理一切税务事宜，现授权　　　　(地址)　　　　为本纳税人的代理申报人，任何与本申报表有关的往来文件，都可寄予此人。
授权人签章：</td></tr>
<tr><td>本期预缴税额：</td></tr>
<tr><td>本期应补(退)税额：312 500</td></tr>
<tr><td>期末未缴税额：</td></tr>
<tr><td></td></tr>
</table>

以下由税务机关填写

受理人(签章)：　　　　受理日期：　　年　　月　　日　　　　受理税务机关(章)：

表 3-7　**本期准予扣除税额计算表**

税款所属期：2017 年 8 月 1 日至 2017 年 8 月 31 日

纳税人名称(公章)：

纳税人识别号：| | | | | | | | | | | | | | | | | | | | |

填表日期：2017 年 9 月 14 日　　　　单位：卷烟万支、雪茄烟支、烟丝千克；金额单位：元(列至角分)

一、当期准予扣除的委托加工烟丝已纳税款计算
1.期初库存委托加工烟丝已纳税款：
2.当期收回委托加工烟丝已纳税款：
3.期末库存委托加工烟丝已纳税款：
4.当期准予扣除的委托加工烟丝已纳税款：
二、当期准予扣除的外购烟丝已纳税款计算
1.期初库存外购烟丝买价：
2.当期购进烟丝买价：
3.期末库存外购烟丝买价：
4.当期准予扣除的外购烟丝已纳税款：
三、本期准予扣除税款合计：

表 3-8　酒类应税消费品消费税纳税申报表

税款所属期：2017 年 8 月 1 日至 2017 年 8 月 31 日

纳税人名称（公章）：

纳税人识别号：

填表日期：2017 年 9 月 14 日　　金额单位：元（列至角分）

项目 应税消费品名称	适用税率		销售数量	销售额	应纳税额
	定额税率	比例税率			
粮食白酒	0.5 元/斤	20%	60 000	205 000	71 000
薯类白酒	0.5 元/斤	20%			
啤酒	250 元/吨	—			
啤酒	220 元/吨	—	30		6 600
黄酒	240 元/吨	—	—	—	
其他酒	—	10%			
合计	—	—	—	—	77 600

<table>
<tr><td></td><td rowspan="4">声明
此纳税申报表是根据国家税收法律的规定填报的，我确定它是真实的、可靠的、完整的。
经办人（签章）：
财务负责人（签章）：
联系电话：</td></tr>
<tr><td>本期准予扣除税额：</td></tr>
<tr><td>本期减（免）税额：</td></tr>
<tr><td>期初未缴税额：</td></tr>
<tr><td>本期缴纳前期应纳税额：</td><td rowspan="4">（如果你已委托代理人申报，请填写）
授权声明
为代理一切税务事宜，现授权　　　　（地址）　　　　为本纳税人的代理申报人，任何与本申报表有关的往来文件，都可寄予此人。
授权人签章：</td></tr>
<tr><td>本期预缴税额：</td></tr>
<tr><td>本期应补（退）税额：77 600</td></tr>
<tr><td>期末未缴税额：</td></tr>
</table>

以下由税务机关填写

受理人（签章）：　　受理日期：　年　月　日　　受理税务机关（章）：

表 3-9　其他应税消费品消费税纳税申报表

税款所属期：2017 年 8 月 1 日至 2017 年 8 月 31 日

纳税人名称（公章）：

纳税人识别号：

填表日期：2017 年 9 月 14 日　　　　金额单位：元（列至角分）

项目 应税消费品名称	适用税率	销售数量	销售额	应纳税额
化妆品	15%		47 850	7 177.5
合计	—	—	—	

	声明 此纳税申报表是根据国家税收法律的规定填报的，我确定它是真实的、可靠的、完整的。 经办人（签章）： 财务负责人（签章）： 联系电话：
本期准予扣除税额：	
本期减（免）税额：	
期初未缴税额：	
本期缴纳前期应纳税额：	（如果你已委托代理人申报，请填写） 授权声明 为代理一切税务事宜，现授权　　　　（地址）　　　　为本纳税人的代理申报人，任何与本申报表有关的往来文件，都可寄予此人。 授权人签章：
本期预缴税额：	
本期应补（退）税额：7 177.5	
期末未缴税额：	

以下由税务机关填写

受理人（签章）：　　　　受理日期：　　年　　月　　日　　　　受理税务机关（章）：

【职业能力判断与选择】

一、判断题

1. 委托加工应税消费品的，消费税应由委托方向受托方所在地主管税务机关申报纳税。（　　）

2. 纳税人销售的应税消费品，如因质量等原因由购买者退回时，经所在地税务机关审核批准后，可自行抵减应纳税款，也可以退还已征收的消费税税款。（　　）

3. 纳税人到外县（市）销售或委托外县（市）代销自产应税消费品的，于应税消费品销售后，回纳税人核算地或所在地缴纳消费税。（　　）

4. 纳税人直接出口的应税消费品办理免税后发生退关或国外退货，进口时已予以免税的，报关出口者必须及时向所在地主管税务机关申报补缴已退的消费税税款。（　　）

5. 金银首饰消费税的纳税义务发生时间为收讫销货款或取得索取销售款的凭据的当天。（　　）

二、选择题(第 1～3 题为单项选择题,第 4～5 题为多项选择题)

1. 下列各项中,符合消费税纳税义务发生时间规定的是(　　)。

A. 进口的应税消费品,为取得进口货物的当天

B. 自产自用的应税消费品,为移送使用的当天

C. 委托加工的应税消费品,为支付加工费的当天

D. 采取预收货款结算方式的,为收到预收款的当天

2. 纳税人进口的应税消费品,其纳税义务的发生时间为(　　)的当天。

A. 纳税人办完入关手续　　B. 消费税报关进口

C. 纳税人提货　　D. 纳税人接到通知

3. 进口消费品的消费税由(　　)代征。

A. 海关　　B. 税务机关　　C. 工商局　　D. 邮政部门

4. 关于消费税纳税义务发生时间的说法,正确的有(　　)。

A. 某酒厂销售葡萄酒 20 箱并收取价款 4 800 元,其纳税义务发生时间为收款的当天

B. 某汽车厂自产自用 3 台小汽车,其纳税义务发生时间为移送使用的当天

C. 某烟花企业采用托收承付结算方式销售焰火,其纳税义务发生时间为发出焰火并办妥托收手续的当天

D. 某化妆品厂采用赊销方式销售高档化妆品,合同约定收款日期为 6 月 30 日,实际收到货款为 7 月 30 日,纳税义务发生时间为 6 月 30 日

5. 下列消费税的纳税地点表述正确的有(　　)。

A. 纳税人销售的应税消费品和自产自用的应税消费品,除国家另有规定外,应向纳税人机构所在地的税务机关申报缴纳消费税

B. 纳税人到外县(市)销售或者委托外县(市)代销自产应税消费品,应事先向其所在地主管税务机关提出申请,在应税消费品销售以后回纳税人机构所在地缴纳消费税

C. 纳税人的总机构与分支机构不在同一县(市)的,应当在生产应税消费品的分支机构所在地缴纳消费税

D. 委托加工的应税消费品,一般由受托方和委托方本着方便缴纳的原则就近向税务机关解缴消费税税款

项目小结

消费税作为增值税的补充,“两税”实现优势互补。消费税作为价内税与增值税作为价外税,并未改变“两税”作为流转税的性质。消费税是以特定消费行为计税的,它是单一环节税,因此,确认消费税的纳税环节尤为重要。

由于消费税的特点,其会计处理方法与增值税不同,切勿混淆。在税务会计实务中,消费税的计算、缴纳、会计处理,往往是与增值税同步进行,因此,要综合运用。

项目四　关税会计核算与缴纳

知识目标

(1)理解关税的基本法规知识。

(2)掌握关税完税价格和应纳税额的计算方法，熟悉关税的相关优惠政策。

(3)掌握关税征收管理的相关规定和纳税申报流程。

(4)熟悉进出口关税涉税业务的会计处理方法。

能力目标

(1)能按照学习内容的需要查阅有关资料。

(2)会根据业务资料计算关税完税价格和应纳关税税额。

(3)能根据业务资料填制报关单、海关进出口关税专用缴款书，会办理关税的日常纳税申报工作。

(4)能根据业务资料进行进出口关税的涉税会计业务的处理。

(5)培养国家主权意识、团队合作能力和良好的职业道德修养。

项目引言

美国政府在 2009 年 9 月 11 日不顾中国方面和美国业者的强烈反对，决定对从中国进口的所有小轿车和轻型卡车轮胎实施惩罚性关税，即在 4%的原有关税基础上，在今后三年分别加征 35%、30%和 25%的附加关税。这一特保措施于 9 月 26 日正式生效。这是 2001 年美国支持中国加入 WTO 以来，第一次运用“特保条款”对中国产品征收惩罚性关税。而根据 WTO 规则，相关国家可以直接援引美国的制裁方案对中国轮胎实施制裁。中国商务部在 2009 年 9 月 13 日则表示依照中国法律和世贸组织规则，对原产于美国的部分进口汽车产品和肉鸡产品启动了反倾销和反补贴立案审查程序。

从此类事件中可以看出，关税已经成为贸易壁垒战的一种屡试不爽的武器。作为一名会计工作者，有必要了解关税的知识，掌握必要的技能，那就让我们一起来进入关税的世界吧！

任务一　关税税款计算

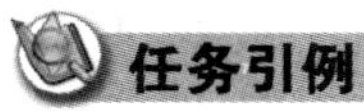

某进出口公司出口某种应税产品一批，离开我国口岸价格为 600 万元，假定该种产品出口关税的税率为 30%，纳税人在计算关税时，以 600 万元作为完税价格计算应纳关税税额，这样

计算对吗？

这是一个有关出口关税的问题，什么是关税，纳税人是谁，计税依据是什么等问题都将在本学习任务中进行阐述。

【知识准备与业务操作】

一、征税对象和纳税人的确定

关税是海关依法对进出关境的货物和物品征收的一种税。是否征收关税，以货物或物品是否经过一个国家的关境而不是以国境为标准。一般情况下，一个国家的国境与关境是一致的，但两者不完全相同，国境是一个国家以边界为界限，全面行使主权的境域，包括领土、领海和领空。关境又称海关境域或关税领域，是一个国家关税法令有效施行的境域。但当一个国家在国境内设立自由贸易港、自由贸易区、保税区、保税仓库时，关境就小于国境；当几个国家结成关税同盟，成员国之间相互取消关税，对外实行共同的关税税则时，就其成员国而言，关境就大于国境。

（一）征税对象的确定

关税的征税对象，是准许进出我国国境或关境的货物和物品。货物是指贸易性商品；物品包括入境旅客随身携带的行李和物品、各种运输工具上服务人员携带进口的自用物品、个人邮递物品、馈赠物品及以其他方式入境的个人物品。

（二）纳税人的确定

贸易性商品的纳税人是经营进口货物的收货人、出口货物的发货人。进出口货物的收、发货人是依法取得对外贸易经营权，并进口或者出口货物的法人或者其他社会团体。对虽然从事进出口业务，但没有自营进出口权的企业，必须委托专门的报关人代理报关和申报纳税。

进出境物品的纳税人是物品的所有人和推定为所有人的人。具体包括：①对于携带进境的物品，推定其携带人为所有人；②对分离运输的行李，推定相应的进出境旅客为所有人；③对以邮递方式进境的物品，推定其收件人为所有人；④以邮递或其他运输方式出境的物品，推定其寄件人或托运人为所有人。

二、关税的分类

（一）按进出关境的货物和物品流向分类

按通过关境的货物和物品的不同流向，关税可分为进口税和出口税。

(1)进口税。进口税是指海关对进口货物或物品征收的关税。通常是在货物或物品进入关境或国境或从保税仓库提出投入国内市场时征收。当今世界各国的关税均以进口税为关税主体。征收进口税的目的在于保护本国市场和增加财政收入。

(2)出口税。出口税是指海关对出口货物或物品征收的关税。征收出口税将增加出口货物的成本，降低出口货物在国际市场的竞争力，目前世界各国一般少征或不征出口税。但在一些发展中国家和经济落后的国家，为保护本国生产和市场供应，增加财政收入，特别是为防止本国自然资源的大量外流，对部分商品仍征收出口税。

(二)按货物国别来源而区别对待的原则分类

按对进口货物输出国实行区别对待的原则,关税可分为加重关税和优惠关税。

(1)加重关税。加重关税也称歧视性关税,是为了达到某种特别目的而征收的关税。如为了保护本国工农业生产和本国经济的发展征收加重关税,即在征收一般关税之外又加征的一种临时性的进口附加税,主要包括反倾销税、反补贴税和报复关税。

(2)优惠关税。优惠关税是指对某些国家进口的货物使用低于普通税率的优惠税率所征收的关税。包括互惠税、特惠税、最惠国待遇、普惠制和世界贸易组织成员间的关税减让。

(三)按计征关税的标准分类

按计税标准不同,关税可分为从价税、从量税、复合税和滑准税。

(1)从价税。从价税是指以进出口货物的完税价格为计税标准而计算征收的关税,是一种最常用的关税计税标准。我国目前海关计征关税主要是从价税。

(2)从量税。从量税是指以进出口货物的数量、重量、体积、容积等计量单位为计税标准而计算征收的关税。计税时以货物的计量单位乘以每单位应纳税额即可得出该商品的关税税额。

(3)复合税。复合税是对同一种进出口货物同时采用从价和从量标准计算征收的关税。即订立从价、从量两种税率,随着完税价格和进口数量而变化,征收时两种税率合并计征。我国目前对录像机、放像机、数字照相机和摄录一体机实行复合税。

(4)滑准税。滑准税也叫滑动税,是根据货物的不同价格适用不同税率的一类特殊的从价关税。它的关税税率随进口货物价格由高至低而由低至高来设置,即进口货物的价格越高,其进口关税税率越低;进口货物的价格越低,其进口关税税率越高。其特点是可保持实行滑准税货物的国内市场价格的相对稳定,而不受国际市场价格波动的影响,目前我国仅对进口新闻纸实行滑准税。

(四)按征收关税目的分类

按征收目的,关税可分为财政关税和保护关税。

(1)财政关税。财政关税又称收入关税,是以增加财政收入为主要目的而课征的关税。其税率一般比保护关税低。

(2)保护关税。保护关税是以保护本国经济发展为主要目的而课征的关税。保护关税主要是进口税,税率较高,有的高达百分之几百。通过征收高额进口税,使进口货物成本增高,从而削弱它在进口国市场的竞争能力,甚至阻碍其进口,以达到保护本国经济发展的目的。它是实现一个国家对外贸易政策的重要措施之一。

三、关税完税价格的确定

关税完税价格是海关计征关税所使用的计税价格,是海关以进出口货物的实际成交价格为基础审定完税价格。实际成交价格是一般贸易项下进口或出口货物的买方为购买该项货物向卖方实际支付或应当支付的价格。实际成交价格不能确定时,完税价格由海关依法估定。纳税人向海关申报的价格不一定等于完税价格,只有经海关审核并接受的申报价格才能作为完税价格。

(一)一般进口货物完税价格的确定

1.以成交价格为基础的完税价格确定

根据《中华人民共和国海关法》的相关规定:进口货物以海关审定的成交价格为基础的到岸价格为完税价格。"到岸价格"包括货价加上货物运抵我国境内输入地点起卸前的运费、包装费、保险费和其他劳务费。"我国境内输入地"为入境海关地,包括内陆河、江口岸,一般为第一口岸。"成交价格"是指买方为购买该货物,并按有关规定调整后的实付或应付价格,即买方为购买进口货物直接或间接支付的总额。具体要注意以下几点:

(1)下列费用或价值未包含在进口货物的成交价格中,应一并计入完税价格:

①特许权使用费,但与进口货物无关或者不构成进口货物向境内销售条件的不计入完税价格。

②除购货佣金以外的佣金和经纪费,比如卖方佣金。"购货佣金"是指买方为购买进口货物向自己的采购代理人支付的劳务费用;"经纪费"指买方为购买进口货物向代表买卖双方利益的经纪人支付的劳务费用。

③货物运抵我国关境内输入地点起卸前由买方支付的包装费、运费、保险费和其他劳务费用。

④由买方负担的与进口货物视为一体的容器费用。

⑤由买方负担的包装材料和包装劳务的费用。

⑥卖方直接或间接从买方对该货物进口后转售(含处置和使用)所得中获得的收益。

(2)下列费用,如在货物的成交价格中单独列明的,应从完税价格中扣除:

①工业设施、机械设备类货物进口后发生的基建、安装、调试、技术指导等费用。

②货物运抵境内输入地点起卸后的运输费用、保险费用和其他相关费用。

③进口关税及其他国内税收。

④为在境内复制进口货物而支付的费用。

⑤境内外技术培训及境外考察费用。

(3)进口货物完税价格中的运费和保险费按下列规定确定:

①进口货物的运费,应当按照实际支付的费用计算。如果进口货物的运费无法确定的,海关应当按照该货物的实际运输成本或者该货物进口同期运输行业公布的运费率(额)计算运费。

运输工具作为进口货物,利用自身动力进境的,海关在审查确定完税价格时,不再另行计入运费。

②进口货物的保险费,应当按照实际支付的费用计算。如果进口货物的保险费无法确定或者未实际发生,海关应当按照"货价加运费"两者总额的3‰计算保险费。

③邮运进口的货物,应当以邮费作为运输及其相关费用、保险费。

④以境外边境口岸价格条件成交的铁路或者公路运输进口货物,海关应当按照境外边境口岸价格的1%计算运输及其相关费用、保险费。

2.进口货物海关估价的方法

进口货物的成交价格不符合成交价格条件或者成交价格不能确定的,海关经了解有关情况,并与纳税义务人进行价格磋商后,依次以下列方法审查确定该货物的完税价格:

(1)相同货物成交价格估价法，是指海关以与进口货物同时或者大约同时向我国境内销售相同货物的成交价格为基础，审查确定进口货物完税价格的估价方法。

(2)类似货物成交价格估价法，是指海关以与进口货物同时或者大约同时向我国境内销售类似货物的成交价格为基础，审查确定进口货物的完税价格的估价方法。

(3)倒扣价格估价方法，是指海关以进口货物、相同或者类似进口货物在境内的销售价格为基础，扣除境内发生的关税和进口环节海关代征税及其他国内税、运费、保险费、利润等相关规定费用后，审查确定进口货物完税价格的估价方法。

(4)计算价格估价方法，是指海关按照下列各项总和计算出完税价格：

①生产该货物所使用的料件成本和加工费用。

②向境内销售同等级或者同种类货物通常的利润和一般费用。

③该货物运抵境内输入地点起卸前的运输及相关费用、保险费。

(5)其他合理方法，是指海关以客观量化的数据资料为基础审查确定进口货物完税价格的估价方法。

(二)特殊进口货物完税价格的确定

特殊进口货物的完税价格一般来说包括以下几种情况：

1. 运往境外加工的货物

运往境外加工的货物，出境时已向海关报明，并在海关规定期限内复运进境的，应当以境外加工费和料件费以及该货物复运进境的运输及其相关费用、保险费为基础审查确定完税价格。

2. 运往境外修理的货物

运往境外修理的机械器具、运输工具或其他货物，出境时已向海关报明，并在海关规定期限内复运进境的，应当以境外修理费和料件费为基础审查确定完税价格。

3. 租赁方式进口的货物

租赁方式进口的货物，按照下列方法审查确定完税价格：

(1)以租金方式对外支付的租赁货物，在租赁期间以海关审查确定的租金作为完税价格，利息应当予以计入。

(2)留购的租赁货物以海关审查确定的留购价格作为完税价格。

(3)纳税义务人申请一次性缴纳税款的，可以选择申请按照进口货物海关估价的方法确定完税价格，或者按照海关审查确定的租金总额作为完税价格。

4. 暂时进境货物

经海关批准的暂时进境的货物，应按照一般进口货物估价办法的规定，估定完税价格。

5. 留购的进口货样等货物

国内单位留购的进口货样、展览品及广告陈列品，以海关审定的留购价格为完税价格。

(三)出口货物完税价格的确定

1. 以成交价格为基础的完税价格

出口货物的完税价格由海关以该货物的成交价格为基础审查确定，并应当包括货物运至我国境内输出地点装载前的运输及其相关费用、保险费，但不包括出口关税税额。

出口货物的成交价格，是指该货物出口销售时，卖方为出口该货物应当向买方直接收取和间接收取的价款总额。但下列费用应予扣除：

(1)成交价格中含有支付给国外的佣金，与货物成交价格分列的，应予扣除；未单独列明的，则不予扣除。

(2)出口货物的销售价格如果包括离境口岸至境外口岸之间的运输、保险费的，该运费、保险费应予扣除。

出口货物完税价格计算公式为：

完税价格＝离岸价格÷(1＋出口关税税率)

任务引例解析

了解了这些法律规定，我们再回顾一下开头部分的导入案例，某进出口公司以离岸价600万元作为完税价格计算应纳关税税额显然是错误的。出口货物应以海关审定的离岸价格扣除出口关税后作为完税价格，所以完税价格＝600÷(1＋30％)＝461.54(万元)。

2.由海关估定的完税价格

出口货物的发货人或其代理人应如实向海关申报出口货物售予境外的价格，对出口货物的成交价格不能确定时，完税价格由海关依次按下列方法予以估定：

(1)同时或大约同时向同一国家或地区销售出口的相同货物的成交价格。

(2)同时或大约同时向同一国家或地区销售出口的类似货物的成交价格。

(3)根据境内生产相同或类似货物的成本、利润和一般费用、境内发生的运输及其相关费用、保险费计算所得的价格。

(4)按照其他合理方法估定的价格。

四、关税税率的选择

关税税率是整个关税制度的核心要素。目前我国的关税税率主要有以下几种：

(一)进口货物税率

改革开放后，我国多次降低进口关税税率。从1992年初的44.4％(简单算术平均，下同)至1996年初的23％，1997年10月1日起，平均税率为17％，2001年12月11日起我国已正式成为世界贸易组织成员，2001年平均税率为15.3％，按2002年的新税则，我国的关税总水平2002年已降至12.7％，2006年我国的关税总水平为9.9％，2007年以后我国关税总体水平为9.8％左右。

进口关税设置最惠国税率、协定税率、特惠税率、普通税率、定额税率等，进口货物在一定期限内可以实行暂定税率。

(1)最惠国税率，适用原产于与我国共同适用最惠国待遇条款的世界贸易组织成员国或地区的进口货物；或原产于与我国签订有相互给予最惠国待遇条款的双边贸易协定的国家或地区的进口货物。

(2)协定税率，适用原产于我国参加的含有关税优惠条款的区域性贸易协定的有关缔约方的进口货物。

(3)特惠税率，适用原产于与我国签订有特殊优惠关税协定的国家或地区的进口货物。

(4)普通税率,适用原产于上述国家或地区以外的国家或地区的进口货物。

(5)配额税率。配额内关税是对一部分实行关税配额的货物,按低于配额外税率的进口税率征收的关税。按照国家规定实行关税配额管理的进口货物,关税配额内的,适用关税配额税率;关税配额外的,其税率的适用按照前述的规定执行。

(6)暂定税率,是对某些税目中的部分货物在适用最惠国税率的前提下,通过法律程序暂时实施的进口税率,具有非全税目的特点,低于最惠国税率。

适用最惠国税率的进口货物有暂定税率的,应当适用暂定税率;适用协定税率、特惠税率的进口货物有暂定税率的,应当从低适用税率适用普通税率的进口货物,不适用暂定税率。

(二)出口货物税率

出口货物税率没有普通税率和优惠税率之分。为鼓励国内企业出口创汇,又做到能够控制一些商品的盲目出口,因而我国对绝大部分出口货物不征收出口关税,只对少数产品征收出口关税。2017 年对鳗鱼苗等 213 项商品征收出口关税,其中有 50 项暂定税率为零。

五、优惠政策的运用

(一)法定减免

法定减免是指《中华人民共和国海关法》《进出口关税条例》《海关进出口税则》等法规中所规定的减免税,包括:

(1)下列货物,经海关审查无讹,可以免税:①关税税额在人民币 50 元以下的一票货物;②无商业价值的广告品和货样;③外国政府、国际组织无偿赠送的物资;④进出境运输工具装载的途中必需的燃料、物料和饮食用品。

(2)中华人民共和国缔结或者参加的国际条约规定减征、免征关税的货物、物品,海关按规定减免关税。

(3)有下列情形之一的进口货物,海关可以酌情减免关税:①在境外运输途中或者在起卸时,遭受损坏或者损失;②起卸后海关放行前,因不可抗力遭受损坏或者损失;③海关查验时已经破漏、损坏或者腐烂,经证明不是保管不慎造成的。

(4)为境外厂商加工、装配成品和为制造外销产品而进口的原材料、辅料、零件、部件、配套件和包装物料,海关按实际加工出口的成品数量免征进口关税;或者对进口料件,先征进口关税,再按实际加工出口的成品数量予以退税。

(5)经海关核准,暂时进境或暂时出境并在 6 个月内复运出境或复运进境的货样、展览品、施工机械、工程车辆、工程船舶、安装设备时使用的仪器和工具、电视或电影摄制器械、盛装货物的容器,以及剧团的服装道具等,在货物收发货人向海关缴纳相当于税款的保证金或提供担保后,准予暂时免纳关税。

(6)无代价抵偿货物,即进口货物在征税放行后,发现货物残损、短少或品质不良,而由国外承运人、发货人或保险公司免费补偿或更换的同类货物,可以免税,但有残损或质量问题的原进口货物如未退回国外,其进口的无代价抵偿货物应该照章征税。

(7)因故退还的中国出口货物,经海关查实,可予免征进口关税,但已征的出口关税不予退还。

(8)因故退还的境外进口货物,经海关查实,可予免征出口关税,但已征的进口关税不予退还。

(9)法律规定的其他可以免税的进出口货物。

(二)特定减免税

特定减免税亦称政策性减免税，是指在法定减免税以外，由国务院或国务院授权的机关颁布法规、规章特别规定的减免。特定减免税货物一般有地区、企业和用途的限制，海关需要进行后续管理，并进行减免税统计。

(三)临时减免税

临时减免税是指在法定和特定减免税以外的其他减免税，即由国务院根据《中华人民共和国海关法》对某个单位、某类商品、某个项目或某批进出口货物的特殊情况，给予特别照顾，一案一批，专文下达的减免税，一般不能比照执行。

六、关税应纳税额的计算

(一)进口货物应纳关税的计算

1.从价关税应纳税额的计算

关税税额＝应税进口货物数量×单位完税价格×关税税率

具体分以下几种情况：

(1)以我国口岸到岸价格(CIF)成交的，或者和我国毗邻的国家以两国共同边境地点交货价格成交的进口货物，其成交价格即为完税价格。应纳关税计算公式为：

应纳进口关税额＝CIF×关税税率

【做中学 4-1】 某进出口公司 2015 年 9 月从美国进口一批化工原料，到岸价格为 CIF 上海 USD 800 000 元，另外在货物成交过程中，公司向卖方支付佣金 USD 40 000 元，已知当时外汇牌价为 USD 100＝CNY 660，该原料的进口关税税率为 18%。

要求：计算该公司进口该批货物应纳的关税税额。

分析：

该批原料料的完税价格包括到岸价格和支付给卖方的佣金，故：

完税价格＝(800 000＋40 000)×6.60＝5 544 000(元)

应纳进口关税额＝5 544 000×18%＝997 920(元)

(2)以国外口岸离岸价(FOB)或国外口岸到岸价格成交的，应另加从发货口岸或国外交货口岸运到我国口岸以前的运杂费和保险费作为完税价格。应纳关税的计算公式为：

应纳进口关税额＝(FOB＋运杂费＋保险费)×关税税率

在国外口岸成交情况下，完税价格中包括的运杂费、保险费，原则上应按实际支付的金额计算，若无法得到实际支付金额，也可以外贸系统海运进口运杂费率或按协商规定的固定运杂费率计算运杂费，保险费按中国人民保险公司的保险费率计算。计算公式为：

应纳税额＝(FOB＋运杂费)×(1＋保险费率)×关税税率

【做中学 4-2】 宏远公司委托天兴进出口贸易公司代理进口材料一批。该批材料实际支付离岸价为 USD 480 000，海外运输费、包装费、保险费共计 USD 20 000(支付日市场汇价为 1 美元＝6.60 元人民币)，进口报关当日人民银行公布的市场汇价为 1 美元＝6.20 元人民币，进口关税税率为 20%。

要求：计算该公司进口该批货物应纳的关税税额。

分析：

应纳进口关税＝(480 000＋20 000)×6.60×20％＝660 000(元)

(3)以国外口岸离岸价格加运费(即 CFR 价格)成交的，应另加保险费作为完税价格。

计算公式为：

应纳进口关税额＝(CFR＋保险费)×关税税率＝CFR×(1＋保险费率)×关税税率

【做中学 4-3】 某企业从香港进口原产地为韩国的设备 3 台，该设备的总成交价格为 CFR 上海港 HKD 180 000，保险费率为 3‰，设备进口关税税率为 10％，当日外汇牌价 HKD 100＝￥83。

要求：计算该企业应纳的进口关税税额。

分析：

完税价格＝180 000×0.83×(1＋3‰)＝149 848.2(元)

应纳进口关税＝149 848.2×10％＝14 984.82(元)

(4)特殊进口商品关税计算。特殊进口货物种类繁多，需在确定完税价格基础上，再计算应纳税额，应纳关税的计算公式为：

应纳税额＝特殊进口货物完税价格×关税税率

【做中学 4-4】 某企业 2017 年将以前年度进口的设备运往境外修理，设备进口时成交价格 58 万元，发生境外运费和保险费共计 6 万元；在海关规定的期限内复运进境，进境时同类设备价格 65 万元；发生境外修理费 8 万元，料件费 9 万元，境外运输费和保险费共计 3 万元，进口关税税率 20％。

要求：计算该企业该设备复运进境时应纳的进口关税税额。

分析：

运往境外修理的机械器具、运输工具或其他货物，出境时已向海关报明，并在海关规定期限内复运进境的，应当以海关审定的境外修理费和料件费为完税价格：

应纳关税税额＝(8＋9)×20％＝3.4(万元)

2. 从量关税应纳税额的计算

关税税额＝应税进口货物数量×单位税额

3. 复合关税应纳税额的计算

关税税额＝应税进口货物数量×单位税额＋应税进口货物数量×单位完税价格×税率

提示：

我国目前实行的复合税都是先计征从量税，再计征从价税，出口关税税额的计算也是如此。

(二)出口货物应纳关税的计算

1. 从价关税应纳税额的计算

关税税额＝应税出口货物数量×单位完税价格×关税税率

具体分以下几种情况：

(1)以我国口岸离岸价格(FOB)成交的出口关税计算公式：

应纳关税额＝FOB÷(1＋关税税率)×关税税率

(2)以国外口岸到岸价格(CIF)成交的出口关税计算公式：

应纳关税额=(CIF-保险费-运费)÷(1+关税税率)×关税税率

(3)以国外口岸价格加运费价格(CFR)成交的出口关税计算公式：

应纳关税额=(CFR-运费)÷(1+关税税率)×关税税率

【做中学 4-5】 某进出口公司自营出口商品一批，我国口岸 FOB 价格折合人民币为 720 000 元，出口关税税率为 20%，根据海关开出的专用缴款书，以银行转账支票付讫税款。

要求：计算该公司应纳的出口关税税额。

分析：

出口关税=720 000÷(1+20%)×20%=120 000(元)

2. 从量关税应纳税额的计算

出口关税税额=应税出口货物数量×单位货物税额

3. 复合关税应纳税额的计算

我国目前实行的复合税都是先计征从量税，再计征从价税。

出口关税税额=应税出口货物数量×单位税额+应税出口货物数量×单位完税价格×税率

【职业能力判断与选择】

一、判断题

1. 关税是海关依法对进出关境的货物和物品征收的一种流转税。 (　　)
2. 关税税额在 20 元以下的一票货物可以免征关税。 (　　)
3. 当国境内设有自由贸易区时，关境就大于国境。 (　　)
4. 我国的关税规则指出，货物按照统一的关税税则征收一次关税后，就可以在整个关境内流通，不再征收关税。 (　　)
5. 出口关税税率是一种差别比例税率，分为普通税率和优惠税率。 (　　)
6. 进口货物以海关审定的成交价格为基础的到岸价格作为完税价格，到岸价格就是货价。 (　　)
7. 根据《进出口关税条例》的规定，外国政府、国际组织、国际友人和港、澳、台同胞无偿赠送的物资，经海关审查无讹，可以免征关税。 (　　)
8. 出口货物应以海关审定的成交价格作为基础的离岸价格作为关税的完税价格。(　　)

二、选择题(第 1～4 题为单项选择题，第 5～10 题为多项选择题)

1. 我国关税由(　　)征收。

A. 税务机关　　B. 海关

C. 工商行政管理部门　　D. 人民政府

2. 根据进出口商品价格的变动而税率相应增减的进出口关税属于(　　)。

A. 从价税　　B. 从量税　　C. 滑准税　　D. 复合税

3. 在进口货物正常成交价格中包含的(　　)可以从中扣除。

A. 包装费　　B. 运输费

C. 卖方付的回扣　　D. 保险费

4. 出口货物的完税价格不应该包括(　　)。

A. 向境外销售的成交价格

B. 货物运至我国境内输出地点装载前的运输及其相关费用

C. 货物运至我国境内输出地点装载前的保险费用

D. 离境口岸至境外口岸之间的运输、保管费

5. 我国海关法规定,减免进出口关税的权限属中央政府,关税的减免形式有(　　)。

A. 法定减免　　B. 特定减免　　C. 临时减免　　D. 困难减免

6. 下列货物、物品进境时属于关税纳税对象的有(　　)。

A. 个人邮递物品　　B. 馈赠物品

C. 贸易性商品　　D. 海员自用物品

7. 非贸易性物品的关税纳税人,具体包括(　　)。

A. 入境旅客随身携带的行李、物品的持有人

B. 进口个人邮件的收件人

C. 外贸进出口公司

D. 有进出口经营权的企业

8. 下列各项中,属于关税法定纳税义务人的有(　　)。

A. 进口货物的收货人　　B. 进口货物的代理人

C. 出口货物的发货人　　D. 出口货物的代理人

9. 进口货物以海关审定的成交价格为基础的到岸价格作为完税价格。到岸价格包括货价,加上货物运抵中国关境内输入地起卸前的(　　)等费用。

A. 包装费　　B. 其他劳务费　　C. 保险费　　D. 运输费

10. 下列未包含在进口货物价格中的项目,应计入进口货物完税价格的有(　　)。

A. 买方负担除购货佣金以外的佣金及经纪费

B. 卖方负担的佣金

C. 由买方负担的与该货物视为一体的容器费用

D. 由买方负担的包装劳务费

【任务训练】

1. 某公司进口一批应缴消费税的消费品,货价为 500 万元;该公司另外向境外支付的特许权使用费 25 万元;此外,该批货物运抵我国关境需支付运费和保险费 25 万元。假设该货物适用关税税率为 8%、增值税税率为 17%、消费税税率为 20%。

要求:请分别计算该公司应纳的关税、消费税和增值税。

2. 某企业生产一批产品出口美国,以 CIF 纽约 USD 220 000 的价格成交,其中运输费为 USD 10 000,保险费为 USD 3 000,关税税率为 10%,当日外汇牌价为 USD 100=RMB 650。

要求:计算该企业该批出口货物应缴纳的关税税额。

3. 上海某公司从美国进口货物一批,货物以国外离岸价格成交,成交价格折合人民币

1 510万元，其中包括向境外采购代理人支付的买方佣金 10 万元，另向卖方支付佣金 15 万元，因使用该货物需要而向境外支付软件费 40 万元，支付货物运抵我国上海港的运费、保险费等 40 万元。假设该批货物适用的关税税率为 20%，增值税税率为 17%，消费税税率为 10%。

要求：请分别计算该公司应缴纳的关税、消费税和增值税。

4. 某公司进口货物一批，CIF 成交价格为人民币 600 万元，含单独计价并经海关审核属实的进口后装配调试费用 30 万元，该货物进口关税税率为 10%，海关填发税款缴纳证日期为 2017 年 1 月 10 日，该公司于 1 月 25 日缴纳税款。

要求：计算其应纳关税及滞纳金。

任务二 关税会计核算

任务引例

某外贸企业从国外自营进口商品一批，CIF 价格折合人民币为 400 000 元，进口关税税率为 40%，代征增值税税率 17%。根据海关开出的专用缴款书，以银行转账支票付讫税款。

要求：计算进口关税税额并作会计核算处理。

【知识准备与业务操作】

一、会计科目的设置

有进出口货物的企业在核算关税时，应在“应交税费”科目下设“应交进口关税”“应交出口关税”两个明细科目分别对进、出口关税进行账务处理。企业按规定计算应纳税额时，借记有关科目，贷记“应交税费——应交进(出)口关税”；实际缴纳时，借记“应交税费——应交进(出)口关税”，贷记“银行存款”。

在实际工作中，由于企业经营进出口业务的形式和内容不同，具体会计核算方式有所区别。

二、会计核算实务处理

(一)自营进出口关税的核算

自营进出口是指由有进出口自营权的企业办理对外洽谈和签订进出口合同，执行合同并办理运输、开证、付汇全过程，并自负进出口盈亏。

企业自营进口商品计算应纳关税税额时，借记“在途物资”等账户，贷记“应交税费——应交进口关税”账户，进口当时直接支付关税的，也可不通过“应交税费”账户；企业自营出口商品计算应纳关税税额时，借记“税金及附加”等账户，贷记“应交税费——应交出口关税”账户。

任务引例解析

根据本学习任务引例，该外贸企业应交关税税额、增值税税额及会计处理如下：

计算应交关税和物资采购成本如下：

应交关税＝400 000×40%＝160 000(元)

物资采购成本＝400 000＋160 000＝560 000(元)

代征增值税＝560 000×17％＝95 200(元)

作会计分录如下：

(1)计提关税和增值税时：

借：在途物资　560 000

　　贷：应交税费——应交进口关税　160 000

　　　　应付账款　400 000

(2)支付关税和增值税时：

借：应交税费——应交进口关税　160 000

　　　　　　——应交增值税(进项税额)　95 200

　　贷：银行存款　255 200

(3)商品验收入库时：

借：库存商品　560 000

　　贷：在途物资　560 000

【做中学 4-6】 某企业直接对外出口产品一批，离岸价为 2 000 000 元，出口关税税率为 15％。

要求：计算该企业应纳出口关税税额，并作会计处理。

分析：

应纳出口关税税额＝2 000 000÷(1＋15％)×15％＝260 869.57(元)

作会计分录如下：

(1)出口并提取关税时：

借：银行存款　2 000 000

　　贷：主营业务收入　2 000 000

借：税金及附加　260 869.57

　　贷：应交税费——应交出口关税　260 869.57

(2)缴纳出口关税时：

借：应交税费——应交出口关税　260 869.57

　　贷：银行存款　260 869.57

(二)代理进出口关税的核算

代理进出口是外贸企业接受国内委托方的委托，办理对外洽谈和签订进出口合同，执行合同并办理运输、开证、付汇全过程的进出口业务。受托企业不负担进出口盈亏，只按规定收取一定比例的手续费，因此，受托企业进出口商品计算应纳关税时，借记“应收账款”等账户，贷记“应交税费——应交进(出)口关税”账户；代交进出口关税时，借记“应交税费——应交进(出)口关税”账户，贷记“银行存款”账户；收到委托单位的税款时，借记“银行存款”账户，贷记“应收账款”账户。

【做中学 4-7】 某进出口公司接受宏远公司的委托进口商品一批，进口货款 2 550 000 元，已汇入进出口公司存款户。该进口商品我国口岸 CIF 价格为 USD 240 000，进口关税税率为 20％，当日的外汇牌价为 USD 100＝RMB 660，代理手续费按货价 2％收取，现该批商品已运达，向委托单位办理结算。

要求：计算该公司应纳进口关税税额和应支付代理手续费，并作相关会计处理。

分析：

商品货价＝240 000×6.6＝1 584 000(元)

进口关税＝1 584 000×20%＝316 800(元)

代理手续费＝1 584 000×2%＝31 680(元)

做会计分录如下：

(1)收到委托单位划来进口货款时：

借：银行存款　2 550 000

　贷：应付账款——宏远公司　2 550 000

(2)对外付汇进口商品款时：

借：应收账款——外商　1 584 000

　贷：银行存款　1 584 000

(3)计提并支付进口关税时：

借：应付账款——宏远公司　316 800

　贷：应交税费——应交进口关税　316 800

借：应交税费——应交进口关税　31 6 800

　贷：银行存款　316 800

(4)将进口商品交付委托单位并收取手续费时：

借：应付账款——宏远公司　1 615 680

　贷：其他业务收入(或主营业务收入)　31 680

　　应收账款——外商　1 584 000

(5)将委托单位剩余的进口货款退回时：

借：应付账款——宏远公司　617 520

　贷：银行存款　617 520

【做中学 4-8】 某进出口公司代理乙企业出口商品一批，该商品的FOB价格折合人民币300 000元，出口关税税率为20%，手续费12 800元。

要求：计算该公司应纳关税税额和应收代理手续费，并作相关会计处理。

分析：

(1)计算并缴纳关税：

应纳出口关税＝300 000÷(1＋20%)×20%＝50 000(元)

借：应收账款——乙企业　50 000

　贷：应交税费——应交出口关税　50 000

借：应交税费——应交出口关税　50 000

　贷：银行存款　50 000

(2)计算应收手续费时：

借：应收账款——乙企业　128 00

　贷：其他业务收入(或主营业务收入)　12 800

(3)收到乙企业支付的税款及手续费时：

借：银行存款　62 800

　贷：应收账款——乙企业　62 800

【职业能力判断与选择】

一、判断题

1. 工业企业通过外贸企业代理或直接从国外进口原材料，直接支付进口关税时，可不通过“应交税费”账户核算，将其直接计入进口原材料的采购成本，借记“在途物资”账户，贷记“银行存款”等账户。（　　）

2. 企业自营出口产品应缴纳的出口关税，支付时可直接借记“主营业务成本”账户，贷记“应交税费——应交出口关税”账户。（　　）

3. 代理进出口业务，一般以收取手续费形式为委托方提供代理服务，因此，由于进出口而计缴的关税均由委托方负担，受托方即使向海关缴纳了关税，也只是代垫或代付，日后仍要从委托方收回。（　　）

二、选择题（第 1 题为单项选择题，第 2～3 题为多项选择题）

1. 某进出口公司向美国出口一批铬铁，国内港口 FOB 价格折合人民币为 560 000 元，铬铁出口税率为 40%，涉及关税的会计处理是（　　）。

A. 借：主营业务成本　160 000
　　贷：应交税费——应交出口关税　160 000

B. 借：税金及附加　160 000
　　贷：应交税费——应交出口关税　160 000

C. 借：主营业务成本　224 000
　　贷：应交税费——应交出口关税　224 000

D. 借：税金及附加　224 000
　　贷：应交税费——应交出口关税　224 000

2. 下列说法中正确的有（　　）。

A. 关税与消费税都是价内税　B. 关税与消费税的会计处理相同
C. 关税与增值税的会计处理相同　D. 出口关税的会计处理与消费税相同

3. 在关税会计处理中，借记的会计科目可能有（　　）。

A.“税金及附加”　B.“在建工程”
C.“银行存款”　D.“在途物资”

【任务训练】

1. 某进出口公司为增值税一般纳税人，地处市区，于 2017 年 2 月进口应税消费品一批，以离岸价格成交，成交价折合人民币 2 760 万元。另外支付该货物运抵我国关境内输入地点起卸前发生的运费 20 万元、保险费 10 万元、包装材料费用 10 万元，委托境内某运输企业将进口货物运抵本单位取得增值税专用发票，注明运输费 10 万元，增值税税额 1.1 万元。取得海关开具的完税凭证。入库后本月将进口应税消费品全部销售，取得不含税销售额 7 000 万元。（该货物适用关税税率 50%、增值税税率 17%、消费税税率 10%）

要求：根据税法规定，计算该公司进口环节及内销环节应纳的关税、增值税、消费税税额，并进行相关的会计处理。

2. 某外贸企业自营出口商品一批，该商品出口离岸价格为 450 000 元，出口关税税率为 20%。

要求：计算该商品出口环节应缴纳的出口关税税额，并编制相关的会计分录。

任务三　关税征收管理

关税的征收管理有其特殊性，我国绝大多数税种都是由税务机关负责征收的，而关税由海关负责征收，货物的进、出口需要向海关申报，简称报关，这是一个十分复杂的过程，需要填报海关进口货物报关单或出口货物报关单，而关税的缴纳只是报关中的一个环节，凭海关填发的进(出)口关税专用缴款书向指定银行缴纳。当企业发生退还关税情况时，还需要办理税款的退还等工作。

【知识准备与业务操作】

一、进出口货物报关

(一)报关时间

进口货物的纳税人应当自运输工具申报进境之日起 14 日内，向货物的进境地海关申报，如实填写海关进口货物报关单，并提交进口货物的发票、装箱清单、进口货物提货单或运单、关税免税或免予查验的证明文件等。

出口货物的发货人除海关特准外，应当在运抵海关监管区装货的 24 小时以前，填报出口货物报关单，交验出口许可证和其他证件，申报出口，由海关放行，否则货物不得离境出口。

(二)报关应提交的相关材料

进出口货物时应当提交的材料包括：①进出口货物报关单；②合同；③发票；④装箱清单；⑤载货清单(舱单)；⑥提(运)单；⑦代理报关授权委托协议；⑧进出口许可证件；⑨海关要求的加工贸易手册(纸质或电子数据的)及其他进出口有关单证。

二、关税的缴纳

(一)缴纳地点

根据纳税人的申请及进出口货物的具体情况，关税可以在关境地缴纳，也可在主管地缴纳。关境地缴纳是指进出口货物在哪里通关，纳税人即在哪里缴纳关税，这是最常见的做法。主管地纳税是指纳税人住址所在地海关监管其通关并征收关税，它只适用于集装箱运载的货物。

(二)缴纳凭证

海关在接受进出口货物通关手续申报后，逐票计算应征关税并向纳税人或其代理人填发“海关进(出)口关税专用缴款书”，纳税人或其代理人持“海关进(出)口关税专用缴款书”在规定期限内向银行办理税款交付手续。

进出口货物收货人或其代理人缴纳税款后，应将盖有“收讫”章的“海关进(出)口关税专用缴款书”第一联送签发海关验核，海关凭予办理有关手续。

（三）缴纳期限

纳税人应当自海关填发税款缴款书之日起15日内，向指定银行缴纳税款。如果关税缴纳期限的最后1日是周末或法定节假日，则关税缴纳期限顺延至周末或法定节假日过后的第1个工作日。

关税纳税人因不可抗力或者在国家税收政策调整的情形下，不能按期缴纳税款的，经海关总署批准，可以延期缴纳税款，但最长不得超过6个月。

三、关税的强制执行

根据《中华人民共和国海关法》的规定，纳税人或其代理人应当在海关规定的缴款期限内缴纳税款，逾期未缴的即构成关税滞纳。为保证海关决定的有效执行和国家财政收入的及时入库，《中华人民共和国海关法》赋予海关对滞纳关税的纳税人强制执行的权力。强制措施主要有征收滞纳金和强制征收两类。

（一）征收滞纳金

滞纳金自关税缴纳期限届满滞纳之日起，至纳税人缴纳关税之日止，按滞纳税款万分之五的比例按日征收，周末或法定节假日不予扣除。计算公式为：

$$关税滞纳金金额=滞纳关税税额\times 0.5‰\times 滞纳天数$$

（二）强制征收

纳税人自海关填发缴款书之日起3个月仍未缴纳税款的，经海关关长批准，海关可以采取强制措施扣缴。强制措施主要有强制扣缴和变价抵缴两种。

1. 强制扣缴

强制扣缴是指海关依法自行或向人民法院申请采取从纳税人的开户银行或者其他金融机构的存款中将相当于纳税人应纳税款的款项强制划拨入国家金库的措施，即书面通知其开户银行或者其他金融机构从其存款中扣缴税款。

2. 变价抵缴

变价抵缴是指如果纳税人的银行账户中没有存款或存款不足以强制扣缴时，海关可以将未放行的应税货物依法变卖，以销售货物所得价款抵缴应缴税款。如果该货物已经放行，海关可以将该纳税人的其他价值相当于应纳税款的货物或其他财产依法变卖，以变卖所得价款抵缴应缴税款。

强制扣缴和变价抵缴的税款含纳税人未缴纳的税款滞纳金。

四、关税的退还

关税的退还是指关税纳税人缴纳税款后，因某种原因的出现，海关将实际征收多于应当征收的税款退还给原纳税人的一种行政行为。根据《中华人民共和国海关法》规定，海关多征的税款，海关发现后应当立即退还。

按规定，有下列情形之一的，纳税人可以自缴纳税款之日起1年内，书面声明理由，连同原缴税凭证及相关资料向海关申请退还税款并加算银行同期活期存款利息，逾期不予受理：

(1)因海关误征,多纳税款的。

(2)海关核准免验进口的货物,在完税后发现有短缺情况,经海关审查认可的。

(3)已征出口关税的货物,因故未装运出口,申报退关,经海关查明属实的。

对已征出口关税的出口货物和已征进口关税的进口货物,因货物品种或规格原因(非其他原因)原状复运进境或出境的,经海关查验属实的,也应退还已征关税,海关应当在受理退税申请之日起 30 日内作出书面答复并通知退税申请人。

五、关税的补征和追征

关税的补征和追征是海关在纳税人按海关规定交纳关税后,发现实际征收税额少于应当征收的税额时,责令纳税人补缴所差税款的一种行政行为。

关税的补征是非因纳税人违反海关规定造成少征关税。根据《中华人民共和国海关法》规定,进出境货物或物品放行后,海关发现少征或漏征税款,应当自缴纳税款或者货物、物品放行之日起 1 年内,向纳税人补征。

少征或者漏征的税款,自纳税人应缴纳税款之日起 3 年以内可以追征,并从缴纳税款之日起按日加收少征或者漏征税款万分之五的滞纳金。

六、关税的纳税争议

为保护纳税人合法权益,《中华人民共和国海关法》和《进出口关税条例》都规定了纳税人对海关确定的进出口货物的征税、减税、补税或者退税等有异议时,有提出申诉的权利。在纳税义务人同海关发生纳税争议时,可以向海关申请复议,但同时应当在规定期限内按海关核定的税额缴纳关税,逾期则构成滞纳,海关有权按规定采取强制执行措施。

纳税争议的内容一般为进出境货物和物品的纳税人对海关在原产地认定、税则归类、税率或汇率适用、完税价格确定、关税减征、免征、追征、补征和退还等征税行为是否合法或适当,是否侵害了纳税义务人的合法权益,而对海关征收关税的行为表示异议。

纳税争议的申诉程序:纳税义务人自海关填发税款缴款书之日起 30 日内,向原征税海关的上一级海关书面申请复议。逾期申请复议的,海关不予受理。海关应当自收到复议申请之日起 60 日内作出复议决定,并以复议决定书的形式正式答复纳税人;纳税人对海关复议决定仍然不服的,可以自收到复议决定书之日起 15 日内,向人民法院提起诉讼。

【职业能力判断与选择】

一、判断题

1. 进口货物因收发货人或者他们的代理人违反规定而造成的关税少征或漏征,海关在 3 年内可以追征,有特殊情况的,追征期可以延长到 10 年。（　　）

2. 关税纳税义务人或他们的代理人应在海关填发税款缴纳书的次日起 7 日内,向指定银行缴纳,并由当地银行解缴中央金库。（　　）

3. 已征出口关税的货物,因故未装运出口,申报退关,经海关查明属实的,纳税人可以自缴纳税款之日起 1 年内申请退还税款。（　　）

4. 关税纳税义务人对海关确定的进出口货物的征税、减税、补税或者退税等有异议的,可

以先采取关税缓纳的办法。（　　）

5. 进出口货物完税后，如发现非纳税人原因造成的少征或者漏征关税税款，海关应当自缴纳税款或者货物放行之日起 1 年内，向收发货人或他们的代理人补征。（　　）

6. 关税纳税人因不可抗力或者在国家税收政策调整的情形下，不能按期缴纳税款的，经海关总署批准，可以延期缴纳税款，但最长不得超过 6 个月。（　　）

7. 出口货物的发货人应当在运抵海关监管区装货的 24 小时以前，向海关填报出口货物报关单。（　　）

8. 海关对进出口货物的完税价格进行审定时，可以进入进出口货物的收发货人的生产经营场所，检查与进出口活动有关的货物和生产经营情况，但不可以进入该收发货人的业务关联企业进行检查。（　　）

二、选择题（第 1～5 题为单项选择题，第 6 题为多项选择题）

1. 关税纳税义务人因不可抗力或者在国家税收政策调整的情形下，不能按期缴纳税款的，经海关总署批准，可以延期缴纳税款，但最多不得超过（　　）个月。

A. 3　　B. 6　　C. 9　　D. 12

2. 关税滞纳金自（　　）起，至纳税义务人缴纳关税之日止，按滞纳税款万分之五的比例按日征收，周末或法定节假日不予扣除。

A. 商品报关之日　　B. 商品进出关境之日

C. 关税缴纳期限届满之日　　D. 自海关填发税款缴款书之日

3. 进出口货物，因收发货人或者他们的代理人违反规定而造成少征或者漏征关税的，海关可以（　　）征收。

A. 在 1 年内　　B. 在 3 年内　　C. 在 10 年内　　D. 无限期

4. 纳税义务人或他们的代理人应在海关填发税款缴纳凭证之日起（　　）日内，向指定银行缴纳税款。

A. 7　　B. 10　　C. 15　　D. 30

5. 某公司进口一批货物，海关于 2017 年 3 月 1 日填发税款缴款书，但公司迟至 3 月 27 日才缴纳 500 万元的关税。海关应征收关税滞纳金为（　　）万元。

A. 2.75　　B. 3　　C. 6.5　　D. 6

6. 关税的征收管理规定中，关于补征和追征的期限为（　　）。

A. 补征期为 1 年内　　B. 追征期为 1 年内

C. 补征期为 3 年内　　D. 追征期为 3 年内

项目小结

关税作为国际通用的税种，是维护国家经济权益的有力工具，在各国的税制中具有特殊作用。关税分进口关税与出口关税两类，计算和申报比较复杂，这是关税的特殊性。正确确认关税完税价格是计税的基础和前提。进口关税与出口关税的会计处理方法不同，对进口货物，海关要代征消费税、增值税，对关税、消费税、增值税的计算程序、计算方法、会计处理方法应重点掌握。

项目五　企业所得税会计核算与申报

知识目标

(1)理解企业所得税的基本法规知识。

(2)掌握企业所得税的纳税调整和应税所得额的计算。

(3)掌握企业所得税应纳税额的计算及相关抵免规定。

(4)理解企业所得税的月(季)度预缴、年终汇算清缴的相关规定。

(5)熟悉企业所得税涉税业务的会计处理。

能力目标

(1)能根据学习内容的需要查阅有关资料。

(2)能判断居民纳税人、非居民纳税人,分别适用何种税率。

(3)会根据业务资料计算应纳企业所得税额。

(4)会根据业务资料填制企业所得税月(季)度预缴纳税申报表、企业所得税年度纳税申报表及相关附表,能办理年终企业所得税的汇算清缴工作。

(5)能根据业务资料进行所得税会计业务处理。

(6)培养敬业精神、团队合作能力和良好的职业道德修养。

项目引言

企业所得税借助于会计才得以进行,现代会计因企业所得税而更加规范,当然也更为复杂。由于财务会计与税务会计在确认收益实现和费用扣减的时间以及费用扣减标准的不同,根据会计准则计算的税前利润,要经过调整才能作为计算企业所得税的基础。可以说财务会计与企业所得税“情意绵绵”“难舍难分”,却又“各有所思”“各有所爱”,当你学了企业所得税会计核算与申报以后,就会明白其中的原因。

任务一　纳税人和征税对象的确定

某商贸公司从业人员为 35 人,资产总额为 850 万元,2015 年该企业亏损(经税务机关审核后的亏损数字,而非会计报表中的亏损)33 万元,2016 年该企业弥补亏损前应纳税所得额为 40 万元,则该企业属于什么类型的企业,适用的所得税税率是多少?

【知识准备与业务操作】

一、纳税人的确定

企业所得税是指国家对境内企业生产、经营所得和其他所得依法征收的一种税。它是国家参与企业利润分配的重要手段。

企业所得税的纳税义务人为在中华人民共和国境内的企业和其他取得收入的组织(以下统称企业)。个人独资企业、合伙企业不征收企业所得税,而征收个人所得税。企业所得税纳税人按照国际惯例一般分为居民企业和非居民企业,这是确定纳税人是否负有全面纳税义务的基础。

(一)居民企业

居民企业是指依法在中国境内成立,或者依照外国法律成立但实际管理机构在中国境内的企业。实际管理机构,是指对企业的生产经营、人员、账务、财产等实施实质性全面管理和控制的机构。例如,在我国注册成立的沃尔玛(中国)公司、通用汽车(中国)公司,就是我国的居民企业;在英国、百慕大群岛等国家和地区注册的公司,但实际管理机构在我国境内,也是我国的居民企业。

(二)非居民企业

非居民企业是指按照中国税法规定不符合居民企业标准的企业,即依照外国(地区)法律、法规成立且实际管理机构不在中国境内,但在中国境内设立机构、场所的,或者在中国境内未设立机构、场所,但有来源于中国境内所得的企业。例如,在我国设立的代表处及其他分支机构等外国企业。

对中国境内未设立机构、场所的非居民企业或者虽设立机构、场所但取得的所得与其所设机构、场所没有实际联系的中国境内所得应缴纳的所得税,实行源泉扣缴,以支付人为扣缴义务人,税款由扣缴义务人在每次支付或者到期应支付时,从支付或者到期应支付的款项中扣缴;对非居民企业在中国境内取得工程作业和劳务所得应缴纳的所得税,税务机关可以指定工程价款或者劳务费的支付人为扣缴义务人;扣缴义务人未依法扣缴或者无法履行扣缴义务的,由纳税人在所得发生地缴纳。纳税人未依法缴纳的,税务机关可以从该纳税人在中国境内其他收入项目的支付人应付的款项中,追缴该纳税人的应纳税款。

提示:

我国法律规定,个人独资企业和合伙企业的出资人对外承担无限责任,企业的财产与出资人的财产密不可分,生产经营收入就是出资人个人的收入,个人独资企业和合伙企业应就其出资人所得缴纳个人所得税,因此,它们属于个人所得税纳税人,不属于企业所得税纳税人。

二、征税对象的确定

企业所得税的征税对象为在中国境内企业的生产经营所得和其他所得。所谓生产经营所得是指企业从事物质生产、商品流通、交通运输、劳动服务以及其他盈利事业取得的境内外所得。其他所得包括企业有偿转让各类财产取得的财产转让所得;纳税人购买各种有价证券取得的利息及因外单位欠款取得的利息所得;纳税人出租固定资产、包装物等取得的租赁所得;

纳税人因提供转让专利权、非专利技术、商标权、著作权等取得的特许权使用费所得；纳税人对外投资入股取得的股息、红利所得以及固定资产盘盈、因债权人原因确实无法支付的应付款项、物资及现金溢余等取得的其他所得。

居民企业应当就其来源于中国境内、境外的所得缴纳企业所得税。非居民企业在中国境内设立机构、场所的，应当就其所设机构、场所取得的来源于中国境内的所得，以及发生在中国境外但与其所设机构、场所有实际联系的所得，缴纳企业所得税；非居民企业在中国境内未设立机构、场所的，或者虽设立机构、场所但取得的所得与其所设机构、场所没有实际联系的，应当就其来源于中国境内的所得缴纳企业所碍税。

纳税对象的具体化即为应纳税所得额，是指纳税人每一纳税年度的收入总额减除不征税收入、免税收入、各项扣除以及允许弥补的以前年度亏损后的余额。具体计算在后面详细介绍。

提示：

《中华人民共和国企业所得税法实施条例》对所得来源地的确认有明确规定：①销售货物所得为交易活动发生地；②提供劳务所得为劳务发生地；③不动产转让所得为不动产所在地，动产转让所得为转让动产的企业或机构、场所所在地；④权益性投资资产转让所得为被投资企业所在地；⑤股息、红利等权益性投资所得为分配所得的企业所在地；⑥利息所得、租金所得、特许权使用费所得为负担、支付所得的企业或机构、场所所在地，或负担、支付所得的个人的住所地；⑦其他所得，由国务院财政、税务主管部门确定。

三、税率的选择

我国企业所得税实行的是比例税率，从 2008 年起税法规定企业所得税税率为 25%；同时对以下所得作了专门的规定：

(1)对符合条件的小型微利企业减按 20%的税率征收。小型微利企业是指从事国家非限制和禁止行业，并符合下列条件的企业：工业企业，年度应纳税所得额不超过 30 万元，从业人数不超过 100 人，资产总额不超过 3 000 万元；其他企业，年度应纳税所得额不超过 30 万元，从业人数不超过 80 人，资产总额不超过 1 000 万元。

(2)在中国境内未设立机构、场所，或者虽设立机构、场所但取得的所得与其所设机构、场所没有实际联系的非居民企业的中国境内所得，减按 10%的税率征收企业所得税。

(3)对国家需要重点扶持的高新技术企业，减按 15%的税率征收企业所得税。

四、优惠政策的运用

税收优惠政策是指为了照顾某些纳税人的特殊情况而给予减征或免征所得税的规定。它是税法原则性和灵活性相结合的体现，是发挥税收特殊调节作用的重要手段。根据《中华人民共和国企业所得税法》和《中华人民共和国企业所得税法实施条例》及现行的有关法规，企业所得税的减免优惠政策主要有以下五个方面：

(一)促进技术创新和科技进步

(1)对国家需要重点扶持的高新技术企业，减按 15%的税率征收企业所得税。国家需要重点扶持的高新技术企业，必须同时符合下列条件：①拥有核心自主知识产权；②产品(服务)

属于《国家重点支持的高新技术领域》规定的范围；③有关比例符合规定标准，即研究开发费用占销售收入的比例、高新技术产品（服务）收入占企业总收入的比例、科技人员占企业职工总数的比例不低于规定比例；④《高新技术企业认定管理办法》规定的其他条件。

（2）对经济特区（深圳、珠海、汕头、厦门和海南）和上海浦东新区内在 2008 年 1 月 1 日（含）之后完成登记注册的国家需要重点扶持的高新技术企业（以下简称新设高新技术企业），在经济特区和上海浦东新区内取得的所得，自取得第一笔生产经营收入所属纳税年度起，第 1 年至第 2 年免征企业所得税，第 3 年至第 5 年按照 25％的法定税率减半征收企业所得税。

（3）企业为开发新技术、新产品、新工艺发生的研究开发费用，未形成无形资产计入当期损益的，在按照规定据实扣除的基础上，按照研究开发费用的 50％加计扣除；形成无形资产的，按照无形资产成本的 150％摊销。

（4）创业投资企业采取股权投资方式投资于未上市的中小高新技术企业 2 年以上的，可以按照其投资额的 70％在股权持有满 2 年的当年抵扣该创业投资企业的应纳税所得额；当年不足抵扣的，可以在以后纳税年度结转抵扣。

（5）企业的固定资产由于技术进步等原因，确需加速折旧的，可以缩短折旧年限或者采取加速折旧的方法。

可以采取缩短折旧年限或者采取加速折旧方法的固定资产，包括：①由于技术进步，产品更新换代较快的固定资产；②常年处于强震动、腐蚀状态的固定资产。

采取缩短折旧年限方法的，最低折旧年限不得低于规定折旧年限的 60％；采取加速折旧方法的，可以采取双倍余额递减法或者年数总和法。

（6）在一个纳税年度内，居民企业技术转让所得不超过 500 万元的部分，免征企业所得税；超过 500 万元的部分，减半征收企业所得税。

提示：

技术转让的范围，包括居民企业转让专利技术、计算机软件著作权、集成电路布图设计权、植物新品种、生物医药新品种，以及财政部和国家税务总局确定的其他技术；居民企业从直接或间接持有股权之和达到 100％的关联方取得的技术转让所得，不享受技术转让减免企业所得税优惠政策。

（7）关于鼓励软件产业和集成电路产业发展的优惠政策：

①软件生产企业实行增值税即征即退政策所退还的税款，由企业用于研究开发软件产品和扩大再生产，不作为企业所得税应税收入，不予征收企业所得税。

②我国境内新办软件生产企业经认定后，自获利年度起，第 1 年和第 2 年免征企业所得税，第 3 年至第 5 年减半征收企业所得税（即“二免三减半”）。

③国家规划布局内的重点软件生产企业，如当年未享受免税优惠的，减按 10％的税率征收企业所得税。

④软件生产企业的职工培训费用，可按实际发生额在计算应纳税所得额时扣除。

⑤企事业单位购进软件，凡符合固定资产或无形资产确认条件的，可以按照固定资产或无形资产进行核算，经主管税务机关核准，其折旧或摊销年限可以适当缩短，最短可为 2 年。

⑥集成电路生产企业的生产性设备，经主管税务机关核准，其折旧年限可以适当缩短，最短可为 3 年。

⑦投资额超过 80 亿元人民币或集成电路线宽小于 0.25 微米的集成电路生产企业，可以

减按15%的税率缴纳企业所得税，其中，经营期在15年以上的，从开始获利的年度起，5年免税、5年减半征收企业所得税（即“五免五减半”）。

⑧对生产线宽小于0.8微米（含）集成电路产品的生产企业，经认定后，自获利年度起，2年免税、3年减半征收企业所得税（即“二免三减半”）。

（二）鼓励基础设施建设

从事国家重点扶持的公共基础设施项目投资经营的所得，自项目取得第一笔生产经营收入所属纳税年度起，第1年至第3年免征企业所得税，第4年至第6年减半征收企业所得税。国家重点扶持的公共基础设施项目，是指《公共基础设施项目企业所得税优惠目录》规定的港口码头、机场、铁路、公路、城市公共交通、电力、水利等项目。不包括企业承包经营、承包建设和内部自建自用的项目。

（三）扶持农、林、牧、渔业发展

(1)企业从事下列项目的所得，免征企业所得税：

①蔬菜、谷物、薯类、油料、豆类、棉花、麻类、糖料、水果、坚果的种植。

②农作物新品种的选育。

③中药材的种植。

④林木的培育和种植。

⑤牲畜、家禽的饲养。

⑥林产品的采集。

⑦灌溉、农产品初加工、兽医、农技推广、农机作业和维修等农、林、牧、渔服务业项目。

⑧远洋捕捞。

(2)企业从事下列项目的所得，减半征收企业所得税：

①花卉、茶以及其他饮料作物和香料作物的种植。

②海水养殖、内陆养殖。

企业从事国家限制和禁止发展的项目，不得享受企业所得税优惠。

（四）支持环境保护、节能节水、资源综合利用、安全生产

(1)从事符合条件的环境保护、节能节水项目的所得，自项目取得第一笔生产经营收入所属纳税年度起，第1年至第3年免征企业所得税，第4年至第6年减半征收企业所得税。环境保护、节能节水项目，包括公共污水处理、公共垃圾处理、沼气综合开发利用、节能减排技术改造、海水淡化等。

(2)企业以《资源综合利用企业所得税优惠目录》规定的资源作为主要原材料并符合规定比例，生产国家非限制和禁止并符合国家和行业相关标准的产品取得的收入，可以在计算应纳税所得额时减按90%计入收入总额。

(3)企业购置用于环境保护、节能节水、安全生产等专用设备投资额的10%可以从企业当年的应纳税额中抵免；当年不足抵免的，可以在以后5个纳税年度结转抵免。

购置环境保护、节能节水、安全生产设备是指企业购置并实际使用《环境保护专用设备企业所得税优惠目录》《节能节水专用设备企业所得税优惠目录》《安全生产专用设备企业所得税优惠目录》规定的专用设备。企业购置的专用设备在5年内转让、出租的，应当停止享受企业所得税优惠，并补缴已经抵免的企业所得税税款。

提示：

取得增值税专用发票：进项税额可从其销项税额中抵扣，则专用设备投资额不再包括增值税进项税额；如进项税额不允许抵扣，其专用设备投资额应为增值税专用发票上注明的价税合计金额。取得普通发票：专用设备投资额为普通发票上注明的金额。

（五）促进公益事业和照顾弱势群体

（1）企业发生的公益性捐赠支出，在年度利润总额12%以内的部分，准予在计算应纳税所得额时扣除；超过年度利润总额12%的部分，准予结转以后三年内在计算应纳税所得额时扣除。

公益性捐赠，是指企业通过公益性社会团体或者县级以上人民政府及其部门，用于《中华人民共和国公益事业捐赠法》规定的公益事业的捐赠。年度利润总额，是指企业依照国家统一会计制度的规定计算的年度会计利润。

（2）企业安置残疾人员的，在按照支付给残疾职工工资据实扣除的基础上，按照支付给残疾职工工资的100%加计扣除。残疾人员的范围适用《中华人民共和国残疾人保障法》的有关规定。

（3）企业安置国家鼓励的其他就业人员所支付的工资，可以在计算应纳税所得额时加计扣除；国家鼓励安置的其他就业人员是指下岗失业人员、军队转业干部、城镇退役士兵、随军家属等。

（4）民族自治地方的自治机关对本民族自治地方的企业应缴纳的企业所得税中属于地方分享的部分，可以决定减征或者免征。自治州、自治县决定减征或者免征的，须报省、自治区、直辖市人民政府批准。

（5）对设在西部地区（包括重庆市、四川省、贵州省、云南省、西藏自治区、陕西省、甘肃省、宁夏回族自治区、青海省、新疆维吾尔自治区、新疆生产建设兵团、内蒙古自治区和广西壮族自治区。湖南省湘西土家族苗族自治州、湖北省恩施土家族苗族自治州、吉林省延边朝鲜族自治州，可以比照西部地区执行），以国家规定的鼓励类产业项目为主营业务，且其当年主营业务收入超过企业总收入70%的企业，实行企业自行申请，税务机关审核的管理办法。经税务机关审核确认后，企业可减按15%税率缴纳企业所得税。

（6）自2017年1月1日至2019年12月31日，对年应纳税所得额低于50万元（含50万元）的小型微利企业，其所得减按50%计入应纳税所得额，按20%的税率缴纳企业所得税。

企业同时从事适用不同企业所得税待遇项目的，其优惠项目应当单独计算所得，并合理分摊企业的期间费用；没有单独计算的，不享受企业所得税优惠。

任务引例解析

该商贸公司可以先用2016年的40万元应纳税所得额弥补上一年度33万元的亏损，用弥补亏损之后的应纳税所得额7万元选择适用税率。

由于该商贸公司从业人员35人，未超过80人；资产总额850万元，未超过1 000万元；应纳税所得额7万元，符合小型微利企业的条件。属于小型微利企业，适用的所得税税率为20%，同时又符合优惠条件，可以享受“其所得减按50%计入应纳税所得额”的优惠政策，因此，该企业可按3.5万元的应纳税所得额、选择20%的税率来计算应纳所得税额。

【职业能力判断与选择】

一、判断题

1. 企业所得税的纳税人仅指企业，不包括社会团体。（　　）
2. 企业所得税法也适用于个人独资企业、合伙企业。（　　）
3. 在中国境内设立的外商投资企业，应就来源于我国境内、境外的所得缴纳所得税。（　　）
4. 外国企业在中国境内未设有机构、场所，但有来源于中国境内的所得时，应按我国税法规定缴纳所得税。（　　）
5. 企业取得的所有技术服务收入均可暂免征企业所得税。（　　）

二、选择题（第1～4题为单项选择题，第5～8题为多项选择题）

1. 根据企业所得税法的规定，下列各项中，属于企业所得税纳税人的有（　　）。

A. 股份有限公司　B. 个人　C. 合伙企业　D. 个人独资企业

2. 下列所得中不属于企业所得税征税范围的是（　　）。

A. 居民企业来源于境外的所得

B. 非居民企业来源于中国境外，且与所设机构没有实际联系的所得

C. 非居民企业来源于中国境内的所得

D. 在中国境内设立机构、场所的非居民企业取得的境内所得

3. 在一个纳税年度内，居民企业技术转让所得不超过（　　）万元的部分，免征企业所得税，超过部分，减半征收企业所得税。

A. 5　B. 10　C. 20　D. 500

4. 符合固定资产加速折旧条件，采取缩短折旧年限方法的，最低折旧年限不得低于规定折旧年限的（　　）。

A. 40%　B. 50%　C. 60%　D. 80%

5. 企业从事（　　）项目的所得，减半征收企业所得税。

A. 中药材的种植　B. 花卉、茶和香料作物的种植

C. 海水养殖、内陆养殖　D. 牲畜、家禽的饲养

6. 依据企业所得税法的规定，判定居民企业的标准有（　　）。

A. 登记注册地标准　B. 所得来源地标准

C. 经营行为实际发生地标准　D. 实际管理机构所在地标准

7. 依据企业所得税的相关规定，下列资产中，可采用加速折旧方法的有（　　）。

A. 常年处于强震动状态的固定资产

B. 常年处于高腐蚀状态的固定资产

C. 单独估价作为固定资产入账的土地

D. 由于技术进步原因产品更新换代较快的固定资产

8. 下列项目可以享有加计扣除的有（　　）。

A. 企业安置残疾人员所支付的工资

B. 企业购置节水专用设备的投资
C. 开发新技术、新产品、新工艺发生的研发费用
D. 购进环境保护专用设备的投资

任务二　企业所得税税款计算

东海服装有限责任公司 2016 年取得主营业务收入 4 500 万元，其他业务收入 400 万元，营业外收入 80 万元。当年营业成本 3 500 万元，税金及附加 38 万元，其他业务成本 340 万元，财务费用 50 万元，管理费用 300 万元，销售费用 560 万元，营业外支出 68 万元，会计利润为 124 万元。通过审查公司账目，得到如下信息：

(1)支付工资总额 1 125 万元，税务机关认定该企业支付工资属于合理的工资薪金支出，可以全额在税前扣除。

(2)向工会组织拨付了 22.5 万元职工工务经费，实际支出了 120 万元职工福利费，发生了 35 万元职工教育经费。

(3)支付财产保险费和运输保险费共计 32 万元。

(4)"财务费用"由三部分构成：以年利率 6%向银行贷款 500 万元(其中 200 万元作为注册资本注入)，利息支出 30 万元；汇兑损失 10 万元；支付开户银行结算手续费等 10 万元。

(5)管理费用中支付业务招待费 50 万元。

(6)销售费用中列支广告费和业务宣传费 300 万元。

(7)营业外支出中，通过民政部门向灾区捐款 14 万元；直接向某贫困小学捐赠 5 万元；由于消防设施不合格，被处以罚款 3 万元。

要求：根据以上资料进行年度纳税调整，计算该企业 2016 年应税所得额。

【知识准备与业务操作】

会计利润是根据会计准则计算而来的，应税所得额是要按照企业所得税法的规定而确定的，两者之间往往是不一致的，企业会计核算的亏损并不代表企业就不要缴纳企业所得税了，应税所得额需要在会计利润的基础上按照税法规定进行纳税调整后取得。如何确定应税所得额是计算企业所得税的关键所在。

一、应税所得额的计算

应税所得额也称为应纳税所得额，是指纳税人每一纳税年度的收入总额减除不征税收入、免税收入、各项扣除以及允许弥补的以前年度亏损后的余额，是计算应纳所得税额的依据。实际工作中，应根据《中华人民共和国企业所得税年度纳税申报表(A 类 A100000)》的规定，在企业会计利润总额的基础上，加减纳税调整额及相关项目金额后计算出应纳税所得额。其计算公式为：

应纳税所得额 = 利润总额 − 境外所得 + 纳税调整增加额 − 纳税调整减少额 − 免税、减计收入及加计扣除 + 境外应税所得抵减境内亏损 − 所得减免 − 抵扣应纳税所得额 − 弥补以前年度亏损

下面按顺序分析各项目的计算过程。

(一)利润总额的确定

利润总额是指按会计准则核算计算的会计利润总额,数据可直接取自利润表。

利润总额 = 营业收入 − 营业成本 − 税金及附加 − 期间费用 − 资产减值损失 + 公允价值变动损益 + 投资收益 + 营业外收入 − 营业外支出

1. 营业收入

营业收入是指纳税人当期发生的,主要经营业务和其他经营业务取得的收入总额,包括会计核算中的主营业务收入和其他业务收入。

(1)主营业务收入,包括销售商品收入、提供劳务收入、建造合同收入、让渡资产使用权收入和其他收入。

(2)其他业务收入,包括材料销售收入、出租固定资产收入、出租无形资产收入、出租包装物和商品收入、其他收入。

2. 营业成本

营业成本是纳税人经营主要业务和其他业务发生的实际成本总额,包括会计核算中的主营业务成本和其他业务成本。

(1)主营业务成本,包括销售商品成本、提供劳务成本、建造合同成本、让渡资产使用权成本和其他支出。

(2)其他业务成本,包括材料销售成本、出租固定资产成本、出租无形资产成本、包装物出租成本和其他支出。

3. 税金及附加

税金及附加是指企业发生的除企业所得税和允许抵扣的增值税以外的各项税金及其附加。包括消费税、城市维护建设税、资源税、房产税、车船税、城镇土地使用税、印花税、土地增值税和教育费附加等。企业缴纳的增值税因其属于价外税,也不属于本项目。

4. 期间费用

期间费用是指企业在生产经营活动中发生的销售费用、管理费用和财务费用,已经计入成本的有关费用除外。

销售费用,是指纳税人在销售商品过程中发生的包装费、广告费等费用和为销售本企业商品而专设的销售机构的职工薪酬、业务费等经营费用。

管理费用,是指纳税人为组织和管理企业生产经营所发生的管理费用。

财务费用,是指纳税人为筹集生产经营所需资金等而发生的筹资费用。

5. 资产减值损失

资产减值损失是指纳税人计提的各项资产减值准备所形成的损失。

6. 公允价值变动收益

公允价值变动收益是指纳税人交易性金融资产、交易金融负债、采取公允价值模式计量的

投资性房地产、衍生工具、套期保期业务等公允价值变动形成的应计入当期损益的利得或损失。

7. 投资收益

投资收益是指纳税人以各种方式对外投资所取得的收益或投资损失。企业持有的交易性金融资产处置和出让时，处置收益部分应当自“公允价值变动损益”项目转出，列入本项目，包括境外投资应纳税所得额。

8. 营业外收入

营业外收入是指纳税人发生的与其经营活动无直接关系的各项收入。

9. 营业外支出

营业外支出是指纳税人发生的与其经营活动无直接关系的各项支出。

（二）境外所得

境外所得是指纳税人发生的分国（地区）别取得的境外税后所得计入利润总额的金额。其金额为纳税人中国境外税前所得减去其来源于境外的股息、红利等权益性投资收益由外国企业在境外实际缴纳的所得税税额后的余额。

（三）纳税调整项目

在计算应纳税所得额时，纳税人按照会计准则、会计制度核算与税收规定不一致的项目，应当进行纳税调整。根据纳税调整项目明细表（A105000）的规定，纳税调整项目分为收入类调整项目、扣除类调整项目、资产类调整项目、特殊事项调整项目和特别纳税调整项目，每个项目涉及纳税调整增加和纳税调整减少的内容。现按照纳税调整明细表的顺序分别说明如下。

1. 收入类调整项目

（1）收入类纳税调整增加的项目。

①视同销售收入，是指会计上不作为销售核算，而在税收上应作为应税收入缴纳企业所得税的收入。主要包括非货币性交换视同销售收入、用于市场推广或销售视同销售收入、用于交际应酬视同销售收入、用于职工奖励或福利视同销售收入、用于股息分配视同销售收入、用于对外捐赠视同销售收入、用于对外投资项目视同销售收入、提供劳务视同销售收入和其他视同销售收入。

②交易性金融资产初始投资调整，是指纳税人根据税法规定确认交易性金融资产初始投资金额与会计核算的交易性金融资产初始投资账面价值的差额，调增纳税所得额。

（2）收入类纳税调整减少的项目。

按权益法核算长期股权投资对初始投资成本调整确认收益，是指纳税人采取权益法核算下，初始投资成本小于取得投资时应享有被投资单位可辨认净资产公允价值份额的，两者之间的差额会计核算中计入取得投资当期的营业外收入的金额。税收规定对这部分收入不征税，调减纳税所得额。

（3）收入类纳税调整视情况增减的项目。

①未按权责发生制原则确认的收入，是指会计上按照权责发生制原则确认收入，计税时未按权责发生制确认的收入，如分期收款销售商品销售收入的确认、税收规定按收付实现制确认的收入、持续时间超过 12 个月的收入的确认、利息收入的确认、租金收入的确认等企业财务会

计处理办法与税收规定不一致应进行纳税调整产生的时间性差异的项目数据。税收规定的收入大于会计核算确认的收入,其差额应调整增加纳税所得额;反之,则应调整减少纳税所得额。

②投资收益,是指纳税人根据《中华人民共和国企业所得税法》及其实施条例以及企业会计制度、企业会计准则核算投资项目的持有收益、处置收益中,会计核算与税收的差异金额。会计核算确认的投资收益大于税收规定的收入,其差额应调整减少纳税所得额;反之,则应调整增加纳税所得额。

税法实施条例规定,对来自所有非上市企业,以及连续持有上市公司股票12个月以上取得的股息、红利收入,给予免税,不再实行补税率差的做法;纳税人因收回、转让或清算处置股权投资发生的股权投资损失,可以在税前扣除,但在每一纳税年度扣除的股权投资损失,不得超过当年实现的股权投资收益和投资转让所得,超过部分可按规定向以后年度结转扣除。

③公允价值变动净收益,是指企业以公允价值计量且其变动计入当期损益的金融资产、金融负债以及投资性房地产的公允价值,其税法规定的计税基础与会计处理不一致应进行纳税调整的金额。

当纳税人所有的按照公允价值计量且其变动进入当期损益的金融资产、金融负债以及投资性房地产按照税收规定确认的期末与期初的差额大于根据会计准则核算的期末与期初的差额时,其差额应调整增加纳税所得额;反之,则应调整减少纳税所得额。

④不征税收入,包括财政拨款、行政事业性收费、政府性基金及其他。

财政拨款是指各级人民政府对纳入预算管理的事业单位、社会团体等组织拨付的财政资金,但国务院和国务院财政、税务主管部门另有规定的除外。

行政事业性收费是指依照法律行政法规等有关规定,按照国务院规定程序批准,在实施社会公共管理,以及在向公民、法人或者其他组织提供特定公共服务过程中,向特定对象收取并纳入财政管理的费用。

政府性基金是指纳税人依照法律、行政法规等有关规定,代政府收取的具有专项用途的财政资金。

其他不征税收入是指纳税人取得的,由国务院财政、税务主管部门规定专项用途并经国务院批准的财政性资金。财政性资金,是指企业取得的来源于政府及其有关部门的财政补助、补贴、贷款贴息,以及其他各类财政专项资金,包括直接减免的增值税和即征即退、先征后退、先征后返的各种税收,但不包括企业按规定取得的出口退税款。

纳税人符合税法规定不征税收入条件并作为不征税收入处理,且已计入当期损益的金额,应调减纳税所得额;纳税人以前年度取得财政性资金且已作为不征税收入处理,在5年(60个月)内未发生支出且未缴回财政部门或其他拨付资金政府部门的,应调增纳税所得额。

⑤销售折扣、折让和退回,是指不符合税收规定的销售折扣和折让应进行纳税调整的金额和发生的销售退回因会计处理与税法规定有差异需纳税调整的金额。税收规定对折扣额另开发票的,不得从销售额中减除折旧额,应调增纳税所得额;销货退回影响损益的跨期时间性差异,应调减纳税所得额。

⑥其他,是指纳税人其他因会计处理与税法规定有差异需纳税调整的收入类项目金额。

提示:

企业的不征税收入用于支出所形成的费用,不得在计算应纳税所得额时扣除;企业的不征税收入用于支出所形成的资产,其计算的折旧、摊销不得在计算应纳税所得额时扣除。

2.扣除类调整项目

(1)扣除类纳税调整增加的项目。

①业务招待费，是指企业发生的与生产经营活动有关的业务招待费支出，按照发生额的60%扣除，但最高不得超过当年销售(营业)收入的5‰，超过部分应调增纳税所得额。

提示：

与流转税的关系：企业将自产货物用于捐赠，按公允价值缴纳增值税；视同对外销售缴纳所得税；但会计上不确认收入和利润。

【做中学5-1】 某企业2016年实现销售收入2 000万元。

要求：计算在以下两种情况下业务招待费的纳税调整额，第一种情况：若实际发生业务招待费40万元；第二种情况：若实际发生业务招待费15万元。

分析：

业务招待费发生扣除最高限额2 000×5‰=10(万元)

第一种情况：实际发生40万元，40×60%=24(万元)；税前可扣除10万元，纳税调整增加额=40−10=30(万元)。

第二种情况：实际发生15万元，15×60%=9(万元)；税前可扣除9万元，纳税调整增加额=15−9=6(万元)。

②捐赠支出，分为公益性捐赠支出和非公益性捐赠支出。公益性捐赠是指企业通过公益性社会团体或者县级以上人民政府及其部门，用于《中华人民共和国公益事业捐赠法》规定的公益事业的捐赠。

企业发生的公益性捐赠支出，在年度利润总额12%以内的部分，准予在计算应纳税所得额时扣除；超过年度利润总额12%的部分，准予结转以后三年内在计算应纳税所得额时扣除。非公益性捐赠支出不允许税前扣除，应调增纳税所得额。

【做中学5-2】 某企业2016年开具增值税专用发票取得收入3 510万元。收入对应的销售成本2 480万元，期间费用为360万元，营业外支出200万元(其中180万元为公益性捐赠支出)，销售税金及附加60万元。

要求：计算公益性捐赠支出纳税调整额。

分析：

(1)年度利润总额=3 510−2 480−360−200−60=410(万元)

(2)捐赠扣除限额=410×12%=49.2(万元)

(3)纳税调整增加额=180−49.2=130.8(万元)

③罚金、罚款和被没收财物的损失。纳税人的生产、经营因违反国家法律、法规和规章，被有关部门处以的罚款、被没收财物的损失以及因违反税法规定，被处以的滞纳金、罚金，不得扣除，应调增纳税所得额。但纳税人按照经济合同规定支付的违约金(包括银行罚息)、罚款和诉讼费，不属于行政性罚款，允许在税前扣除。

④税收滞纳金、加收利息，是指纳税人会计核算计入当期损益的税收滞纳金、加收利息。不得在税前扣除，应调增纳税所得额。

⑤赞助支出，是指纳税人会计核算计入当期损益的不符合税法规定的公益性捐赠的赞助支出的金额，包括直接向受赠人的捐赠、赞助支出等，应调增纳税所得额。不含广告性的赞助

支出，如果属于广告性赞助支出。可参照广告费用的相关规定扣除。

⑥佣金和手续费支出。纳税人会计核算计入当期损益的佣金和手续费金额扣除税法规定允许税前扣除的金额后的余额，应调增纳税所得额。

⑦不征税收入于支出所形成的费用，是指符合条件的不征税收入用于支出所形成的计入当期损益的费用化支出金额。应调增纳税所得额。

⑧与收入无关的支出，是指纳税人实际发生与取得收入无关的支出。如企业已出售给职工个人住房的折旧费、维修管理费。应调增纳税所得额。

⑨境外所得分摊的共同支出，是指纳税人境外分支机构应合理分摊的总部管理费等有关成本费用和实际发生与取得境外所得有关但未直接计入境外所得应纳税所得的成本费用支出。应调增纳税所得额。

(2)扣除类纳税调整减少的项目。

视同销售成本，是指纳税人按税收规定计算的与视同销售收入对应的成本。每一笔被确认为视同销售的经济事项，在确认计算应税收入的同时，均有与此收入相配比的应税成本。其主要包括非货币性交换视同销售成本、用于市场推广或销售视同销售成本、用于交际应酬视同销售成本、用于职工奖励或福利视同销售成本、用于股息分配视同销售成本、用于对外捐赠视同销售成本、用于对外投资项目视同销售成本、提供劳务视同销售成本和其他视同销售成本。

(3)扣除类纳税调整视情况增减的项目。

①职工薪酬，包括工资薪金支出、职工福利费支出、工会经费支出、职工教育经费支出、各类基本社会保障性缴款、住房公积金、补充养老保险、补充医疗保险和其他。

工资薪金支出是指纳税人每一纳税年度支付给在本企业任职或者受雇的员工的所有现金形式或者非现金形式的劳动报酬，包括基本工资、奖金、津贴、补贴、年终加薪、加班工资，以及与员工任职或者受雇有关的其他支出。企业发生的合理工资薪金支出，准予扣除，对明显不合理的工资、薪金，则不予扣除。

纳税人实际支出的职工福利费、工会经费，分别按照工资薪金总额的14%、2%计算限额扣除，超过部分应调增纳税所得额；纳税人的职工教育经费按工资薪金总额的2.5%计算扣除，超过部分，准予在以后纳税年度结转扣除，本年度应调增纳税所得额；当本年度职工教育经费低于工资薪金总额的2.5%时，差额准予结转以前年度累计未扣除的职工教育经费金额，应调减纳税所得额。

纳税人依照国务院有关主管部门或者省级人民政府规定的范围和标准为职工缴纳的基本养老保险费、基本医疗保险费、失业保险费、工伤保险费、生育保险费等基本社会保险费和住房公积金，准予扣除。超过规定范围和标准部分应调增纳税所得额。

纳税人为投资者或者职工支付的补充养老保险费、补充医疗保险费，在国务院财政、税务主管部门规定的范围和标准内，准予扣除。除纳税人依照国家有关规定为特殊工种职工支付的人身安全保险费和国务院财政、税务主管部门规定可以扣除的其他商业保险费外，纳税人为投资者或者职工支付的商业保险费，不得扣除，应调增纳税所得额。

②广告费和业务宣传费支出。企业发生的符合条件的广告费和业务宣传费支出，除国务院财政、税务主管部门另有规定外，不超过当年销售(营业)收入15%的部分，准予扣除；超过部分，准予在以后纳税年度结转扣除，本年度调增纳税所得额。当本年度广告费和业务宣传费低于当年扣除限额时，差额准予结转以前年度累计未扣除的广告费和业务宣传费金额，应调减

纳税所得额。纳税人因行业特点等特殊原因确需提高广告费扣除比例的，须报国家税务总局批准。对化妆品制造、医药制造和饮料制造（不含酒类制造）企业发生的广告费和业务宣传费支出，不超过当年销售（营业）收入30%的部分，准予扣除；烟草企业的烟草广告费和业务宣传费支出，一律不得在计算应纳税所得额时扣除。

提示：

软件生产企业发生的职工教育经费中的职工培训费用，可以全额在企业所得税前扣除。

提示：

企业计算业务招待费、广告费和业务宣传费的扣除限额时，其计算基础均是"销售（营业）收入"，具体包括企业发生非货币性资产交换，以及将货物、财产、劳务用于捐赠、偿债、赞助、集资、广告、样品、职工福利或者利润分配等用途应当视同销售（营业）的收入额，也就是会计核算中所涉及的主营业务收入、其他业务收入和视同销售收入，但不包括营业外收入和投资收益。

【做中学5-3】 某服装厂2016年销售收入3 000万元，发生现金折扣100万元；转让技术使用权收入200万元，广告费支出1 000万元，业务宣传费40万元。

要求：计算该服装厂广告宣传费的纳税调整额。

分析：

广告费和业务宣传费扣除标准＝(3 000＋200)×15%＝480(万元)

广告费和业务宣传费实际发生额＝1 000＋40＝1 040(万元)

超标准1 040－480＝560(万元)，纳税调整增加额560万元。

③利息支出。在生产、经营期间，非金融企业向金融企业借款的利息支出、金融企业的各项存款利息支出和同业拆借利息支出、企业经批准发行债券的利息支出，按照实际发生数扣除；非金融企业向非金融企业借款的利息支出，不超过按照金融企业同期同类贷款利率计算的数额的部分，准予扣除。企业为购置、建造固定资产、无形资产和经过12个月以上的建造才能达到预定可销售状态的存货发生借款的，在有关资产购置、建造期间发生的合理的借款费用，应当作为资本性支出计入有关资产的成本，调增纳税所得额。纳税人从关联方取得的借款金额超过其注册资本50%的，超过部分利息支出，不论利率高低，全额不得在税前扣除，未超过的部分只能按金融机构同期利率计算扣除。此外纳税人逾期归还银行贷款，向银行支付的加收罚息，不属于行政性罚款，允许在税前扣除。

比较会计与税法对利息支出的规定，两者的主要差异表现为向非金融企业和关联方借款利息支出的扣除规定。

【做中学5-4】 某居民企业2016年发生财务费用40万元，其中含向非金融企业借款250万元所支付的年利息20万元（当年金融企业贷款的年利率为5.8%）。

要求：计算该居民企业利息支出的纳税调整额。

分析：

利息支出税前扣除额＝250×5.8%＝14.5(万元)

财务费用纳税调整增加额＝20－14.5＝5.5(万元)

④与未实现融资收益相关在当期确认的财务费用。具有融资性质的分期收款销售商品时，根据会计准则企业应当按照应收的合同或协议价款的公允价值确定收入金额，即按照其未来现金流量现值或商品现销价格计算确定，合同或协议价款与其公允价值之间的差额，应当在合同的协议期间内，按照实际利率法摊销，分期冲减财务费用。税收规定分期收款销售商品，

按合同或协议确定的时间确认收入，不存在未实现融资收益抵减当期财务费用问题，企业发生与未实现融资收益相关在当期确认的财务费用时应调增纳税所得额。

⑤跨期扣除，是指纳税人维简费(即专项用于维持简单再生产的资金)、安全生产费用、预提费用、预计负债等跨期扣除项目调整情况。当纳税人按会计核算计入当期损益的跨期扣除项目金额大于按照税法规定允许税前扣除的金额时，其差额调增纳税所得额；反之，则调减纳税所得额。

⑥其他，是指纳税人因会计处理与税法规定有差异需要纳税调整的其他扣除类项目金额。

任务引例解析

任务引例中东海服装有限责任公司 2016 年应纳税所得额：

(1)会计利润＝4 500＋400＋80－3 500－38－340－50－300－560－68＝124(万元)；

(2)纳税调整情况如下：

①工资支出，经税务机关认定属于合理的工资薪金支出，1 125 万元可以在税前扣除，不需要进行调整。

②“三项经费”：

准予税前扣除的职工工会经费限额＝1 125×2%＝22.5(万元)，该企业向工会组织拨付了 22.5 万元工会经费，未超过限额，可以在税前扣除，不需要进行调整。

准予税前扣除的职工福利费限额＝1 125×14%＝157.5(万元)，该企业实际支出了 120 万元，未超过限额，可以在税前扣除，不需要进行调整。

准予税前扣除的职工教育经费限额＝1 125×2.5%＝28.125(万元)，该企业实际支出了 35 万元，超过限额，超过部分 6.875 万元需作纳税调增；同时可以无限期向以后年度结转。

③支付的 32 万元财产保险费和运输保险费可以在税前全额扣除，不需要进行调整。

④在财务费用中，企业不得在税前列支资本的利息，应纳税调增 12 万元(200×6%)；汇兑损失 10 万元和支付开户银行结算手续费等 10 万元可以在税前扣除。

⑤业务招待费。发生额的 60%为 30 万元，税前扣除限额＝(4 500＋400)×5‰＝24.5(万元)，实际支出业务招待费 50 万元和税前扣除额 24.5 万元之间的差额 25.5 万元应作调增处理。

⑥广告费和业务宣传费。扣除限额＝(4 500＋400)×15%＝735(万元)，由于实际支出的广告费和业务宣传费小于扣除限额，可以全额在税前扣除，不需要纳税调整。

⑦公益性捐赠。通过民政部门向灾区的捐赠属于公益性捐赠，扣除限额＝124×12%＝14.88(万元)，实际捐赠 14 万元小于扣除限额，可以在税前全额扣除；直接向贫困小学的捐赠不符合公益捐赠的条件，不允许扣除，需调增 5 万元。

⑧罚款支出。行政罚款支出不允许在税前扣除，应调增 3 万元。

该公司的应纳税所得额＝124＋6.875＋12＋25.5＋5＋3＝176.375(万元)

3. 资产类调整项目

(1)资产折旧、摊销。

①固定资产。下列差异可能导致固定资产税法折旧额与会计折旧额不一致，在计算企业所得税应税所得额时，应作纳税调整。

a. 固定资产初始成本与计税基础的差异。税法规定，固定资产以历史成本为计税基础，企业会计准则规定固定资产一般应以历史成本为计量基础，因此，两者一般不存在差异。但下列情况可能导致固定资产初始成本与计税基础的差异。

一是超过正常信用条件购入固定资产。税法规定，外购固定资产以购买价款和支付的相关税费以及直接归属于使该资产达到预定用途发生的其他支出为计税基础；企业会计准则规定，超过正常信用条件购入固定资产，按应付购买价款的现值为固定资产的入账价值，应付购买价款与其现值之间的差额作为未确认融资费用。由此将造成固定资产的初始成本与计税基础之间的差异。

二是融资租入固定资产。税法规定，融资租入的固定资产，以租赁合同约定的付款总额和承租人在签订租赁合同过程中发生的相关费用为计税基础，租赁合同未约定付款总额的，以该资产的公允价值和承租人在签订租赁合同过程中发生的相关费用为计税基础；企业会计准则规定，融资租入固定资产，以租赁开始日租赁资产的公允价值与最低租赁付款额的现值两者中的较低者为基础确定租入固定资产的入账价值，以最低租赁付款额为长期应付款，其差额作为未确认融资费用。由此将造成固定资产的初始成本与计税基础之间的差异。

根据税法规定，准予税前扣除的固定资产折旧，是以按税法确定的固定资产计税基础为基数计算的计税折旧额，固定资产初始成本与计税基础的不同将直接导致会计折旧与计税折旧之间存在差异，从而导致应纳税所得额与会计利润的不同，必须进行纳税调整。

提示：

企业固定资产投入使用后，由于工程款项尚未结清而未取得全额发票的，可暂按合同规定的金额计入固定资产计税基础计提折旧，待发票取得后进行调整。但该项调整应在固定资产投入使用后 12 个月内进行。

b. 固定资产折旧范围的差异。税法规定，除房屋建筑物以外未投入使用的固定资产、已足额提取折旧仍继续使用的固定资产、与经营活动无关的固定资产和单独估价作为固定资产入账的土地不得计提折旧；企业会计准则规定，除已提足折旧继续使用的固定资产和单独估价作为固定资产入账的土地外，所有的固定资产均应计提折旧。

当税法规定的折旧范围与会计确定折旧范围不一致时，必将造成计税折旧与会计折旧之间差异，进而必须进行纳税调整。

c. 固定资产折旧方法的差异。税法规定，固定资产应采用直线法计提折旧，但特殊原因确需加速折旧的，可缩短折旧年限或采取加速折旧的方法。采取缩短折旧年限方法的，最低折旧年限不得低于企业所得税法规定折旧年限的 60%；采取加速折旧方法的，可以采取双倍余额递减法或年数总和法。所谓“特殊原因”是指由于技术进步，产品更新换代较快；常年处于强震动、高腐蚀状态的原因。企业会计准则规定，企业应根据固定资产所包含的经济利益预期实现方式，合理选择固定资产折旧方法，如年限平均法、工作量法、双倍余额递减法和年数总和法等。

当企业采用的折旧方法不符合税法规定时，就会造成会计折旧与计税折旧差异，进而必须进行纳税调整。

d. 固定资产折旧年限的差异。企业所得税法按不同种类固定资产分别规定了计算折旧的最低年限：房屋、建筑物为 20 年；飞机、火车、轮船、机器、机械和其他生产设备为 10 年；与生产经营活动有关的器具、工具、家具等为 5 年；飞机、火车、轮船以外的运输工具为 4 年；电子设备为 3 年。企业会计准则要求企业根据固定资产的性质和使用情况，合理确定固定资产的使用寿命，并按使用寿命分期计提折旧。

对 2014 年 1 月 1 日后新购进的下列固定资产，单位价值不超过 100 万元的，允许一次性计入当期成本费用在计算应纳税所得额时扣除，不再分年度计算折旧，单位价值超过 100 万元的，可缩短折旧年限或采取加速折旧的方法：所有行业企业专门用于研发的仪器、设备；生物药品制造业，专用设备制造业，铁路、船舶、航空航天和其他运输设备制造业，计算机、通信和其他电子设备制造业，仪器仪表制造业，信息传输、软件和信息技术服务业等 6 个行业和 2015 年 1 月 1 日以后购进的轻工、纺织、机械、汽车等 4 个领域重点行业的小型微利企业供研发和生产经营共用的仪器、设备。

自 2014 年 1 月 1 日起，对所有行业企业持有的单位价值不超过 5 000 元的固定资产，允许一次性计入当期成本费用在计算应纳税所得额时扣除，不再分年度计算折旧。

当税法规定的折旧年限与会计确定的折旧年限不一致时，必将造成计税折旧与会计折旧之间差异，进而必须进行纳税调整。

e. 固定资产减值的差异。税法规定，不符合国务院财政、税务主管部门规定的各项资产减值准备、风险准备等准备金支出，不得在计算应纳税所得额时扣除。企业持有各项资产期间的资产增值或减值，除国务院财政、税务主管部门规定可以确认损益外，不得调整该项资产的计税基础；企业会计准则规定，在会计期末，当固定资产存在减值迹象，经测试可收回金额低于其账面价值的，应确认资产的减值损失，同时计提固定资产减值准备。计提减值准备后的固定资产，应当按照计提减值准备后的账面价值及尚可使用年限重新计算确定折旧率、折旧额。由此将造成以后期间计税折旧和会计折旧的差异，进而必须进行纳税调整。

【做中学 5-5】 某企业 2016 年 4 月 20 日购进一台机械设备，取得增值税专用发票上注明价款 90 万元(购入成本)，当月投入使用。按税法规定该设备按直线法折旧，期限为 10 年，残值率 5%，企业将设备购入成本一次性计入费用在税前作了扣除。

要求：计算该企业此项业务应当调整的纳税所得额。

分析：

税法规定可扣除的折旧额＝90×(1－5%)÷10÷12×8＝5.7(万元)

外购设备应调增的应纳税所得额＝90－5.7＝84.3(万元)

②生产性生物资产折旧，是指企业为生产农产品、提供劳务或者出租等而持有的生物资产，包括经济林、薪炭林、产畜和役畜等。生产性生物资产折旧当会计核算与税收规定不一致时，需要按税收规定进行纳税调整。

生产性生物资产按照以下方法确定计税基础：外购的生产性生物资产，以购买价款和支付的相关税费为计税基础；通过捐赠、投资、非货币性资产交换、债务重组等方式取得的生产性生物资产，以该资产的公允价值和支付的相关税费为计税基础。

生产性生物资产应当按照直线法计算折旧，企业应当自生产性生物资产投入使用月份的次月起计算折旧；停止使用的生产性生物资产，应当自停止使用月价的次月起停止计算折旧。企业应当根据生产性生物资产的性质和使用情况，合理确定生产性生物资产的预计净残值，预计净残值一经确定，不得变更。生产性生物资产计算折旧的最低年限为：林木类生产性生物资产，为 10 年；畜类生产性生物资产，为 3 年。

③无形资产摊销，是指企业为生产产品、提供劳务、出租或者经营管理而持有的、没有实物形态的非货币性长期资产，包括专利权、商标权、著作权、土地使用权、非专利技术、特许权使用

费等。无形资产摊销当会计核算与税收规定不一致时，需要按税收规定进行纳税调整。

无形资产按照以下方法确定计税基础：外购的无形资产，以购买价款和支付的相关税费以及直接归属于使该资产达到预定用途发生的其他支出为计税基础；自行开发的无形资产，以开发过程中该资产符合资本化条件后至达到预定用途前发生的支出为计税基础；通过捐赠、投资、非货币性资产交换、债务重组等方式取得的无形资产，以该资产的公允价值和支付的相关税费为计税基础。

无形资产按照直线法计算的摊销费用，准予扣除，摊销年限不得低于10年；作为投资或者受让的无形资产，有关法律规定或者合同约定了使用年限的，可以按照规定或者约定的使用年限分期摊销；外购商誉的支出，在企业整体转让或者清算时，准予扣除。

下列无形资产不得计算摊销费用扣除：自行开发的支出已在计算应纳税所得额时扣除的无形资产；自创商誉；与经营活动无关的无形资产；其他不得计算摊销费用扣除的无形资产。

【做中学5-6】 某市区的一个企业，2017年1月购买一项无形资产的所有权。购买时支付60万元。会计上按5年直线法摊销。

要求：确定该企业2017年计算纳税所得额时应调整的金额。

分析：

会计上按5年直线法摊销时，每年摊销额＝60÷5＝12（万元）

税法规定无形资产摊销年限不低于10年，则每年摊销额＝60÷10＝6（万元）

纳税调整增加额＝12－6＝6（万元）

④长期待摊费用的摊销，是指不能全部计入当年损益，应当在以后年度内分期摊销的各项费用。包括固定资产的改建支出（含已足额提取折旧的固定资产的改建支出和租入固定资产改建支出）、固定资产的大修理支出和开办费等。长期待摊费用的摊销当会计核算与税收规定不一致时，需要按税收规定进行纳税调整。

固定资产的改建支出是指改变房屋或者建筑物结构、延长使用年限等发生的支出。已足额提取折旧的固定资产的改建支出按照固定资产预计尚可使用年限分期摊销；租入固定资产的改建支出按照合同约定的剩余租赁期限分期摊销。其他改建的固定资产延长使用年限的，应当适当延长折旧年限。

固定资产的大修理支出，是指同时符合下列条件的支出：①修理支出达到取得固定资产时的计税基础50%以上；②修理后固定资产的使用年限延长2年以上。

固定资产的大修理支出按照固定资产尚可使用年限分期摊销。

其他应当作为长期待摊费用的支出自支出发生月份的次月起，分期摊销，摊销年限不得低于3年。

（2）资产减值准备金。

纳税人未经财政、税务部门核实的准备金，如坏账准备金、存货跌价准备金、短期投资跌价准备金、理赔费用准备金、固定资产减值准备金、长期投资减值准备金、无形资产减值准备金以及国家税收法规规定可提取的准备金之外的任何形式的准备金，不得扣除，应调增纳税所得额。企业按会计准则因价值恢复、资产转让等原因转回准备金时，调减纳税所得额。企业资产损失实际发生时，经报主管税务机关核定后，在实际发生年度按其发生额扣除。

（3）资产损失。

企业在生产经营活动中发生的固定资产和存货的盘亏、毁损、报废损失，转让财产损失，呆账损失，坏账损失，自然灾害等不可抗力因素造成的损失以及其他损失，减除责任人赔偿和保险赔款后的余额，依照税务主管部门的规定扣除。企业已经作为损失处理的资产，在以后纳税年度又全部或部分收回时，应当计入当期收入。企业发生的各类财产损失的扣除额按以下原则确定。

①货币资产损失，包括现金损失、银行存款损失和应收及预付款项损失等。

a. 现金损失。企业清查出的现金短缺减除责任人赔偿后的余额，作为现金损失在计算应纳税所得额时扣除。

b. 银行存款损失。企业将货币性资金存入法定具有吸收存款职能的机构，因该机构依法破产、清算，或政府责令停业、关闭等原因，确实不能收回的部分，作为存款损失在计算应纳税所得额时扣除。

c. 应收及预付款项损失。企业除贷款类债权外的应收、预付账款符合下列条件之一的，减除可收回金额后确认的无法收回的应收、预付款项，可以作为坏账损失在计算应纳税所得额时扣除：债务人依法宣告破产、关闭、解散、被撤销，或被依法注销、吊销营业执照，其清算财产不足清偿的；债务人死亡，或依法被宣告失踪、死亡，其财产或遗产不足清偿的；债务人逾期 3 年以上未清偿，且有确凿证据证明已无力清偿债务的；与债务人达成债务重组协议或法院批准破产重组计划后，无法追偿的；因自然灾害、战争等不可抗力导致无法收回的；国务院财政、税务主管部门规定的其他条件。

②非货币资产损失，包括存货损失、固定资产损失、无形资产损失、在建工程损失、生产性生物资产损失等。

对企业盘亏的固定资产或存货，以该固定资产的账面净值或存货的成本减除责任人赔偿后的余额，作为固定资产或存货盘亏损失在计算应纳税所得额时扣除；对企业毁损、报废的固定资产或存货，以该固定资产的账面净值或存货的成本减除残值、保险赔款和责任人赔偿后的余额，作为固定资产或存货毁损、报废损失在计算应纳税所得额时扣除；对企业被盗的固定资产或存货，以该固定资产的账面净值或存货的成本减除保险赔款和责任人赔偿后的余额，作为固定资产或存货被盗损失在计算应纳税所得额时扣除；企业因存货盘亏、毁损、报废、被盗等原因不得从增值税销项税额中抵扣的进项税额，可以与存货损失一起在计算应纳税所得额时扣除。

③投资损失。企业的股权投资符合下列条件之一的，减除可收回金额后确认的无法收回的股权投资，可以作为股权投资损失在计算应纳税所得额时扣除：被投资方依法宣告破产、关闭、解散、被撤销，或被依法注销、吊销营业执照的；被投资方财务状况严重恶化，累计发生巨额亏损，已连续停止经营 3 年以上，且无重新恢复经营改组计划的；对被投资方不具有控制权，投资期限届满或投资期限已超过 10 年，且被投资单位因连续 3 年经营亏损导致资不抵债的；被投资方财务状况严重恶化，累计发生巨额亏损，已完成清算或清算期超过 3 年以上的；国务院财政、税务主管部门规定的其他条件。

企业的各项财产损失，应在损失发生当年申报扣除，不得提前或延后。非因计算错误或其他客观原因，企业未及时申报的财产损失，逾期不得扣除。确因税务机关原因未能按期扣除的，经税务机关批准后，应调整该财产损失发生年度的纳税申报表，并相应抵退税款，不得改变财产损失所属纳税年度。

(4)其他。

其他是指纳税人因会计处理与税法规定有差异需要纳税调整的其他资产类项目金额。

4. 特殊事项调整项目

(1)企业重组。

企业重组包括债务重组、股权收购、资产收购、企业合并、企业分立和其他等项目，发生企业重组的纳税人，按税法确认的所得(或损失)与按会计核算确认的损益金额的差额若大于零，应调增纳税所得额；反之若小于零，则调减纳税所得额。对于发生债务重组业务且选择特殊性税务处理(即债务重组所得可以在5个纳税年度均匀计入应纳税所得额)的纳税人，重组日所属纳税年度的以后纳税年度，也在本项目进行债务重组的纳税调整。

(2)政策性搬迁。

企业政策性搬迁是指由于社会公共利益的需要，在政府主导下企业进行整体搬迁或部分搬迁。企业在搬迁期间发生的搬迁收入和搬迁支出，可以暂不计入当期应纳税所得额，而在完成搬迁的年度，对搬迁收入和支出进行汇总清算，进行纳税所得额的调整。

(3)特殊行业准备金。

特殊行业的准备金包括保险公司的准备金、证券行业的风险基金、期货行业的风险准备金、金融行业的损失准备金、中小企业信用担保机构的赔偿准备金等。

特殊行业纳税人按会计核算计入当期损益的金额与按税法规定允许税前扣除的金额的差额若大于0，应调增纳税所得额；反之若小于0，则调减纳税所得额。

(4)房地产开发企业特定业务计算的纳税调整额。

房地产开发企业特定业务计算的纳税调整额是指房地产企业销售未完工产品、未完工产品转完工产品特定业务按税法规定纳税调整的金额。

房地产企业销售未完工开发产品取得销售收入按税收规定计算的纳税调整额与房地产企业销售的未完工产品转完工产品按税法规定计算的纳税调整额的差额若大于0，应调增纳税所得额；反之若小于0，则调减纳税所得额。

5. 特别纳税调整项目

特别纳税调整是税务机关对各种避税行为进行特定纳税事项所作的调整，包括针对纳税人转让定价、资本弱化、避税港避税及其他情况所进行的税务调整。

(四)免税、减计收入及加计扣除

免税、减计收入及加计扣除是指纳税人属于税法规定的免税收入、减计收入和加计扣除金额的合计。

1. 免税收入

免税收入是指纳税人本年度发生的根据税收规定免征企业所得税的收入和所得，具体包括国债利息收入，符合条件的居民企业之间的股息、红利等权益性投资收益，在中国境内设立机构、场所的非居民企业从居民企业取得与该机构、场所有实际联系的股息、红利等权益性投资收益，符合条件的非营利组织的收入和其他专项优惠。

(1)国债利息收入是指企业持有国务院财政部门发行的国债取得的利息收入，是指到期的利息收入，不是中途转让的收益。

(2)符合条件的居民企业之间的股息、红利等权益性投资收益是指居民企业直接投资于另一居民企业所取得的投资收益，不包括连续持有居民企业公开发行并上市流通的股票不足12个月取得的投资收益。税收政策规定对来自所有非上市企业，以及连续持有上市公司股票12个月以上取得的股息、红利等投资收益，给予免税，不再补税率差。

(3)符合条件的非营利组织的收入是指同时符合下列条件的非营利组织的收入：①依法履行非营利组织登记手续；②从事公益性或者非营利性活动；③取得的收入除用于与该组织有关的、合理的支出外，全部用于登记核定或者章程规定的公益性或者非营利性事业；④财产及其孳息不用于分配；⑤按照登记核定或者章程规定，该组织注销后的剩余财产用于公益性或者非营利性目的，或者由登记管理机关转赠给与该组织性质、宗旨相同的组织，并向社会公告；⑥投入人对投入该组织的财产不保留或者享有任何财产权利；⑦工作人员工资福利开支控制在规定的比例内，不变相分配该组织的财产。

我国相关管理办法规定，非营利组织一般不能从事营利性活动。因此，为规范此类组织的活动，防止其从事经营性活动可能带来的税收漏洞，《中华人民共和国企业所得税法实施条例》规定，对非营利组织的营利性活动取得的收入，不予免税。但国务院财政、税务主管部门另有规定的除外。

(4)其他专项优惠是指纳税人除上述已列明免税收入以外的，按税收规定可以免税的其他收入。如中国清洁发展机制基金取得的收入，证券投资基金从证券市场取得的收入，取得的地方政府债券利息所得或收入，受灾地区企业取得的救灾和灾后恢复重建款项等收入等。

2.减计收入

减计收入包括综合利用资源生产产品取得的收入和其他专项优惠。

(1)综合利用资源生产产品取得的收入是指纳税人以《资源综合利用企业所得税优惠目录》内的资源作为主要原材料，生产非国家限定并符合国家和行业相关标准的产品所取得的收入，减按90%计入收入总额。调减按政策规定减计10%收入的部分。

(2)其他专项优惠是指金融、保险等机构取得的涉农利息、保费收入和取得的中国铁路建设债券利息收入，对企业持有发行的中国铁路建设债券取得的利息收入，减半征收企业所得税，调减按政策规定减计50%收入的部分。

3.加计扣除

加计扣除主要包括开发新技术、新产品、新工艺发生的研究开发费用；安置残疾人员所支付的工资和国家鼓励安置的其他就业人员支付的工资等可以加计扣除的税收优惠政策。

(1)开发新产品、新技术、新工艺所发生的研究开发费用，包括新产品设计费，工艺流程制定费，设备调整费，原材料和半成品的试验费，技术图书资料费，未纳入国家计划的中间试验费，研究机构人员的工资，研究设备的折旧，与新产品的试制、技术研究有关的其他经费以及委托其他单位进行科研试制的费用，未形成无形资产的，可不受比例限制在据实扣除的基础上，按照研究开发费用50%加计扣除，加计扣除部分已形成企业年度亏损，可以用以后年度所得弥补，但结转年限最长不超过5年；形成无形资产的，按照无形资产成本的150%摊销。

(2)企业安置残疾人员所支付的工资，在按照支付给残疾职工工资据实扣除的基础上，按照支付给残疾职工工资的100%加计扣除。残疾人员的范围适用《中华人民共和国残疾人保障法》的有关规定。

(3)企业安置国家鼓励的其他就业人员所支付的工资，可以在计算应纳税所得额时加计扣除;国家鼓励安置的其他就业人员是指下岗失业人员、军队转业干部、城镇退役士兵、随军家属等。

(五)境外应税所得抵减境内亏损

境外应税所得抵减境内亏损是指纳税人在计算缴纳企业所得税时,其境外营业机构的盈利可以抵减境内营业机构的亏损。即当“利润总额”,加上“纳税调整增加额”,减去“境外所得”、“纳税调整减少额”和“免税、减计收入及加计扣除”后的余额为负数时,境外应税所得可以用于抵减境内亏损,最大不得超过企业当年的全部境外应税所得;若为正数时,如以前年度无亏损额,则不需要抵减;如以前年度有亏损额,则可以抵减以前年度亏损额,最大不得超过企业当年的全部境外应税所得。

提示:

①该盈利为税法中的盈利,即应纳税所得额为“正数”的情况,会计上有可能为盈利,但税法上有可能为亏损。反之也存在。②企业自开始生产经营的年度,为开始计算企业损益的年度,企业从事生产经营之前进行筹办活动期间发生筹办费用支出,不得计算为当期的亏损。

(六)所得减免

所得减免是指按照税法规定减征、免征企业所得税项目的所得。其主要包括农林牧渔业项目,国家重点扶持的公共基础设施项目,符合条件的环境保护节能节水项目,符合条件的技术转让项目和其他专项优惠项目。

(七)抵扣应纳税所得额

抵扣应纳税所得额是指创业投资企业采取股权投资方式投资于未上市的中小高新技术企业 2 年以上的,可以按照其投资额的 70%在股权持有满 2 年的当年抵扣该创业投资企业的应纳税所得额;当年不足抵扣的,可以在以后纳税年度结转抵扣。

(八)弥补以前年度亏损

弥补以前年度亏损是指纳税人按税收规定可以在税前弥补的以前年度亏损额。税法中的亏损称为应税亏损,它是指对财务会计亏损按税法调整后的应纳税所得额为负数的金额。企业某一年度发生的亏损可以用下一年度的所得弥补;下一年度的所得不足以弥补的,可以逐年延续弥补,但最长不超过 5 年。亏损弥补应注意的问题如下:

(1)亏损弥补期应连续计算,不得间断,不论弥补亏损的 5 年中是否盈利。

(2)连续发生亏损,其亏损弥补期应按每个年度分别计算,按先亏先补的顺序弥补,不能将每个亏损年度的亏损弥补期相加。

(3)企业境外业务之间的盈亏可以互相弥补,但企业境外投资除合并、撤销、依法清算外形成的亏损不得用境内盈利弥补。

二、应纳所得税额的计算

(一)平时预缴所得税额的计算

企业所得税实行按年计征、分月(季)预缴、年终汇算清缴、多退少补的办法,实行查账征收方式申报企业所得税的居民纳税人及在中国境内设立机构的非居民纳税人在月(季)度预缴企业所得税时可采用以下方法计算缴纳:

1. 据实预缴

$$\text{本月(季)应缴所得税额}=\text{实际利润累计额}\times\text{税率}-\text{减免所得税额}-\text{已累计预缴的所得税额}$$

实际利润累计额是指纳税人按会计制度核算的利润总额，包括从事房地产开发企业按本期取得预售收入计算出的预计利润等。平时预缴时，先按会计利润计算，暂不作纳税调整，待会计年度终了再作纳税调整。

税率统一按照《中华人民共和国企业所得税法》规定的25%计算应纳所得税额。

减免所得税额是指纳税人当期实际享受的减免所得税额，包括享受减免税优惠过渡期的税收优惠、小型微利企业的税率优惠、高新技术企业的税率优惠及经税务机关审批或备案的其他减免税优惠。

2. 按照上一纳税年度应纳税所得额的平均额预缴

$$\text{本月应交所得税额}=\text{上一纳税年度应纳税所得额}/12(\text{或 }4)\times\text{税率}$$

按上一纳税年度应纳税所得额实际数除以12(或4)得出每月(或季)纳税所得额，上一纳税年度所得额中不包括纳税人的境外所得。税率统一按照25%计算。

除了以上两种方法计算预缴所得税外，还可以由税务机关确定其他方法进行。

(二)应纳税所得额的年终汇算

企业所得税纳税人在分月(季)预缴的基础上，实行年终汇算清缴、多退少补的办法。计算公式如下：

$$\text{实际应纳所得税额}=\text{应纳税所得额}\times\text{税率}-\text{减免所得税额}-\text{抵免所得税额}+\text{境外所得应纳所得税额}-\text{境外所得抵免所得税额}$$

$$\text{本年应补(退)的所得税额}=\text{实际应纳所得税额}-\text{本年累计实际已预缴的所得税额}$$

应纳税所得额是指在企业会计利润总额的基础上，加减纳税调整等相关项目金额后计算得出，税率按25%计算。

1. 减免所得税额

减免所得税是指纳税人按照税收优惠政策规定实际减免的企业所得税额，主要有：

(1)小型微利企业的减征税额。

纳税人从事国家非限制和禁止行业并符合规定条件的小型微利企业享受20%的优惠税率。

$$\text{小型微利企业的减征税额}=\text{应纳税所得额}\times(25\%-20\%)$$

(2)高新技术企业的减征税额。

纳税人从事国家需要重点扶持的高新技术企业，减按15%的税率征收企业所得税。

$$\text{高新技术企业的减征税额}=\text{应纳税所得额}\times(25\%-15\%)$$

(3)民族自治地方企业的减征额。

民族自治地方的自治机关对本民族自治地方的企业应缴纳的企业所得税中属于地方分享的部分，可以决定减征或者免征。自治州、自治县决定减征或者免征的，须报省、自治区、直辖市人民政府批准。

(4)其他专项优惠减征额。

其他专项优惠减征额是指除上述已列明减征额以外的，按税收规定可以减征的其他企业的减征金额。如经济特区和上海浦东新区新设立的高新技术企业，受灾地区损失严重的企业，符合条件的集成电路企业和软件企业等按税法规定可以减免所得税的金额。

2. 抵免所得税额

纳税人购置并实际使用《环境保护专用设备企业所得税优惠目录》《节能节水专用设备企业所得税优惠目录》《安全生产专用设备企业所得税优惠目录》规定的环境保护、节能节水、安全生产等专用设备的，该专用设备的投资额的10%可以从企业当年的应纳税额中抵免；当年不足抵免的，可以在以后5个纳税年度结转抵免。

享受上述企业所得税优惠的企业，应当实际购置并自身实际投入使用规定的专用设备；企业购置上述专用设备在5年内转让、出租的，应当停止享受企业所得税优惠，并补缴已经抵免的企业所得税税款。

3. 境外所得应补税额

居民纳税人应就其来源于境内外所得纳税，对来源于境外的所得已在境外缴纳的所得税税额，可以从其当期应纳税额中抵免。计算步骤如下：

$$境外所得应补税额=境外所得应纳所得税额-境外所得抵免所得税额$$

$$\begin{matrix}境外所得应\\纳所得税额\end{matrix}=\left(\begin{matrix}境外所得换算成含\\税收入的所得\end{matrix}-\begin{matrix}弥补以前年\\度境外亏损\end{matrix}-\begin{matrix}境外免\\税所得\end{matrix}-\begin{matrix}境外所得弥\\补境内亏损\end{matrix}\right)\times 税率$$

$$境外所得抵免所得税额=本年可抵免的境外所得税款+本年可抵免以前年度所得税额$$

(1)境外所得应纳所得税额的计算。

境外所得是指纳税人来源于境外的收入总额(包括生产经营所得和其他所得)，扣除按税收规定允许扣除的境外发生的成本费用后的金额。若取得的所得为税后收入，则需将其换算为包含在境外缴纳企业所得税的所得，换算公式如下：

$$\begin{matrix}境外所得换算成\\含税收入的所得\end{matrix}=\begin{matrix}适用所在国家(地区)所\\得税税率的境外所得\end{matrix}\div\left(1-\begin{matrix}适用所在国家(地\\区)所得税税率\end{matrix}\right)+\begin{matrix}适用所在国家(地区)预\\提所得税率的境外所得\end{matrix}\div\left(1-\begin{matrix}适用所在国家(地区)\\预提所得税率\end{matrix}\right)$$

弥补以前年度亏损是指纳税人境外所得按税收规定弥补以前年度的境外亏损额；免税所得是指境外所得中按税收规定予以免税的部分；境外所得弥补境内亏损是指境外所得按税收规定弥补境内的亏损额部分。

(2)境外所得抵免所得税额的计算。

境外所得抵免所得税额包括本年可抵免的境外所得税款和本年可抵免以前年度所得税额两部分金额。

境外所得税款的抵免限额为该项所得依照我国税法规定计算的应纳税额，超过抵免限额的部分，可以在以后5个年度内，用每年度抵免限额抵免当年应抵税额后的余额进行抵补。除国务院财政、税务主管部门另有规定外，应当按分国(地区)不分项计算，公式如下：

$$\begin{matrix}抵免\\限额\end{matrix}=\begin{matrix}中国境内、境外所得依照企业所得税\\法和调整的规定计算的应纳税总额\end{matrix}\times\begin{matrix}来源于某国(地区)\\的应纳税所得额\end{matrix}\div\begin{matrix}中国境内、境外\\应纳税所得总额\end{matrix}$$

纳税人来源于境外的所得在境外实际缴纳的所得税税款，低于依照税法计算的扣除限额的，可以从应纳税额中如数扣除，若有前 5 年境外所得已缴税款未抵扣的余额，可在限额内扣除；高于扣除限额的，其超过部分不得在本年度的应纳税额中扣除，也不得列为费用支出，但可用以后年度税额扣除的余额补扣，补扣期限最长不得超过 5 年。

提示：

企业按照规定计算的当期境内、境外应纳税所得总额小于零的，应以零计算当期境内、境外应纳税所得总额，其当期境外所得税的抵免限额也为零。

【做中学 5-7】 某企业 2016 年度境内应纳税所得额为 100 万元，适用 25％的企业所得税税率。另外，该企业分别在 A、B 两国设有分支机构，在 A 国分支机构的应纳税所得额为 50 万元，A 国企业所得税税率为 20％；在 B 国的分支机构的应纳税所得额为 30 万元，B 国企业所得税税率为 30％。假设在 A、B 两国应税所得额的计算与我国税法相同，两个分支机构在 A、B 两国分别缴纳了 10 万元和 9 万元的企业所得税。

要求：计算该企业汇总时在我国应缴纳的企业所得税税额。

分析：

(1)该企业按我国税法计算的境内、境外所得的应纳税额：

应纳税额＝(100＋50＋30)×25％＝45(万元)

(2)A、B 两国的扣除限额：

A 国扣除限额＝45×[50÷(100＋50＋30)]＝12.5(万元)

B 国扣除限额＝45×[30÷(100＋50＋30)]＝7.5(万元)

在 A 国缴纳的所得税为 10 万元，低于扣除限额 12.5 万元，可全额扣除。

在 B 国缴纳的所得税为 9 万元，高于扣除限额 7.5 万元，其超过扣除限额的部分 1.5 万元当年不能扣除。

(3)汇总时在我国应缴纳的所得税＝45－10－7.5＝27.5(万元)

三、企业所得税的核定征收

为了加强企业所得税的往收管理，对部分中小企业采取核定征收的办法计算其应纳税额，根据《税收征管法》的有关规定，核定征收企业所得税的有关规定如下：

(一)所得税核定征收范围

纳税人具有下列情形之一的，应采取核定征收方式征收企业所得税：

(1)依照税法规定可以不设账或应设而未设账的。

(2)只能准确核算收入总额或收入总额能够查实，但其成本费用支出不能准确核算的。

(3)只能准确核算成本费用支出或成本费用支出能够查实，但其收入总额不能准确核算的。

(4)收入总额、成本费用支出虽能正确核算，但未按规定保存有关凭证、账簿及纳税资料的。

(5)虽然能够按规定设置账簿并进行核算，但未按规定保存有关凭证、账簿及纳税资料的。

(6)未按规定期限办理纳税申报，经税务机关责令限期申报，逾期仍不申报的。

(二)核定征收的办法

核定征收方式包括定额征收和核定应税所得率征收两种方法。

(1)定额征收。

定额征收是税务机关按照一定的标准、程序和方法，直接核定纳税人年度应纳所得税额，由纳税人按规定申报缴纳的办法。主管税务机关应对纳税人的有关情况进行调查研究、分类排队、认真测算，按年从高直接核定纳税人的应纳所得税额。

(2)核定应税所得率征收。

核定应税所得率征收是税务机关按照一定的标准、程序和方法，预先核定纳税人的应税所得率，由纳税人根据纳税年度内的收入总额或成本费用等项目的实际发生额，按预先核定的应税所得率计算缴纳企业所得税的办法。

应税所得额计算公式如下：

$$应税所得额=应税收入额\times应税所得率$$

或：

$$=\frac{成本费用支出额}{1-应税所得率}\times应税所得率$$

$$应税收入额=收入总额-不征税收入-免税收入$$

$$应纳所得税额=应税所得额\times适用税率$$

应税所得率统一执行标准如表 5-1 所示。

表 5-1　应税所得率

行　业	应税所得率(%)	行　业	应税所得率(%)
农、林、牧、渔业	3～10	建筑业	8～20
制造业	5～15	饮食业	8～25
批发和零售贸易业	4～15	娱乐业	15～30
交通运输业	7～15	其他行业	10～30

企业经营多业时，不论其经营项目是否单独核算，均由主管税务机关根据其主营项目，核定其适用某一行业的应税所得率。

【做中学 5-8】 某小型零售企业 2016 年度自行申报收入总额 250 万元、成本费用 258 万元，经营亏损 8 万元。经主管税务机关审核，发现其发生的成本费用真实，实现的收入无法确认，依据规定对其进行核定征收。假定应税所得率为 9%。

要求：计算该小型零售企业 2016 年度应缴纳的企业所得税税额。

分析：

应税所得额=258÷(1-9%)×9%=25.52(万元)

应纳所得税额=25.52×25%=6.38(万元)

【任务实施——企业所得税年度汇算清缴】

工作实例

2017 年 3 月，会计专业应届毕业生陈某到甲公司报税岗位进行顶岗实习，正值企业进行 2016 年度企业所得税年度汇算清缴工作。

甲公司为居民企业，2016 年境内经营业务如下：

(1)取得销售收入 2 500 万元。

(2)销售成本 1 048 万元。

(3)发生销售费用 670 万元(其中广告费 450 万元)，管理费用 480 万元(其中业务招待费 15 万元、新技术的研究开发费用 40 万元)，财务费用 60 万元。

(4)销售税金 160 万元(含增值税税额 120 万元)。

(5)营业外收入 70 万元,营业外支出 50 万元(含通过公益性社会团体向贫困山区捐款 36.24 万元,支付税收滞纳金 6 万元)。

(6)连续 12 月以上的权益性投资收益 34 万元(已在投资方所在地按 15%的税率缴纳了所得税)。

(7)计入成本、费用中的实发工资总额 150 万元,拨缴职工工会经费 3 万元,支出职工福利费 23 万元,职工教育经费 6 万元。

甲公司 2016 年已预缴了企业所得税 50 万元。

要求:运用企业所得税相关政策,分别进行相关项目的年度纳税调整,计算甲公司 2016 年应补缴的企业所得税税额。

【操作步骤】

第一步:计算会计利润总额。

会计利润息额=2 500－1 048－670－480－60－40＋70－50＋34＝256(万元)

第二步:计算纳税调整增加额。

①广告费和业务宣传费调增所得额＝450－2 500×15%＝450－375＝75(万元)

②业务招待费调增所得额＝15－15×60%＝15－9＝6(万元)

2 500×5‰＝12.5(万元)＞9(万元)

③捐赠支出应调增所得额＝36.24－256×12%＝5.52(万元)

④支付的税收滞纳金调增所得额＝6(万元)

⑤职工福利费调增所得额＝23－150×14%＝2(万元)

职工教育经费调增所得额＝6－150×2.5%＝2.25(万元)

纳税调整增加额＝75＋6＋5.52＋6＋2＋2.25＝96.77(万元)

第三步:计算纳税调整减少额。

①技术研究开发费用调减所得额＝40×50%＝20(万元)

②权益性投资收益调减所得额＝34(万元)

纳税调整减少额＝20＋34＝54(万元)

第四步:计算应税所得额。

应税所得额＝256＋96.77－54＝298.77(万元)

第五步:计算应纳所得税额。

境内所得应纳所得税额＝298.77×25%＝74.692 5(万元)

甲公司 2016 年应补缴企业所得税额＝74.692 5－50＝24.692 5(万元)

【职业能力判断与选择】

一、判断题

1. 利息收入和股息收入一样都表现为全额增加企业所得税的应纳税所得额。　(　　)

2. 企业销售啤酒、黄酒以外的酒类产品收取的包装物押金,无论是否退回均应计征增值税和消费税,同时也要计征企业所得税。　(　　)

3. 纳税人在生产、经营期间的借款利息支出作为费用，在计算应纳税所得时，可以按实际发生数扣除。 （ ）

4. 企业发生的年度亏损，可用以后5个盈利年度的利润弥补。 （ ）

5. 确定应纳税所得额时，对企业生产、经营期间，向经人民银行批准从事金融业务的非银行金融机构的借款利息支出，可按照实际发生额从税前扣除。 （ ）

6. 纳税人来源于境外的所得在境外实际缴纳的所得税税款，准予在汇总纳税时从其应纳税额中扣除；其在境外发生的亏损也可用境内的利润弥补。 （ ）

7. 纳税人有应提未提折旧、应计未计费用，导致年度应纳税额减少的，应于下年发现时补扣，相应调减应纳税所得额。 （ ）

8. 在计征企业所得税时，非广告性质的赞助费不允许税前扣除，广告宣传费可以在税前正常列支。 （ ）

9. 投资方从联营企业分回利润的已纳税款，可以从投资方应纳所得税额中全部扣除。 （ ）

二、选择题（第1～5题为单项选择题，第6～10题为多项选择题）

1. 下列利息收入中，不计入企业所得税应纳税所得额的是（ ）。

A. 企业债券利息　　B. 外单位欠款付给的利息收入

C. 购买国债的利息收入　　D. 银行存款利息收入

2. 企业缴纳的下列税种，在计算企业所得税应纳税所得额时，不准从收入总额中扣除的是（ ）。

A. 增值税　　B. 消费税

C. 城市维护建设税　　D. 土地增值税

3. 下列项目中，准予在计算企业所得税应纳税所得额时从收入总额中扣除的项目是（ ）。

A. 资本性支出　　B. 无形资产开发未形成资产的部分

C. 违法经营的罚款支出　　D. 各项税收滞纳金、罚金、罚款支出

4. 纳税人通过国内非营利的社会团体、国家机关的公益、救济性捐赠，在年度（ ）的12%以内的部分准予扣除。

A. 收入总额　　B. 利润总额

C. 纳税调整后所得　　D. 应纳税所得额

5. 除国务院财政、税务主管部门另有规定外，企业所得税法等规定：固定资产计算折旧的最低年限为（ ）。

A. 房屋、建筑物，为25年

B. 与生产经营活动有关的器具、工具、家具、电子设备等，为5年

C. 飞机、火车、轮船、机器、机械和其他生产设备，为10年

D. 飞机、火车、轮船以外的运输工具，为6年

6. 下列项目中，属于纳税调整增加的项目有(　　)。

A. 职工教育经费支出超标准　　B. 利息费用支出超标准

C. 公益救济性捐赠超标准　　D. 查补的消费税

7. 下列项目中，属于纳税调整减少的项目有(　　)。

A. 查补的消费税　　B. 多提的职工福利费

C. 国债利息收入　　D. 多提的无形资产摊销费

8. 企业下列收入应计入收入总额计算缴纳所得税的有(　　)。

A. 在建工程发生的试运行收入　　B. 接受的捐赠收入

C. 外单位欠款收到的利息　　D. 固定资产盘盈收入

9. 按照我国税法规定，企业的下列各项支出中，不准税前扣除的有(　　)。

A. 销售白酒给予买方的回扣　　B. 非广告性质的赞助支出

C. 逾期还贷支付银行加收的罚息　　D. 卖给职工的住房折旧费和维修费

10. 下列各项中，不属于企业所得税工资、薪金支出范围的有(　　)。

A. 为雇员年终加薪的支出　　B. 为离休雇员提供待遇的支出

C. 为雇员缴纳社会保险的支出　　D. 为雇员提供的劳动保护费支出

【任务训练】

1. 某国有经营公司2016年度取得营业收入总额4 000万元，成本、费用和损失共3 800万元，其中列支业务招待费20万元，广告宣传支出10万元。全年缴纳增值税税额51.3万元、消费税税额79.7万元、城市维护建设税和教育费附加14.3万元，企业所得税税率为25%。

要求：计算该公司当年应纳的企业所得税。

2. 假定某企业为居民企业，2016年经营业务如下：

(1)取得销售收入2 500万元。

(2)销售成本1 100万元。

(3)发生销售费用670万元(某中广告费450万元)；管理费用480万元(其中业务招待费15万元)；财务费用60万元。

(4)销售税金160万元(含增值税税额120万元)。

(5)营业外收入70万元，营业外支出50万元(含通过公益性社会团体向贫困山区捐款30万元，支付税收滞纳金6万元)。

(6)计入成本、费用中的实发工资总额150万元，拨缴职工工会经费3万元，支出职工福利费和职工教育经费29万元。

要求：计算该企业2016年度实际应纳的企业所得税额。

3. 甲企业2016年在利润表中反映的利润总额为300万元，经某会计师事务所检查，涉及利润表的有关事项如下：

(1)取得国债利息收入3万元，取得国家指定用于设备更新的补贴收入3.5万元。

(2)以经营租赁方式租入设备一台，租赁期2年，一次性支付租金30万元，已经计入其他业务支出。

(3)企业用库存商品一批对乙企业投资，双方协议该批商品价格58.5万元(含增值税)，该批商品账面价值30万元。

(4)对外捐赠5万元,其中,4万元捐赠给希望工程基金会,向灾区直接捐赠1万元,均已计入营业外支出。

(5)为投资者及职工支付的商业保险费0.5万元。

要求:计算该企业2016年度应缴纳的企业所得税额。

4.某运输企业2016年资产总额700万元,从业人员15人,年度营业收入100万元,各项成本支出95万元,全年发生亏损9万元。经主管税务机关核查,该企业支出项目不能准确核算,需要采用核定应税所得率征收方式计算所得税。主管税务机关核定该企业的应税所得率为10%。

要求:计算该企业年度应纳所得税额。

5.某企业2016年度境内总机构的应纳税所得额为440万元。其设在A国分支机构应税所得240万元,其中生产经营所得200万元,该国规定的税率为40%;利息和特许权使用费所得40万元,税率为20%。设在B国分支机构应税所得120万元,其中,生产经营所得80万元,该国税率为30%;财产转让所得40万元,税率为10%。假设境外应税所得与我国税法规定计算的应纳税所得额相一致;境外所得均已分别按该国规定的税率缴纳了所得税。

要求:计算该企业本年度应纳企业所得税额。

6.某公司2016年资产总额800万元,从业人员35人,所得税实行按年计算,分季预缴,各季所得额如下:

(1)第一季度累计计税所得额为2万元。

(2)第二季度累计计税所得额为7万元。

(3)第三季度累计计税所得额为12万元。

(4)第四季度累计计税所得额为18万元。

年终汇算清缴时,需调整事项如下:

(1)按实付工资额60万元拨付了三项经费11.1万元,但其中工会经费未取得工会组织开具的专用收据;职工教育经费已经实际支付使用。

(2)财务费用中,有支付本期债券集资的利息1万元,当期企业共募集资金10万元,期限半年,银行同期年利息率5.41%。

(3)逾期包装物押金收入1万元不再退还,直接冲减了包装物成本。

(4)因排污不当,被环保部门罚款2万元,已计入营业外支出。

要求:根据上述资料计算该企业2016年各季度预缴和全年应纳的企业所得税额,以及年终汇算清缴实际入库的企业所得税额。

任务三　企业所得税会计核算

东方股份有限公司2016年度利润表中利润总额为1 200万元,该公司适用的所得税税率为25%,假定2016年末资产负债表各项目的账面价值与其计税基础一致,2016年发生的有关交易和事项中,会计处理与税收处理存在的差异有:

(1)2016 年 1 月 1 日开始计提折旧的一项固定资产，成本为 600 万元，使用年限为 10 年，净残值为零，税法规定可采用双倍余额递减法计提折旧，会计处理按直线法计提折旧。假定税法规定的使用年限及净残值与会计规定相同。

(2)向关联企业提供现金捐赠 200 万元。

(3)当年度发生技术研究支出 500 万元。

(4)应付违反环保法规定罚款 100 万元。

(5)期末对持有的存货计提了 30 万元的存货跌价准备。

要求:根据以上资料，用资产负债表债务法进行会计核算。

【知识准备与业务操作】

企业所得税会计核算是对按照会计准则计算的税前会计利润(或亏损)与按税法计算的应纳税所得(或亏损)之间的差异进行会计处理。目前有两种处理办法:一是将应纳所得税全部作为所得税费用，计入当期利润表;二是对应税所得额进行调整，然后得出所得税费用。前者称为应付税款法，后者称为纳税影响会计法。纳税影响会计法又可分为递延法和债务法;债务法分为利润表债务法和资产负债表债务法。我国企业会计准则规定，所得税会计核算应该采用资产负债表债务法。

一、暂时性差异的确认

暂时性差异是指资产或负债的账面价值与其计税基础之间的差额。账面价值是指按照企业会计准则规定确定的有关资产、负债在企业的资产负债表中应列示的金额;计税基础分为资产的计税基础和负债的计税基础。

(一)资产计税基础的确定

资产的计税基础，是指企业收回资产账面价值的过程中，计算应纳税所得额时按照税法规定可以自应税经济利益中抵扣的金额，即某一项资产在未来期间计税时可以税前扣除的金额。从税收的角度考虑，资产的计税基础是假定企业按照税法规定进行核算所提供的资产负债表中资产的应有金额，本质上就是税收口径的资产价值标准。

通常情况下，资产在取得时其入账价值与计税基础是相同的，后续计量过程中因企业会计准则规定与税法规定不同，可能造成计税基础与其账面价值不同，常见的有以下资产项目:

(1)固定资产。以各种方式取得的固定资产，初始确认时入账价值基本上是被税法认可的，即取得时其入账价值一般等于计税基础，但固定资产在持有期间进行后续计量时，会计与税收处理在折旧方法、折旧年限的不同以及固定资产减值准备的提取等方面会产生差异。

①折旧方法、折旧年限不同产生的差异。企业会计准则规定，企业可以根据消耗固定资产经济利益的方式合理选择折旧方法，如可以按直线法计提折旧，也可以按照双倍余额递减法、年数总和法等计提折旧，前提是有关的方法能够反映固定资产为企业带来经济利益的实现方式。税法一般规定固定资产的折旧方法，除某些按照规定可以加速折旧的情况外，基本上可以税前扣除的是按照直线法计提的折旧。

②因计提固定资产减值准备产生的差异。持有固定资产的期间内，在对固定资产计提了减值准备以后，因所计提的减值准备不允许税前扣除，账面价值下降，但计税基础不会随资产减值准备的提取而发生变化，也会造成其账面价值与计税基础的差异。

【做中学 5-9】 某公司 2015 年年末以 100 万元购入一项固定资产，会计上采用折旧年限 5 年，税法规定折旧年限 10 年，会计与税法均按平均年限法计提折旧，净残值为 0，假定固定资产未发生减值。

要求：计算该项固定资产 2016 年 12 月 31 日的账面价值和计税基础。

分析：

账面价值＝100－100÷5＝80(万元)

计税基础＝100－100÷10＝90(万元)

(2)无形资产。在无形资产后续计量和内部研究开发形成无形资产的初始确认方面，其入账价值与税法规定的成本之间会存在一定差异。

①无形资产在后续计量时，会计与税收的差异主要产生于对无形资产是否需要摊销及无形资产减值准备的提取。企业会计准则规定，对于无形资产应根据其使用寿命情况，区分为使用寿命有限的无形资产与使用寿命不确定的无形资产。对于使用寿命不确定的无形资产，不要求摊销，在会计期末应进行减值测试。税法规定，企业取得的无形资产成本，应在一定期限内摊销，合同、法律未明确规定摊销期限的，应按不少于 10 年的期限摊销。因摊销规定的不同，会造成其账面价值与计税基础的差异；在对无形资产计提减值准备的情况下，因所计提的减值准备不允许税前扣除，也会造成其账面价值与计税基础的差异。

②对于内部研究开发形成的无形资产的处理。企业会计准则规定，有关研究开发支出区分为两个阶段，研究阶段的支出应当费用化计入当期损益，而开发阶段符合资本化条件以后发生的支出应当资本化作为无形资产的成本；税法规定，企业发生的研究开发支出可税前加计扣除，即一般可按当期实际发生的研究开发支出的 50%加计扣除，形成无形资产的按无形资产成本的 150%摊销。两者就会造成其账面价值与计税基础的差异。

【做中学 5-10】 某企业 2016 年 1 月 2 日以 200 万元购入一项无形资产，该项无形资产的使用寿命无法合理估计，2016 年末企业对该项无形资产进行减值测试表明未发生减值。

要求：确定 2016 年末该资产账面价值与计税基础。

分析：

按照企业会计准则规定，对使用寿命不确定的无形资产，当年末进行减值测试未发生减值，即其账面价值仍为 200 万元。

按照税法规定，无形资产应按 10 年采用直线法摊销，2016 年末计税基础为 180 万元。

(3)以公允价值计量且其变动计入当期损益的金融资产。按照《企业会计准则第 22 号——金融工具确认和计量》的规定，对于以公允价值计量且其变动计入当期损益的金融资产，其于某一会计期末的账面价值为公允价值；税法规定按照企业会计准则确认的公允价值变动损益在计税时不予考虑，即有关金融资产在某一会计期末的计税基础为其取得成本。这会造成该类金融资产账面价值与其计税基础之间的差异。

【做中学 5-11】 某公司 2016 年年末持有一项交易性金融资产，成本为 80 万元，期末公允价值为 90 万元。

要求：确定年末该资产账面价值与计税基础。

分析：

按照企业会计准则规定，交易性金融资产期末应以公允价值计量，公允价值的变动计入当期损益。即该交易性金融资产的账面价值为 90 万元。

按照税法规定，交易性金融资产在持有期间公允价值变动不计入应纳税所得额，即其计税基础保持80万元不变。

(4)其他资产。因企业会计准则规定与税法规定不同，企业持有的其他资产，可能造成其账面价值与计税基础之间存在差异。

①投资性房地产。对于采用公允价值模式进行后续计量的投资性房地产，其期末账面价值为公允价值；而如果税法规定不认可该类资产在持有期间因公允价值变动产生的利得或损失，则其计税基础应以取得时支付的历史成本为基础计算确定，从而会造成账面价值与计税基础之间的差异。

②其他计提了资产减值准备的各项资产。有关资产计提减值准备以后，其账面价值会随之下降，税法规定，资产的减值准备在转化为实质性损失之前，不允许税前扣除，即其计税基础不会因减值准备的提取而发生变化，从而造成资产的账面价值与其计税基础之间的差异。

【做中学5-12】　某公司2016年末存货余额为590万元，已确认并计提存货跌价准备10万元。

要求：确定2016年末该存货的账面价值和计税基础。

分析：

按照会计准则规定，存货的账面价值为580万元。

按照税法规定，企业提取的资产减值准备一般不能在税前抵扣，只有在资产发生实质性损失时才允许税前扣除，由此存货的计税基础为590万元。

（二）负债计税基础的确定

负债的计税基础，是指负债的账面价值减去未来期间计算应纳税所得额时按照税法规定可予抵扣的金额。与账面价值的关系式如下：

负债的计税基础＝负债的账面价值－将来负债在兑付时允许扣税的金额

一般情况下，负债的确认与偿还不会影响企业的损益，也不会影响其应纳税所得额，未来期间计算应纳税所得额时按照税法规定可予抵扣的金额为零，计税基础即为账面价值。如企业的短期借款、应付账款等。但是，某些情况下，负债的确认可能会影响企业的损益，进而影响不同期间的应纳税所得额，使得其计税基础与账面价值之间产生差额，如按照会计规定确认的某些预计负债和预收账款。

(1)预计负债。按照企业会计准则的规定，企业应将预计提供售后服务发生的支出在销售当期确认为费用，同时确认预计负债。税法规定，有关的支出在实际发生时可全部税前扣除，该事项产生的预计负债在期末的计税基础为其账面价值与未来兑付时允许扣除的全部账面价值之间的差额等于零，即计税基础为零。

因其他事项确认的预计负债，应按照税法规定的计税原则确定其计税基础。某些情况下，因有些事项确认的预计负债，如果税法规定其支出无论是否实际发生均不允许税前扣除，即未来期间按照税法规定可予抵扣的金额为零，其账面价值与计税基础相同。

【做中学5-13】　甲企业2016年因销售产品承诺提供3年的保修服务，在当年度利润表中确认了500万元的销售费用，同时确认为预计负债，当年度未发生任何保修支出。

要求：确定2016年12月31日此项负债的账面价值和计税基础。

分析：

按照会计准则规定，负债账面价值＝500(万元)

按照税法规定，与产品售后服务相关的费用在实际发生时允许税前扣除，负债计税基础＝500－500＝0(万元)。

(2)预收账款。企业在收到客户预付款项时，因不符合收入确认条件，会计上将其确认为负债。税法中对于收入的确认原则一般与会计规定相同，即会计上未确认收入时，计税时一般亦不计入应纳税所得额，该部分经济利益在未来期间计税时可予税前扣除的金额为零，计税基础等于账面价值。

如果不符合企业会计准则规定的收入确认条件，但按照税法规定应计入当期应纳税所得额时，预收账款的计税基础为零，即因其产生时已经计算交纳所得税，未来期间可全额税前扣除，计税基础为账面价值减去在未来期间可全额税前扣除的金额，即其计税基础为零。

【做中学 5-14】 A 公司于 2016 年 12 月 20 日收到一笔合同预付款，金额为 2 500 万元，作为预收账款核算。按照适用税法规定，该款项应计入取得当期应纳税所得额计算交纳所得税。

要求：确定 2016 年末该项负债的账面价值和计税基础。

分析：

按照会计准则规定，账面价值为 2 500 万元。

按照税法规定，该项预收款在未来期间计算应纳税所得额时可予全部抵扣。

计税基础＝2 500－2 500＝0(万元)

(三)应纳税暂时性差异的确认

应纳税暂时性差异是指在确定未来收回资产或清偿负债期间的应纳税所得额时，将导致产生应税金额的暂时性差异。该差异在未来期间转回时，会增加转回期间的应纳税所得额。该暂时性差异的转回，会进一步增加转回期间的应纳税所得额和应交所得税额；在该暂时性差异产生当期，应当确认相关的递延所得税负债。应纳税暂时性差异通常产生于以下两种情况：

(1)资产的账面价值大于其计税基础。一项资产的账面价值代表的是企业在持续使用及最终出售该项资产时会取得的经济利益的总额，而计税基础代表的是一项资产在未来期间可予税前扣除的总金额。当资产的账面价值大于计税基础，意味着该项资产未来期间产生的经济利益不能全部税前扣除，两者之间的差额需要交税，产生应纳税暂时性差异。

如【做中学 5-11】中，某公司交易性金融资产的账面价值 90 万元与其计税基础 80 万元之间产生的差额 10 万元，意味着企业将于未来期间增加应纳税所得额和应交所得税，属于应纳税暂时性差异，应确认相应的递延所得税负债。

(2)负债的账面价值小于其计税基础。一项负债的账面价值为企业预计在未来期间清偿该项负债时的经济利益流出，而计税基础代表是账面价值在扣除税法规定未来期间允许税前扣除的金额之后的差额。负债的账面价值小于其计税基础，则意味着就该项负债在未来期间可以税前抵扣的金额为负数，即应在未来期间应纳税所得额的基础上调增，增加应纳税所得额和应交所得税金额，产生应纳税暂时性差异，这种情况一般情况不会产生。

(四)可抵扣暂时性差异的确认

可抵扣暂时性差异是指在确定未来收回资产或清偿负债期间的应纳税所得额时，将导致产生可抵扣金额的暂时性差异。该差异在未来期间转回时会减少转回期间的应纳税所得额，减少未来期间的应交所得税。在该暂时性差异产生当期，应当确认相关的递延所得税资产。

可抵扣暂时性差异一般产生于以下两种情况：

(1)资产的账面价值小于计税基础。从经济含义来看，资产在未来期间产生的经济利益少，按照税法规定允许税前扣除的金额多，则企业在未来期间可以减少应税所得额并减少应交所得税，形成可抵扣暂时性差异。

如【做中学 5-9】中，某公司固定资产的账面价值 80 万元与其计税基础 90 万元之间产生的差额 10 万元，因其在未来期间会减少企业的应纳税所得额和应交所得税，为可抵扣暂时性差异，应确认与其相关的递延所得税资产。

(2)负债的账面价值大于计税基础。负债产生的暂时性差异实质上是税法规定就该项负债可以在未来期间税前扣除的金额。一项负债的账面价值大于其计税基础，意味着未来期间按照税法规定构成负债的全部或部分金额可以从未来应税经济利益中扣除，减少未来期间的应交所得税，产生可抵扣暂时性差异。

如【做中学 5-13】中，甲企业预计负债的账面价值 500 万元与其计税基础 0 之间形成暂时性差异 500 万元，在未来期间转回时，会减少企业的应纳税所得额，使企业于未来期间以应交所得税的方式流出的经济利益减少，为可抵扣暂时性差异，在其产生期间，应确认相关的递延所得税资产。

二、会计科目的设置

企业在选择资产负债表债务法时，应设置“递延所得税负债”“递延所得税资产”“所得税费用”“应交税费——应交所得税”等科目。

(1)“递延所得税负债”是负债类科目。核算企业确认的应纳税暂时性差异产生的所得税负债。贷方反映企业确认的各类递延所得税负债以及递延所得税负债的应有余额大于其账面余额的差额。与直接计入所有者权益的交易或事项相关的递延所得税负债以及企业合并中取得资产、负债的入账价值与其计税基础不同形成应纳税暂时性差异也贷记本账户。借方反映资产负债表日递延所得税负债的应有余额小于其账面余额的差额。期末贷方余额反映企业已确认的递延所得税负债。

(2)“递延所得税资产”是资产类科目。核算企业由于可抵扣暂时性差异确认的递延所得税资产及按规定可用以后年度税前利润弥补的亏损及税款抵减产生的所得税资产。借方反映期末确认的各类递延所得税资产以及递延所得税资产虚有余额大于其账面余额的差额。贷方反映企业期末递延所得税资产应有余额小于其账面余额的差额，资产负债表日，预计未来期间很可能无法获得足够的应纳税所得额用以抵扣可抵扣暂时性差异的，按原已确认的递延所得税资产中应减记的金额也贷记本账户。本科目期末借方余额，反映企业确认的递延所得税资产。

(3)“所得税费用”是损益类科目。核算企业确认的应从当期利润总额中扣除的所得税费用，按“当期所得税费用”“递延所得税费用”进行明细核算。借方反映资产负债表日，企业按照税法规定计算确定的当期应交所得税(当期所得税费用)和递延所得税资产的应有余额小于“递延所得税资产”账户余额的差额(递延所得税费用)。贷方反映资产负债表日，递延所得税资产的应有余额大于“递延所得税资产”账户余额的差额(递延所得税费用)。企业应予确认的递延所得税负债，也比照上述原则调整本科目。期末，应将本科目的余额转入“本年利润”科目，结转后无余额。

三、资产负债表债务法的会计处理

企业应采用资产负债表债务法核算所得税。资产负债表债务法是指从资产负债表出发，通过比较资产负债表列示的资产、负债按照企业会计准则规定确定的账面价值与按照税法规定的计税基础，对于两者之间的差额分别应纳税暂时性差异与可抵扣暂时性差异，确认相关的递延所得税负债和递延所得税资产，并在此基础上确定每一期间利润表中的所得税费用的一种所得税会计方法。

(一)递延所得税资产的确认

(1)递延所得税资产的确认应以未来期间可能取得的应纳税所得额为限。资产、负债的账面价值与其计税基础不同产生可抵扣暂时性差异的，在估计未来期间能够取得足够的应纳税所得额用以利用该可抵扣暂时性差异时，应当以很可能取得用来抵扣可抵扣暂时性差异的应纳税所得额为限，确认相关的递延所得税资产；在可抵扣暂时性差异转回的未来期间内，若企业无法产生足够的应纳税所得额用以抵减可抵扣暂时性差异的影响时，使得与递延所得税资产相关的经济利益无法实现的，该部分递延所得税资产不应确认。

(2)按照税法规定可以结转以后年度的未弥补亏损和税款抵减，应视同可抵扣暂时性差异处理。在预计可利用可弥补亏损或税款抵减的未来期间内能够取得足够的应纳税所得额时，应当以很可能取得的应纳税所得额为限，确认相应的递延所得税资产，同时减少确认当期的所得税费用。

(3)适用税率的确定。确认递延所得税资产时，应估计相关可抵扣暂时性差异的转回时间，采用转回期间适用的所得税税率为基础计算确定。无论相关的可抵扣暂时性差异转回期间如何，递延所得税资产均不予折现。

(4)资产负债表日，企业应当对递延所得税资产的账面价值进行复核。如果未来期间很可能无法取得足够的应纳税所得额用以利用递延所得税资产的利益，应当减记递延所得税资产的账面价值。递延所得税资产的账面价值减记以后，继后期间根据新的环境和情况判断能够产生足够的应纳税所得额利用可抵扣暂时性差异，使得递延所得税资产包含的经济利益能够实现的，应相应恢复递延所得税资产的账面价值。

递延所得税资产的计算公式：

递延所得税资产的余额＝该时点可抵扣暂时性差异×当时的所得税税率

$$\begin{matrix}\text{当期递延所得}\\\text{税资产变动额}\end{matrix}=\left(\begin{matrix}\text{年末可抵扣}\\\text{暂时性差异}\end{matrix}-\begin{matrix}\text{年初可抵扣}\\\text{暂时性差异}\end{matrix}\right)\times\text{所得税税率}$$

如果所得税税率发生变化，则：

$$\begin{matrix}\text{当期递延所得}\\\text{税资产变动额}\end{matrix}=\begin{matrix}\text{年末可抵扣}\\\text{暂时性差}\end{matrix}\times\begin{matrix}\text{新的所}\\\text{得税税率}\end{matrix}-\begin{matrix}\text{年初可抵扣}\\\text{暂时性差异}\end{matrix}\times\begin{matrix}\text{旧的所}\\\text{得税税率}\end{matrix}$$

(二)递延所得税负债的确认

(1)应纳税暂时性差异在转回期间将增加未来期间企业的应纳税所得额和应交所得税，导致企业经济利益的流出，从其发生当期看，构成企业应支付税金的义务，应作为递延所得税负债确认。除直接计入所有者权益的交易或事项以及企业合并外，在确认递延所得税负债的同时，应增加利润表中的所得税费用。

(2)递延所得税负债应以相关应纳税暂时性差异转回期间适用的所得税税率计量。在确认递延所得税负债时，以现行适用税率为基础计算确定，递延所得税负债的确认不要求折现。

递延所得税负债的计算公式：

递延所得税负债的余额＝该时点应纳税暂时性差异×当时的所得税税率

当期递延所得税负债变动额＝(年末应纳税暂时性差异－年初应纳税暂时性差异)×所得税税率

如果所得税税率发生变化，则：

当期递延所得税负债变动额＝年末应纳税暂时性差异×新的所得税税率－年初应纳税暂时性差异×旧的所得税税率

(三)所得税费用的确认

利润表中的所得税费用由当期所得税和递延所得税两部分组成，即：

所得税费用＝当期所得税＋递延所得税

当期所得税，是指企业按照税法规定计算确定的针对当期发生的交易和事项，应缴纳给税务部门的所得税金额，即应交所得税。

递延所得税，是指按照企业会计准则规定应予以确认的递延所得税资产和递延所得税负债在期末应有的金额相对于原已确认金额之间的差额，即递延所得税资产及递延所得税负债的当期发生额，但不包括直接计入所有者权益交易事项及企业合并的所得税影响。计算公式如下：

递延所得税＝递延所得税费用－递延所得税收益

递延所得税费用＝当期递延所得税负债增加额＋当期递延所得税资产减少额

递延所得税收益＝当期递延所得税资产增加额＋当期递延所得税负债减少额

四、应付税款法的会计处理

《小企业会计准则》规定，小企业采用应付税款法核算所得税费用，这里对应付税款法也作简单介绍。

应付税款法是指企业不确认时间性差异对所得税的影响金额，将当期计算的应交所得税确认为所得税费用的方法。在这种情况下，当期所得税费用等于当期应交的所得税。该核算方法的特点是，本期所得税费用为按照本期应税所得额与适用的所得税率计算的应交所得税，即本期从净利润中扣除的所得税费用等于本期应交的所得税。时间性差异产生的影响所得税的金额均在本期确认所得税费用，或在本期抵减所得税费用，在会计报表中不反映为一项负债或一项资产。例如：按照我国税法规定，企业固定资产一般应按直线法提取折旧。但会计准则对企业的固定资产采用什么方法提取折旧由企业自行确定。在这种情况下，按直线法提取折旧额计算的应税所得额和采用加速折旧法提取折旧额计算的税前会计利润之间必然产生一个差额。在采用应付税款法进行处理时，须按税法规定，就存在的差额对本期税前会计利润进行调整，将其调整为应税所得额，按照应税所得额计算的本期应交所得税额，作为本期的所得税费用。

根据实际应缴的所得税额：

借：所得税费用

　　贷：应交税费——应交所得税

实际上交所得税：

借：应交税费——应交所得税

　　贷：银行存款

在应付税款法下，本期发生的暂时性差异不单独核算，与本期发生的永久性差异同样处理。也就是说，不管税前会计利润是多少，在计算交纳所得税时均应按税法规定对税前会计利润进行调整，将其调整为应税所得，再按应税所得计算出本期应交的所得税，作为本期所得税费用，即本期所得税费用等于本期应交所得税。

【任务实施——资产负债表债务法的应用】

工作实例 1

资料：本项目任务三任务引例。

要求：用资产负债表债务法对东方股份有限公司进行会计核算。

【操作步骤】

第一步：计算当期应缴纳的所得税金额。

应纳税所得额＝1 200－60＋200－(500×150%－500)＋100＋30＝1 220(万元)

应交所得税＝1 220×25%＝305(万元)

第二步，确定资产、负债的账面价值和计税基础，并确定暂时性差异。

该公司 2016 年资产负债表相关项目金额及其计税基础如表 5-2 所示。

表 5-2　暂时性差异计算一览表　单位：万元

项　目	账面价值	计税基础	差　异	
			应纳税暂时性差异	可抵扣暂时性差异
存货	800	830		30
固定资产				
固定资产原价	600	600		
减：累计折旧	60	120		
减：固定资产减值准备	0	0		
固定资产账面价值	540	480	60	
其他应付款	100	100		
总计			60	30

第三步，计算确定所得税费用。

递延所得税费用＝60×25%＝15(万元)

递延所得税收益＝30×25%＝7.5(万元)

递延所得税＝15－7.5＝7.5(万元)

利润表中应确认的所得税费用＝305＋7.5＝312.5(万元)

第四步，进行账务处理。

借：所得税费用——当期所得税费用　3 050 000

　　所得税费用——递延所得税费用　75 000

　　递延所得税资产　75 000

　　贷：应交税费——应交所得税　3 050 000

　　　　递延所得税负债　150 000

工作实例 2

沿用本项目任务三任务引例，假定东方股份公司 2017 年当期应纳所得税额为 462 万元，所得税税率为 25%，年末资产负债表中有关资产、负债的账面价值与其计税基础相关资料如表 5-3 所示，除所列项目外，其他资产、负债项目不存在会计和税收的差异。

要求按资产负债表债务法进行会计核算。

表 5-3　资产、负债的账面价值与计税基础　　单位：万元

项　目	账面价值	计税基础
存货	1 600	1 680
固定资产		
固定资产原价	600	600
减：累计折旧	120	216
减：固定资产减值准备	20	0
固定资产账面价值	460	384
预计负债	100	0

【操作步骤】

第一步，计算当期应纳的所得税税额。

2017 年度应纳所得税额为 462 万元。

第二步，确定资产、负债的账面价值和计税基础，并确定暂时性差异。

具体计算如表 5-4 所示。

表 5-4　暂时性差异的计算一览表　　单位：万元

项　目	账面价值	计税基础	差　异	
			应纳税暂时性差异	可抵扣暂时性差异
存货	1 600	1 680		80
固定资产				
固定资产原价	600	600		
减：累计折旧	120	216		
减：固定资产减值准备	20	0		
固定资产账面价值	460	384	76	
预计负债	100	0		100
总　计			76	180

第三步，计算确定所得税费用。

(1)当期递延所得税。

①期末递延所得税负债＝76×25%＝19(万元)

期初递延所得税负债＝60×25%＝15(万元)

递延所得税负债增加额＝19－15＝4(万元)

②期末递延所得税资产＝180×25%＝45(万元)

期初递延所得税资产＝30×25%＝7.5(万元)

递延所得税资产增加额＝45－7.5＝37.5(万元)

③递延所得税收益＝37.5－4＝33.5(万元)

递延所得税＝0－33.5＝－33.5(万元)

(2)所得税费用。

所得税费用＝462－33.5＝428.5(万元)

第四步，进行账务处理。

借：所得税费用——当期所得税费用　　4 620 000

　　递延所得税资产　　375 000

　　贷：递延所得税负债　　40 000

　　　　应交税费——应交所得税　　4 620 000

　　　　所得税费用——递延所得税费用　　335 000

【职业能力判断与选择】

一、判断题

1. 资产的账面价值大于其计税基础或者负债的账面价值小于其计税基础的，产生可抵扣暂时性差异。（　）

2. 确认由可抵扣暂时性差异产生的递延所得税资产，应当以未来期间很可能取得用来抵扣可抵扣暂时性差异的应纳税所得额为限。（　）

3. 负债的计税基础是指负债的账面价值中按照税法规定可予抵扣的企额。（　）

4. 可抵扣暂时性差异是指在确定未来收回资产或清偿负债期间的应纳税所得额时将导致产生应税金额的暂时性差异。（　）

5. 递延所得税负债应以相关应纳税暂时性差异转回期间税法规定的适用税率计量。（　）

6. 在采用资产负债表债务法进行所得税会计核算时，应将由于暂时性差额和永久性差额产生的对未来所得税的影响金额，作为一项递延所得税资产或负债。（　）

7. 采用应付税款法进行所得税会计处理时，即使在永久性和时间性差异同时存在的情况下，当期的所得税费用也等于当期应缴所得税的数额。（　）

8. “递延所得税资产”科目用来核算企业由于可抵扣暂时性差异确认的递延所得税资产及按规定可用以后年度税前利润弥补的亏损及税款抵减产生的所得税资产。（　）

二、选择题(第1～6题为单项选择题，第7～8题为多项选择题)

1. 下列关于资产计税基础的说法中，错误的是(　　)。

A. 资产的计税基础是指资产在未来期间计税时按税法规定可以税前扣除的金额

B. 资产的计税基础是指企业收回资产账面价值过程中，计算应纳税所得额时按税法规定可以从应税经济利益中抵扣的金额

C. 资产的计税基础＝未来可以税前扣除的金额

D. 资产的计税基础＝资产的账面价值－未来可以税前扣除的金额

2. 下列项目中，产生可抵扣暂时性差异的是(　　)。

A. 固定资产会计折旧小于税法折旧

B. 税法折旧大于会计折旧形成的差额部分

C. 对固定资产，企业根据期末公允价值大于账面价值的部分进行了调整

D. 对无形资产，企业根据期末可收回金额小于账面价值计提减值准备的部分

3. 下列负债项目中，其账面价值与计税基础会产生差异的是(　　)。

A. 短期借款　　B. 应付票据　　C. 应付账款　　D. 预计负债

4. 甲股份有限公司2006年12月购入一台设备，原价为3 010万元，预计净残值为10万元，税法规定的折旧年限为5年，按直线法计提折旧，公司按照3年计提折旧，折旧方法与税法相一致。2008年1月1日起，公司所得税税率由33%降为25%。除该事项外，历年来无其他纳税调整事项。公司采用资产负债表债务法进行所得税会计处理。该公司2008年末资产负债表中反映的“递延所得税资产”项目的金额为(　　)万元。

A. 186.67　　B. 400　　C. 200　　D. 320

5. 资料同第4题，2008年初“递延所得税资产”的余额为(　　)万元。

A. 140　　B. 120　　C. 132　　D. 152

6. 资料同第4题，如果甲公司2008年税前会计利润为500万元，则当年的所得税费用为(　　)万元。

A. 145　　B. 162　　C. 157　　D. 147

7. 下列对接受捐赠资产的会计处理和税务处理的说法中，正确的有(　　)。

A. 按照会计制度规定，对接受捐赠的资产不确认收入，不计入企业接受捐赠当期的利润总额

B. 按照会计制度规定，对接受捐赠的资产应确认收入，计入企业接受捐赠当期的利润总额

C. 按照税法规定，企业接受捐赠的资产，应计入当期应纳税所得额，计算缴纳企业所得税

D. 按照税法规定，企业接受捐赠的资产，不计入当期应纳税所得额

8. 在采用资产负债表债务法对所得税进行核算的情况下，当期发生的下列事项中，影响当期所得税费用的有(　　)。

A. 时间性差异产生的递延税款借项　　B. 时间性差异产生的递延税款贷项

C. 税率变动对递延税款余额的调整金额　　D. 计提存货跌价准备

【任务训练】

1. 假定甲企业2016年利润总额为1 500万元。企业适用的所得税税率为25%。

(1)该企业2016年会计与税收之间差异包括以下事项：

①国债利息收入100万元。

②税款滞纳金120万元。

③交易性金融资产公允价值增加140万元。

④计提固定资产减值准备400万元。

⑤因售后服务预计产生费用220万元。

(2)假定甲企业2016年12月31日资产负债表中部分项目账面价值与计税基础情况如表5-5所示。

表 5-5　资产负债表相关项目的账面价值与计税基础　单位：元

项　目	账面价值	计税基础	差　异	
			应纳税暂时性差异	可抵扣暂时性差异
交易性金融资产	5 400 000	4 000 000	1 400 000	
固定资产	30 000 000	3 400 000		4 000 000
预计负债	2 200 000	0		2 200 000
总　计			1 400 000	6 200 000

(3)假定 2017 年应税所得额为 2 000 万元，2017 资产负债表中部分项目情况如表 5-6 所示。

表 5-6　资产负债表相关项目的账面价值与计税基础　单位：元

项　目	账面价值	计税基础	差　异	
			应纳税暂时性差异	可抵扣暂时性差异
交易性金融资产	5 800 000	6 000 000		200 000
固定资产	30 000 000	3 400 000		4 000 000
预计负债	1 200 000	0		1 200 000
无形资产	2 000 000	0	2 000 000	
总　计			2 000 000	5 400 000

要求：

(1)计算确认 2016 年度递延所得税资产及递延所得税负债的发生额。

(2)计算确定 2016 年度应纳税所得额及应交所得税。

(3)编制 2016 年度所得税费用确认的会计分录。

(4)计算确认 2017 年递延所得税资产的年末余额及当年的变动额。

(5)计算确认 2017 年递延所得税负债的年末余额及当年的变动额。

(6)编制 2017 年度所得税费用确认的会计分录。

2. 某企业 5 年内暂时性差异是因折旧方法不同所致，即企业在计算税前会计利润时采用直线法，而在申报所得税时采用年数总和法，这两种方法每年计提折旧费及其税前会计利润如表 5-7 所示，前 2 年所得税率为 33%；后 3 年为 25%。

表 5-7　某企业有关纳税资料　单位：万元

发生年份	税前利润	年数总和法下折旧费	直线法下折旧费
1	100	150	90
2	250	120	90
3	300	90	90
4	380	60	90
5	470	30	90
合　计		450	450

要求：用资产负债表债务法分别反映该企业 5 年内有关所得税核算的会计分录。

任务四　企业所得税纳税申报

作为报税岗位的会计人员，每月在规定时间内，根据会计资料计算企业所得税月（季）度预缴金额，准备申报材料，进行企业所得税预缴纳税申报和税款缴纳工作。年度终了后 5 个月内进行企业所得税的汇算清缴工作，进行企业所得税的年度纳税申报和税款缴纳工作。以本项目任务二的工作实例甲公司为例来学习企业所得税的纳税申报过程。

【知识准备与业务操作】

一、企业所得税的征收管理

（一）征收方式的确定

企业在每年第 1 季度应填列《企业所得税征收方式鉴定表》（见表 5-8）一式三份，报主管税务机关审核：1～5 项均合格的；实行纳税人自行申报、税务机关查账方式征收；若 1、4、5 项中有一项不合格或 2、3 项均不合格，实行定额征收；若 2、3 项中有一项合格、一项不合格的，实行核定应税所得率办法征收。征收方式确定后，在一个纳税年度内一般不得变更。

表 5-8　企业所得税征收方式鉴定表

纳税人识别号					
纳税人名称					
纳税人地址					
经济类型		所属行业		开业日期	
开户银行		账号			
邮政编码		联系电话			
上年收入总额		上年成本费用额			
上年应纳税所得额		上年所得额			
行　次	项　目	纳税人自行申报		主管税务机关审核情况	
1	账簿设置情况				
2	收入总额核算情况				
3	成本费用核算情况				
4	账簿凭证保存情况				
5	纳税义务履行情况				
征收方式：					
纳税人意见：纳税人签章：（公章）　　年　月　日					
税务机关审批意见：					
经办人签字： 年　月　日		科室负责人签字： （公章） 年　月　日		主管局长签字： （公章） 年　月　日	

（二）纳税期限

企业所得税实行按年计算，按月或季预缴，年终汇算清缴，多退少补的征收办法。纳税年度一般为公历年度，即公历1月1日至12月31日为一个纳税年度；纳税人在一个纳税年度的中间开业，或由于合并、终止经营活动等原因使该纳税年度的实际经营期不足12个月的，以其实际经营期为一个纳税年度；纳税人破产清算时，以清算期为一个纳税年度。

纳税人应当在月份或季度终了后15日内，向其所在地主管税务机关报送预缴所得税申报表，预缴税款。企业应当自年度终了之日起5个月内，无论盈利或亏损，均应向税务机关报送年度企业所得税纳税申报表、财务会计报告和其他有关资料并汇算清缴，结清应缴应退税款。少预缴的所得税额，应在下一年度内补缴；多预缴的所得税额，在下一年度内抵缴；抵缴后仍有结余，或下一年度发生亏损的，应及时办理退库。

企业在年度中间终止经营活动的，应当自实际经营终止之日起60日内，向税务机关办理当期企业所得税汇算清缴。

扣缴义务人每次代扣的税款，应当自代扣之日起7日内缴入国库，并向所在地的税务机关报送扣缴企业所得税报告表。

纳税人预缴所得税时，应按纳税期限的实际数预缴。按实际数预缴有困难的，可按上一年度应纳税所得额的1/12或1/4预缴，或经当地税务机关认可的其他方法预缴所得税。预缴方法一经确定，不得随意改变。

企业进行清算时，应当在办理注销工商登记之前，办理所得税申报。企业若在年度中间合并、分立、终止时，应当在停止生产经营之日起60日内，向当地税务机关办理当期所得税汇算清缴。

（三）纳税地点

企业所得税由纳税人向其所在地主管税务机关缴纳。居民企业以企业登记注册地为纳税地点；但登记注册地在境外的，以实际管理机构所在地为纳税地点；居民企业在中国境内设立不具有法人资格的营业机构的，应当汇总计算并缴纳企业所得税。

非居民企业在中国境内设立机构、场所的，取得的所得以及发生在中国境外但与其所设机构、场所有实际联系的所得，应当以机构、场所所在地为纳税地点；非居民企业在中国境内未设立机构、场所，或者虽设立机构、场所但取得的所得与其所设机构、场所没有实际联系的，以扣缴义务人所在地为纳税地点；非居民企业在中国境内设立两个或者两个以上机构、场所的，经税务机关审核批准，可以选择由其主要机构、场所汇总缴纳企业所得税。

除国务院另有规定外，企业之间不得合并缴纳企业所得税。

二、企业所得税的申报

（一）企业所得税预缴纳税申报表

查账征收企业所得税的居民纳税人及在中国境内设立机构的非居民纳税人在月（季）度预缴企业所得税时应填制《企业所得税预缴纳税申报表》（A类）；实行核定征收管理办法（包括核定应税所得率和核定税额征收方式）缴纳企业所得税的纳税人在月（季）度申报缴纳企业所得税时应填制《企业所得税预缴纳税申报表》（B类）。

(二)企业所得税年度纳税申报表

查账征收企业所得税的纳税人在年度汇算清缴时,无论盈利或亏损,都必须在规定的期限内进行纳税申报,填写企业基础信息表、企业所得税年度纳税申报表主表及其有关附表。从2015年1月1日修订后施行的企业所得税年度纳税申报表共有41张,除了1张基础信息表和1张主表外,还有附表39张,即6张收入费用明细表、15张纳税调整表、1张亏损弥补表、11张税收优惠表、4张境外所得抵免表、2张汇总纳税表。其中作为主表的附表15张,作为附表的附表24张。

(三)开具税收缴纳书缴纳税款

纳税人在向税务机关报送企业所得税月(季)度预缴纳税申报表或年度纳税申报表后,应在规定期限内向税务机关指定为代理金库的银行缴纳税款,缴纳税款时,代理金库的银行应开具税收缴款书。税收缴款书共六联,纳税人缴纳税款后,以经国库经收处收款签章后的"收据联"作为完税凭证,证明纳税义务完成,并据此作为会计核算的依据。

【任务实施——企业所得税年度纳税申报表及附表的填报】

工作实例

资料:本项目任务二的工作实例,填报甲公司2016年度纳税申报表及其附表,办理2016年度甲企业所得税年度汇算清缴工作。

【操作步骤】

第一步:填报附表一、附表二。

附表一:收入明细表(见表5-9);附表二:成本支出明细表(见表5-10);期间费用明细表(见表5-11)。根据收入、支出的会计核算资料填写。

A101010

表5-9　一般企业收入明细表　　单位:元

行　次	项　目	金　额
1	一、营业收入(2+9)	25 000 000
2	(一)主营业务收入(3+5+6+7+8)	25 000 000
3	1.销售商品收入	25 000 000
4	其中:非货币性资产交换收入	
5	2.提供劳务收入	
6	3.建造合同收入	
7	4.让渡资产使用权收入	
8	5.其他	
9	(二)其他业务收入(10+12+13+14+15)	
10	1.销售材料收入	
11	其中:非货币性资产交换收入	
12	2.出租固定资产收入	
13	3.出租无形资产收入	
14	4.出租包装物和商品收入	
15	5.其他	

续表 5-9

行 次	项 目	金 额
16	二、营业外收入(17+18+19+20+21+22+23+24+25+26)	700 000
17	(一)非流动资产处置利得	700 000
18	(二)非货币性资产交换利得	
19	(三)债务重组利得	
20	(四)政府补助利得	
21	(五)盘盈利得	
22	(六)捐赠利得	
23	(七)罚没利得	
24	(八)确实无法偿付的应付款项	
25	(九)汇兑收益	
26	(十)其他	

A102010

表 5-10 **一般企业成本支出明细表** 单位:元

行 次	项 目	金 额
1	一、营业成本(2+9)	10 480 000
2	(一)主营业务成本(3+5+6+7+8)	10 480 000
3	1.销售商品成本	10 480 000
4	其中:非货币性资产交换成本	
5	2.提供劳务成本	
6	3.建造合同成本	
7	4.让渡资产使用权成本	
8	5.其他	
9	(二)其他业务成本(10+12+13+14+15)	
10	1.材料销售成本	
11	其中:工作货币性资产交换成本	
12	2.出租固定资产成本	
13	3.出租无形资产成本	
14	4.包装物出租成本	
15	5.其他	
16	二、营业外支出(17+18+19+20+21+22+23+24+25+26)	500 000
17	(一)非流动资产处置损失	77 600
18	(二)非货币性资产交换损失	
19	(三)债务重组损失	
20	(四)非常损失	
21	(五)捐赠支出	362 400
22	(六)赞助支出	
23	(七)罚没支出	60 000
24	(八)坏账损失	
25	(九)无法收回的债券股权投资损失	
26	(十)其他	

A104000

表 5-11　期间费用明细表

单位:元

行　次	项　目	销售费用	其中:境外支付	管理费用	其中:境外支付	财务费用	其中:境外支付
		1	2	3	4	5	6
1	一、职工薪酬		*		*	*	*
2	二、劳务费					*	*
3	三、咨询顾问费					*	*
4	四、业务招待费		*		*	*	*
5	五、广告费和业务宣传费		*		*	*	*
6	六、佣金和手续费						
7	七、资产折旧摊销费		*		*	*	*
8	八、财产损耗、盘亏及毁损损失		*		*	*	*
9	九、办公费		*		*	*	*
10	十、董事会费		*		*	*	*
11	十一、租赁费					*	*
12	十二、诉讼费		*		*	*	*
13	十三、差旅费		*		*	*	*
14	十四、保险费		*		*	*	*
15	十五、运输、仓储费					*	*
16	十六、修理费					*	*
17	十七、包装费		*		*	*	*
18	十八、技术转让费					*	*
19	十九、研究费用					*	*
20	二十、各项税费		*		*	*	*
21	二十一、利息收支	*	*	*	*		
22	二十二、汇兑差额	*	*	*	*		
23	二十三、现金折扣	*	*	*	*		*
24	二十四、其他						
25	合计(1+2+3+…+24)	6 700 000		4 800 000		600 000	

注:表中期间费用明细项目的具体数值略。

第二步:填报纳税调整项目明细表(A105000)及附表。

先根据会计核算资料填写附表,本实例中,纳税调整项目明细表的附表主要有职工薪酬纳税调整明细表(见表 5-12)、广告费和业务宣传费跨年度纳税调整明细表(见表 5-13)、捐赠支出纳税调整明细表(见表 5-14),再根据这些附表资料及会计核算资料填报纳税调整项目明细表(见表 5-15)。

A105050

表 5-12　职工薪酬纳税调整明细表

单位:元

行　次	项　目	账载金额	税收规定扣除率	以前年度累计结转扣除额	税收金额	纳税调整金额	累计结转以后年度扣除额
		1	2	3	4	5(1−4)	6(1+3−4)
1	一、工资薪金支出	1 500 000	*	*	1 500 000	0	*
2	其中:股权激励		*	*			*
3	二、职工福利费支出	230 000	14%	*	210 000	20 000	*
4	三、职工教育经费支出	60 000			37 500	22 500	22 500
5	其中:按税收规定比例扣除的职工教育经费		2.5%		37 500	22 500	22 500
6	按税收规定全额扣除的职工培训费用	30 000		*			*
7	四、工会经费支出		2%	*	30 000	0	*
8	五、各类基本社会保障性缴款		*	*			*
9	六、住房公积金		*	*			*
10	七、补充养老保险			*			*
11	八、补充医疗保险			*			*
12	九、其他		*				
13	合计(1+3+4+7+8+9+10+11+12)	1 820 000	*		1 777 500	42 500	22 500

A105060

表 5-13　广告费和业务宣传费跨年度纳税调整明细表

单位:元

行　次	项　目	金　额
1	一、本年广告费和业务宣传费支出	4 500 000
2	减:不允许扣除的广告费和业务宣传费支出	
3	二、本年符合条件的广告费和业务宣传费支出(1−2)	4 500 000
4	三、本年计算广告费和业务宣传费扣除限额的销售(营业)收入	25 000 000
5	税收规定扣除率	15%
6	四、本企业计算的广告费和业务宣传费扣除限额(4×5)	3 750 000
7	五、本年结转以后年度扣除额(3>6,本行=3−6;3≤6,本行=0)	750 000
8	加:以前年度累计结转扣除额	
9	减:本年扣除的以前年度结转额[3>6,本行=0;3≤6,本行=8或(6−3)孰小值]	
10	六、按照分摊协议归集至其他关联方的广告费和业务宣传费(10≤3或6孰小值)	
11	按照分摊协议从其他关联方归集至本企业的广告费和业务宣传费	
12	七、本年广告费和业务宣传费支出纳税调整金额(3>6,本行=2+3−6,3≤6,本行=2+10−11−9)	750 000
13	八、累计结转以后年度扣除额(7+8−9)	750 000

A105070

表 5-14 捐赠支出纳税调整明细表

单位:元

行次	受赠单位名称	公益性捐赠				非公益性捐赠	纳税调整金额
		账载金额	按税收规定计算的扣除限额	税收金额	纳税调整金额	账载金额	
	1	2	3	4	5(2-4)	6	7(5+6)
1	贫困山区	362 400	*	*	*		*
2			*	*	*		*
3			*	*	*		*
4			*	*	*		*
5			*	*	*		*
6			*	*	*		*
7			*	*	*		*
8	合计	362 400	307 200	307 200	55 200		55 200

A105000

表 5-15 纳税调整项目明细表

单位:元

行次	项目	账载金额	税收金额	调增金额	调减金额
		1	2	3	4
1	一、收入类调整项目(2+3+4+5+6+7+8+10+11)	*	*		
2	(一)视同销售收入(填写 A105010)	*			*
3	(二)未按权责发生制原则确认的收入(填写 A105020)				
4	(三)投资收益(填写 A105030)				
5	(四)按权益法核算长期股权投资对初始投资成本调整确认收益	*	*	*	
6	(五)交易性金融资产初始投资调整	*	*		*
7	(六)公允价值变动净损益		*		
8	(七)不征税收入	*	*		
9	其中:专项用途财政性资金(填写 A105040)	*	*		
10	(八)销售折扣、折让和退回				
11	(九)其他				
12	二、扣除类调整项目(13+14+15+16+17+18+19+20+21+22+23+24+26+27+28+29)	*	*	967 700	
13	(一)视同销售成本(填写 A105010)	*		*	
14	(二)职工薪酬(填写 A105050)	1 820 000	1 777 500	42 500	
15	(三)业务招待费支出	150 000	90 000	60 000	*
16	(四)广告费和业务宣传费支出(填写 A105060)	*	*	750 000	

续表 5-15

行　次	项　目	账载金额	税收金额	调增金额	调减金额
		1	2	3	4
17	(五)捐赠支出(填写 A105070)	362 400	307 200	55 200	*
18	(六)利息支出				
19	(七)罚金、罚款和被没收财物的损失		*		*
20	(八)税收滞纳金、加收利息	60 000	*	60 000	*
21	(九)赞助支出		*		*
22	(十)与未实现融资收益相关在当期确认的财务费用				
23	(十一)佣金和手续费支出				*
24	(十二)不征税收入用于支出所形成的费用	*	*		*
25	其中:专项用途财政性资金用于支出所形成的费用(填写 A105040)	*	*		*
26	(十三)跨期扣除项目				
27	(十四)与取得收入无关的支出		*		*
28	(十五)境外所得分摊的共同支出	*	*		*
29	(十六)其他				
30	三、资产类调整项目(31+32+33+34)	*	*		
31	(一)资产折旧、摊销(填写 A105080)				
32	(二)资产减值准备金		*		
33	(三)资产损失(填写 A105090)				
34	(四)其他				
35	四、特殊事项调整项目(36+37+38+39+40)	*	*		
36	(一)企业重组(填写 A105100)				
37	(二)政策性搬迁(填写 A105110)	*	*		
38	(三)特殊行业准备金(填写 A105120)				
39	(四)房地产开发企业特定业务计算的纳税调整额(填写 A105010)	*			
40	(五)其他	*	*		
41	五、特别纳税调整应税所得	*	*		
42	六、其他	*	*		
43	合计(1+12+30+35+41+42)	*	*	967 700	

第三步:填报免税、减计收入及加计扣除优惠明细表(A107010)及附表。

先根据会计核算资料填写附表,本实例中,免税、减计收入及加计扣除优惠明细表的附表主要有研发费用加计扣除优惠明细表(见表 5-16),符合条件的居民企业之间的股息、红利等权益性投资收益优惠明细表(见表 5-17),再根据这些附表资料及会计核算资料填报免税、减计收入及加计扣除优惠明细表(见表 5-18)。

A107014

表 5-16　研发费用加计扣除优惠明细表

单位：元

行次	研发项目	本年研发费用明细											费用化部分		资本化部分				
		研发活动直接消耗的材料、燃料和动力费用	直接从事研发活动的本企业在职人员费用	专门用于研发活动的有关折旧费、租赁费、运行维护费	专门用于研发活动的有关无形资产摊销费	中间试验和产品试制的有关费用，样品、样机及一般测试手段购置费	研发成果论证、评审、验收、鉴定费用	勘探开发技术的现场试验费，新药研制的临床试验费	设计、制定、资料和翻译费用	年度研发费用合计	减：作为不征税收入处理的财政性资金用于研发的部分	可加计扣除的研发费用合计	计入本年损益的金额	计入本年研发费用加计扣除额	本年形成无形资产的金额	本年形成无形资产加计摊销额	以前年度形成无形资产本年加计摊销额	无形资产本年加计摊销额	本年研发费用加计扣除额合计
	1	2	3	4	5	6	7	8	9	10(2+3+4+5+6+7+8+9)	11	12（10−11）	13	14（13×50%）	15	16	17	18（16+17）	19（14+18）
1	××									400 000		400 000	400 000	200 000					
2																			
3																			
4																			
5																			
6																			
7																			
8																			
9																			
10	合计									400 000		400 000	400 000	200 000					200 000

A107011

表 5-17　符合条件的居民企业之间的股息、红利等权益性投资收益优惠明细表

行次	被投资企业	投资性质	投资成本	投资比例	被投资企业利润分配确认金额		被投资企业清算确认金额			撤回或减少投资确认金额						合计
					被投资企业做出利润分配或转股决定时间	依决定归属于本公司的股息、红利等权益性投资收益金额	分得的被投资企业清算剩余资产	被清算企业累计未分配利润和累计盈余公积应享有的部分	应确认的股息所得	从被投资企业撤回或减少投资取得的资产	减少投资比例	收回初始投资成本	取得资产中超过收回初始投资成本部分	撤回或减少投资应享有被投资企业累计未分配利润和累计盈余公积	应确认的股息所得	
	1	2	3	4	5	6	7	8	9(7与8孰小)	10	11	12(3×11)	13(10−12)	14	15(13与14孰小)	16(6+9+15)
1																
2																
3																
4																
5																
6																
7																
8																
9																
10	合计	*	*	*	*	340 000	*	*		*	*	*	*	*		340 000

注:被投资企业的具体条件资料略。

A107010

表 5-18　免税、减计收入及加计扣除优惠明细表　　单位:元

行　次	项　目	金　额
1	一、免税收入(2+3+4+5)	340 000
2	(一)国债利息收入	
3	(二)符合条件的居民企业之间的股息、红利等权益性投资收益(填写A107011)	340 000
4	(三)符合条件的非营利组织的收入	
5	(四)其他专项优惠(6+7+8+9+10+11+12+13+14)	
6	1.中国清洁发展机制基金取得的收入	
7	2.证券投资基金从证券市场取得的收入	
8	3.证券投资基金投资者获得的分配收入	
9	4.证券投资基金管理人运用基金买卖股票、债券的差价收入	
10	5.取得的地方政府债券利息所得或收入	
11	6.受灾地区企业取得的救灾和灾后恢复重建款项等收入	
12	7.中国期货保证金监控中心有限责任公司取得的银行存款利息等收入	
13	8.中国保险保障基金有限责任公司取得的保险保障基金等收入	
14	9.其他	
15	二、减计收入(16+17)	
16	(一)综合利用资源生产产品取得的收入(填写 A107012)	
17	(二)其他专项优惠(18+19+20)	
18	1.金融、保险等机构取的涉农利息、保费收入(填写 A107013)	
19	2.取得的中国铁路建设债券利息收入	
20	3.其他	
21	三、加计扣除(22+23+26)	200 000
22	(一)开发新技术、新产品、新工艺发生的研究开发费用加计扣除(填写 A107014)	200 000
23	(二)安置残疾人员及国家鼓励安置的其他就业人员所支付的工资加计扣除(24+25)	
24	1.支付残疾人员工资加计扣除	
25	2.国家鼓励的其他就业人员工资加计扣除	
26	(三)其他专项优惠	
27	合计(1+15+21)	540 000

第四步:填报企业所得税年度纳税申报表(A 类,A100000)。

企业所得税年度纳税申报表(A 类)是纳税申报表的主表(见表 5-19),根据相关附表及会计核算资料填写。同时还要完成报表封面、填报表单目录和企业基础信息表等填报内容。

A100000

表 5-19　中华人民共和国企业所得税年度纳税申报表(A 类)　　单位:元

类　别	行　次	项　目	金　额
利润总额计算	1	一、营业收入(填写 A101010\101020\103000)	25 000 000
	2	减:营业成本(填写 A102010\102020\103000)	10 480 000
	3	营业税金及附加	400 000
	4	销售费用(填写 A104000)	6 700 000
	5	管理费用(填写 A104000)	4 800 000
	6	财务费用(填写 A104000)	600 000
	7	资产减值损失	
	8	加:公允价值变动收益	
	9	投资收益	860 000
	10	二、营业利润(1－2－3－4－5－6－7＋8－9)	2 360 000
	11	加:营业外收入(填写 A101010\101020\103000)	700 000
	12	减:营业外支出(填写 A102010\102020\103000)	500 000
	13	三、利润总额(10＋11－12)	2 560 000
应纳税所得额计算	14	减:境外所得(填写 A108010)	
	15	加:纳税调整增加额(填写 A105000)	967 700
	16	减:纳税调整减少额(填写 A105000)	
	17	减:免税、减计收入及加计扣除(填写 A107010)	540 000
	18	加:境外应税所得抵减境内亏损(填写 A108000)	
	19	四、纳税调整后所得(13－14＋15－16－17＋18)	2 987 700
	20	减:所得减免(填写 A107020)	
	21	减:抵扣应纳税所得额(填写 A107030)	
	22	减:弥补以前年度亏损(填写 A106000)	
	23	五、应纳税所得额(19－20－21－22)	2 987 700
应纳税额计算	24	税率(25%)	25%
	25	六、应纳所得税额(23×24)	746 925
	26	减:减免所得税额(填写 A107040)	
	27	减:抵免所得税额(填写 A107050)	
	28	七、应纳税额(25－26－27)	746 925
	29	加:境外所得应纳所得税额(填写 A108000)	
	30	减:境外所得抵免所得税额(填写 A108000)	
	31	八、实际应纳所得税额(28＋29－30)	746 925
	32	减:本年累计实际已预缴的所得税额	500 000
	33	九、本年应补(退)所得税额(31－32)	246 925
	34	其中:总机构分摊本年应补(退)所得税额(填写 A109000)	
	35	财政集中分配本年应补(退)所得税额(填写 A109000)	
	36	总机构主体生产经营部门分摊本年应补(退)所得税额(填写 A109000)	
附列资料	37	以前年度多缴的所得税额在本年抵减额	
	38	以前年度应缴未缴在本年入库所得税额	

【职业能力判断与选择】

一、判断题

1. 我国企业所得税法规定，企业缴纳所得税，按年计算，分月或分季预缴。纳税人应于月份或季度终了后15天内预缴，年度终了后3个月内汇算清缴，多退少补。（　　）

2. 纳税人在一个纳税年度的中间开业，或由于合并、关闭等原因使该纳税年度的实际经营期不足12个月的，按其实际经营期为一个纳税年度。（　　）

3. 扣缴义务人每次代扣的企业所得税税款，应当自代扣之日起15日内缴纳入库，并向所在地的税务机关报送扣缴企业所得税报告表。（　　）

4. 居民企业以企业登记注册地为纳税地点，但登记注册地点在境外的，以实际管理机构所在地为纳税地点。（　　）

5. 非居民企业在中国境内设立机构、场所的，取得的所得以及发生在中国境外但与其所设立机构、场所有实际联系的所得，应当以机构、场所所在地为纳税地点。（　　）

6. 企业的成本费用核算和收入总额核算两项中，凡其中一项不合格者，就要采用定额征收企业所得税。（　　）

二、选择题(第1～5题为单项选择题，第6～8题为多项选择题)

1. 境内居民企业注册地与实际经营管理地不一致时，其纳税地点按税法规定应该是（　　）。

A. 注册地　　B. 实际经营管理地

C. 由税务机关决定　　D. 由纳税人自行决定

2. 非居民企业在中国境内未设立机构、场所的，以（　　）为企业所得税纳税地点。

A. 收入发生地　　B. 业务发生地

C. 扣缴义务人所在地　　D. 机构、场所所在地

3. 缴纳企业所得税，月份或季度终了后要在规定的期限内预缴，年度终了后要在规定的期限内汇算清缴，其预缴、汇算清缴的规定期限分别是（　　）。

A. 7日、45日　　B. 15日、45日

C. 15日、5个月　　D. 15日、4个月

4. 企业进行清算时，应当在（　　），向当地主管税务机关办理所得税申报，并就其清算终了后的清算所得，缴纳企业所得税。

A. 清算终结之日　　B. 办理工商注销登记的同时

C. 办理工商注销登记之前　　D. 办理工商注销登记之后

5. 纳税人进行破产清算时，应当以（　　）作为一个企业所得税的纳税年度计算清算所得。

A. 当年1月1日至清算开始日期　　B. 当年1月1日至清算结束日期

C. 当年1月1日至12月31日　　D. 清算期间

6. 下列各种情形中，应对纳税人采取核定征收企业所得税的有（　　）。

A. 能正确核算成本费用支出，收入总额不能准确核算的

B. 收入和费用均不能正确核算的

C. 没有按规定保存有关账簿、凭证资料的

D. 不按税法规定的期限办理纳税申报的

7. 关于企业所得税的纳税地点，下列表达正确的有（　　）。

A. 非居民企业在中国未设立机构、场所的，以扣缴义务人所在地为纳税地点

B. 非居民企业在中国境内设立两个机构、场所的，应分别申报缴纳企业所得税

C. 居民企业登记注册地在境外的，以实际管理机构所在地为纳税地点

D. 居民企业一般以企业登记注册地为纳税地点

8. 以下关于所得税纳税申报的说法中，正确的有（　　）。

A. 企业应当自月份或者季度终了之日起 15 日内，向税务机关报送预缴企业所得税纳税申报表，预缴税款

B. 企业应当自年度终了之日起 4 个月内，向税务机关报送年度企业所得税纳税申报表，并汇算清缴，结清应缴应退税款

C. 年度中间终止经营活动的，应当自实际经营终止之日起 30 日内，向税务机关办理当期企业所得税汇算清缴

D. 在办理注销登记前，就其清算所得向税务机关申报并依法缴纳企业所得税

项目小结

本项目是全书重点之一，本项目比较全面、系统地阐述了企业所得税法的基本内容，在此基础上，对所得税会计的理论基础、会计处理方法、会计科目设置等进行了阐述，并举例说明了所得税业务的两种会计处理方法。所得税作为直接税是我国税制体系中的重要税种，现代所得税制离不开会计，会计对现代所得税制的形成和推进具有重要作用，而所得税会计是采用应付税款法，还是采用资产负债表债务法，则是判断会计是以税法为导向还是以会计准则（制度）为导向的主要标志。

项目六　个人所得税会计核算与申报

知识目标

(1)理解个人所得税的基本法规知识。

(2)掌握个人所得税的纳税人和征税对象。

(3)掌握各项所得个人所得税应纳税额的计算。

(4)了解自行申报和税源扣缴两种个人所得税的申报方式。

(5)熟悉代扣代缴个人所得税涉税业务的账务处理。

能力目标

(1)能根据学习内容的需要查阅有关资料。

(2)能区分个人所得税的居民纳税人、非居民纳税人,选择适用税率。

(3)会根据业务资料计算个人所得税应纳税额。

(4)会根据个人所得资料填制个人所得税纳税申报表、扣缴个人所得税报告表。

(5)能根据业务资料进行代扣代缴个人所得税的账务处理。

(6)培养依法纳税意识、团队合作能力和良好的职业道德修养。

项目引言

在我国,个人的所得来源非常广泛,有工资薪金所得、劳务报酬所得、稿酬所得等,各项所得均需视情况缴纳个人所得税,我们每个人都会成为个人所得税的纳税人。同样的收入,缴纳的税可以不一样,如果少缴税,有的符合法律或法律无依据追究,而有的则会触犯法律,遭遇罚款甚至承担刑事责任。学了本项目你将得到意想不到的收获,会使你受益终身。

任务一　纳税人和征税对象的确定

任务引例

2017 年 5 月,作家李先生从本单位领取工资收入 4 500 元;到某高校作学术报告取得讲课报酬 3 000 元;在中国作家出版社出版著作一部,取得所得 50 000 元,同时将自己一本未出版的著作手稿拍卖,通过竞价,最终由中国作家出版社买走,竞价为 100 000 元。

李先生 5 月份的四笔所得,是否可以合并计算个人所得税应纳税额?是由谁来代扣代缴,还是由李先生自行缴纳?

【知识准备与业务操作】

一、纳税人的确定

个人所得税是指对个人(自然人)取得的各项应税所得为征税对象征收的一种税。个人所得来源渠道多样,性质各异;各国采用不同的征收模式,一般有分类征收制、综合征收制和混合征收制三种,我国现行个人所得税的征收实行分类征收制。

个人所得税的纳税义务人是指在中国境内有住所,或者虽无住所但在境内居住满1年,以及无住所又不居住或居住不满1年但有从中国境内取得所得的个人。包括中国公民、个体工商户以及在中国境内有所得的外籍人员和中国香港、澳门、台湾同胞,自2000年1月1日起,个人独资企业和合伙企业投资者也为个人所得税的纳税义务人。依据住所和居住时间两个标准,可将纳税人区分为居民纳税义务人和非居民纳税义务人,分别承担不同的纳税义务。

(一)居民纳税义务人及其纳税义务

居民纳税义务人,是指在中国境内有住所,或者无住所而在中国境内居住满1年的个人。居民纳税义务人负有无限纳税义务,应就其来源于中国境内和境外的应纳税所得额缴纳个人所得税。

"在中国境内有住所的个人",是指因户籍、家庭、经济利益关系而在中国境内习惯性居住的个人。习惯性居住是指个人因学习、工作、探亲等原因消除之后,没有理由在其他地方继续居留时要回原地方居住的情形。如某人因学习等原因而在中国境外居住,在其原因消除之后,必须回到中国境内居住,则中国即为该纳税人的习惯性居住地。

"在境内居住满1年",是指一个纳税年度(即公历1月1日起至12月31日止)内,在中国境内居住满365日。在计算居住天数时,对临时离境应视同在华居住,不扣减其在华居住的天数。这里所说的临时离境,是指在一个纳税年度内,一次不超过30日,或者多次累计不超过90日的离境。比如一个外籍人员从2014年8月起到中国境内的公司任职,在2015年纳税年度内,曾于5月5日至20日回国述职,12月20日又离境回国欢度圣诞。因这两次离境时间累计未超过90日,应视为临时离境,不扣减其在华居住天数,该纳税义务人应为我国的居民纳税义务人。

(二)非居民纳税义务人及其纳税义务

非居民纳税义务人,是指在中国境内无住所又不居住,或无住所且居住不满1年的个人。非居民纳税义务人负有限纳税义务,仅就其来源于中国境内的所得,向中国缴纳个人所得税。在现实生活中,非居民纳税义务人,实际上只能是在一个纳税年度中,没有在中国境内居住,或者在中国境内居住不满1年的外籍人员或中国香港、澳门、台湾同胞。

提示:

两个时间段计算的区别:①判断非居民纳税人在华居住天数时,对个人入境、离境、往返或多次往返境内外的当天,均按1天计算在华逗留天数;②计算非居民纳税人在华实际工作时间时,对个人入境、离境、往返或多次往返境内外的当天,均按半天计算在华工作天数。

提示:

过节加班费也要缴税!例如,2012年1月1日至3日(元旦假期)和1月22日至28日(春

节假期)个人获得的加班费,都要并入1月份工资薪金收入,进行个人所得税的纳税申报,依法缴纳个人所得税。

(三)所得来源的确定

居民纳税义务人应就其来源于中国境内外的所得缴纳个人所得税,非居民纳税义务人仅就来源于中国境内所得缴纳个人所得税,因此,判断哪些所得为来源于中国境内的所得就显得十分重要,个人所得税法及其实施条例对此作了规定:下列所得,不论其支付地点是否在中国境内,均视为来源于中国境内的所得:

(1)因任职、受雇、履约等而在中国境内提供劳务取得的所得。

(2)将财产出租给承租人在中国境内使用而取得的所得。

(3)转让中国境内的建筑物、土地使用权等财产或者在中国境内转让其他财产取得的所得。

(4)许可各种特许权在中国境内使用而取得的所得。

(5)从中国境内的公司、企业以及其他经济组织或者个人取得的利息、股息、红利所得。

二、征税对象的确定

个人所得税的征税对象是纳税人取得的各项应税所得,税法中列举的应税所得项目共有11项,其具体内容如下:

(一)工资、薪金所得

工资、薪金所得是指个人因任职或者受雇而取得的工资、薪金、奖金、年终加薪、劳动分红、津贴、补贴以及与任职或者受雇有关的其他所得。

对于一些不属于工资、薪金性质的补贴、津贴或者不属于纳税人本人工资、薪金所得项目的收入,不予征税。这些项目包括:①独生子女补贴;②执行公务员工资制度,未纳入基本工资总额的补贴、津贴差额和家属成员的副食品补贴;③托儿补助费;④差旅费津贴、误餐补助(指因工作在同城不能及时赶回原地而在外就餐的补助)。

(二)劳务报酬所得

劳务报酬所得是指个人独立从事各种非雇佣的劳务所取得的所得,包括设计、安装、制图、医疗、会计、咨询、讲学、新闻、翻译、审稿、书画、影视、录音、录像、演出、表演、广告、展览、技术服务、介绍服务、经纪服务、代办服务等项目。

个人不在公司任职、受雇,仅在公司担任董事、监事职务而取得的董事费、监事费按"劳务报酬所得"项目征税;个人在公司任职、受雇同时兼任董事、监事职务的,应将取得的董事费、监事费与个人工资收入合并,按"工资、薪金所得"项目征税。

劳务报酬所得与工资、薪金所得的区别:劳务报酬所得是个人独立从事自由职业或独立提供某种劳务取得的所得,不存在雇佣与被雇佣的关系;工资、薪金所得则是个人从事非独立劳动,从所在单位领取的报酬,存在着雇佣与被雇佣的关系。比如演员从剧团领取工资应属于工资、薪金所得,演员个人"走穴"取得的报酬则属于劳务报酬范围。

(三)稿酬所得

稿酬所得是指个人因其作品以图书、报刊形式出版、发行而取得的所得。作者去世后,财产继承人取得的遗作稿酬,亦应征收个人所得税。

（四）特许权使用费所得

特许权使用费所得是指个人提供专利权、商标权、著作权、非专利技术以及其他特许权的使用权取得的所得。

提供著作权的使用权取得的所得，不包括稿酬的所得，对于作者将自己的文字作品手稿原件或复印件公开拍卖（竞价）取得的所得，应按特许权使用费所得征收个人所得税。

（五）利息、股息、红利所得

利息、股息、红利所得是指个人拥有债权、股权而取得的利息、股息、红利所得。

（六）财产租赁所得

财产租赁所得是指个人出租建筑物、土地使用权、机器设备、车船以及其他财产取得的所得。个人取得的财产转租收入，属于“财产租赁所得”的征税范围。

（七）财产转让所得

财产转让所得是指个人转让有价证券、股权、建筑物、土地使用权、机器设备、车船以及其他财产取得的所得。我国为鼓励股票市场的发展，规定个人转让股票所得暂免征收个人所得税。

（八）偶然所得

偶然所得是指个人得奖、中奖、中彩以及其他偶然性质的所得。偶然所得应缴纳的个人所得税税款，一律由发奖单位或机构代扣代缴。

（九）个体工商户的生产、经营所得

个体工商户的生产、经营所得是指：

（1）个体工商户从事工业、手工业、建筑业、交通运输业、商业、饮食业、服务业、修理业以及其他行业生产、经营取得的所得。

（2）个人经政府有关部门批准，取得执照，从事办学、医疗、咨询以及其他有偿服务活动取得的所得。

（3）上述个体工商户和个人取得的与生产、经营有关的各项应税所得。

（4）其他个人从事个体工商业生产、经营取得的所得。

（5）个人独资企业、合伙企业的个人投资者以企业资金为本人家庭、成员及其相关人员支付与企业生产经营无关的消费性支出及购买汽车、住房等财产性支出视为企业对个人投资者利润分配，并入投资者个人的生产经营所得，依照“个体工商户的生产经营所得”项目计征个人所得税。

（十）对企事业单位的承包经营、承租经营所得

对企事业单位的承包经营、承租经营所得是指个人承包、承租经营以及转包、转租取得的所得，包括个人按月或者按次取得的工资、薪金性质的所得。大体可分为两类：

（1）个人对企事业单位承包、承租经营后，工商登记改变为个体工商户的，应按个体工商户的生产、经营所得项目征收个人所得税，不再征收企业所得税。

（2）个人对企事业单位承包、承租经营后，工商登记仍为企业的，不管其分配方式如何，均应先按照企业所得税有关规定缴纳企业所得税。然后对承包、承租经营者按合同规定取得的所得，依照个人所得税法的规定缴纳个人所得税。具体为：①承包、承租人对企业经营成果不拥有所有权，仅按合同（协议）规定取得一定所得的，其所得按工资、薪金所得项目征收个人所

得税;②承包、承租人按合同(协议)规定只向发包方、出租方交纳一定费用后,企业经营成果归承包、承租人所有的,其取得的所得,按企事业单位承包经营、承租经营所得项目征收个人所得税。

(十一)其他所得

除了上述10项个人应税所得外,对于今后可能出现的需要征税的新项目,由国务院财政部门确定征收个人所得税。个人取得的难以界定应税项目的个人所得,由主管税务机关确定。

提示:

对商品营销活动中,企业和单位对其营销业绩突出的非雇员以培训班、研讨会、工作考察等名义组织旅游活动,通过免收差旅费、旅游费对个人实行的营销业绩奖励(包括实物、有价证券等),应根据所发生费用的全额作为该营销人员当期的劳务收入,按照"劳务报酬所得"项目征收个人所得税。

提示:

受出版社委托进行审稿的报酬应作为劳务报酬所得征税,不作为稿酬所得。

提示:

个人因购买和处置债权取得所得,应按"财产转让所得"项目缴纳个人所得税。

提示:

个人取得单张有奖发票奖金所得不超过800元(含800元)的,暂免征收个人所得税;个人取得单张有奖发票奖金所得超过800元的,应全额按照"偶然所得"项目征收个人所得税。

任务引例解析

任务引例中,李先生2017年5月份取得4项收入,分别属于4项所得应分别征税,从本单位领取的4 500元工资收入按"工资、薪金所得"项目征税,由本单位在发放工资时代扣代缴;给某高校作学术报告取得的3 000元讲课费按"劳务报酬所得"项目征税,由某高校在发放时代扣代缴;出版著作取得的50 000稿酬按"稿酬所得"项目征税,由中国作家出版社在支付稿酬时代扣代缴;拍卖手稿取得的100 000元按"特许权使用费所得"项目征税,由中国作家出版社在支付时代扣代缴。

三、税率的选择

我国个人所得税采用分类所得税制,对不同的所得项目分别确定不同的适用税率和不同的税率形式。采用的税率形式分别为比例税率和超额累进税率,适用的税率具体确定如下:

(1)工资、薪金所得,适用七级超额累进税率,税率为3%～45%,具体税率如表6-1所示。

表6-1　个人所得税税率表

(工资、薪金所得适用)

级　数	全月应纳税所得额(元/月)		税率(%)	速算扣除数(元)
	含税级距	不含税级距		
1	不超过1 500元的	不超过1 455元的	3	0
2	超过1 500元至4 500元的部分	超过1 455元至4 155元的部分	10	105
3	超过4 500元至9 000元的部分	超过4 155元至7 755元的部分	20	555

续表 6-1

级　数	全月应纳税所得额(元/月)		税率(%)	速算扣除数(元)
	含税级距	不含税级距		
4	超过 9 000 元至 35 000 元的部分	超过 7 755 元至 27 255 元的部分	25	1 005
5	超过 35 000 元至 55 000 元的部分	超过 27 255 元至 41 255 元的部分	30	2 755
6	超过 55 000 元至 80 000 元的部分	超过 41 255 元至 57 505 元的部分	35	5 505
7	超过 80 000 元的	超过 57 505 元的	45	13 505

注:①本表所列含税级距与不含税级距,均为按照税法规定减除有关费用后的所得额;从 2011 年 9 月 1 日起执行。

②含税级距适用于由纳税人负担税款的工资、薪金所得;不含税级距适用于由其他人(单位)负担税款的工资、薪金所得。

(2)个体工商户的生产、经营所得和对企事业单位的承包经营、承租经营所得,适用 5%～35%的五级超额累进税率,具体税率如表 6-2 所示。

表 6-2　个人所得税税率表

(个体工商户的生产、经营所得和对企事业单位的承包经营、承租经营所得适用)

级　数	全月应纳税所得额(元/月)		税率(%)	速算扣除数(元)
	含税级距	不含税级距		
1	不超过 15 000 元的	不超过 14 250 元的	5	0
2	超过 15 000 元至 30 000 元的部分	超过 14 250 元至 27 750 元的部分	10	750
3	超过 30 000 元至 60 000 元的部分	超过 27 750 元至 51 750 元的部分	20	3 750
4	超过 60 000 元至 100 000 元的部分	超过 51 750 元至 79 750 元的部分	30	9 750
5	超过 100 000 元的部分	超过 79 750 元的部分	35	14 750

注:①本表所列含税级距与不含税级距,均为按照税法规定以每一纳税年度的收入总额减除成本、费用以及损失后的所得额;从 2011 年 9 月 1 日起执行。

②含税级距适用于个体工商户的生产、经营所得和由纳税人负担税款的对企事业单位的承包经营、承租经营所得;不含税级距适用于由其他人(单位)负担税款的对企事业单位的承包经营、承租经营所得。

个人独资企业和合伙企业的生产经营所得,也适用 5%～35%的五级超额累进税率。

(3)稿酬所得,适用比例税率,税率为 20%,并按应纳税额减征 30%,故其实际税率为 14%。

(4)劳务报酬所得,适用比例税率,税率为 20%。对劳务报酬所得一次收入畸高的,可以实行加成征收。所谓“劳务报酬所得一次收入畸高”,是指个人一次取得劳务报酬,其应纳税所得额超过 20 000 元。对应纳税所得额超过 20 000 元至 50 000 元的部分,依照税法规定计算应纳税额后再按照应纳税额加征五成;超过 50 000 元的部分,依照税法规定计算应纳税额后再按照应纳税额加征十成。因此,劳务报酬所得实际上适用 20%、30%、40%的三级超额累进税率,如表 6-3 所示。

表 6-3　个人所得税税率表

（劳务报酬所得适用）

级　数	含税级距/次	不含税劳务报酬收入额/次	税率(%)	速算扣除数(元)
1	不超过 20 000 元部分	不超过 21 000 元部分	20	0
2	超过 20 000 元至 50 000 元部分	超过 21 000 元至 49 500 元部分	30	2 000
3	超过 50 000 元部分	超过 49 500 元部分	40	7 000

注:①表中所列含税级距为按照税法规定减除有关费用后的所得额;不含税劳务报酬收入总额为没有减除税法规定有关费用前的收入总额。

②含税级距适用于由纳税人负担税款的劳务报酬所得;不含税劳务报酬收入额级距适用于由其他人(单位)负担税款的劳务报酬所得。

(5)特许权使用费所得,利息、股息、红利所得,财产租赁所得,财产转让所得,偶然所得和其他所得,适用比例税率,税率为 20%(从 2007 年 8 月 15 日开始,储蓄存款利息个人所得税税率调整为 5%;从 2008 年 10 月 9 日起,储蓄存款利息所得暂免征个人所得税)。

四、优惠政策的运用

(一)免税项目

(1)省级人民政府、国务院部委和中国人民解放军军以上单位,以及外国组织、国际组织颁发的科学、教育、技术、文化、卫生、体育、环境保护等方面的奖金。

(2)国债和国家发行的金融债券利息。其中,国债利息是指个人持有的中华人民共和国财政部发行的债券而取得的利息;国家发行的金融债券利息是指个人持有国务院批准发行的金融债券而取得的利息所得。

(3)按照国家统一规定发给的补贴、津贴。这是指按照国务院规定发给的政府特殊津贴和国务院规定免纳个人所得税的补贴、津贴。发给中国科学院资深院士和中国工程院资深院士每人每年 1 万元的资深院士津贴免征个人所得税。

(4)福利费、抚恤金、救济金。其中,福利费是指根据国家有关规定,从企业、事业单位、国家机关、社会团体提留的福利费或者工会经费中支付给个人的生活补助费;救济金是指国家民政部门支付给个人的生活困难补助费。下列收入不属于免税的福利费范围:①从超出国家规定的比例或基数计提的福利费、工会经费中支付给个人的各种补贴、补助;②从福利费和工会经费中支付给单位职工的人人有份的补贴、补助;③单位为个人购买汽车、住房、电子计算机等不属于临时性生活困难补助性质的支出。

(5)保险赔款。

(6)军人的转业费、复员费。

(7)按照国家统一规定发给干部、职工的安家费、退职费、退休工资、离休工资、离休生活补助费。

对离休、退休干部和职工利用一技之长和经验,再就业取得的工资、薪金所得,应区别于免税的退休工资、离休工资和离休生活补助费,依法征收个人所得税。此外离、退休人员取得除免税的离退休工资、离休生活补助费以外的其他各项所得,也应依法缴纳个人所得税。实行内部退养的个人，在其办理内部退养手续后至法定离退休年龄之间从原任职单位取得的工资、薪金，不属于离退休工资，须按“工资、薪金所得”项目缴纳个人所得税。

(8)依照我国有关法律规定应予免税的各国驻华使馆、领事馆的外交代表、领事官员和其他人员的所得。

(9)中国政府参加的国际公约、签订的协议中规定免税的所得。

(10)企业和个人按规定比例提取并缴付的住房公积金、医疗保险金、基本养老保险金和失业保险基金(简称“三保一金”)，免征个人所得税；个人领取“三保一金”免征个人所得税；按规定比例缴付的“三保一金”存入银行个人账户所取得的利息收入，免征个人所得税。

(11)对乡镇以上政府或县以上政府主管部门批准成立的见义勇为基金会或者类似组织，奖励见义勇为者的奖金或奖品，经主管税务机关批准，免征个人所得税。

(12)经国务院财政部门批准的其他免税所得。

(二)减税项目

(1)残疾、孤老人员和烈属的所得。

(2)因严重自然灾害造成重大损失的。

(3)其他经国务院财政部门批准减免的项目。

上述减税项目的减征幅度和期限，由省、自治区、直辖市人民政府规定。

(三)暂免征税项目

(1)外籍个人以非现金形式或实报实销形式取得的住房补贴、伙食补贴、搬迁费、洗衣费。

(2)外籍个人按合理标准取得的境内、境外出差补贴。

(3)外籍个人取得的探亲费、语言训练费、子女教育费等，经当地税务机关审核批准为合理的部分。

(4)外籍个人从外商投资企业取得的股息、红利所得。

(5)个人举报、协查各种违法、犯罪行为而获得的奖金。

(6)个人办理代扣代缴税款手续，按规定取得的扣缴手续费。

(7)个人转让自用达5年以上，并且是唯一的家庭生活用房取得的所得。

(8)对个人购买福利彩票和体育彩票，一次中奖收入在1万元以下的(含1万元)暂免征收个人所得税，超过1万元的全额征收个人所得税。

(9)达到离、退休年龄，但确因工作需要，适当延长离、退休年龄的高级专家(指享受国家发放的政府特殊津贴的专家、学者)，其在延长离、退休期间的工资、薪金所得，视同离、退休工资免征个人所得税。

(10)对个人转让上市公司股票的所得，暂免征收个人所得税。

(11)从2015年9月8日起，对个人投资应从上市公司取得的股息红利所得，持股期限在1个月以内(含)的，其股息红利所得全额计入应纳税所得额，实际税负为20%；持股期限在1个月以上至1年(含)的，暂减按50%计入应纳税所得额，实际税负为10%；持股期限超过1年的，暂免征收个人所得税。

(12)凡符合下列条件之一的外籍专家取得的工资、薪金所得可免征个人所得税：①根据世界银行专项贷款协议由世界银行直接派往我国工作的外国专家；②联合国组织直接派往我国工作的专家；③为联合国援助项目来华工作的专家；④援助国派往我国专为该国无偿援助项目工作的专家；⑤根据两国政府签订文化交流项目来华工作两年以内的文教专家，其工资、薪金所得由该国负担的；⑥根据我国大专院校国际交流项目来华工作两年以内的文教专家，其工资、薪金所得由该国负担的；⑦通过民间科研协定来华工作的专家，其工资、薪金所得由该国政府机构负担的。

（四）其他减免税优惠

（1）对在中国境内无住所，但在境内居住1年以上、不到5年的纳税人减免税优惠。在中国境内无住所，但居住满1年而未超过5年的个人，其来源于中国境外的所得，经主管税务机关批准，可以只就中国境内公司、企业以及其他经济组织或者个人支付的部分缴纳个人所得税；居住超过5年的个人，从第6年起，应当就其来源于中国境外的全部所得缴纳个人所得税。这里的“个人在中国境内居住满5年”，是指个人在中国境内连续居住满5年，即在连续5年中的每一纳税年度内均居住满1年。

（2）对在中国境内无住所，但在一个纳税年度中在中国境内居住不超过90日的纳税人的减免税优惠。在中国境内无住所而一个纳税年度内在中国境内连续或累计工作不超过90日的个人，由中国境外雇主支付并且不是由该雇主设在中国境内机构负担的工资、薪金所得，免于缴纳个人所得税，仅就其实际在中国境内工作期间由中国境内企业或个人雇主支付或者由中国境内机构负担的工资、薪金所得纳税。

【职业能力判断与选择】

一、判断题

1. 某美国公民于2011年1月2日至2015年12月31日在中国境内工作，该美国公民不是我国个人所得税的居民纳税人。（　）

2. 王某由于工作表现出色，单位奖励住房一套，该住房应按工资薪金所得缴纳个人所得税。（　）

3. 在中国境内无住所而在一个纳税年度中在中国境内连续或累计居住不超过90日的个人，由中国境外雇主支付并且不是由该雇主的中国境内机构负担的工资薪金，免予申报缴纳个人所得税。（　）

4. 对个人转让自用达5年以上的家庭居住用房取得的所得，可以免纳个人所得税。（　）

5. 对非居民纳税人来源于中国境内雇佣公司支付但支付地点在境外的所得，免征个人所得税。（　）

二、选择题（第1～5题为单项选择题，第6～10题为多项选择题）

1. 以下属于中国居民纳税人的是（　）。
A. 美国人甲2015年9月1日入境，2016年10月1日离境
B. 日本人乙来华学习180天
C. 法国人丙2015年1月1日入境，2015年12月20日离境
D. 英国人丁2014年1月1日入境，2015年11月20日离境

2. 下列利息、股息、红利所得应当征收个人所得税的是（　）。
A. 国债利息　　B. 国家发行的金融债券利息

C. 个人取得的储蓄存款利息　　D. 企业的债券利息

3. 临时离境是指纳税人在该纳税年度中一次不超过(　　)日或者多次累计不超过(　　)日的离境。

A. 30、60　　B. 30、90　　C. 60、90　　D. 90、183

4. 下列所得中，一次收入畸高可实行加成征收的是(　　)。

A. 稿酬所得　　B. 利息、股息、红利所得

C. 劳务报酬所得　　D. 偶然所得

5. 我国工资薪金所得的个人所得税适用(　　)。

A. 比例税率　　B. 超率累进税率　　C. 全额累进税率　　D. 超额累进税率

6. 下列个人所得中，适用 20% 比例税率的有(　　)。

A. 工资、薪金所得　　B. 劳务报酬所得

C. 特许权使用费所得　　D. 企业职工的奖金所得

7. 下列各项中，属于个人所得税居民纳税人的有(　　)。

A. 在中国境内无住所，但一个纳税年度中在中国境内居住满 1 年的个人

B. 在中国境内无住所且不居住的个人

C. 中国境内无住所，而在境内居住超过 6 个月不满 1 年的个人

D. 在中国境内有住所的个人

8. 下列各项所得中，可免征个人所得税的有(　　)。

A. 居民银行储蓄存款利息

B. 个人举报协查违法犯罪行为而获得的奖金

C. 购买足球彩票时，获得的中奖所得

D. 事业单位自行规定发放的各种补贴或津贴

9. 将个人所得税的纳税义务人区分为居民纳税义务人和非居民纳税义务人，依据的标准有(　　)。

A. 境内有无住所　　B. 境内时间

C. 取得收入的工作地　　D. 境内居住时间

10. 下列各项中，个人所得税适用 5%～35% 的五级超额累进税率的有(　　)。

A. 个人独资企业生产经营所得

B. 合伙企业的生产经营所得

C. 个体工商户的生产、经营所得

D. 对企事业单位的承包经营、承租经营所得

任务二　个人所得税税款计算

王先生系某高校教师，如 2016 年每个月的基本工资收入为 3 800 元，此外学校按照每位教师教学工作量发放课时报酬，王先生 2—6 月份每个月课时报酬收入为 2 100 元；9—12 月份

每个月课时报酬为2 400元;2016年12月获得全年一次性奖金收入24 000元;王先生于2016年出版教材一部,获得稿酬收入12 000元;为某大型企业集团讲学一次,获得收入3 000元;担任某集团公司独立董事,一次性取得董事费40 000元;购买福利彩票中奖获得奖金15 000元。

根据以上资料,请计算王先生2016年应纳的个人所得税税额。

【知识准备与业务操作】

一、个人所得税应纳税额的计算

我国的个人所得税采用分类所得税制,即将个人取得的各项所得划分为11类,对11类所得分别适用不同的费用扣除标准、不同的税率和不同的计税方法。

(一)工资、薪金所得应纳税额的计算

1. 应纳税所得额的确定

工资、薪金所得以每月收入额减除固定费用3 500元后的余额为应纳税所得额。但是对在中国境内无住所而在中国境内取得工资、薪金所得的纳税义务人和在中国境内有住所而在中国境外取得工资、薪金所得的纳税义务人,税法规定,在基本扣除费用基础上,再减除1 300元附加费用后的余额为应纳税所得额,具体人员范围如下:

(1)在中国境内的外商投资企业和外国企业工作的外籍人员。

(2)应聘在中国境内的企业、事业单位、社会团体、国家机关工作的外籍专家。

(3)在中国境内有住所而在中国境外任职或者受雇取得工资、薪金所得的个人。

(4)华侨和中国香港、澳门、台湾同胞。

(5)国务院财政、税务主管部门规定的其他人员。

2. 平时工资、薪金所得应纳税额的计算

计算公式如下:

$$应纳税所得额=每月收入额-费用扣除标准(3\ 500元或4\ 800元)$$

$$应纳税额=\sum(各级距应纳税所得额\times该级距的适用税率)$$

或

$$应纳税额=应纳税所得额\times适用税率-速算扣除数$$

3. 全年一次性奖金所得应纳税额的计算

个人取得全年一次性奖金按以下规定执行:

(1)纳税人取得全年一次性奖金,单独作为一个月工资、薪金所得计算纳税,并按以下计税办法,由扣缴义务人发放时代扣代缴:

首先,将雇员当月内取得的全年一次性奖金,除以12个月,按其商数确定适用税率和速算扣除数。如果在发放年终一次性奖金的当月,雇员当月工资薪金所得低于税法规定的费用扣除额,应将全年一次性奖金减除“雇员当月工资薪金所得与费用扣除额的差额”后的余额,按上述办法确定全年一次性奖金的适用税率和速算扣除数。

其次,将雇员个人当月内取得的全年一次性奖金,按上述确定的适用税率和速算扣除数计算征税,计算公式如下:

如果雇员当月工资薪金所得高于(或等于)税法规定的费用扣除额的,适用公式为:

应纳税额＝雇员当月取得全年一次性奖金×适用税率－速算扣除数

如果雇员当月工资薪金所得低于税法规定的费用扣除额的，适用公式为：

$$\text{应纳税额}=\left(\text{雇员当月取得全年一次性奖金}-\text{雇员当月工资薪金所得与费用扣除额的差额}\right)\times\text{适用税率}-\text{速算扣除数}$$

(2)在一个纳税年度内，对每一个纳税人，该计税办法只允许采用一次。

(3)雇员取得除全年一次性奖金以外的其他各种名目奖金，如半年奖、季度奖、加班奖、先进奖、考勤奖等，一律与当月工资、薪金收入合并，按税法规定缴纳个人所得税。

【做中学 6-1】 中国公民王某 2017 年 1 月取得 2016 年全年一次性奖金 36 000 元。王某当月的工资为 8 100 元，交纳社会统筹的养老保险 220 元，失业保险 100 元，单位代缴水电费 200 元。

要求：计算王某 1 月份应缴纳的个人所得税税额。

分析：

当月工资收入应纳个人所得税额＝(8 100－3 500－220－100)×10%－105＝323(元)

年终奖金应纳税额计算如下：36 000÷12＝3 000(元)，适用 10%的税率，速算扣除数为 105。

应纳税额＝36 000×10%－105＝3 495(元)

王某 1 月份应纳个人所得税额＝323＋3 495＝3 818(元)

(二)劳务报酬所得应纳税额的计算

劳务报酬所得实行按次征税，以每次取得的收入减除费用扣除标准后的余额为应纳税所得额。其费用扣除标准为：每次收入不超过 4 000 元的，减除费用为 800 元；4 000 元以上的，减除费用为收入额的 20%。

上述所说的“每次收入”按下列规定确定：只有一次性收入的，以取得该项收入为一次；属于同一事项连续取得收入的，以一个月内取得的收入合计为一次。

计算公式如下：

(1)每次收入不超过 4 000 元的：

应纳税额＝(每次收入额－800)×20%

(2)每次收入超过 4 000 元，应纳税所得额不超过 20 000 元的：

应纳税额＝每次收入额×(1－20%)×20%

(3)每次收入的应纳税所得额超过 20 000 元的：

应纳税额＝每次收入额×(1－20%)×适用税率－速算扣除数

(4)为纳税人代付税款的计算方法：

如果单位或个人为纳税人负担税款的，应当将纳税人取得的不含税收入额换算为应纳税所得额，然后按规定计算应代付的个人所得税款。计算公式为：

①不含税收入额为 3 360 元(即含税收入额为 4 000 元)以下的：

应纳税所得额＝(不含税收入额－800)÷(1－税率)

应纳税额＝应纳税所得额×适用税率

②不含税收入额为 3 360 元以上的：

应纳税所得额＝(不含税收入额－速算扣除数)×(1－20%)÷[1－税率×(1－20%)]

应纳税额＝应纳税所得额×适用税率－速算扣除数

公式中的“税率”，是指不含税收入额按不含税劳务报酬收入所对应的税率；公式中的“适用税率”，是指应纳税所得额按含税级距对应的税率。

【做中学 6-2】 歌星刘某一次取得表演收入 48 000 元。

要求：计算其应纳个人所得税税额。

分析：

应纳税额＝48 000×(1－20%)×30%－2 000＝9 520(元)

假如，刘某取得的表演收入 48 000 元为税后所得，与其演出收入相关的税金由演出单位承担，则演出单位应负担的个人所得税税额计算如下：

应纳税所得额＝(48 000－2 000)×(1－20%)÷[1－30%×(1－20%)]＝48 421.05(元)

应纳税额＝48 421.05×30%－2 000＝12 526.32(元)

(三)稿酬所得应纳税额的计算

1. 应纳税所得额的计算

稿酬所得实行按次征税，以每次取得的收入减除费用扣除标准后的余额为应纳税所得额。其费用扣除标准：每次收入不超过 4 000 元的，减除费用为 800 元；4 000 元以上的，减除费用为收入额的 20%。

稿酬所得按次计税，以每次出版、发表取得的收入为一次，具体可细分如下：

(1)同一作品再版取得的所得，应视为另一次稿酬所得计征个人所得税。

(2)同一作品先在报刊上连载，然后再出版，或先出版，再在报刊上连载的，应视为两次稿酬所得征税。即连载为一次，出版为另一次。

(3)同一作品在报刊上连载，以连载完后取得的所有收入合并为一次计征个人所得税。

(4)同一作品在出版、发表时，以预付稿酬或分次支付稿酬等形式取得的收入，应合并一次计算。

(5)同一作品出版、发表后，因添加印数而追加稿酬的，应与以前出版、发表时取得的稿酬合并为一次计征个人所得税。

2. 应纳所得税税额的计算

稿酬所得应纳税额计算公式如下：

(1)每次收入不足 4 000 元的：

应纳税额＝(每次收入额－800)×20%×(1－30%)

(2)每次收入超过 4 000 元的：

应纳税额＝每次收入额×(1－20%)×20%×(1－30%)

【做中学 6-3】 作家张某于 2016 年 5 月由某出版社出版一部长篇小说，取得稿酬 45 000 元；同年 10 月又取得该书加印稿酬 5 500 元；2016 年 11 月到 2017 年 1 月期间该长篇小说在某报刊上连载 3 个月，每月获得稿酬 1 000 元，共 3 000 元。

要求：计算作家张某就这部长篇小说稿酬所应缴纳的个人所得税税额。

分析：

(1)出版、加印稿酬应纳税额＝(45 000＋5 500)×(1－20%)×20%×(1－30%)＝5 656(元)

(2)报刊连载稿酬应纳税额＝(3 000－800)×20%×(1－30%)＝308(元)

（四）特许权使用费所得应纳税额的计算

特许权使用费按次计税，以每次取得的收入减除费用扣除标准后的余额为应纳税所得额。其费用扣除标准为：每次收入不超过 4 000 元的，减除费用为 800 元；4 000 元以上的，减除费用为收入额的 20%。

特许权使用费按次计税，以每一项使用权的每次转让所取得的收入为一次，如果该次转让取得的收入是分笔支付的，则应将各笔收入相加为一次。

计算公式如下：

（1）每次收入不足 4 000 元的：

应纳税额＝（每次收入额－800）×20%

（2）每次收入超过 4 000 元的：

应纳税额＝每次收入额×（1－20%）×20%

【做中学 6-4】 某企业购入王某一项非专利使用权，合同约定使用费为 40 000 元，分 2 次支付，每次支付 20 000 元。

要求：计算该企业应代扣代缴的个人所得税税额。

分析：

同一笔业务，虽分次支付，但应合并计算。

应纳税额＝40 000×（1－20%）×20%＝6 400（元）

（五）财产租赁所得应纳税额的计算

1. 应纳税所得额的计算

财产租赁所得按次计税，以 1 个月取得的收入为一次。按税法规定，财产租赁所得以每次取得的收入减除规定费用后的余额为应纳税所得额。此处所指的规定费用特指以下三项内容：

（1）财产租赁过程中缴纳的税费。该项税费必须提供完税凭证，才能从其财产租赁收入中扣除。

（2）由纳税人负担的出租财产实际开支的修缮费用。该费用必须提供有效、准确凭证，并且其扣除额以每次 800 元为限，一次扣除不完的，准予在下一次继续扣除，直到扣完为止。

（3）税法规定的费用扣除标准：每次收入不超过 4 000 元的，减除费用为 800 元；4 000 元以上的，减除费用为收入额的 20%。

同时应注意上述费用应按上述顺序依次扣除。

2. 应纳所得税税额的计算

计算公式如下：

（1）每次（月）收入不超过 4 000 元的：

应纳税额＝［每次（月）收入额－准予扣除项目－修缮费用（800 元为限）－800］×适用税率

（2）每次（月）收入超过 4 000 元的：

应纳税额＝［每次（月）收入额－准予扣除项目－修缮费用（800 元为限）］×（1－20%）×适用税率

【做中学 6-5】 中国公民李某 2017 年 6 月 1 日起将其位于市区的一套公寓住房按市价出租，每月收取租金 3 800 元。6 月因卫生间漏水发生修缮费用 1 200 元，已取得合法有效的支出凭证。

要求：计算李某6—7月出租房屋应缴纳的个人所得税税额(不考虑其他税费)。

分析：

个人出租住房的月租金收入不超过3万元，可享受小微企业免征增值税优惠政策，因而租金收入也不扣减增值税。

应纳个人所得税额＝(3 800－800－800)×10%＋(3 800－400－800)×10%＝480(元)

假设上例中，李某就取得的租金收入按税法规定缴纳了房产税、城市维护建设税和教育费附加，在计算应纳税额时，也可一并扣除。

提示1：

上述的适用税率有两档：基本税率为20%；对于个人按市场价格出租的居民住房取得的所得减按10%的税率征收个人所得税。

提示2：

"营改增"试点后，个人出租房屋的个人所得税应税收入不含增值税，计算房屋出租所得可扣除的税费不包括本次出租缴纳的增值税；个人转租房屋的，其向房屋出租方支付的租金及增值税额，在计算转租所得时予以扣除。免征增值税的，确定计税依据时，租金收入不扣减增值税额。

(六)财产转让所得应纳税额的计算

财产转让所得以转让财产的收入减除财产原值和合理费用后的余额为应纳税所得额。其计算公式如下：

应纳税所得额＝每次收入额－财产原值－合理费用

上式所指的财产原值，对有价证券为买入价以及买入时按照规定交纳的有关费用；对建筑物为建造费用或者购进价格以及其他有关费用；对土地使用权为取得土地使用权所支付的金额、开发土地的费用以及其他有关费用；对机器设备、车船为购进价格、运输费、安装费以及其他有关费用；其他财产参照上述方法确定。纳税人未提供完整、准确的财产原值凭证，不能正确计算财产原值的，由主管税务机关核定其财产原值。

上式所指的合理费用是指卖出财产过程中按规定支付的有关费用。

个人住房转让时，纳税人不能提供完整、准确的房屋原值凭证和合理费用的凭证时，税务机关可对其实行核定征税，即按纳税人住房转让收入的一定比例核定应纳个人所得税额，具体比例由省级地方税务局或省级地方税务局授权的地市级地方税务局根据纳税人出售住房的所处区域、地理位置、建造时间、房屋类型、住房平均价格水平等因素，在住房转让收入1%～3%的幅度内确定。

个人受赠的住房转让时，应按财产转让收入减除受赠、转让住房过程中缴纳的税金及有关合理费用后的余额为应纳税所得额，按20%的适用税率计算缴纳个人所得税，不得采用核定征收方式。

提示：

"营改增"试点后，个人转让房屋的个人所得税应税收入不含增值税，其取得房屋时所支付价款中包含的增值税计入财产原值，计算转让所得时可扣除的税费不包括本次转让缴纳的增值税。免征增值税的，确定计税依据时，转让房地产取得的收入不扣减增值税额。

【做中学 6-6】 居住在市区的中国居民李某，2016 年 11 月份，以每份 218 元的价格转让 2014 年的企业债券 500 份，发生相关税费 870 元，债券申购价每份 200 元，申购时共支付相关税费 350 元；转让 A 股股票取得所得 24 000 元。

要求：计算李某转让有价证券所得应缴纳的个人所得税税额。

分析：

转让股票取得所得免征个人所得税。

转让有价证券所得应缴纳的个人所得税＝[(218－200)×500－870－350]×20%
＝1 556(元)

(七)利息、股息、红利所得和偶然所得应纳税额的计算

利息、股息、红利所得和偶然所得按次纳税。利息、股息、红利所得以支付利息、股息、红利时取得的收入为一次；偶然所得以每次收入为一次。

上述所得均应以每次收入额为应纳税所得额，不作任何费用扣除。

其应缴个人所得税计算公式如下：

应纳税额＝每次收入额×20%

【做中学 6-7】 2016 年刘先生购买福利彩票中奖 5 000 元；参加某商场举办的有奖销售活动中奖 20 000 元现金。

要求：计算刘先生应纳的个人所得税税额。

刘先生购买福利彩票中奖所得不超过 1 万元，暂免征收个人所得税；参加商场有奖销售活动所得应按“偶然所得”项目计征个人所得税。

应纳税额＝20 000×20%＝4 000(元)

(八)个体工商户生产、经营所得应纳税额的计算

1. 应纳税所得额的确定

个体工商户的生产、经营所得，应以其每一纳税年度的收入总额减除成本、费用以及损失后的余额为应纳税所得额。其中：

(1)收入总额是指个体工商户从事生产、经营以及与生产经营有关的活动所取得的各项收入，包括主营业务收入、其他业务收入和营业外收入。

(2)成本、费用和损失是指个体工商户从事生产、经营活动所发生的各项直接费用、间接费用、期间费用和营业外支出。

2. 账册健全的个体工商户应纳税额的计算

对于账册健全的个体工商户，实行按年计算，分月或分季预缴，年终汇算清缴，多退少补的方法，以每一纳税年度的收入总额，减除成本、费用以及损失后的余额作为应纳税所得额，按适用税率计算应纳税额。其应纳税额可按下列公式计算：

应纳税额＝应纳税所得额×适用税率－速算扣除数

3. 账册不健全的个体工商户应纳税额的计算

对于账册不健全的，甚至没有建账的个体工商户(包括个人独资企业和合伙企业)，可采用定额征收、定率征收和核定应税所得率征收等办法。

定额征收是指税务机关对经营规模小，经营情况比较稳定的个体户，可根据业户的实际经

营情况，核定应纳税额，按月纳税，年终不清算。

定率征收是指税务机关经调查，定期制定行业所得税负担率，在缴纳增值税的同时，一并按销售收入计算缴纳所得税，年终不清算。

实行核定应税所得率征收方式的，应纳所得税额的计算公式如下：

$$应纳所得税额=应纳税所得额\times 适用税率-速算扣除数$$

$$应纳税所得额=收入总额\times 应税所得率 \quad 或 \quad 成本费用支出总额\div(1-应税所得率)\times 应税所得率$$

应税所得率按表 6-4 规定的标准执行。

表 6-4　个人所得税应税所得率表

行　业	应税所得率(%)	行　业	应税所得率(%)
工业、交通运输业、商业	5～20	娱乐业	20～40
建筑业、房地产开发业	7～20	其他行业	10～30
饮食服务业	7～25		

企业经营多业的，无论其经营项目是否单独核算，均应根据其主营项目确定其适用的应税所得率。实行核定征收的投资者，不能享受个人所得税的优惠政策。

【做中学 6-8】　某酒楼是个体饭店，账证健全，12 月取得营业额 123 500 元，购进米、面等原材料 50 000 元，缴纳水电等各项费用 15 000 元，缴纳其他税费合计 5 000 元。该饭店共有 4 名雇工，当月共支付工资费用 6 000 元；业主自己月工资 6 000 元。该饭店 1—11 月累计应纳税所得额 460 000 元，已累计预缴个人所得税 140 000 元。

要求：计算该业主 12 月份应缴纳个人所得税税额。

分析：

雇员的合理工资可在税前全额扣除，业主按 3 500 元/月扣除。

12 月份应纳税所得额＝123 500－50 000－15 000－5 000－6 000－3 500＝44 000(元)

全年累计应纳税所得额＝460 000＋44 000＝504 000(元)

全年累计应纳个人所得税金额＝504 000×35%－14 750＝161 650(元)

12 月份应缴纳个人所得税金额＝161 650－140 000＝21 650(元)

按照有关规定，达到规定经营规模的个体工商户，必须建账。对未达到规定经营规模暂未建账或经批准暂缓建账的个体工商户，可采取定期定额、综合负担率等办法征税。

(九)对企(事)业单位承包、承租经营所得应纳税额的计算

对企(事)业单位的承包、承租经营所得，实行按年计算，分月或分季预缴，年终汇算清缴，多退少补的方法，以每一纳税年度的收入总额，减除必要的费用后的余额为应纳税所得额。纳税年度的收入总额是指纳税人按照承包、承租经营合同规定分得的经营利润和工资、薪金性质所得；减除必要费用是指按月扣除 3 500 元。其计算公式为：

$$应纳税所得额=每一纳税年度的收入总额-必要费用$$

$$应纳税额=应纳税所得额\times 适用税率-速算扣除数$$

实行承包、承租经营的纳税义务人，在一个纳税年度内，承包、承租经营不足 12 个月的，以其实际承包、承租经营的月份数为一个纳税年度计算纳税。计算公式为：

$$应纳税所得额=该年度承包、承租经营收入额-\left(3\,500\times 该年度实际承包、承租经营月份数\right)$$

应纳税额＝应纳税所得额×适用税率－速算扣除数

【做中学 6-9】 2016 年 1 月 1 日王某与某商店签订承包合同，约定承包期限一年，王某每年上交承包金 20 000 元，其余经营所得归王某所有。实现承包所得 88 000 元（未扣除王某的工资）。

要求：计算王某 2016 年应纳个人所得税税额。

分析：

个体工商户业主费用扣除标准为 3 500 元/月，故允许扣除的费用合计为 42 000 元（3 500×12）。

应纳税所得额＝88 000－20 000－42 000＝26 000（元）

应纳个人所得税额＝26 000×10%－750＝1 850（元）

假设合同约定，王某对该商店的经营成果不拥有所有权，仅可以每月取得固定工资 4 500 元。则王某 2016 年应纳个人所得税税额计算如下：

此类中王某承包取得的固定收入，实际相当于是工资、薪金收入，按七级超额累进税率计算，按月缴纳个人所得税。

每月应纳税所得额＝4 500－3 500＝1 000（元）

月应纳个人所得税额＝1 000×3%＝30（元）

全年应纳个人所得税额＝30×12＝360（元）

【任务实施——个人所得税应纳税所得额计算】

工作实例

赵小兵是北京市朝阳区 A 公司的技术骨干。2016 年小赵的全部收入和税款缴纳情况如下：

（1）每月取得工资和年终奖及扣缴税款情况见表 6-5。

表 6-5　赵小兵 2016 年工资收入汇总表

	基本及岗位工资	伙食补助	月奖	住房补助	过节费	应发工资	住房公积金	基本养老保险费	基本医疗保险费	失业保险费	三费一金合计	个人所得税	实发工资
	①	②	③	④	⑤	⑥	⑦	⑧	⑨	⑩	⑪	⑪	⑪
1 月	7 000	1 000	1 200	3 000	1 000	13 200	1 200	960	240	120	2 520	881	9 799
2 月	7 000	1 000	1 200	3 000	2 000	14 200	1 200	960	240	120	2 520	1 081	10 599
3 月	7 000	1 000	1 200	3 000	0	12 200	1 200	960	240	120	2 520	681	8 999
4 月	7 000	1 000	1 200	3 000	0	12 200	1 200	960	240	120	2 520	681	8 999
5 月	7 000	1 000	1 200	3 000	1 000	13 200	1 200	960	240	120	2 520	881	9 799
6 月	7 000	1 000	1 200	3 000	0	12 200	1 200	960	240	120	2 520	681	8 999
7 月	7 000	1 000	1 200	3 000	0	12 200	1 200	960	240	120	2 520	681	8 999
8 月	7 000	1 000	1 200	3 000	0	12 200	1 200	960	240	120	2 520	681	8 999
9 月	7 000	1 000	1 200	3 000	1 000	13 200	1 200	960	240	120	2 520	681	9 799
10 月	7 000	1 000	1 200	3 000	1 000	12 200	1 200	960	240	120	2 520	681	9 799

续表 6-5

	基本及岗位工资	伙食补助	月奖	住房补助	过节费	应发工资	住房公积金	基本养老保险费	基本医疗保险费	失业保险费	三费一金合计	个人所得税	实发工资
	①	②	③	④	⑤	⑥	⑦	⑧	⑨	⑩	⑪	⑪	⑪
11 月	7 000	1 000	1 200	3 000	0	12 200	1 200	960	240	120	2 520	681	8 999
12 月	7 000	1 000	1 200	3 000	0		1 200	960	240	120	2 520	681	8 999
年终奖金	—	—	—	—	—	36 000	—	—	—	—		3 495	32 505
合计						188 400					30 240	12 867	145 293

(2)2016 年 5 月 10 日完成某单位委托的某工程项目可行性方案，取得设计费 8 000 元，委托单位扣缴了个人所得税 1 280 元。

(3)在国内专业杂志上发表文章两篇，分别取得稿酬 1 300 元和 900 元，杂志社已扣个人所得税 84 元。

(4)2016 年 3 月 1 日将其拥有的一项发明专利让渡给甲公司，双方约定的转让款为40 000 元，甲公司扣缴其个人所得税 6 400 元。

(5)2016 年 1 月 1 日出租自有商铺给乙公司，合同约定租期 1 年，月租金 3 500 元，按国家规定缴纳除个人所得税外的其他税费 200 元，缴纳个人所得税 500 元。

(6)2016 年 6 月转让设备一台，取得转让收入 6 000 元。该设备原价 5 000 元，转让时支付的有关费用 200 元，扣缴的个人所得税为 160 元。

(7)取得本公司股权分红 20 000 元，扣缴个人所得税 4 000 元。

(8)购买国债，取得利息收入 2 000 元。

(9)购买企业债券，取得利息收入 1 500 元，没有扣缴个人所得税。

(10)2016 年 6 月 3 日一次购买体育彩票，中奖 90 000 元，扣缴个人所得税 18 000 元。

现在小赵向你咨询他的各项收入个人所得税税款是如何计算出来的，年末是否还需要补税？

【操作步骤】

第一步：判断个人所得项目类别。

属于工资、薪金所得的有：业务(1)；

属于劳务报酬所得的有：业务(2)；

属于稿酬所得的有：业务(3)；

属于特许权使用费所得的有：业务(4)；

属于财产租赁所得的有：业务(5)；

属于财产转让所得的有：业务(6)；

属于利息、股息、红利所得的有：业务(7)、(8)、(9)；

属于偶然所得的有：业务(10)。

第二步：分别确定计税依据并逐项计算应纳个人所得税税额。

(1)工资、薪金所得。

①平时每月工资、薪金个人所得税计算,分别以1月份为例:

1月份的工资、薪金个人所得税:

应纳税所得额=应发工资-个人缴付的“三费一金”-基本费用扣除标准

=13 200-2 520-3 500=7 180(元)

应纳税额=7 180×20%-555=881(元)

小赵各月工资、薪金个人所得税,A公司为扣缴义务人,应由发放工资的A公司代扣代缴。

②年终奖个人所得税计算:

适用税率的确定:36 000÷12=3 000(元),适用税率为10%,速算扣除数为105。

应纳税额=36 000×10%-105=3 495(元)

小赵年终奖个人所得税,A公司为扣缴义务人,也应由发放工资的A公司代扣代缴。

(2)劳务报酬所得。

小赵为外单位设计项目可行性方案所得应纳税所得额=8 000×(1-20%)×20%

=1 280(元)

小赵取得的设计费应纳的个人所得税应由委托公司代扣代缴。

(3)稿酬所得。

稿酬所得应纳税款=(1 300-800)×20%×(1-30%)+(900-800)×20%×(1-30%)

=84(元)

稿酬所得应纳税款应由杂志社代扣代缴。

(4)特许权使用费所得。

应纳税额=40 000×(1-20%)×20%=6 400(元)

小赵让渡发明专利所得应缴个人所得税应由甲公司在支付收入时按20%的税率代扣代缴。

(5)财产租赁所得。

应纳税额=每月应纳税所得额×20%×12=(3 500-200-800)×20%×12=6 000(元)

小赵出租房屋所得应纳个人所得税应由承租的公司代扣代缴。

(6)财产转让所得。

应纳税额=(6 000-5 000-200)×20%=160(元)

(7)利息、股息、红利所得。

在(7)~(9)项收入中,第(8)项国债利息收入属于免税所得,不计入年应纳税所得额。则:

年利息、股息、红利应纳税所得额=公司分红+企业债券利息

=20 000+1 500=21 500(元)

应纳税额=21 500×20%=4 300(元)

上述所得应纳的个人所得税均由支付单位代扣代缴。

(8)偶然所得。

应纳税额=90 000×20%=18 000(元)

第三步:汇总本年度赵小兵应纳个人所得税税额,并补缴个人所得税。

本年度应纳个人所得税额=12 867+1 280+84+6 400+6 000+160+4 300+18 000

=49 091(元)

本年度已经缴纳的个人所得税额=12 867+1 280+84+6 400+6 000+160+4 000+18 000

=48 791(元)

本年度应补缴个人所得税额=49 091-48 791=300(元)

二、个人所得税几种特殊情况应纳税额的计算

(一)个人发生公益、救济性捐赠个人所得税的计算

个人将其所得通过中国境内的社会团体、国家机关向教育和其他社会公益事业以及遭受严重自然灾害地区、贫困地区捐赠,捐赠额未超过纳税人申报的应纳税所得额30%的部分,可以从其应纳税所得额中扣除。

个人通过非营利性的社会团体和国家机关向红十字事业、农村义务教育以及公益性青少年活动场所的公益性捐赠,在计算缴纳个人所得税时,准予在税前的所得额中全额扣除。

【做中学6-10】 王某5月1日购买福利彩票中得价值为200 000元的小轿车一辆及人民币50 000元。王某领奖时拿出20 000元通过民政部门捐赠给灾区。

要求:计算王某应纳的个人所得税税额。

分析:

捐赠支出扣除限额=(200 000+50 000)×30%=75 000(元)

纳税人实际捐赠支出20 000元低于捐赠支出扣除限额75 000元,可全部在税前扣除。

应纳税所得额=200 000+50 000-20 000=230 000(元)

应纳税额=230 000×20%=46 000(元)

(二)境外所得已纳税额扣除的计算

根据《中华人民共和国个人所得税法》规定,对个人所得税的居民纳税人,应就其来源于中国境内、境外的所得计算个人所得税。但纳税人从中国境外取得的所得,已在境外缴纳的个人所得税,准予在应纳税额中扣除,但扣除额不得超过该纳税人境外所得依照我国个人所得税法计算的应纳税额。

上述"已在境外缴纳的个人所得税"是指纳税人从中国境外取得的所得,依照该所得来源国或者地区的法律应当并且实际已缴纳的税额。"境外所得依照我国个人所得税法计算的应纳税额"是指纳税人从中国境外取得的所得,区别不同国家(或地区)和不同应税项目,依照我国税法规定的费用减除标准和适用税率计算的应纳税额。同一国家(或地区)内不同应税项目,依照我国税法计算的应纳税额之和,则为该国(或地区)的扣除限额。

纳税人从中国境外一国(或地区)实际已缴纳的个人所得税税额,低于依照上述办法计算的该国(或地区)扣除限额的,须在我国缴纳差额部分的税款;超过该国(或地区)扣除限额的,其超过部分不得在本纳税年度的应纳税额中扣除,但可在以后纳税年度该国(或地区)扣除限额的余额中补扣,补扣期最长不得超过5年。

纳税人按规定申请扣除在境外实际已缴纳的个人所得税税额时,须提供境外税务机关填发的完税凭证原件。

【做中学6-11】 中国公民王某在境外工作,当年在A国取得工薪收入150 000元,转让一项专利取得特许权使用费收入60 000元,两项所得在A国已缴纳个人所得税10 000元;在B

国出版专著，获得稿酬收入 30 000 元，取得股息收入 50 000 元，在 B 国已缴纳个人所得税 16 000元。

要求：计算王某该年应向我国税务机关缴纳的个人所得税税额。

分析：

(1)按我国税法规定分国分项计算境外所得的应纳税额。

A 国：

工薪收入应纳税额＝[(150 000÷12－4 800)×20％－555]×12＝11 820(元)

特许权使用费收入应纳税额＝60 000×(1－20％)×20％＝9 600(元)

A 国扣除限额＝11 820＋9 600＝21 420(元)

王某已在 A 国缴纳税款 10 000 元，低于扣除限额，按规定可全部扣除。

B 国：

稿酬所得应纳税额＝30 000×(1－20％)×20％×(1－30％)＝3 360(元)

股息所得应纳税额＝50 000×20％＝10 000(元)

B 国扣除限额＝3 360＋10 000＝13 360(元)

王某已在 B 国缴纳税款 16 000 元，超过扣除限额，按规定只能按限额扣除，超过部分可结转以后年度扣除，但最长不超过 5 年。

(2)王某应向我国税务机关缴纳的个人所得税。

应纳税额＝(21 420－10 000)＋(13 360－13 360)＝11 420(元)

(三)两个以上的纳税人共同取得同一项所得应纳税额的计算

两个或两个以上的纳税人共同取得同一项所得的，可以对每一个人分得的收入分别减除费用，并计算各自的应纳税款。

【做中学 6-12】 甲、乙两人合著一本书，共取得稿费收入 9 800 元，其中：甲分得 7 000 元，乙分得 2 800 元。

要求：计算甲、乙两人应缴纳个人所得税税额。

分析：

甲应纳税额＝7 000×(1－20％)×20％×(1－30％)＝784(元)

乙应纳税额＝(2 800－800)×20％×(1－30％)＝280(元)

(四)不满一个月的工资、薪金所得应纳税额的计算

在中国境内无住所的个人，凡在中国境内居住不满 1 个月并仅就不满 1 个月期间的工资、薪金所得申报纳税的，均应按全月工资、薪金所得为依据计算实际应纳税额。其计算公式为：

$$\text{应纳税额}=\left(\text{当月工资薪金应纳税所得额}\times\text{适用税率}-\text{速算扣除数}\right)\times\text{当月实际在中国境内的天数}\div\text{当月天数}$$

如果属于上述情况的个人取得的是日工资、薪金，应以日工资、薪金乘以当月天数换算成月工资、薪金后，再按上述公式计算应纳税额。

【做中学 6-13】 某美国公民 9 月 1 日受美国某公司委派到中国境内某企业安装一设备，9 月 20 日回国，期间从中国境内企业取得工资 5 800 元。

要求：计算该美国公民工资、薪金所得应纳个人所得税税额。

分析：

应纳税额＝[(5 800×30÷20－4 800)×10％－105]×20÷30＝190(元)

(五)雇主为其雇员负担个人所得税税款的计算

在实际工作中，有的雇主常常为纳税人负担税款，即支付给纳税人的报酬为不含税的净所得，纳税人的应纳税额由雇主代其缴纳，此时应将雇员取得的工资、薪金所得换算成应纳税所得额后，计算单位应代为缴纳的个人所得税税款。计算公式为：

①应纳税所得额＝(不含税收入额－费用扣除标准－速算扣除数)÷(1－税率)

②应纳税额＝应纳税所得额×适用税率－速算扣除数

应特别注意的是：公式①中的税率，是指不含税所得按不含税级距对应的税率；公式②中的适用税率，是指应纳税所得额按含税级距对应的税率。

【做中学 6-14】 某中国公民每月取得工资 5 700 元，由任职单位代其缴纳个人所得税。

要求：计算单位代其缴纳的个人所得税税额。

分析：

应纳税所得额＝(5 700－3 500－105)÷(1－10％)＝2 327.78(元)

应纳税额＝2 327.78×10％－105＝127.78(元)

(六)一人兼有多项应税所得应纳税额的计算

纳税人同时取得两项或两项以上应税所得时，除按税法规定应同项合并计税的外，其他应税项目应就其所得分项分别计算纳税。税法规定应同项合并计税的应税所得有：工资、薪金所得，个体工商户的生产、经营所得，对企事业单位的承包、承租经营所得等。纳税人兼有不同项目劳务报酬所得时，应分别减除费用，计算缴纳个人所得税。

任务引例解析

任务引例中，王先生 2016 年各项收入应纳个人所得税额计算如下：

(1)工资薪金所得。

①平时工资、课时报酬所得应纳税额的计算。

1、7、8 月，每月应纳税额＝(3 800－3 500)×3％＝9(元)

2—6 月，每月应纳税额＝(3 800＋2 100－3 500)×10％－105＝135(元)

9—12 月，每月应纳税额＝(3 800＋2 400－3 500)×10％－105＝165(元)

②年终一次性全年奖金应纳税额＝24 000×10％－105＝2 295(元)

全年工资薪金所得应纳税额＝9×3＋135×5＋165×4＋2 295＝3 657(元)

(2)稿酬所得。

出版教材应纳税额＝12 000×(1－20％)×20％×(1－30％)＝1 344(元)

(3)劳务报酬所得。

讲学所得应纳税额＝(3 000－800)×20％＝440(元)

担任独立董事收入应纳税额＝40 000×(1－20％)×30％－2 000＝7 600(元)

(4)偶然所得。

福利彩票中奖所得应纳税额＝15 000×20％＝3 000(元)

王先生 2016 年应纳个人所得税税额＝3 657＋1 344＋440＋7 600＋3 000＝16 041(元)

【职业能力判断与选择】

一、判断题

1. 张某承揽一项房屋装饰工程，工程两个月完工，房主第 1 个月支付给张某 15 000 元，第 2 个月支付 20 000 元。张某应缴纳个人所得税 5 600 元。（　　）

2. 根据《中华人民共和国个人所得税法》规定，纳税人从中国境外取得的所得，准予其在应纳税额中据实扣除已在境外缴纳的个人所得税。（　　）

3. 某企业职工赵某 2016 年 11 月工资 5 000 元，其捐给希望工程基金会 1 400 元，单位应扣缴其个人所得税 295 元。（　　）

4. 城镇企事业单位及职工个人按照《失业保险条例》规定的比例实际缴付的失业保险费，均不计入职工个人当期工资、薪金收入，免予征收个人所得税。（　　）

5. 两个或两个以上的纳税人共同取得同一项所得的，可以对每个人分得的收入分别减除费用，并计算各自应纳的税款。（　　）

6. 个人在关联公司任职，同时兼任董事的，应将董事费与个人工资收入合并按"工资、薪金所得"项目缴纳个人所得税。（　　）

7. 作者将自己的文字作品手稿原件或复印件拍卖取得的所得，应按"特许权使用费"所得缴纳个人所得税。（　　）

8. 同一作品在报刊上连载取得的收入，应以每次连载取得的收入为一次计征个人所得税。（　　）

二、选择题(第 1～5 题为单项选择题，第 6～10 题为多项选择题)

1. 下列应税项目中，以一个月为一次确定应纳税所得额的有（　　）。

A. 劳务报酬所得　　B. 特许权使用费所得

C. 财产租赁所得　　D. 财产转让所得

2. 个人所得税法中规定不适用附加减除费用的是（　　）。

A. 在外商投资企业和外国企业中工作取得工资、薪金的外籍人员

B. 应聘在我国企事业单位、社会团体、国家机关中工作的外籍专家

C. 在我国的外商投资企业和外国企业中工作取得工资、薪金的中方雇员

D. 华侨和港澳台同胞

3. 下列各项中不应按特许权使用费所得，征收个人所得税的是（　　）。

A. 专利权　　B. 著作权　　C. 稿酬　　D. 非专利技术

4. 个人进行公益救济性质的捐赠时，计算个人所得税税额时可扣除的是（　　）。

A. 可扣除应税收入的 3%

B. 可扣除应税收入的 30%

C. 限额扣除，除规定全额扣除外，其他最多可扣除不超过纳税人申报的应纳税所得额的 30%

D. 可完全扣除

5. 个人独资企业和合伙企业投资者作为个人所得税纳税义务人，其生产经营所得应比照(　　)应税项目征收个人所得税。

A. 个体工商户生产经营所得　　B. 工资、薪金所得

C. 劳务报酬所得　　D. 特许权使用费所得

6. 下列个人所得，在计算个人所得税时，不得减除费用的有(　　)。

A. 利息、股息、红利所得　　B. 稿酬所得

C. 劳务报酬所得　　D. 偶然所得

7. 下列各项中，应按“工资、薪金所得”项目征税的有(　　)。

A. 个体工商户与企业联营而分得的利润

B. 年终加薪

C. 个人取得佣金

D. 通讯费补贴收入

8. 个人所取得的下列所得中在不超过 4 000 元收入额时，费用扣除为 800 元的有(　　)。

A. 特许权使用费所得　　B. 财产租赁所得

C. 财产转让所得　　D. 个体工商户生产经营所得

9. 下列所得属于劳务报酬所得的有(　　)。

A. 在报纸上发表文章取得的收入　　B. 取得技术咨询费

C. 讲课费　　D. 转让专利技术收入

10. 下列所得属于稿酬所得的有(　　)。

A. 个人图书被出版取得的收入　　B. 翻译资料取得的收入

C. 个人作品在杂志上连载取得的收入　　D. 剧本被使用取得的收入

【任务训练】

1. 中国公民王某为一外商投资企业的高级职员，某年度其收入情况如下：

(1)雇佣单位每月支付工资、薪金 16 900 元。

(2)派遣单位每月支付工资、薪金 2 000 元。

(3)取得股票转让收益 100 000 元。

(4)从 A 国取得特许权使用费收入折合人民币 18 000 元，并提供了来源国纳税凭证，纳税折合人民币 1 800 元。

(5)购物中奖获得奖金 20 000 元。

(6)受托为某单位做工程设计，历时 3 个月，共取得工程设计费 40 000 元。

要求：计算王某全年应缴纳的个人所得税额。

2. 中国公民张某 1—12 月从中国境内取得工资、薪金收入 82 800 元，12 月份一次性取得年终奖金 22 000 元；在报刊上发表文章取得稿酬收入 5 000 元；当年还从 A 国取得股息收入折合人民币 10 000 元，该纳税人已按 A 国税法规定缴纳了个人所得税 1 650 元。

要求：计算该纳税人年度应纳个人所得税税额。

3. 某大学周教授 7 月份收入情况如下：

(1)工资收入 3 680 元，学校发上半年奖金 3 600 元。

(2)担任兼职律师取得收入 80 000 元，将其中 5 000 元通过国家机关向农村义务教育

捐赠。

(3)取得稿酬 3 800 元。

(4)出售自有自用 6 年的家庭唯一住房,扣除当初购买公房的价格和售房时按规定支付的有关税费后,取得净收入 12 万元。

要求:请计算周教授 7 月份应缴纳的个人所得税税额。

4. 实行查账征收的某餐厅为合伙企业,某年度经营所得 10 万元(已按规定扣除了必要费用),该企业投资者为个人,根据合伙协议约定,各自投资分配比例分别为:甲 60%、乙 40%,两人本年度已预缴个人所得税分别为:5 000 元、3 000 元。

要求:计算甲、乙该年度应缴纳的个人所得税税额。

5. 某公司为其雇员甲负担个人所得税,10 月份支付给甲的工资为 6 300 元,同月该公司还支付给新来的雇员乙工资 4 700 元,但说明不为乙负担个人所得税款,公司还需代扣代缴税款。

要求:计算该公司为甲负担多少个人所得税,为乙代扣代缴多少个人所得税。

任务三　个人所得税会计核算

任务引例

某企业按月发放职工工资时,代扣代缴职工李某个人所得税 230 元。如何进行会计核算?

【知识准备与业务操作】

一、会计科目的设置

对采用自行申报缴纳个人所得税的纳税人,除实行查账征收的个体工商户外(个人独资企业、合伙企业参照个体工商户执行,下同),一般不需要进行会计核算。实行查账征收的个体工商户,应设置"应交税费——应交个人所得税"账户,核算其应缴纳的个人所得税;一般企业涉及的代扣代缴个人所得税业务,应设置"应交税费——代扣个人所得税"账户,核算其代扣代缴情况。

二、会计核算实务

(一)个体工商户生产、经营所得个人所得税的会计核算

实行查账征收的个体工商户,其应缴纳的个人所得税,应通过"留存利润"和"应交税费——应交个人所得税"等账户核算。在计算应纳个人所得税时,借记"留存利润"账户,贷记"应交税费——应交个人所得税"账户;实际上缴税款时,借记"应交税费——应交个人所得税"账户,贷记"银行存款"账户。

【做中学 6-15】 某个体工商户当年全年经营收入 500 000 元,其中生产经营成本、费用总额为 400 000 元。

要求:计算该个体工商户全年应纳的个人所得税税额,并作相关财务处理。

分析：

(1)应纳税所得额＝500 000－400 000＝100 000(元)

应纳税额＝100 000×30%－9 750＝20 250(元)

(2)会计分录如下：

①计算应交个人所得税时：

借：留存利润　20 250

　贷：应交税费——应交个人所得税　20 250

②实际缴纳税款时：

借：应交税费——应交个人所得税　20 250

　贷：银行存款　20 250

(二)代扣代缴个人所得税的会计核算

现行会计准则并未对代扣税款核算作出规定，但实际工作中，一般可在“应交税费”总账科目下设置“代扣个人所得税”明细科目进行核算。同时，根据所代扣税款的具体项目不同，将代扣的税额冲减“应付职工薪酬”“应付账款”“其他应付款”等账户。

(1)支付工资、薪金所得的单位代扣代缴个人所得税核算。

企业对支付给职工的工资、薪金代扣个人所得税时，借记“应付职工薪酬”和“应付账款”等账户，贷记“应交税费——代扣个人所得税”账户；实际缴纳个人所得税税款时，借记“应交税费——代扣个人所得税”账户，贷记“银行存款”账户。

(2)支付其他所得的单位代扣代缴个人所得税的核算。

企业代扣除工资薪金所得以外的个人所得税时，根据个人所得项目不同，代扣个人所得税时，应分别借记“应付债券”“应付股利”“应付账款”“其他应付款”等账户，贷记“应交税费——代扣个人所得税”账户；实际缴纳个人所得税税款时，借记“应交税费——代扣个人所得税”账户，贷记“银行存款”账户。

【做中学 6-16】　某企业 3 月份与王某签约购入其一项发明专利，支付专利转让费 80 000元。

要求：计算该企业应代扣代缴王某专利转让应交的个人所得税税额，并作相关财务处理。

(1)应代扣代缴的个人所得税额＝80 000×(1－20%)×20%＝12 800(元)

(2)会计分录如下：

①购入专利时：

借：无形资产　80 000

　贷：其他应付款　80 000

②支付转让款，并代扣个人所得税时：

借：其他应付款　80 000

　贷：应交税费——代扣个人所得税　12 800

　　银行存款　67 200

任务引例解析

根据本学习任务引例，企业在发放李某工资时，代扣其个人所得税的会计分录如下：

借：应付职工薪酬　230

贷:应交税费——代扣个人所得税　　230

按规定期限上缴税款时:

借:应交税费——代扣个人所得税　　230

贷:银行存款　　230

【职业能力判断与选择】

一、判断题

1. 对于个人独资企业和合伙企业,其自行申报缴纳个人所得税,应设置“应交税费——应交个人所得税”账户,核算个人所得税的缴纳情况。　　(　　)

2. 扣缴义务人应在“应交税费”账户下设置“代扣个人所得税”明细账户,核算代扣代缴情况。　　(　　)

3. 企业作为个人所得税的扣缴义务人,按规定扣缴职工工资薪金所得个人所得税时,借记“应交税费——代扣代缴个人所得税”账户,贷记“应付职工薪酬”账户。　　(　　)

二、选择题(第1题为单项选择题,第2题为多项选择题)

1. 企业作为个人所得税的扣缴义务人,在代扣代缴个人所得税时,必须设置(　　)账户进行会计核算。

A.“应交税费——应交个人所得税”　　B.“应交税费——代扣代缴个人所得税”

C.“其他业务收入”　　D.“留存收益”

2. 李工程师向一家公司提供一项专利使用权,一次取得收入50 000元,则下列处理正确的有(　　)。

A. 公司负有代扣李工程师个人所得税的义务

B. 公司应代扣李工程师个人所得税8 000元

C. 公司购买专利时编制会计分录:

借:管理费用　　50 000

贷:应交税费——代扣代缴个人所得税　　8 000

库存现金　　42 000

D. 实际上缴代扣的个人所得税时编制会计分录:

借:应交税费——代扣代缴个人所得税　　8 000

贷:银行存款　　8 000

【任务训练】

1. 李某为A公司职员,A公司派其到B公司工作,在B公司工作期间,A公司每月支付李某工资1 800元,B公司每月支付李某工资4 700元。

要求:分别计算A公司、B公司代扣代缴李某的个人所得税税额及李某自行申报应补缴的税款,并作出A公司代扣代缴个人所得税的账务处理。

2. 某企业为张某、李某每月各发工资5 700元,但合同约定,张某自己承担个人所得税,李某个人所得税由该企业承担。

要求：计算该企业为李某负担的个人所得税税额，为张某代扣代缴的个人所得税税额，并分别作账务处理。

3. 某高校王教授应邀为A公司进行营销策划，合同约定报酬30 000元（含个人所得税）。

要求：计算A公司应代扣代缴的个人所得税税额，并作相关的账务处理。

任务四　个人所得税纳税申报

个人所得税的纳税申报包括个人自行申报纳税和代扣代缴两种，本学习任务以任务二的工作实例赵小兵年度自行申报为例来学习个人所得税的纳税申报过程。

【知识准备与业务操作】

一、个人所得税的扣缴申报

扣缴申报是指按照税法规定负有扣缴税款义务的单位或者个人，在向个人支付应纳税所得时，应计算应纳税额，并从其所得中扣除，同时向税务机关报送扣缴个人所得税报告表。这种做法的目的是控制税源，防止偷漏税和逃税。

（一）扣缴义务人

税法规定，凡是支付个人应纳税所得的企业（公司）、事业单位、机关单位、社团组织、军队、驻华机构、个体户等单位或者个人，都是个人所得税的扣缴义务人。从2006年1月1日起，扣缴义务人必须依法履行个人所得税全员全额扣缴申报义务，即扣缴义务人向个人支付应税所得时，不论其是否属于本单位人员、支付的应税所得是否达到纳税标准，扣缴义务人应当在代扣税款的次月内，向主管税务机关报送其支付应税所得个人的基本信息、支付所得项目和数额、扣缴税款数额以及其他相关涉税信息。

（二）代扣代缴的范围

扣缴义务人向个人支付下列所得时，应代扣代缴个人所得税：①工资、薪金所得；②对企（事）业单位承包经营、承租经营所得；③劳务报酬所得；④稿酬所得；⑤特许权使用费所得；⑥利息、股息、红利所得；⑦财产租赁所得；⑧财产转让所得；⑨偶然所得；⑩经国务院财政部门确定征税的其他所得。

税务机关应根据扣缴义务人所扣缴的税款，付给2%的手续费，由扣缴义务人用于代扣代缴费用开支和奖励代扣代缴工作做得较好的办税人员。

（三）扣缴个人所得税报告表的编制

扣缴义务人每月所扣的税款，应当在次月15日内缴入国库，并向主管税务机关报送扣缴个人所得税报告表、代扣代收税款凭证和包括每一纳税人姓名、单位、职务、收入和税款等内容的支付个人收入明细账以及税务机关要求报送的其他有关资料。

二、个人所得税的自行申报

自行申报纳税是指由纳税人自行在税法规定的纳税期限内，向税务机关申报取得的应税所得项目和数额，如实填写个人所得税纳税申报表，并按照税法规定计算应纳税额，据此缴纳个人所得税的一种方法。

（一）自行申报的范围

凡依据个人所得税法负有纳税义务的纳税人，有下列情形之一的，应当按规定办理自行纳税申报：

(1)年所得 12 万元以上的。

(2)从中国境内两处或者两处以上取得工资、薪金所得的。

(3)从中国境外取得所得的。

(4)取得应税所得，没有扣缴义务人的。

(5)国务院规定的其他情形。

上述第(1)种情形的纳税人，无论取得的各项所得是否已足额缴纳了个人所得税，均应按规定向主管税务机关办理纳税申报。第(2)至(4)种情形的纳税人，均应按照规定向主管税务机关办理纳税申报。第(5)种情形的纳税人，其纳税申报办法根据具体情形另行规定。

上述所称年所得 12 万元以上的纳税人，不包括在中国境内无住所，且在一个纳税年度中在中国境内居住不满 1 年的个人。第(3)种情形中所称从中国境外取得所得的纳税人，是指在中国境内有住所，或者无住所而在一个纳税年度中在中国境内居住满 1 年的个人。

（二）自行申报地点

(1)年所得 12 万元以上的纳税人，纳税申报地点分别为：

①在中国境内有任职、受雇单位的，向任职、受雇单位所在地主管税务机关申报。

②在中国境内有两处或者两处以上任职、受雇单位的，选择并固定向其中一处单位所在地主管税务机关申报。

③在中国境内无任职、受雇单位，年所得项目中有个体工商户的生产、经营所得或者对企事业单位的承包经营、承租经营所得(以下统称生产、经营所得)的，向其中一处实际经营所在地主管税务机关申报。

④在中国境内无任职、受雇单位，年所得项目中无生产、经营所得的，向户籍所在地主管税务机关申报。在中国境内有户籍，但户籍所在地与中国境内经常居住地不一致的，选择并固定向其中一地主管税务机关申报。在中国境内没有户籍的，向中国境内经常居住地主管税务机关申报。

(2)从两处或者两处以上取得工资、薪金所得的，选择并固定向其中一处单位所在地主管税务机关申报。

(3)从中国境外取得所得的，向中国境内户籍所在地主管税务机关申报。在中国境内有户籍，但户籍所在地与中国境内经常居住地不一致的，选择并固定向其中一地主管税务机关申报。在中国境内没有户籍的，向中国境内经常居住地主管税务机关申报。

(4)个体工商户向实际经营所在地主管税务机关申报。

(5)个人独资、合伙企业投资者兴办两个或两个以上企业的，区分不同情形确定纳税申报地点：

①兴办的企业全部是个人独资性质的，分别向各企业的实际经营管理所在地主管税务机关申报。

②兴办的企业中含有合伙性质的，向经常居住地主管税务机关申报。

③兴办的企业中含有合伙性质，个人投资者经常居住地与其兴办企业的经营管理所在地不一致的，选择并固定向其参与兴办的某一合伙企业的经营管理所在地主管税务机关申报。

(6)除以上情形外，纳税人应当向取得所得所在地主管税务机关申报。

纳税人不得随意变更纳税申报地点，因特殊情况需变更纳税申报地点的，须报原主管税务机关备案。

(三)自行申报期限

(1)年所得12万元以上的纳税人，在纳税年度终了后3个月内向主管税务机关办理纳税申报。

(2)个体工商户和个人独资、合伙企业投资者取得的生产、经营所得应纳的税款，分月预缴的，纳税人在每月终了后15日内办理纳税申报；分季预缴的，纳税人在每个季度终了后15日内办理纳税申报。纳税年度终了后，纳税人在3个月内进行汇算清缴。

(3)纳税人年终一次性取得对企事业单位的承包经营、承租经营所得的，自取得所得之日起30日内办理纳税申报；在1个纳税年度内分次取得承包经营、承租经营所得的，在每次取得所得后的次月15日内申报预缴，纳税年度终了后3个月内汇算清缴。

(4)从中国境外取得所得的纳税人，在纳税年度终了后30日内向中国境内主管税务机关办理纳税申报。

(5)纳税人取得其他各项所得须申报纳税的，在取得所得的次月15日内向主管税务机关办理纳税申报。

(四)自行申报方式

纳税人可以采取数据电文、邮寄等方式申报，也可以直接到主管税务机关申报，或者采取符合主管税务机关规定的其他方式申报。纳税人采取数据电文方式申报的，应当按照税务机关规定的期限和要求保存有关纸质资料；采取邮寄方式申报的，以邮政部门挂号信函收据作为申报凭据，以寄出的邮戳日期为实际申报日期。纳税人也可以委托有税务代理资质的中介机构或者他人代为办理纳税申报。

(五)年所得12万元以上纳税人自行纳税申报的确定

1. 年所得12万元的计算范围

个人在确定年所得额是否达到12万元时，应按以下规定计算年所得数额：

(1)工资、薪金所得，按照未减除费用(每月3 500元)及附加减除费用(每月1 300元)的收入额计算。

(2)个体工商户的生产、经营所得，按照应纳税所得额计算。实行查账征收的，按照每一纳税年度的收入总额减除成本、费用以及损失后的余额计算；实行定期定额征收的，按照纳税人自行申报的年度应纳税所得额计算，或者按照其自行申报的年度应纳税经营额乘以应税所得率计算。

(3)对企事业单位的承包经营、承租经营所得，按照每一纳税年度的收入总额计算，即按照承包经营、承租经营者实际取得的经营利润，加上从承包、承租的企事业单位中取得的工资、薪金性质的所得计算。对个体工商户、个人独资企业投资者，按照征收率核定个人所得税的，将征收率换算为应税所得率，据此计算应纳税所得额。

(4)劳务报酬所得、稿酬所得、特许权使用费所得，按照未减除费用(每次 800 元或者每次收入的 20%)的收入额计算。同时不得减除纳税人在提供劳务或让渡特许权使用权过程中缴纳的有关税费。

(5)财产租赁所得，按照未减除费用(每次 800 元或者每次收入的 20%)和修缮费用的收入额计算。同时不得减除纳税人在出租财产过程中缴纳的有关税费；对于纳税人一次取得跨年度财产租赁所得的，全部视为实际取得所得年度的所得。

(6)财产转让所得，按照应纳税所得额计算，即按照以转让财产的收入额减除财产原值和转让财产过程中缴纳的税金及有关合理费用后的余额计算。对于个人转让房屋所得，采取核定征收个人所得税的，按照实际征收率(1%、2%、3%)分别换算为应税所得率(5%、10%、15%)，据此计算年所得。

(7)利息、股息、红利所得，偶然所得和其他所得，按照收入额全额计算。个人储蓄存款利息所得、企业债券利息所得，全部视为纳税人实际取得所得年度的所得。

(8)股票转让所得。以一个纳税年度内，个人股票转让所得与损失盈亏相抵后的正数为申报所得数额，盈亏相抵为负数的，此项所得按“零”填写。

特别注意：上述年所得计算口径主要是为了方便纳税人履行自行申报义务，仅适用于个人年所得 12 万元以上的年度自行申报，不适用于个人计算缴纳税款。

2. 年所得 12 万元不包括以下所得

(1)《中华人民共和国个人所得税法》规定的免税所得，即：省级人民政府、国务院部委和中国人民解放军军以上单位，以及外国组织、国际组织颁发的科学、教育、技术、文化、卫生、体育、环境保护等方面的奖金；国债和国家发行的金融债券利息；按照国家统一规定发给的补贴、津贴；福利费、抚恤金、救济金；保险赔款；军人的转业费、复员费；按照国家统一规定发给干部、职工的安家费、退职费、退休工资、离休工资、离休生活补助费；依照我国有关法律规定应予免税的各国驻华使馆、领事馆的外交代表、领事官员和其他人员的所得；中国政府参加的国际公约、签订的协议中规定免税的所得。

(2)《中华人民共和国个人所得税法实施条例》规定可以免税的来源于中国境外的所得。

(3)《个人所得税法实施条例》规定的按照国家规定单位为个人缴付和个人缴付的基本养老保险费、基本医疗保险费、失业保险费、住房公积金。

(六)个人所得税自行申报纳税申报表的编制

纳税人应如实填报个人所得税纳税申报表，在规定的时间内缴纳税款。年所得 12 万元以上的纳税人，无论取得的各项所得是否已足额缴纳了个人所得税，均应当填写《个人所得税纳税申报表(适用于年所得 12 万元以上的纳税人中报)》(见表 6-6)，并在办理纳税申报时报送主管税务机关，同时报送个人有效身份证件复印件，以及主管税务机关要求报送的其他有关资料。

【任务实施——个人所得税纳税申报表的填报】

工作实例

接任务二的工作实例，填报赵小兵 2016 年度个人所得税的纳税申报表，办理 2016 年度个人所得税的缴纳工作。

【操作步骤】

第一步：计算赵小兵2016年度所得，判断其采用何种方式申报。

赵小兵2016年度年所得为：

年所得＝年工资、薪金所得＋劳务报酬所得＋稿酬所得＋年特许权使用费所得＋年财产租赁所得＋年财产转让所得＋年利息、股息、红利所得＋年偶然所得－按规定可扣除的所得

其中：

(1)年工资、薪金所得＝各月应发工资合计－各月个人缴付的“三费一金”合计＋年终奖金合计＝188 400－30 240＝158 160(元)

(2)按照未减除费用的收入额计算，劳务报酬所得＝8 000(元)

(3)稿酬按照未减除费用的收入额计算，稿酬所得＝1 300＋900＝2 200(元)

(4)按照未减除费用的收入额计算，年特许权使用费所得＝40 000(元)

(5)按照未减除费用和修缮费用的收入额计算，年财产租赁所得＝3 500×12＝42 000(元)

(6)财产转让所得，按照应纳税所得额计算，即按照以转让财产的收入额减除财产原值和转让财产过程中缴纳的税金及有关合理费用后的余额计算。

年财产转让所得＝设备出售收入＝6 000－5 000－200＝800(元)

(7)利息、股息、红利所得，按照收入额全额计算。针对赵小兵的情况，主要有(7)、(8)、(9)项收入。其中，第(8)项收入，国债利息属于免税所得，所以不含在年所得范围之内。

年利息、股息、红利所得＝公司分红＋企业债券利息＝20 000＋1 500＝21 500(元)

(8)偶然所得，按照收入额全额计算。年偶然所得＝90 000(元)

2016年赵小兵的年所得＝158 160＋8 000＋2 200＋40 000＋42 000＋800＋21 500＋90 000
＝362 660(元)

赵小兵年所得大于12万元，故他应该进行年所得12万元以上的自行申报。

第二步：填写纳税申报表。

赵小兵应如实填写《个人所得税纳税申报表(适用于年所得12万元以上的纳税人申报)》(见表6-6)。

第三步：按规定办理缴纳工作。

赵小兵应报送《个人所得税纳税申报表(适用于年所得12万元以上的纳税人申报)》和身份证复印件等，在2017年3月31日前，向A公司所在地主管地方税务机关申报，补缴税款，取得完税凭证。

表 6-6　个人所得税纳税申报表

（适用于年所得 12 万元以上的纳税人申报）

纳税年份:2016 年　　填报表日期:2017 年 3 月××日　　金额单位:人民币元(列至角分)

纳税人姓名	赵小兵	国籍(地区)	中国	身份证照类型	身份证	身份证照号码					
任职受雇单位	A 公司	任职受雇单位税务代码	×××	任职受雇单位所属行业	×××	职务					
在华天数		境内有效联系地址	×××			境内有效联系地址邮编	×××		联系电话	×××	
此行由取得经营所得的纳税人填写	经营单位纳税人识别号					经营单位纳税人名称					
所得项目	年所得额			应纳税所得额	应纳税额	已缴(扣)税额	抵扣税额	减免税额	应补税额	应退税额	备注
	境内	境外	合计								
1. 工资、薪金所得	158 160		158 160	116 160	12 867	12 867			0		
2. 个体工商户的生产、经营所得											
3. 对企事业单位的承包经营、承租经营所得											
4. 劳务报酬所得	8 000		8 000	6 400	1 280	1 280			0		
5. 稿酬所得	2 200		2 200	600	84	84			0		
6. 特许权使用费所得	40 000		40 000	32 000	6 400	6 400			0		
7. 利息、股息、红利所得	21 500		21 500	21 500	4 300	4 000			300		

续表 6-6

所得项目	年所得额			应纳税所得额	应纳税额	已缴(扣)税额	抵扣税额	减免税额	应补税额	应退税额	备注
	境内	境外	合计								
8.资产租赁所得	42 000		42 000	30 000	6 000	6 000			0		
9.财产转让所得	800		800	800	160	160			0		
其中：股票转让所得										—	
个人房屋转让所得											
10.偶然所得	90 000		90 000	90 000	18 000	18 000		—	0		
11.其他所得											
合　计	362 660		362 660	297 460	49 091	48 791			300		

我声明，此纳税申报表是根据《中华人民共和国个人所得税法》及有关法律、法规的规定填报的，我保证它是真实的、可靠的、完整的。

纳税人(签字)：

代理人(签章)：　　　　联系电话：

税务机关受理人(签字)：　　　　税务机关受理时间：　　年　　月　　日　　　　受理申报税务机关名称(盖章)：

【职业能力判断与选择】

一、判断题

1. 纳税人从两处或两处以上取得工资薪金所得的，应在两地税务机关分别申报纳税。（　　）

2. 扣缴义务人应扣未扣、应收而不收税款的，由扣缴义务人补缴税款及滞纳金，并处罚款。（　　）

3. 实行查账征收的个人独资、合伙企业投资者缴纳个人所得税，按年计算，分季预缴，由投资者在每季度终了后 15 日内办理纳税申报，年度终了后 3 个月内汇算清缴。（　　）

4. 个人所得税扣缴义务人每月所扣的税款应当在次月 15 日内缴入国库。（　　）

5. 个人所得税的代扣代缴单位，只对本单位职工的工资、薪金所得负有代扣代缴义务。（　　）

二、选择题（第 1～4 题为单项选择题，第 5～8 题为多项选择题）

1. 个人所得税法规定，自行申报纳税时在中国境内两处或两处以上取得应纳税所得的，其纳税地点的选择是（　　）。

A. 收入来源地　　B. 税务局指定地点
C. 纳税人户籍所在地　　D. 纳税人选择并固定一地申报纳税

2. 年所得 12 万元以上的纳税人应在（　　）到主管税务机关办理自行申报手续。

A. 年度终了后的 2 个月内　　B. 年度终了后的 3 个月内
C. 年度终了后的 4 个月内　　D. 取得收入的次月 7 日内

3. 职工的工资、薪金所得应纳个人所得税的时间是次月（　　）日内。

A. 5　　B. 7　　C. 15　　D. 30

4. 李某是个体工商户，其家庭所在地在甲市 A 区，工商注册地在甲市 B 区，实际经营地在甲市 C 区。以下正确的是（　　）。

A. 李某应在 A 区申报缴纳个人所得税
B. 李某应在 B 区申报缴纳个人所得税
C. 李某应在 C 区申报缴纳个人所得税
D. 李某可以任意选择 A 区、B 区或 C 区申报缴纳个人所得税

5. 个人所得税目前的主要征收方式有（　　）。

A. 代扣代缴方式　　B. 邮寄申报方式
C. 定额征收方式　　D. 自行申报方式

6. 以下说法中，正确的有（　　）。

A. 税务机关征收税款时，必须给纳税人开具完税凭证
B. 税务机关征收税款时，可根据情况决定是否给纳税人开具完税凭证
C. 扣缴义务人代扣、代收税款时，纳税人要求扣缴义务人开具代扣、代收税款凭证的，扣缴义务人应当开具
D. 扣缴义务人代扣、代收税款时，必须给纳税人开具完税凭证

7. 个人取得下列各项所得，必须自行申报纳税的有(　　)。

A. 个人年所得超过12万元以上者

B. 在两处或两处以上取得工资、薪金所得的

C. 分笔取得属于一次劳务报酬所得、稿酬所得、特许权使用费所得和财产租赁所得的

D. 取得应纳税所得，没有扣缴义务人的

8. 根据个人所得税法的规定，下列说法中，正确的有(　　)。

A. 劳务报酬所得按次征收，对于同一事项连续取得收入的，以1个月取得收入合计为一次

B. 稿酬所得按次征收

C. 个人在同一活动中兼有不同劳务报酬所得的，应合并各项所得统一纳税

D. 特许权使用费所得是以一项特许权的一次许可使用所取得的收入为一次

项目小结

本项目系统阐述了我国个人所得税相关法规的基本内容，举例说明了不同应税项目个人所得税的计算原理、具体计算方法和纳税申报技能；从企业角度阐述了应履行的代扣代缴义务及相应的会计处理方法。

项目七　其他税种会计核算与申报

知识目标

(1)掌握城市维护建设税、房产税、印花税、车船税、契税、土地增值税、城镇土地使用税和资源税的基本法规知识,判断纳税义务人、征税范围,选择适用税率。

(2)掌握城市维护建设税、房产税、印花税、车船税、契税、土地增值税、城镇土地使用税和资源税应纳税额的计算方法。

(3)熟悉城市维护建设税、房产税、印花税、车船税、契税、土地增值税、城镇土地使用税和资源税的会计处理。

能力目标

(1)能根据学习项目、任务的需要查阅有关资料。

(2)能根据相关规定计算城市维护建设税、房产税、印花税、车船税、契税、土地增值税、城镇土地使用税和资源税应纳税额。

(3)能熟练填制城市维护建设税、房产税、印花税、车船税、契税、土地增值税、城镇土地使用税和资源税纳税申报表,正确进行纳税申报。

(4)能根据相关业务进行城市维护建设税、房产税、印花税、车船税、契税、土地增值税、城镇土地使用税和资源税的会计处理。

(5)培养敬业精神、团队合作能力和良好的职业道德修养。

项目引言

根据国家税务总局的统计资料,税收总额中流转税所占比重最大,其次为所得税,由于这两类税涉及面广,税额大,因而被称为税收大家庭中的“大税种”。除了“大税种”,还有许多“税种小姐妹”,它们分布广泛、大多是地方税、一般在发生时一次性缴纳。本项目选取其中企业经常碰到的税种作介绍。虽然是小税种,但我们可不能忽视它,因为它们普遍存在,其应缴金额之和在某些企业也相当可观,甚至超过“大税种”,而且其会计处理也各有特点,在税务会计实务中是不可或缺的内容。

任务一　城市维护建设税会计核算与申报

任务引例

宁波北仑区东海酿酒厂 2016 年 11 月 30 日计算出当月应交增值税 70 000 元,应交的消费税 600 000 元，营业地点在城乡结合部，根据当地行政区划，被确定为市区。

该酿酒厂究竟按 5%还是按 7%计算城市维护建设税？具体应纳多少税款？如何进行会计处理？

【知识准备与业务操作】

一、纳税人和征税对象的确定

城市维护建设税是以纳税人实际缴纳的“二税”（增值税、消费税，“营改增”以前还包括营业税，下同）税额为计税依据而征收的一种税。城市维护建设税是一种具有附加税性质的税种，按流转“二税”税额附加征收，其本身没有特定的、独立的课税对象。开征的目的主要是为了筹集城市公用事业和公共设施的维护、建设资金，加快城市开发建设步伐。

城市维护建设税的纳税人，是指负有缴纳“二税”义务的单位与个人。包括国有企业、集体企业、私营企业、股份制企业、行政事业单位、军事单位、社会团体、以及个体工商户及其他个人。自 2010 年 12 月 1 日起，外商投资企业、外国企业和外籍人员开始征收城市维护建设税。

提示：

对实行“免、抵、退”的企业，国家税务总局正式审核批准的当期免抵的增值税税额应作为城市维护建设税和教育费附加的计税依据。

二、城市维护建设税的计算

（一）计税依据的确定

城市维护建设税的计税依据是指纳税人实际缴纳的“二税”税额，但不包括纳税人违反“二税”有关税法而加收的滞纳金和罚款，但纳税人在被查补“二税”和被处以罚款时，应同时对其偷漏的城市维护建设税进行补税、征收滞纳金和罚款。城市维护建设税以“二税”税额为计税依据并同时征收，如果免征或减征“二税”，也就同时免征或减征城市维护建设税。但对出口商品退还增值税、消费税时，不退还已缴纳的城市维护建设税。

（二）税率的选择

城市维护建设税采用比例税率。按纳税人所在地的不同，设置三档差别比例税率（见表 7-1）。

表 7-1　城市维护建设税税率表

纳税人所在地区	税　率
市区	7%
县城和镇	5%
市区、县城和镇以外的其他地区	1%

城市维护建设税的适用税率，应当按照纳税人所在地的规定税率执行。但是，对下列两种情况，可按缴纳“二税”所在地的规定税率就地缴纳城市维护建设税：

（1）由受托方代扣代缴、代收代缴“二税”的单位和个人，其代扣代缴、代收代缴的城市维护建设税按受托方所在地适用税率执行。

(2)流动经营等无固定纳税地点的单位和个人,在经营地缴纳"二税"的,其城市维护建设税的缴纳按经营地适用税率执行。

提示:

进口产品需征收增值税、消费税的,不征收城市维护建设税;出口产品退还增值税、消费税的,不退还已缴纳的城市维护建设税,即"进口不征、出口不退"。

(三)优惠政策的运用

城市维护建设税原则上不单独减免,但因其具有附加税性质,当主税发生减免时,城市维护建设税也相应发生减免。具体有四种情况:①随"二税"的减免而减免;②随"二税"的退库而退库;③对海关代征的进口货物增值税、消费税,不征收城市维护建设税;④个别缴纳城市维护建设税确有困难的单位和个人,由县(市)级人民政府审批,酌情给予税收减免。

(四)应纳税额的计算

城市维护建设税的应纳税额是按纳税人实际缴纳的"二税"税额计算的,其计算公式为:

应纳税额=纳税人实际缴纳的增值税、消费税税额×适用税率

【做中学 7-1】 某一市区企业 2017 年 6 月实际缴纳增值税 80 000 元,缴纳消费税 10 000 元。

要求:计算该企业应交城市维护建设税。

分析:

应纳税额=(80 000+10 000)×7%=6 300(元)

三、城市维护建设税的核算

城市维护建设税的会计核算应设置"应交税费——应交城市维护建设税"账户。计提城市维护建设税时,应借记"税金及附加"账户,贷记"应交税费——应交城市维护建设税"账户;实际缴纳城市维护建设税时,应借记"应交税费——应交城市维护建设税"账户,贷记"银行存款"账户。本账户期末贷方余额反映企业应交而未交的城市维护建设税。

【做中学 7-2】 根据【做中学 7-1】资料,进行会计处理。

(1)计提城市维护建设税时:

借:税金及附加——城市维护建设税　　6 300

　　贷:应交税费——应交城市维护建设税　　6 300

(2)实际缴纳城市维护建设税时:

借:应交税费——应交城市维护建设税　　6 300

　　贷:银行存款　　6 300

任务引例解析

该酿酒厂虽然地处城乡结合部,但按照行政区划,该企业被确定为城市,应按 7%的税率缴纳城市维护建设税:

当月应纳税额=(70 000+60 000)×7%=9 100(元)

会计分录如下:

借:税金及附加　　9 100

　　贷:应交税费——应交城市维护建设税　　9 100

四、城市维护建设税的申报

（一）纳税地点

城市维护建设税以纳税人实际缴纳的增值税、消费税税额为计税依据，分别与"二税"同时缴纳。所以，纳税人缴纳"二税"的地点，就是该纳税人缴纳城市维护建设税的地点。但是属于下列情况的，纳税地点为：

(1)代扣代缴、代收代缴"二税"的单位和个人，同时也是城市维护建设税的代扣代缴、代收代缴义务人，其城市维护建设税的纳税地点在代扣代收地。

(2)跨省开采的油田，下属生产单位与核算单位不在一个省内的，其生产的原油，在油井所在地缴纳增值税，其应纳税款由核算单位按照各油井的产量和规定税率汇拨各油井所在地缴纳。所以各油井应纳的城市维护建设税，应由核算单位计算，随同增值税一并汇拨油井所在地，由油井在缴纳增值税的同时，一并缴纳城市维护建设税。

(3)对流动经营等无固定纳税地点的单位和个人，应随同"二税"在经营地按适用税率缴纳。

(4)中国铁路总公司等实行汇总缴纳"二税"的纳税人，城市维护建设税在汇总地与"二税"同时缴纳。

（二）纳税期限

由于城市维护建设税是由纳税人在缴纳"二税"时同时缴纳的，所以其纳税期限分别与"二税"的纳税期限一致。

（三）纳税申报

城市维护建设税与"二税"同时申报缴纳，纳税人应按照有关税法的规定，如实填写城市维护建设税纳税申报表。

五、教育费附加

教育费附加是对缴纳增值税、消费税的单位和个人征收的一种专项附加费，是正税以外的政府行政收费。国务院于 1986 年 4 月 28 日发布了《征收教育费附加的暂行规定》，并于同年 7 月 1 日起实施，目的是为了多渠道筹集教育经费，改善中小学办学条件，促进地方教育事业的发展。

教育费附加对缴纳"二税"的单位和个人征收，以其实际缴纳的"二税"税额为计费依据，分别与"二税"同时缴纳。现行教育费附加的征收率为"二税"税额的 3%。从 2005 年 10 月 1 日起对生产卷烟和烟叶的单位也按 3%征收。自 2010 年 12 月 1 日起外商投资企业、外国企业和外籍人员也统一按增值税、消费税实际缴纳税额的 3%征收教育费附加。同时为规范和拓宽财政性教育经费筹资渠道，支持地方教育事业发展，全面开征地方教育费附加，地方教育费附加统一按增值税、消费税实际缴纳税额的 2%征收。

教育费附加的减免规定：海关进口商品征收的增值税、消费税，不征收教育费附加；对由于减免"二税"而发生退税的，可同时退还已征收的教育费附加，但对于出口产品退还增值税、消费税的，不退还已征收的教育费附加。

教育费附加通过"应交税费——应交教育费附如"账户核算。计提教育费附加时应借记

“税金及附加”账户，贷记本账户；交纳教育费附加时应借记本账户，贷记“银行存款”账户，本账户期末贷方余额反映应交而未交的教育费附加。

【职业能力判断与选择】

一、判断题

1.《中华人民共和国城市维护建设税暂行条例》不适用于我国境内的外商投资企业和外国企业。 (　　)

2. 由受托方代收代缴消费税的，其应代收代缴的城市维护建设税应按委托方所在地的适用税率计算。 (　　)

3. 纳税人违反增值税、消费税税法而加收的滞纳金和罚款，是税务机关对纳税人违法行为的经济制裁，不作为城市维护建设税的计税依据。 (　　)

4. 位于市区的某企业在缴纳城市维护建设税时，适用5%的税率。 (　　)

5. 教育费附加的纳税义务发生时间和纳税期限与“二税”一致。 (　　)

二、选择题(第1～3题为单项选择题，第4～5题为多项选择题)

1. 城市维护建设税的计税依据是(　　)。

A. 增值税、消费税的计税依据

B. 印花税、增值税的计税依据

C. 纳税人实际缴纳的增值税、消费税税额

D. 纳税人实际缴纳的增值税、车船税税额

2. 城市维护建设税纳税人所在地在县城、镇的，其适用的城市维护建设税税率为(　　)。

A. 7%　　B. 5%　　C. 3%　　D. 1%

3. 位于某县城的酿酒厂代为某大城市一家企业加工一批白酒，则该酒厂所代收代缴城市维护建设税的纳税地点应与其缴纳代收代缴(　　)的纳税地点相同。

A. 增值税　　B. 消费税　　C. 个人所得税　　D. 企业所得税

4. 纳税人的下列支出，不得作为城市维护建设税计税依据的有(　　)。

A. 查补的“二税”税额　　B. 偷漏“二税”被处的罚款支出

C. 欠缴“二税”支付的滞纳金　　D. 被查补的城市维护建设税税额

5. 下列各项中，符合城市维护建设税规定的有(　　)。

A. 缴纳增值税、消费税的企业都应缴纳城市维护建设税

B.“二税”实行先征后返方法而进行退库的，可同时退还城市维护建设税

C. 对出口产品退还增值税、消费税的，不退还城市维护建设税

D. 海关对进口产品代征的增值税、消费税，不征收城市维护建设税

【任务训练】

1. 某城市一卷烟厂委托某县城一卷烟厂加工一批雪茄烟，委托方提供原材料40 000元，支付加工费5 000元(不含增值税)，雪茄烟消费税税率为36%，这批雪茄烟无同类产品市场价格。

要求：计算受托方代收代缴消费税时应代收代缴的城市维护建设税税额。

2. 位于市区的某内资生产企业为增值税一般纳税人，经营内销与出口业务。2017 年 4 月份实际缴纳增值税 40 万元，出口货物免抵税额 5 万元。另外，进口货物缴纳增值税 1 万元、消费税 30 万元。

要求：计算该企业 4 月份应缴纳的城市维护建设税税额，并作相关的会计处理。

任务二　房产税会计核算与申报

东海电子公司 2017 年 6 月 30 日“固定资产——房产”账面原值为 2 000 000 元，2017 年 8 月 1 日，企业将房产原值为 1 000 000 元的房屋租给其他单位使用，每年收取租金收入 126 000 元（含增值税），当地政府规定，按房产原值扣除 30%后作为房产余值，该地区规定房产税按年计算，分月缴纳。

出租房产如何缴房产税？房屋出租收入是否要征房产税？如果需要，2017 年 7 月、8 月应怎样计税？

【知识准备与业务操作】

一、纳税人和征税对象的确定

房产税是依据房产价值或房产租金收入向房产所有人或经营人征收的一种税。该税是一种财产性质的税种，目的是运用税收杠杆加强对房产的管理。提高房产使用效率，控制固定资产投资规模和配合国家房产政策的调整，合理调节房产所有人和经营人的收入。

房产税的纳税义务人是房产的产权所有人。产权属于国家的，由经营管理单位缴纳；产权属于集体和个人所有的，由集体和个人缴纳；产权出典的，由承典人缴纳；产权所有人、承典人不在房产所在地的，或者产权未确定及租典纠纷未解决的，由房产代管人或使用人缴纳。

房产税的课税对象是房产。征税范围为城市、县城、建制镇和工矿区范围内的房产。房产税的征税范围不包括农村，这主要是为了减轻农民的负担。

从 2006 年 1 月 1 日起，具备房屋功能的地下建筑，包括与地上房屋相连的地下建筑（如房屋的地下室、地下停车场、商场的地下部分）以及完全建在地面以下的建筑、地下人防设施等，均应当依照有关规定征收房产税。

提示：

外商投资企业、外国企业、华侨和我国香港、澳门、台湾同胞投资兴办的企业以及外籍人员和港澳台同胞等在内地拥有的房产，自 2009 年 1 月 1 日起征收房产税，在此以前不征房产税，而征收城市房地产税。

提示：

房地产开发企业建造的商品房，在出售前，不征收房产税；但对出售前房地产开发企业已使用或出租、出借的商品房应按规定征收房产税。

二、房产税的计算

(一)计税依据的确定

房产税的计税依据为房产的计税价值或房产的租金收入。按房产的计税价值征税的,称为从价计征;按房产的租金收入计征的,称为从租计征。

(1)从价计征。从价计征的,计税依据是房产原值减除一定比例后的余值。房产原值是指"固定资产"账户中记载的房屋原价;减除一定比例是指省、自治区、直辖市人民政府确定的10%～30%的扣除比例。

(2)从租计征。从租计征的,计税依据为房产不含增值税的租金收入,即房屋产权所有人出租房产使用权所得的报酬,包括货币收入和实物收入。

(二)税率选择

我国房产税采用的是比例税率,由于房产税的计税依据分为从价计征和从租计征两种形式,所以房产税的税率也有两种:采用从价计征的,税率为1.2%;采用从租计征的,税率为12%。从2001年1月1日起,对个人按市场价格出租的居民住房,用于居住的,可暂减按4%的税率征收房产税。

(三)优惠政策的运用

(1)国家机关、人民团体、军队自用的房产免税。但上述免税单位的出租房屋以及非自身业务使用的生产、经营用房,不属于免税范围。

(2)由国家财政部门拨付经费的单位,其自身业务范围内使用的房产免税。

(3)宗教寺庙、公园、名胜古迹自用的房产免税。

(4)个人所有非营业用的房产免税。

(5)经财政部批准免税的其他房产。例如,因大修理停用半年以上的房产,损坏不堪使用和危房停用后的房产,地下人防设施,老人服务机构自用房产,非营利性医疗机构、疾病控制机构和妇幼保健机构等卫生机构自用房产,高校后勤实体等免征房产税。

提示:

自2011年1月28日起,在上海、重庆等省市开始对某些个人住房试征房产税。

(四)应纳税额的计算

(1)从价计征应纳税额的计算。其计算公式为:

应纳税额＝应税房产原值×(1－扣除比例)×1.2%

(2)从租计征应纳税额的计算。其计算公式为:

应纳税额＝租金收入×12%

【做中学7-3】 某公司2016年12月31日房屋原始价值为900万元。2017年6月底公司将其中的100万元房产出租给外单位使用,租期2年,每年收取租金10.5万元(含增值税)。当地政府规定,从价计征房产税的,扣除比例为20%。房产税按年计算,分半年缴纳。

要求:计算该公司2017年上半年、下半年应纳房产税税额。

分析：

(1)上半年房产应缴纳的税额：

应纳房产税税额＝900×(1－20％)×1.2％÷2＝4.32(万元)

(2)下半年房产应缴纳的税额：

从价计征部分应纳房产税税额＝800×(1－20％)×1.2％÷2＝3.84(万元)

从租计征部分应纳房产税税额＝10.5÷(1＋5％)÷2×12％＝0.6(万元)

下半年应纳房产税税额＝3.84＋0.6＝4.44(万元)

三、房产税的核算

房产税的会计核算应设置“应交税费——应交房产税”账户。该账户贷方登记本期应缴纳的房产税税额；借方登记企业实际缴纳的房产税税额；期末贷方余额表示企业应交而未交的房产税税额。

核算时，企业按规定计算应交的房产税，借记“税金及附加”账户，贷记“应交税费——应交房产税”账户；缴纳房产税时，借记“应交税费——应交房产税”账户，贷记“银行存款”账户。

【做中学 7-4】 接【做中学 7-3】资料，进行上半年房产税的会计处理。

(1)上半年计提房产税时：

借：税金及附加——房产税　　43 200

　贷：应交税费——应交房产税　　43 200

(2)实际缴纳上半年房产税时：

借：应交税费——应交房产税　　43 200

　贷：银行存款　　43 200

任务引例解析

(1)7 月份应按房产原值计算应纳税额：

年应纳税额＝2 000 000×(1－30％)×1.2％＝16 800(元)

月应纳税额＝年应纳税额÷12＝16 800÷12＝1 400(元)

则 7 月份应纳税额 1 400 元。

(2)8 月份应按房产余值和租金收入分别计算应纳税额：

①按房产余值计算的应纳税额：

年应纳税额＝(2 000 000－1 000 000)×(1－30％)×1.2％＝8 400(元)

月应纳税额＝8 400÷12＝700(元)

②按租金收入计算的应纳税额：

年应纳税额＝126 000÷(1＋5％)×12％＝14 400(元)

月应纳税额＝14 400÷12＝1 200(元)

③8 月份应纳房产税税额＝700＋1 200＝1 900(元)

四、房产税的缴纳

(一)纳税方法

房产税实行按年计算、分期缴纳的征税方法，具体纳税期限由各省、自治区、直辖市人民政府确定。各地一般按季度或半年征收一次,在季度或半年内规定某一月份征收。

(二)纳税义务发生时间

(1)纳税人将原有房产用于生产经营的,从生产经营之月起,计征房产税。

(2)纳税人自行新建房屋用于生产经营的,自建成之次月起,计征房产税。

(3)纳税人委托施工企业建设的房屋,从办理验收手续之次月起,计征房产税。对于在办理验收手续前已使用或出租、出借的新建房屋,应从使用或出租、出借的当月起按规定计征房产税。

(4)纳税人购置新建商品房,自房屋权属交付使用之次月起计征房产税。

(5)纳税人购置存量房,自办理房屋权属转移、变更登记手续,房地产权属登记机关签发房屋权属证书之次月起计征房产税。

(6)纳税人出租、出借房产,自交付出租、出借房产之次月起计征房产税。

(7)纳税人是房地产开发企业的,其自用、出租、出借本企业建造的商品房,自房屋使用或者交付之次月起计征房产税。

提示:

只有第一种情况从“之月”起缴纳房产税,其余都是从“之次月”起缴纳房产税。

(三)纳税地点

房产税的纳税地点为房产所在地。房产不在同一地方的纳税人,应按房产的坐落地点分别向房产所在地的税务机关纳税。

(四)纳税申报

纳税人应按照《中华人民共和国房产税暂行条例》的要求,将现有房屋的坐落地点、结构、面积、原值、出租收入等情况,如实向房屋所在地税务机关办理纳税申报,如实填写房产税纳税申报表。

【职业能力判断与选择】

一、判断题

1. 现行房产税的征税范围包括农村。 ( )
2. 纳税人将原有房产用于生产经营的,从生产经营之月起计征房产税。 ( )
3. 房产税的纳税地点为房产所在地。 ( )
4. 对个人按市场价格出租的居民住房,可暂按其租金收入征收4%的房产税。 ( )
5. 房地产开发企业建造的商品房在出售前,不征收房产税,但对出售前房地产开发企业已使用或出租、出售的房产应按规定征收房产税。 ( )

二、选择题(第1~3题为单项选择题,第4~6题为多项选择题)

1. 纳税人将房产出租的,依照房产租金收入计征房产税,税率为( )。

A. 1.2% B. 12% C. 10% D. 30%

2. 按照《中华人民共和国房产税暂行条例》的有关规定,下列地区中不属于房产税征收范围的有( )。

A. 城市　　B. 农村　　C. 县城、建制镇　　D. 工矿区

3. 下列房产应征收房产税的是(　　)。

A. 全额预算管理事业单位自用办公房

B. 邮政部门坐落在城市、县城、建制镇、工矿区以外的房产

C. 人民团体所属宾馆的房产

D. 施工企业施工期间在基建工地搭建的临时办公用房

4. 房产税的计税依据有(　　)。

A. 房产原值　　B. 房产租金收入

C. 房产售价　　D. 房产余值

5. 下列房产应从价计征房产税的有(　　)。

A. 出租的房产　　B. 投资收取固定收入的房产

C. 融资租赁的房产　　D. 出典的房产

6. 下列各项中，符合房产税纳税义务发生时间规定的有(　　)。

A. 纳税人购置新建商品房，自房屋交付使用之次月起缴纳房产税

B. 纳税人委托施工企业建设的房屋，自建成使用之次月起缴纳房产税

C. 纳税人将原有房产用于生产经营，自生产经营之次月起缴纳房产税

D. 纳税人购置存量房，自房地产权属登记机关签发房屋权属证书之次月起缴纳房产税

【任务训练】

1. 某县城一家企业 2017 年 5 月 1 日将一闲置的房产出租给另一家企业，租期 5 年，每年租金为 21 万元(含增值税)。该房产原值为 100 万元，当地政府规定的扣除比例为 30%，企业采用简易计税办法计征增值税。

要求：计算该企业该房产 2017 年应纳的增值税、城市维护建设税和房产税。

2. 坐落在县城的某大型国有企业，2017 年初，用于生产经营的厂房原值 5 000 万元，该企业还创办一所学校和一所职工医院，房产原值分别为 300 万元和 200 万元。2017 年 7 月 1 日，该企业将其中 200 万元原值的厂房出租，年租金为 8.4 万元(含增值税)。按当地规定，允许减除房产原值 20%后的余值为计税依据。

要求：计算该企业全年应纳的房产税。

任务三　印花税会计核算与申报

任务引例

某生物制药厂 2017 年 6 月份开业，领受房产证、工商营业执照、土地使用证各一件，与其他企业订立转移专有技术使用权一件，所载金额 40 万元；订立产品购销合同两件，所载金额为 100 万元；订立借款合同一份，所载金额为 60 万元；此外，企业的营业账簿中“实收资本”科目载有资金 800 万元，其他营业账簿 10 本。

企业开业时所办的一些证照、合同文书、营业账簿要缴印花税吗？他们各以什么作为计税

依据？如何计算？又如何进行会计核算？

【知识准备与业务操作】

一、纳税人和征税范围的确定

印花税是对经济活动和经济交往中书立、使用、领受具有法律效力的凭证的单位和个人征收的一种行为税。印花税具有覆盖面广、税率低、税负轻以及实行“三自”纳税办法（纳税人自行计算应纳税额、自行购买印花税票并贴花、自行盖章注销或划销）等特点。

印花税的纳税义务人，是指在我国境内书立、使用、领受印花税法所列举的应税凭证的单位和个人。按照书立、使用、领受应税凭证，上述单位和个人分别确定为立合同人、立据人、立账簿人、领受人、使用人和各类电子应税凭证的签订人六种。

(1)立合同人，是指合同的当事人，是对应税凭证有直接权利义务关系的单位和个人，但不包括合同的担保人、证人和鉴定人。各类合同的纳税人是立合同人。

(2)立据人。产权转移书据的纳税人是立据人。

(3)立账簿人，是指设立并使用账簿的单位和个人。营业账簿的纳税人是立账簿人。

(4)领受人，是指领取或接受并持有该凭证的单位和个人。权利许可证照的纳税人是领受人。

(5)使用人。在国外书立、领受，但在国内使用的应税凭证，其纳税人是该凭证的使用人。

(6)各类电子应税凭证的签订人，即以电子形式签订的各类应税凭证的当事人。

印花税的征税范围是税法列举的各种应税凭证，即合同或具有合同性质的凭证；产权转移书据；营业账簿；权利许可证照；财政部确定的其他应税凭证。列入税目的就要征税，未列入税目的就不征税。

提示：

①在境外书立、领受但在国内使用的、在我国境内具有法律效力、受我国法律保护的凭证，也是印花税应税凭证，其使用人为纳税人。

②对应税凭证，凡由两方或两方以上当事人共同书立的，其当事人各方都是印花税的纳税人，应各就其所持凭证的计税金额履行纳税义务。

二、印花税的计算

（一）计税依据的确定

印花税的计税依据是应税凭证的计税金额或应税凭证的件数，具体为：

(1)购销合同的计税依据为购销金额。

(2)加工承揽合同的计税依据为加工或承揽收入的金额。

(3)建设工程勘察设计合同的计税依据为收取的费用。

(4)建筑安装工程承包合同的计税依据为承包金额。

(5)财产租赁合同的计税依据为租赁金额；经计算，税额不足1元的，按1元贴花。

(6)货物运输合同的计税依据为运输费用，但不包括装卸费用、保险费。

(7)仓储保管合同的计税依据为仓储保管费用。

(8)借款合同的计税依据为借款金额。

(9)财产保险合同的计税依据为保险费，不包括所保财产的金额。

(10)技术合同的计税依据为合同所载金额、报酬或使用费。

(11)产权转移书据的计税依据为合同所载金额。

(12)营业账簿税目中记载金额的账簿的计税依据为"实收资本"与"资本公积"两项的合计金额。其他账簿的计税依据为应税凭证件数。

(13)权利许可证照的计税依据为应税凭证件数。

同一凭证，载有两个或以上经济事项而适用不同税目税率，如分别记载金额的，应分别计算应纳税额，相加后按合计税额贴花；如未分别记载金额的，按税率高的计税贴花。

(二)税率的选择

印花税的税率设计，遵循税负从轻、共同负担的原则。所以，税率比较低，凭证的当事人均应就其所持凭证依法纳税。

印花税采用比例税率和定额税率两种形式。在印花税的13个税目中，"权利许可证照"税目、"营业账簿"税目中的其他账簿，适用定额税率，均为按件贴花，税额为5元；其他税目，均采用比例税率。印花税税目税率见表7-2。

(三)优惠政策的运用

下列凭证免征印花税：

(1)已缴纳印花税的凭证的副本或抄本，但以副本或者抄本视同正本使用的，则应另贴印花。

(2)财产所有者将财产赠给政府、社会福利机构、学校所书立的书据。

(3)国家指定的收购部门与村民委员会、农民个人书立的农副产品收购合同。

(4)无息、贴息贷款合同。

(5)外国政府或国际金融组织向我国政府及国家金融机构提供优惠贷款所书立的合同。

(6)房地产管理部门与个人签订的用于生活居住的租赁合同。

(7)农牧业保险合同。

(8)特殊的货运凭证，如：军需物资运输凭证、抢险救灾物资运输凭证。

(9)自2014年11月1日至2017年12月31日，金融机构与小型、微型企业签订的借款合同。

(四)应纳税额的计算

根据应税凭证的性质，印花税的计算可采用从价定率计算和从量定额计算两种方法，其计算公式为：

应纳税额＝应税凭证计税金额×适用税率

或＝应税凭证件数×适用税额

表 7-2　印花税税目税率表

税　目	范　围	税　率	纳税人	说　明
1.购销合同	包括供应、预购、采购、购销结合及协作、调剂、补偿等合同	按购销金额的万分之三贴花	立合同人	
2.加工承揽合同	包括加工、定作、修缮、修理、印刷、广告、测绘、测试等合同	按加工或承揽收入的万分之五贴花	立合同人	
3.建设勘察设计合同	包括勘察设计合同	按收取费用的万分之五贴花	立合同人	
4.建筑安装工程承包合同	包括建筑、安装工程承包合同	按承包金额的万分之三贴花	立合同人	
5.财产租赁合同	包括租赁房屋、船舶、飞机、机动车辆、机械、器具、设备等合同	按租赁金额的千分之一贴花。税额不足 1 元的按 1 元贴花	立合同人	
6.货物运输合同	包括民航、铁路、海上、内河、公路运输和联合运输等合同	按运输费用的万分之五贴花	立合同人	单据作为合同适用的按合同贴花
7.仓储保管合同	包括仓储、保管合同	按仓储保管费用的千分之一贴花	立合同人	仓单或栈单作为合同使用的按合同贴花
8.借款合同	银行及其他金融机构和借款人(不包括银行同业拆借)所签订的借款合同	按借款金额的万分之零点五贴花	立合同人	单据作为合同使用的按合同贴花；融资租赁合同暂按借款合同贴花
9.财产保险合同	包括财产、责任、保证、信用等保险合同	按保险费用收入的千分之一贴花	立合同人	单据作为合同使用的按合同贴花
10.技术合同	包括技术开发、转让、咨询、服务等合同	按所载金额的万分之三贴花	立合同人	
11.产权转移合同	包括财产所有权和版权、商标专用权、专利权、专有技术使用权等转移书据	按所载金额的万分之五贴花	立合同人	
12.营业账簿	生产经营用账册	记载金额的账簿按“实收资本”“资本公积”两项合计金额的万分之五贴花。其他按件贴花 5 元	立账簿人	记载资金的账簿按“实收资本”“资本公积”两项合计金额贴花后，以后年度资金总额比已贴花资金总额增加的，增加部分应按规定贴花
13.权利许可证照	包括政府部门发给的房屋产权证、工商营业执照、土地使用证、商标注册证、专利证	按件贴花 5 元	领受人	

注:因证券交易税暂未开征，现行 A 股 B 股股权转让，以证券市场当日实际成交价格计算的金额，由卖出方按 1‰(2008 年 9 月 19 日起)的税率缴纳印花税。

【做中学 7-5】 某企业 2017 年 6 月开业，当年发生以下有关业务事项：领受房屋产权证、工商营业执照、土地使用证各 1 件；订立一份商品购销合同，合同金额为 100 万元；订立借款合同一份，所载金额为 100 万元；企业记载资金的账簿，“实收资本”为 500 万元，“资本公积”为 100 万元；其他账簿 20 本。

要求：计算该企业当年应缴纳的印花税税额。

分析：

(1)企业领受权利许可证照应纳税额：

应纳税额＝3×5＝15(元)

(2)企业订立购销合同应纳税额：

应纳税额＝1 000 000×0.3‰＝300(元)

(3)企业订立借款合同应纳税额：

应纳税额＝1 000 000×0.05‰＝50(元)

(4)企业记载资金的账簿应纳税额：

应纳税额＝(5 000 000＋1 000 000)×0.5‰＝3 000(元)

(5)企业其他营业账簿应纳税额：

应纳税额＝20×5＝100(元)

(6)企业当年应纳印花税税额：

15＋300＋50＋3 000＋100＝3 465(元)

三、印花税的核算

由于企业缴纳的印花税，不会发生应付未付税款的情况，也不需要预计应缴税款数，为了简化会计处理，可以不通过“应交税费”科目核算，缴纳的印花税直接在“税金及附加——印花税”科目中反映。企业购买印花税票时，按实际支付的款项借记“税金及附加——印花税”账户，贷记“银行存款”账户。

【做中学 7-6】 接【做中学 7-5】资料，进行会计处理。

借：税金及附加——印花税　　3 465

　贷：银行存款　　3 465

任务引例解析

企业开业时所办的一些证照、合同文书、营业账簿都要按规定缴印花税，它们的计税依据各不相同，具体计算如下：

权利许可证照应纳税额＝3×5＝15(元)

产权转移书据应纳税额＝4 000 000×0.5‰＝200(元)

销售合同应纳税额＝1 000 000×0.3‰＝300(元)

借款合同应纳税额＝600 000×0.05‰＝30(元)

营业账簿中“实收资本”应纳税额＝8 000 000×0.5‰＝4 000(元)

其他营业账簿应纳税额＝10×5＝50(元)

该制药厂 6 月份应纳的印花税额＝15＋200＋300＋30＋4 000＋50＝4 595(元)

会计分录如下：

借：税金及附加　　4 595

贷:银行存款　　4 595

四、印花税的缴纳

(一)纳税方法

印花税的纳税办法,根据应纳税额的大小、纳税次数的多少,以及税收征收管理的需要,分别采用以下三种纳税方法:

1. 自行贴花办法

自行贴花是指由纳税人自行计算应纳税额,自行购买并贴足印花税票,自行注销或划销的缴纳方法,即印花税的"三自"纳税办法。此方法一般适用于应税凭证较少或贴花次数较少的纳税人,采用该纳税方法的纳税人,一般无需填写印花税纳税申报表。

对已贴花的凭证,修改后所载金额增加的,其增加部分应补贴印花税票;凡多贴印花税票的,不得申请退税或抵用。

2. 汇贴或汇缴办法

这种办法,一般适用于应税税额较大或贴花次数频繁的纳税人。

一份凭证应纳税额超过500元的,应向当地税务机关申请填写缴款书或者完税证,将其中一联粘贴在凭证上或由税务机关在凭证上加注完税标记代替贴花。这就是通常所说的"汇贴"办法。

对同一种凭证需频繁贴花的,纳税人可根据实际情况自行决定是否采用按期汇总缴纳印花税的方式。汇总缴纳的期限最长不得超过1个月。纳税期满后,纳税人应填写印花税纳税申报表,向主管税务机关申报纳税。凡汇缴印花税的凭证,应加盖税务机关的汇缴戳记,编号并装订成册后,将已贴印花税票或缴款书的一联粘付册后,盖章注销,保存备查。

3. 委托代征

委托代征是受托单位按税务机关的要求,以税务机关的名义向纳税人征收税款的一种方式。受托单位一般是发放、鉴证、公证应税凭证的政府部门或其他社会组织。税务机关应与代征单位签订代征委托书。纳税人在办理应税凭证相关业务时,由上述受托单位代为征收印花税款,要求纳税人购花并贴花,这主要是为了加强税源控制。

(二)纳税环节

印花税一般在应税凭证书立或领受时贴花。具体是指权利许可证照在领取时贴花,合同在签订时贴花,产权转移书据在立据时贴花,营业账簿在启用时贴花。如果合同在国外签订,并且不便在国外贴花的,应在将合同带入境时办理贴花纳税手续。

(三)纳税地点

印花税一般实行就地纳税。如果是全国性订货会所签合同应纳的印花税,由纳税人回其所在地办理贴花;对地方主办,不涉及省际关系的订货会、展销会上所签合同的印花税,由省级政府自行确定纳税地点。

(四)纳税申报

印花税的纳税人应按照规定及时办理纳税申报,并如实填写印花税纳税申报表。

【职业能力判断与选择】

一、判断题

1. 凡是由两方或两方以上当事人共同书立的应税凭证，其当事人各方都是印花税的纳税人，应各自就其所持凭证的计税金额全额完税。（　　）

2. 对于在国外书立、领受，但在国内使用的应税凭证，其纳税人是该凭证的使用人。（　　）

3. 已缴纳印花税的凭证的副本或抄本免税。（　　）

4. 对已贴花的凭证，修改后所载金额增加的，其增加部分应当补贴印花税票；凡多贴印花税票的，可申请退税或抵用。（　　）

5. 立合同人是指合同的当事人，即指对凭证有直接权利义务关系的单位和个人，但不包括合同的担保人、证人、鉴定人。（　　）

二、选择题（第1～3题为单项选择题，第4～5题为多项选择题）

1. 下列不属于印花税征税范围的是（　　）。

A. 企业签订的融资租赁合同　　B. 企业领取的工商营业执照

C. 企业签订的借款合同　　D. 企业填制的限额领料单

2. 企业签订的合同贴印花税票的时间是（　　）。

A. 签订时　　B. 生效时　　C. 使用时　　D. 终止时

3. 下列不属于印花税纳税人的是（　　）。

A. 购货合同的保证人　　B. 在国外书立，在国内使用技术合同的单位

C. 购货合同的当事人　　D. 借款合同的双方当事人

4. 加工承揽合同的计税依据包括（　　）。

A. 加工或承揽收入　　B. 受托方提供的原材料金额

C. 受托方提供的辅助材料金额　　D. 委托方提供的原材料金额

5. 印花税的征税对象包括（　　）。

A. 合同或具有合同性质的凭证　　B. 产权转移书据

C. 营业账簿　　D. 权利许可证照

【任务训练】

1. 某企业2015年度有关资料如下：

“实收资本”比2014年增加200万元，“资本公积”比2014年增加40万元；向银行借款100万元，借款合同上约定的年利率为6%；与A公司签订以货换货合同，本企业货物价值250万元，A公司货物价值300万元，该企业用银行存款补齐差额；与B公司签订技术转让合同，约定B公司按其2016—2018年实现利润的10%支付。

要求：计算该企业2015年度应纳印花税税额。

2. 某地下列纳税人发生如下业务：

(1)甲签订运输合同一份，总金额100万元(含装卸费5万元)进行货物国际联运。

(2)乙出租居住用房一间给某单位,月租金500元,租金不定。

(3)丙签订销售合同,数量5 000件,无金额,当期市价50元/件。

(4)房管部门与个人签订租房合同(用于生活居住),月租金600元,租期2年。

(5)企业与他人签订一份仓储合同,保管费50 000元,但未履行,企业已将贴用的印花税票揭下留用。

要求:计算各纳税人应纳的印花税税额,并说明是否有违规行为,如有应如何处理。

任务四 车船税会计核算与申报

某地税局执法人员在对各保险机构代收代缴车船税进行突击检查时,发现位于该市的某保险机构在为7辆汽车办理"交强险"时,纳税人拒缴车船税,该公司为保证保险业绩,并未按照规定及时向税务机关进行上报,而是擅自为其办理了"交强险"。执法人员还发现,该公司为逃脱责任,还涉嫌为其中的3辆汽车伪造"拒缴车船税声明"。该地税局对该保险公司进行了处罚。

问题是保险公司在纳税人和税务机关之间处于什么角色?保险公司受到税务机关处罚的原因是什么?

【知识准备与业务操作】

一、纳税人和征税对象的确定

车船税是指对在中华人民共和国境内的车辆(包括乘用车、商用车、挂车、摩托车和其他车辆)、船舶(包括机动船舶和游艇)依法征收的一种税。征收车船税,有利于运用税收经济杠杆,加强对车船的管理和使用,同时通过税收手段集中财力,缓解发展交通运输事业资金短缺的矛盾。

车船税的纳税人是我国境内车辆、船舶(以下简称车船)的所有人或管理人。其中,所有人是指在我国境内拥有车船的单位和个人;管理人是指对车船具有管理权或使用权,但不具有所有权的单位。车辆的所有人或者管理人未缴纳车船税的,使用人应当代为缴纳车船税。一般情况下,拥有与使用车船的单位和个人是相同的,纳税人既是车船使用人,又是车船拥有人,如存在租赁关系,车船拥有人与使用人不一致时则应由租赁双方协商确定纳税人,租赁双方未商定的,由车船的使用人纳税。

从事机动车第三者责任强制保险业务的保险机构为机动车车船税的扣缴义务人,在销售机动车交通事故责任强制保险时代收车船税,并出具代收税款凭证。

车船税的征税对象为在我国境内使用的车船(除规定减免的车辆外),分为车辆和船舶两大类。具体包括:

(1)车辆为机动车。即依靠燃油、电力等能源作为动力运行的车辆,包括乘用车、商用客车、商用货车、挂车、摩托车、专项作业车和轮式专用机械车。

(2)船舶为机动船、非机动驳船和游艇。机动船指依靠燃料等能源作为动力运行的船舶，包括客船、货船、气垫船、拖船等；非机动驳船是指依靠其他力量运行的驳船。

依法不需要在车船登记管理部门登记的机场、港口、铁路站场内部行驶或者作业的车船，自《中华人民共和国车船税法》2012 年 1 月 1 日实施起 5 年内免征车船税。

任务引例解析

保险公司是车船税的扣缴义务人，在给纳税人提供保险服务时需要履行扣缴义务，代税务机关向纳税人收取车船税，如果纳税人拒绝不交，那么保险公司应向税务机关通报。本案例中的保险公司在纳税人拒绝缴纳车船税时，没有向税务机关通报，擅自办理交强险，伪造虚假材料，因此，受到税务机关的处罚。

二、车船税的计算

(一)计税依据的确定

车船税的计税依据按车船种类和性能，分别确定辆、整备质量吨位、净吨位和艇身长度四种，具体规定如下：

(1)乘用车、商用客车、摩托车按辆计税。

(2)商用货车、挂车、专业作业车、轮式专用机械车按整备质量吨位计税。

(3)机动船舶按净吨位计税，拖船按照发动机功率每 1 千瓦折合净吨位 0.67 吨计税。

(4)游艇按艇身长度计税。

需要说明的是：

(1)这里所涉及的整备质量吨位、净吨位、艇身长度等计税标准，以车船管理部门核发的车船登记证书或者行驶证书相应项目所载数额为准。依法不需要办理登记的车船和依法应当登记而未办理登记或者不能提供车船登记证书、行驶证的车船，以车船出厂合格证明或者进口凭证标注的技术参数、数据为准；不能提供车船出厂合格证明或者进口凭证的，由主管税务机关参照国家相关标准核定，没有国家相关标准的参照同类车船核定。整备质量是指一辆汽车的自重，即汽车在正常条件下准备行驶时，尚未载人(包括驾驶员)、载物时的空车重量。

(2)车辆整备质量尾数在 0.5 吨以下(含 0.5 吨)的，按照 0.5 吨计算；超过 0.5 吨的，按照 1 吨计算，整备质量不超过 1 吨的车辆，按照 1 吨计算。船舶净吨位尾数在 0.5 吨以下(含 0.5 吨)的不予计算，超过 0.5 吨的按照 1 吨计算。净吨位不超过 1 吨的船舶，按照 1 吨计算。

(二)税目与税率的选择

车船税对应税车船采用幅度定额税率，即对各类车辆船舶分别规定了税目和税额幅度，具体如表 7-3 所示。

表 7-3　车船税税目税额表

税目		计税单位	每年税额	备注
一、乘用车	1.0 升(含,发动机汽缸排气量,下同)以下	每辆	60 元至 360 元	核定载客人数 9 人(含)以下
	1.0 升以上至 1.6 升(含)的	每辆	300 元至 540 元	
	1.6 升以上至 2.0 升(含)的	每辆	360 元至 660 元	
	2.0 升以上至 2.5 升(含)的	每辆	660 元至 1 200 元	
	2.5 升以上至 3.0 升(含)的	每辆	1 200 元至 2 400 元	
	3.0 升以上至 4.0 升(含)的	每辆	2 400 元至 3 600 元	
	4.0 升以上的	每辆	3 600 元至 5 400 元	
二、商用车	客车	每辆	480 元至 1440 元	核定载客人数 9 人以上,包括电车
	货车	整备质量每吨	16 元至 120 元	包括半挂牵引车、三轮汽车和低速载货汽车等
三、挂车		整备质量每吨		按照货车税额的 50%计算
四、其他车辆	专用作业车	整备质量每吨	16 元至 120 元	不包括拖拉机
	轮式专用机械车	整备质量每吨	16 元至 120 元	不包括拖拉机
五、摩托车		每辆	36 元至 180 元	
六、船舶	机动船舶	净吨位每吨	3 元至 6 元	拖船和非机动驳船分别按机动船舶税额的 50%计算
	游艇	艇身长度每米	600 元至 2 000 元	

注:(1)车辆具体适用税额。由省、自治区、直辖市人民政府在规定的税额幅度内,按照以下原则,确定具体的适用税额,并报国务院备案:①乘用车依排气量从小到大递增税额;②客车按照核定载客人数 20 人以下和 20 人(含)以上两档划分,递增税额。

(2)机动船舶具体适用税额。①净吨位不超过 200 吨的,每吨 3 元;②净吨位超过 200 吨但不超过 2 000 吨的,每吨 4 元;③净吨位超过 2 000 吨但不超过 10 000 吨的,每吨 5 元;④净吨位超过 10 000 吨的,每吨 6 元。

(3)游艇具体适用税额。①艇身长度不超过 10 米的,每米 600 元;②艇身长度超过 10 米但不超过 18 米的,每米 900 元;③艇身长度超过 18 米但不超过 30 米的,每米 1 300 元;④艇身长度超过 30 米的,每米 2 000 元;辅助动力帆艇,每米 600 元。

(三)优惠政策的运用

1. 法定减免

(1)非机动车船(不包括非机动驳船)。非机动车是指以人力或者畜力驱动的车辆,以及符合国家有关标准的残疾人机动轮椅车、电动自行车等车辆;非机动船是指自身没有动力装置,依靠外力驱动的船舶。

(2)拖拉机。拖拉机是指在农业(农业机械)管理部门登记为拖拉机的车辆。

(8)借款合同的计税依据为借款金额。

(9)财产保险合同的计税依据为保险费,不包括所保财产的金额。

(10)技术合同的计税依据为合同所载金额、报酬或使用费。

(11)产权转移书据的计税依据为合同所载金额。

(12)营业账簿税目中记载金额的账簿的计税依据为“实收资本”与“资本公积”两项的合计金额。其他账簿的计税依据为应税凭证件数。

(13)权利许可证照的计税依据为应税凭证件数。

同一凭证,载有两个或以上经济事项而适用不同税目税率,如分别记载金额的,应分别计算应纳税额,相加后按合计税额贴花;如未分别记载金额的,按税率高的计税贴花。

(二)税率的选择

印花税的税率设计,遵循税负从轻、共同负担的原则。所以,税率比较低,凭证的当事人均应就其所持凭证依法纳税。

印花税采用比例税率和定额税率两种形式。在印花税的13个税目中,“权利许可证照”税目、“营业账簿”税目中的其他账簿,适用定额税率,均为按件贴花,税额为5元;其他税目,均采用比例税率。印花税税目税率见表7-2。

(三)优惠政策的运用

下列凭证免征印花税:

(1)已缴纳印花税的凭证的副本或抄本,但以副本或者抄本视同正本使用的,则应另贴印花。

(2)财产所有者将财产赠给政府、社会福利机构、学校所书立的书据。

(3)国家指定的收购部门与村民委员会、农民个人书立的农副产品收购合同。

(4)无息、贴息贷款合同。

(5)外国政府或国际金融组织向我国政府及国家金融机构提供优惠贷款所书立的合同。

(6)房地产管理部门与个人签订的用于生活居住的租赁合同。

(7)农牧业保险合同。

(8)特殊的货运凭证,如:军需物资运输凭证、抢险救灾物资运输凭证。

(9)自2014年11月1日至2017年12月31日,金融机构与小型、微型企业签订的借款合同。

(四)应纳税额的计算

根据应税凭证的性质,印花税的计算可采用从价定率计算和从量定额计算两种方法,其计算公式为:

$$应纳税额=应税凭证计税金额\times适用税率$$

$$或=应税凭证件数\times适用税额$$

表 7-2　印花税税目税率表

税　目	范　围	税　率	纳税人	说　明
1. 购销合同	包括供应、预购、采购、购销结合及协作、调剂、补偿等合同	按购销金额的万分之三贴花	立合同人	
2. 加工承揽合同	包括加工、定作、修缮、修理、印刷、广告、测绘、测试等合同	按加工或承揽收入的万分之五贴花	立合同人	
3. 建设勘察设计合同	包括勘察设计合同	按收取费用的万分之五贴花	立合同人	
4. 建筑安装工程承包合同	包括建筑、安装工程承包合同	按承包金额的万分之三贴花	立合同人	
5. 财产租赁合同	包括租赁房屋、船舶、飞机、机动车辆、机械、器具、设备等合同	按租赁金额的千分之一贴花。税额不足 1 元的按 1 元贴花	立合同人	
6. 货物运输合同	包括民航、铁路、海上、内河、公路运输和联合运输等合同	按运输费用的万分之五贴花	立合同人	单据作为合同适用的按合同贴花
7. 仓储保管合同	包括仓储、保管合同	按仓储保管费用的千分之一贴花	立合同人	仓单或栈单作为合同使用的按合同贴花
8. 借款合同	银行及其他金融机构和借款人(不包括银行同业拆借)所签订的借款合同	按借款金额的万分之零点五贴花	立合同人	单据作为合同使用的按合同贴花；融资租赁合同暂按借款合同贴花
9. 财产保险合同	包括财产、责任、保证、信用等保险合同	按保险费用收入的千分之一贴花	立合同人	单据作为合同使用的按合同贴花
10. 技术合同	包括技术开发、转让、咨询、服务等合同	按所载金额的万分之三贴花	立合同人	
11. 产权转移合同	包括财产所有权和版权、商标专用权、专利权、专有技术使用权等转移书据	按所载金额的万分之五贴花	立合同人	
12. 营业账簿	生产经营用账册	记载金额的账簿按“实收资本”“资本公积”两项合计金额的万分之五贴花。其他按件贴花 5 元	立账簿人	记载资金的账簿按“实收资本”“资本公积”两项合计金额贴花后，以后年度资金总额比已贴花资金总额增加的，增加部分应按规定贴花
13. 权利许可证照	包括政府部门发给的房屋产权证、工商营业执照、土地使用证、商标注册证、专利证	按件贴花 5 元	领受人	

注：因证券交易税暂未开征，现行 A 股 B 股股权转让，以证券市场当日实际成交价格计算的金额，由卖出方按 1‰(2008 年 9 月 19 日起)的税率缴纳印花税。

(3)捕捞、养殖渔船。捕捞、养殖渔船是指在渔业船舶管理部门登记为捕捞船或者养殖船的船舶。不包括在渔业船舶管理部门登记为捕捞船或者养殖船以外类型的船舶。

(4)军队、武警部队专用的车船。军队、武警专用的车船是指按照规定在军队、武警车船管理部门登记,并领取军用牌照、武警牌照的车船。

(5)警用车船。警用车船是指公安机关、国家安全机关、监狱、劳动教养管理机关和人民法院、人民检察院领取警用牌照的车辆和执行警务的专用船舶。

(6)依照我国有关法律规定应当予以免税的外国驻华使馆、领事馆和国际组织驻华机构及其有关人员的车船。

2.特定减免

省、自治区、直辖市人民政府根据当地实际情况,可以对公共交通车船,农村居民拥有并主要在农村地区使用的摩托车、三轮汽车和低速载货汽车定期减征或免征车船税。

自2015年5月7日起,对符合标准的节约能源的乘用车、商用车,减半征收车船税;对使用符合标准的新能源的车辆(是指纯电动商用车、插电式混合动力汽车、燃料电池商用车),免征车船税;纯电动乘用车和燃料电池乘用车不属于车船税征税范围,对其不征车船税。

对受严重自然灾害影响纳税困难以及有其他特殊原因确需减、免税的,可以减征或免征车船税。

(四)应纳税额的计算

车船税的计算按照计税依据不同,其计算方法有以下几种:

(1)乘用车、商用客车、摩托车应纳税额=车辆数×适用单位税额。

(2)商用货车、专业作业车、轮式专用机械车应纳税额=整备质量吨位×适用单位税额。

(3)挂车应纳税额=整备质量吨位×适用单位税额×50%。

(4)机动船舶应纳税额=净吨位×适用单位税额。

(5)拖船、非机动驳船应纳税额=净吨位×适用单位税额×50%。

(6)游艇应纳税额=艇身长度×适用单位税额。

购置的新车船,购置当年的应纳税额自纳税义务发生的当月起按月计算。计算公式为:

应纳税额=(年应纳税额÷12)×应纳税月份数

客货两用车按载货汽车的计税单位和税额标准计征车船税。

【做中学7-7】 汇丰公司拥有客车5辆,其中商用客车1辆,2.4升乘用车2辆,1.6升小型客车2辆,单位税额分别为900元、700元、500元;拥有商用货车6辆,其中3辆每辆整备质量吨位为9.4吨,另3辆每辆整备质量吨位为19.7吨,单位税额分别为40元、80元。

要求:计算该公司2017年应纳车船税额。

分析:

①载客汽车应纳税额=1×900+2×700+2×500=3 300(元)

②载货汽车应纳税额=3×9.5×40+3×20×80=5 940(元)

合计应纳车船税额=3 300+5 940=9 240(元)

三、车船税的核算

车船税的会计核算应设置“应交税费——应交车船税”账户。本账户贷方登记本期应缴纳的车船税税额；借方登记企业实际缴纳的车船税税额。企业分期计提车船税时，应借记“税金及附加”账户，贷记本账户；缴纳车船使用税时应借记本账户，贷记“银行存款”账户。本账户期末贷方余额反映应交而未交的车船税。

【做中学 7-8】 接【做中学 7-7】汇丰公司资料，车船税按年计算，分季缴纳，进行会计处理。

企业按月计提应纳税额＝9 240÷12＝770(元)

(1)按月计提车船税时，做如下会计分录：

借：税金及附加——车船税　　770

　贷：应交税费——应交车船税　　770

(2)按季度交纳车船税时，做如下会计分录：

借：应交税费——应交车船税　　2 310

　贷：银行存款　　2 310

四、车船税的缴纳

(一)纳税期限

车船税按年申报，分月计算，一次性缴纳。纳税年度为公历 1 月 1 日至 12 月 31 日止。具体纳税期限由省、自治区、直辖市人民政府确定。

(二)纳税义务发生时间

车船的纳税义务发生时间，为车船管理部门核发的车船登记证书或者行驶证书所载日期的当月。纳税人未到车船管理部门办理登记手续的，以车船购置发票所载开具时间的当月作为车船税的纳税义务发生时间。对未办理车船登记手续且无法提供车船购置发票的，由主管税务机关核定纳税义务发生时间。

(三)纳税地点

车船税由地方税务机关负责征收。扣缴义务人代收代缴车船税的，纳税地点为扣缴义务人所在地；纳税人自行申报缴纳车船税的，纳税地点为车船登记地的主管税务机关所在地；依法不需要办理登记的车船，纳税地点为车船所有人或者管理人主管税务机关所在地。

(四)纳税申报

(1)车船的所有人或管理人未缴纳车船税的，使用人应当代为缴纳车船税。

(2)从事机动车交通事故责任强制保险业务的保险机构为机动车车船税的扣缴义务人，应当依法代收代缴车船税。对于依法不需要购买机动车交通事故责任强制保险的车辆，纳税人应当自行向主管税务机关申报缴纳车船税。

(3)机动车车船税的扣缴义务人代收代缴车船税时，纳税人不得拒绝。由扣缴义务人代收代缴机动车车船税的，纳税人应当在购买机动车交通事故责任强制保险的同时缴纳车船税。

(4)扣缴义务人在代收车船税时，应当在机动车交通事故责任强制保险的保险单上注明已收税款的信息，作为纳税人完税的证明。

(5)在一个纳税年度内，已完税的车船被盗抢、报废、灭失的，纳税人可以凭有关管理机关出具的证明和完税证明，向纳税所在地的主管税务机关申请退还自被盗抢、报废、灭失月份起至该纳税年度终了期间的税款。

已办理退税的被盗抢车船，失而复得的，纳税人应当从公安机关出具相关证明的当月起计算缴纳车船税。

(6)纳税人应按照规定及时办理纳税申报,并如实填写车船税纳税申报表。

【职业能力判断与选择】

一、判断题

1. 车船税的纳税人是车辆、船舶的使用人。（　　）

2. 车船税的征税范围不包括非机动车。（　　）

3. 为方便纳税人缴纳车船税,提高税源控管水平,节约征纳双方的成本,由保险机构在办理机动车交通事故责任强制保险业务时代收代缴机动车的车船税。（　　）

4. 车船税以车船购置发票开具时间的次月作为纳税义务发生时间。（　　）

5. 车辆的具体适用税额由省、自治区、直辖市人民政府在规定的税额幅度内确定。（　　）

6. 需办理车辆登记手续的应税车辆的车船税纳税地点为车辆的登记地或者车船税扣缴义务人所在地。（　　）

二、选择题(第1～3题为单项选择题,第4～5题为多项选择题)

1. 下列不属于车船税计税依据的是(　　)。

A. 辆　　B. 整备质量　　C. 净吨位　　D. 载重吨位

2. 下列车船可以免征车船税的是(　　)。

A. 在机场、港口等内部场所行驶或作业的车船

B. 外商投资企业的汽车

C. 政府机关办公用车辆

D. 武警部队专用车船

3. 下列各项中,不属于车船税征税范围的是(　　)。

A. 三轮车　　B. 火车　　C. 摩托车　　D. 货船

4. 车船税的纳税地点为(　　)。

A. 对个人,应为住所所在地　　B. 车辆行驶地

C. 纳税人经营所在地　　D. 领取车船牌照地

5. 车船税的纳税义务发生时间为(　　)。

A. 车船管理部门核发的车船登记证书的当月

B. 行驶证书所记载日期的当月

C. 全年停运后重新使用之日

D. 新购置车船使用的当月

【任务训练】

1. 某公司拥有载货汽车2辆,其中A车整备质量10吨,B车整备质量20吨,当地规定的车船税税率为60元/吨;拥有载客汽车5辆,当地规定的车船税税率为1 000元/辆;拥有机动船一艘,净吨位为40吨,当地规定的车船税税率为3元/吨。

要求:计算该公司每年应纳车船税税额,并作会计处理。

2. 某船运公司 2017 年度拥有旧机动船 10 艘，每艘净吨位 1 500 吨；拥有拖船 2 艘，每艘发动机功率 500 马力。当年 8 月新购置机动船 4 艘，每艘净吨位 2 000 吨。该公司船舶适用的年税额为：净吨位 201～2 000 吨的，每吨 4 元。

要求：计算该公司 2017 年度应缴纳的车船税税额。

任务五　契税会计核算与申报

任务引例

张某投资失败，欠下李某 150 万元债务，无力偿还，只好用价值 160 万元房屋抵债给李某。

请问：张某用房屋抵债的行为是否要缴纳契税，是张某缴还是李某缴，怎样确定计税依据？

【知识准备与业务操作】

一、纳税人和征税对象的确定

契税是指国家在土地、房屋权属转移时，按照当事人双方签订的合同(契约)以及所确定价格的一定比例，向权属承受人征收的一种税。我国目前房地产类税收主要有耕地占用税、契税、房产税、城镇土地使用税、土地增值税等，契税是对土地、房屋权属转移行为征收的一种税，是唯一从需求方进行调节的税种。它具有课税范围广泛性、取得收入及时性和税基相对稳定性等特点，筹集财政收入的功能特别强，同时具有调控房地产市场，促进社会经济健康发展的作用。

契税的纳税人是指在我国境内承受土地、房屋权属转移的单位和个人。契税由权属的承受方缴纳，“承受”是指以受让、购买、受赠、交换等方式取得土地、房屋权属的行为；“土地、房屋权属”是指土地使用权和房屋所有权；“单位”是指企业单位、事业单位、国家机关、军事机关和社会团体以及其他组织；“个人”是指个体经营者和其他个人。

契税以在我国境内转移土地、房屋权属的行为作为征税对象，土地、房屋权属未发生转移的，不征收契税。具体包括：国有土地使用权出让、土地使用权转让、房屋买卖、房屋赠与和房屋交换等行为要征契税；土地、房屋的典当、继承、分拆、出租或抵押等行为不征契税。

下列方式实现土地、房屋权属转移的，视同土地使用权转让、房屋买卖或赠与征收契税：①以土地、房屋权属作价投资入股；②以土地、房屋权属抵债；③以获奖方式承受土地、房屋权属；④以预购方式或者预付集资建房款方式承受土地、房屋权属等。

提示：

“营改增”后，契税的计税依据为不含增值税的成交价格。免征增值税的计税依据不扣增值税额。

二、契税的计算

(一)计税依据的确定

契税的计税依据是在土地、房屋权属转移时双方当事人签订的签约价格，按照土地、房屋权属转移的形式、定价不同，具体规定如下：

（1）国有土地使用权出让、土地使用权出售、房屋买卖，以成交价格为计税依据。

（2）土地使用权和房屋赠与，由征收机关参照土地使用权出售、房屋买卖的市场价格核定。

（3）土地使用权和房屋交换，以交换的土地使用权、房屋的价格差额为计税依据。交换价格相等的，免征契税；交换价格不相等的，由支付差价款的一方缴纳契税。

（4）以划拨方式取得土地使用权的，经批准转让房地产时，以补交的土地使用权出让费用或土地收益作为计税依据。

（5）房屋附属设施计税依据按下列规定确定：采取分期付款方式购买房屋、附属设施土地使用权、房屋所有权的，按合同规定的总价款计征契税；承受的房屋附属设施权属如为单独计价的，按当地确定的适用税率征收契税，如与房屋统一计价的，适用与房屋相同的税率征税。

任务引例解析

张某用房屋抵债给李某的行为需要缴纳契税，由李某缴纳契税，张某不需要缴纳，在办理产权过户手续时以房屋现值 160 万元作为计算契税的依据。

（二）税率的选择

契税采用比例税率，并实行 3%～5%的幅度税率。具体税率由省、自治区、直辖市人民政府在规定的幅度内按本地区的实际情况确定，以适应不同地区纳税人的负担水平和调控房地产交易市场价格。

自 2016 年 2 月 22 日起对个人购买家庭唯一住房，面积为 90 平方米及以下的，减按 1%的税率征收契税，面积为 90 平方米以上的，减按 1.5%的税率征收契税；对个人购买家庭第二套改善性住房，面积为 90 平方米及以下的，减按 1%的税率征收契税；面积为 90 平方米以上的，减按 2%的税率征收契税。

（三）优惠政策的运用

（1）国家机关、事业单位、社会团体、军事单位承受土地、房屋用于办公、教学、医疗、科研和军事设施的，免征契税。

（2）城镇职工按规定第一次购买公有住房的，免征契税。

（3）因不可抗力灭失住房而重新购买住房的酌情减征或者免征契税。

（4）土地、房屋被县级以上人民政府征用、占用后，重新承受土地、房屋权属的，由省级人民政府确定是否减免。

（5）承受荒山、荒沟、荒丘、荒滩土地使用权，并用于农、林、牧、渔业生产的，免征契税。

（6）依照我国有关法律规定以及我国缔结或参加的双边和多边条约或协定，应予免税的外国驻华使馆、领事馆，联合国驻华机构及其外交代表、领事官员和其他外交人员承受土地、房屋权属的，经外交部确认，免征契税。

（7）法定继承人继承土地、房屋权属的不征契税；非法定继承人根据遗嘱承受死者生前土地、房屋权属的，属于赠与行为，应征契税。

（8）对拆迁居民因拆迁重新购置住房的，对购房成交价格中相当于拆迁补偿款的部分免征契税；超过拆迁补偿款部分的，征收契税。

经批准减征、免征契税的纳税人，改变有关土地、房屋的用途的，就不再属于减征、免征契税范围，并且应当补缴已经减征、免征的税款。

（四）应纳税额的计算

契税应纳税额依照省、自治区、直辖市人民政府确定的适用税率和税法规定的计税依据计算征收，其计算公式如下：

应纳税额＝计税依据×税率

【做中学 7-9】 某房地产开发公司，2017 年 5 月通过拍卖方式取得国有土地一块，准备开发商品住宅，支付地价款 12 000 000 元，当地政府规定契税税率为 5%。

要求：计算该房地产开发公司应缴纳的契税。

分析：

该房地产开发公司作为土地的承受者需要就土地的价值计算契税。

应纳税额＝12 000 000×5%＝600 000（元）

三、契税的核算

契税核算应设置"应交税费——应交契税"账户。计提契税时，应借记"固定资产""开发成本""无形资产"等账户，贷记"应交税费——应交契税"账户；实际缴纳契税款时，应借记"应交税费——应交契税"账户，贷记"银行存款"账户。

企业也可以不设置"应交税费——应交契税"账户。缴纳契税时，直接借记"固定资产"等账户，贷记"银行存款"账户。

【做中学 7-10】 接【做中学 7-9】房地产开发公司资料，对契税的计提与缴纳进行会计处理。

（1）计提契税时，编制会计分录：

	借方	贷方
借：开发成本	600 000	
贷：应交税费——应交契税		600 000

（2）缴纳税款时，编制会计分录：

	借方	贷方
借：应交税费——应交契税	600 000	
贷：银行存款		600 000

四、契税的缴纳

（一）纳税期限

纳税人应当自纳税义务发生之日起 10 日内，向土地、房屋所在地的税收征收机关办理纳税申报，并在税收征收机关核定的期限内缴纳税款。

（二）纳税义务发生时间

契税的纳税义务发生时间是纳税人签订土地、房屋权属转移合同的当天，或者纳税人取得其他具有土地、房屋权属转移合同性质凭证的当天。

（三）纳税地点

契税实行属地征收管理，纳税人发生契税纳税义务时，应向土地、房屋所在地的税务征收机关申报纳税。

（四）纳税申报

纳税人应当在规定的期限内，填制契税纳税申报表，向契税的征收机关办理纳税申报，并在核定的期限内缴纳税款。契税征收机关一般为土地、房屋所在地的地方税务机关，具体由省、自治区、直辖市人民政府确定。

【职业能力判断与选择】

一、判断题

1. 契税的纳税人是在我国境内转让土地、房屋权属的单位和个人。（　　）

2. 土地、房屋的典当、继承、出租或者抵押等行为，均属于契税的征收范围。（　　）

3. 契税纳税人应当自纳税义务发生之日起10日内，向土地、房屋所在地的税收征收机关办理纳税申报。（　　）

4. 纳税人发生契税纳税义务时，应向土地、房屋所在地的税务机关申报纳税。（　　）

5. 取得荒山、荒沟、荒丘、荒滩土地使用权，用于工业园建设的免征契税。（　　）

二、选择题(第1～3题为单项选择题，第4～5题为多项选择题)

1. 下列各项中，应缴纳契税的是(　　)。

A. 承包者获得农村集体土地承包经营权

B. 企业受让土地使用权

C. 企业将厂房抵押给银行

D. 个人承租居民住宅

2. 下列属于契税纳税义务人的是(　　)。

A. 土地、房屋抵债的抵债方　　B. 房屋赠与中的受赠方

C. 房屋赠与中的赠与方　　D. 土地、房屋投资的投资方

3. 下列行为中房屋权属发生变更但不需要缴纳契税的是(　　)。

A. 房屋的抵债　　B. 房屋的赠与

C. 房屋的出售　　D. 法定继承人继承直系亲属的房产

4. 下列以成交价格为依据计算契税的有(　　)。

A. 土地使用权赠与　　B. 土地使用权出让

C. 土地使用权交换　　D. 土地使用权转让

5. 下列各项中，可以享受契税免税优惠的有(　　)。

A. 城镇职工自己购买商品住房

B. 政府机关承受房屋用于办公

C. 遭受自然灾害后重新购买住房

D. 军事单位承受房屋用于军事设施

【任务训练】

1. 某房地产开发公司，2016年10月通过拍卖方式取得国有土地一块，准备开发商品房，支付地价款14 000万元，当地政府规定契税税率为3%。

要求：计算该房地产开发公司应缴纳的契税，并作会计处理。

2. 居民乙因拖欠居民甲180万元款项无力偿还，2017年6月经当地有关部门调解，以房

产抵偿该笔债务，居民甲因此取得该房产的产权并支付给居民乙差价款21万元(含增值税)。假定当地省政府规定的契税税率为3%。

要求：计算居民甲、居民乙各自应缴纳的契税。

任务六　土地增值税会计核算与申报

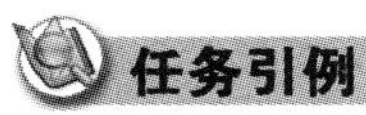

2017年6月，某市房地产开发公司转让写字楼一幢，取得转让收入5 250万元(含增值税)，公司采用简易计税办法缴纳了增值税250万元，城市维护建设税、教育费附加等25万元。该公司为取得土地使用权而支付的金额为500万元；投入房地产开发成本1 500万元；开发费用400万元，其中计算分摊给这幢写字楼的利息支出120万元(有金融机构证明)，比按商业银行同类同期贷款利率计算的利息多10万元。公司所在地政府规定的其他开发费用的计算扣除比例为5%。

该房地产公司在开发并转让此写字楼时应缴纳多少土地增值税?

【知识准备与业务操作】

一、纳税人和征税范围的确定

(一)土地增值税纳税人的认定

土地增值税是对有偿转让国有土地使用权、地上建筑物及其他附着物(以下简称房地产)并取得收入的单位和个人，就其转让房地产所取得的增值额征收的一种税。征收土地增值税有助于抑制土地炒买炒卖的行为，减少对土地及房地产的投机行为，提高土地的利用效率，规范不动产市场交易行为。

转让国有土地使用权、地上建筑物和附着物并取得收入的单位和个人为土地增值税的纳税人。单位包括各类企业单位、事业单位、国家机关、社会团体及其他组织，所称的个人包括个体经营者，此外，还包括外商投资企业、外国企业、外国驻华机构及海外华侨、中国港澳台同胞和外国公民。

提示：

土地使用权转让行为不同于土地使用权出让行为。转让是指土地使用者将土地使用权再转移的行为，包括出售、交换和赠与行为。出让是国家以土地所有者的身份将国有土地使用权在一定年限内出让给土地使用者，由土地使用者向国家支付土地使用权出让金的行为。国有土地使用权转让的行为征土地增值税；而国有土地使用权出让行为不征土地增值税。

(二)土地增值税征税范围的确定

1.土地增值税征税范围的一般规定

土地增值税征税范围具有以下三个标准：

(1)“国有”标准，是指转让的土地使用权必须是国家所有，即转让的土地使用权只能是国有土地使用权，不包括集体土地及耕地。

(2)“产权转让”标准，是指土地使用权、地上建筑物及其附着物必须发生产权转让。地上建筑物是指建于土地上的一切建筑物，包括地上地下的各种附属设施。附着物是指附着于土地上的不能移动，一经移动即遭损坏的物品。

(3)“取得收入”标准，是指征收土地增值税的行为必须取得转让收入。

房地产的权属虽转让但未取得收入的行为，如以继承、赠与方式无偿转让房地产的行为不征土地增值税。

2. 土地增值税征税范围的特殊规定

(1)以房地产进行投资、联营的，投资、联营的一方以房地产作价入股进行投资或作为联营条件，将房地产转让到所投资、联营的企业时，暂免征收土地增值税；投资、联营企业将上述房地产再转让时，应征收土地增值税。

(2)对于一方出地，一方出资金，双方合作建房，建成后按比例分房自用的，暂免征收土地增值税；建成后转让的，应征收土地增值税。

(3)在企业兼并中，对被兼并企业将房地产转让到兼并企业中的，暂免征收土地增值税。

(4)房地产交换，应征土地增值税，但个人之间互换自有居住用房的，经当地税务机关核实，可以免征土地增值税。

(5)房地产抵押的，抵押期间不征土地增值税；抵押期满以房产抵债而发生房地产权属转让的，应征土地增值税。

(6)代建行为。房地产开发公司代客户进行房地产的开发，开发完成后向客户收取代建收入，由于没有发生房地产权属的转移，其收入属于劳务收入性质，不属于土地增值税的征税范围。

(7)房地产的重新评估。国有企业在清产核资时对房地产进行重新评估而产生的评估增值，既没有发生房地产权属的转移，也未取得收入，不属于土地增值税的征税范围。

二、土地增值税的计算

(一)计税依据的确定

土地增值税的计税依据是纳税人转让房地产所取得的增值额，即纳税人转让房地产所取得的收入额减除规定的扣除项目金额后的余额，因此，要准确地界定增值额必须确定应税的收入额和扣除项目金额。

1. 应税收入的确定

应税收入主要包括转让房地产的全部价款及有关的经济收益，体现为货币收入、实物收入和其他收入。“营改增”后，转让房地产取得的应税收入为不含增值税收入，免征增值税的，转让房地产取得的收入不扣减增值税额。

(1)货币收入，是指纳税人转让房地产而取得的现金、银行存款和国债、金融债券、企业债券、股票等有价证券。

(2)实物收入，是指纳税人转让房地产而取得的各种实物形态的收入，如钢材、水泥等建材，房屋、土地等不动产。对于这些实物收入一般要按公允价值确认应税收入。

(3)其他收入，是指纳税人转让房地产而取得的无形资产收入或具有财产价值的权利，如专利权、商标权、著作权、专有技术使用权、土地使用权、商誉权等。

2.扣除项目及其金额的确定

根据税法规定，准予从转让收入中扣除的项目包括以下6个方面：

(1)取得土地使用权所支付的金额，包括纳税人为取得土地使用权所支付的地价款和在取得土地使用权时按国家统一规定缴纳的有关费用。其中：以出让方式取得的，以支付的土地出让金为地价款；以行政划拨方式取得的，以补交的土地出让金为地价款；以转让方式取得的，以向原土地使用人实际支付金额为地价款。

(2)房地产开发成本，是指房地产开发项目实际发生的成本，包括土地征用及拆迁补偿费、前期工程费、建筑安装工程费、基础设施费、公共配套设施费、开发间接费用等。

(3)房地产开发费用，是指与房地产开发项目有关的销售费用、管理费用和财务费用。从转让收入中扣除的房地产开发费用，不按实际发生额扣除，而是按税法规定标准计算扣除。具体计算方法视财务费用中的利息支出的不同分别处理：

①财务费用中的利息支出，凡能够按转让房地产项目计算分摊并提供金融机构证明的，允许据实扣除，但最高不能超过按商业银行同类、同期贷款利率计算的金额；其他房地产开发费用，按取得土地使用权所支付的金额和房地产开发成本金额之和的5%以内计算扣除。计算公式如下：

房地产开发费用＝利息＋(取得土地使用权所支付的金额＋房地产开发成本)×5%

②财务费用中的利息支出，凡不能按转让房地产项目计算分摊利息或不能提供金融机构证明的，房地产开发费用按取得土地使用权支付金额和房地产开发成本之和的10%以内计算扣除。计算公式如下：

房地产开发费用＝(取得土地使用权所支付的金额＋房地产开发成本)×10%

提示：

扣除项目涉及的增值税进项税额，允许在销项税额中计算抵扣的，不计入扣除项目，不允许在销项税额中计算抵扣的，可以计入扣除项目。

(4)与转让房地产有关的税金，包括在转让房地产时缴纳的城市维护建设税、印花税、教育费附加。

(5)其他扣除项目，特指从事房地产开发的纳税人，可按取得土地使用权所支付的金额和房地产开发成本金额之和的20%加计扣除，除此之外的其他纳税人不适用。计算公式如下：

加计扣除费用＝(取得土地使用权所支付的金额＋房地产开发成本金额)×20%

(6)旧房及建筑物的评估价格，即在转让已使用房屋及建筑物时，由政府批准设立的房地产评估机构评定的重置成本乘以成新度折扣率后的价格。

(二)税率的选择

土地增值税实行四级超率累进税率，是我国唯一采用超率累进税率的税种，具体如表7-4所示。

表 7-4　土地增值税税率表

级　次	增值税占扣除项目金额的比例	税率(%)	速算扣除系数(%)
1	50%(含)以下	30	0
2	50%～100%(含)	40	5
3	100%～200%(含)	50	15
4	200%以上	60	35

(三)优惠政策的运用

(1)纳税人建造普通标准住宅出售,增值额未超过扣除项目金额 20%的,免征土地增值税;增值额超过扣除项目金额 20%的,应就其全部增值额按规定计税。

(2)因国家建设需要依法征用、收回的房地产,免征土地增值税。

(3)个人拥有的普通住宅,在其转让时暂免征收土地增值税;个人因工作调动或改善居住条件而转让非普通住宅,经向税务机关申报核准,凡居住满 5 年或 5 年以上的,免征土地增值税;居住满 3 年未满 5 年的,减半征收土地增值税。居住未满 3 年的,按规定征收土地增值税。

(四)应纳税额的计算

土地增值税应纳税额计算步骤如下:

第一步,计算增值额。

增值额＝转让收入－扣除项目金额

第二步,计算增值率。

增值率＝增值额÷扣除项目金额×100%

第三步,确定适用税率和速算扣除系数。

第四步,计算应纳税额。

应纳税额 ＝ $\sum$(每级距增值额 × 适用税率)

或＝增值额×适用税率－扣除项目金额×速算扣除系数

任务引例解析

该房地产开发公司在开发并转让此写字楼时,应缴纳的土地增值税计算如下:

①取得土地使用权所支付的金额＝500(万元)

②房地产开发成本＝1 500(万元)

③房地产开发费用＝(120－10)＋(500＋1 500)×5%＝210(万元)

④与转让房地产可扣除的有关税费＝25(万元)

⑤20%加计扣除＝(500＋1 500)×20%＝400(万元)

扣除项目＝500＋1 500＋210＋25＋400＝2 635(万元)

增值额＝5 250÷(1＋5%)－2 635＝2 365(万元)

增值率＝2 365÷2 635×100%＝89.75%

应纳土地增值税税额＝2 365×40%－2 635×5%＝814.25(万元)

【做中学 7-11】 2017 年 6 月,某单位转让一幢旧房,取得收入 945 万元(含增值税),采用简易计税办法缴纳了增值税 45 万元,城市维护建设税、教育费附加等 4.5 万元。该房建于 20 世纪 70 年代,当时造价为 70 万元,现经房地产评估机构评定的重置成本价为 380 万元,有六成新。旧房占地原来是行政划拨的，转让时补交了土地出让金 80 万元。

要求：计算该单位转让旧房应纳的土地增值税税额。

分析：

(1)取得土地使用权所支付的金额＝80(万元)

(2)与转让房地产有关的税费＝4.5(万元)

(3)旧房及建筑物的评估价格＝380×60%＝228(万元)

扣除项目＝80＋4.5＋228＝312.5(万元)

增值额＝945÷(1＋5%)－312.5＝587.5(万元)

增值率＝587.5÷312.5×100%＝188%

应纳土地增值税税额＝587.5×50%－312.5×15%＝246.875(万元)

三、土地增值税的核算

企业核算土地增值税应设置“应交税费——应交土地增值税”账户。土地增值税的具体会计核算，根据企业从事业务性质不同有所区别。

(一)房地产企业土地增值税的核算

房地产企业销售商品房属于企业的商品经营业务。因此，转让房地产过程中应缴纳的土地增值税，应借记“税金及附加”账户，贷记“应交税费——应交土地增值税”账户。

【做中学 7-12】 2017 年 6 月，某房地产开发公司销售居民住宅，取得转让收入 1 050 万元(含增值税)；按规定缴纳了 50 万元增值税、3.5 万元城市维护建设税和 1.5 万元教育费附加；为取得该住宅用地的土地使用权支付地价款和有关费用 100 万元；投入开发成本为 375 万元；支付银行贷款利息费用为 10.6 万元(不能按转让房地产项目计算分摊)，实际发生的其他房地产开发费用 50 万元。该公司所在地人民政府规定房地产开发费用的计算扣除比例为 10%。

要求：计算该房地产开发公司应纳土地增值税税额，并作账务处理。

分析：

转让收入＝1 000(万元)

扣除项目金额＝100＋375＋(100＋375)×10%＋3.5＋1.5＋(100＋375)×20%
＝622.5(万元)

增值额＝1 050÷(1＋5%)－622.5＝377.5(万元)

增值率＝377.5÷622.5×100%＝60.64%，适用税率为 40%、速算扣除系数为 5%。

应交土地增值税税额＝377.5×40%－622.5×5%＝119.875(万元)

按规定计算应缴纳的相关税金及附加时，编制会计分录：

	借方	贷方
借：税金及附加	1 248 750	
贷：应交税费——应交城市维护建设税		35 000
——应交教育费附加		15 000
——应交土地增值税		1 198 750

(二)其他企业销售旧房及建筑物土地增值税的核算

其他企业转让房地产应缴纳的土地增值税，应借记“固定资产清理”账户，贷记“应交税费——应交土地增值税”账户。

【做中学7-13】　2017年6月,某企业转让5年前以1 000万元购进的一项房产,取得转让收入1 575万元(含增值税),按规定支付增值税75万元,城市维护建设税及教育费附加7.5万元,转让时此项建筑物已提折旧140万元。

要求:计算该企业应纳土地增值税税额,并作账务处理。

分析:

转让应税收入=1 575÷(1+5%)=1 500(万元)

扣除项目金额=1 000+7.5=1 007.5(万元)

增值额=1 500-1 007.5=492.5(万元)

增值率=492.5÷1 007.5=48.88%,适用税率为30%,速算扣除系数为0。

应纳税额=492.5×30%=147.75(万元)

注销固定资产时,编制会计分录:

借:固定资产清理	8 600 000	
累计折旧	1 400 000	
贷:固定资产		10 000 000

收到转让收入时,编制会计分录:

借:银行存款	15 750 000	
贷:固定资产清理		15 000 000
应交税费——应交增值税		750 000

计提应交有关税金时,编制会计分录:

借:固定资产清理	1 552 500	
贷:应交税费——应交城市维护建设税等		75 000
——应交土地增值税		1 477 500

四、土地增值税的缴纳

(一)纳税期限

土地增值税的纳税人应在转让房地产合同签订后的7日内,到房地产所在地主管税务机关办理纳税申报,并向税务机关提交房屋及建筑物产权证、土地使用权证书、土地转让与房产买卖合同、房地产评估报告及其他与转让房地产有关的资料。纳税人因经常发生房地产转让而难以在每次转让后申报的,经税务机关审核同意,可以定期进行纳税申报,具体期限由税务机关确定。纳税人预售房地产取得的收入,凡当地税务机关规定预征土地增值税的,纳税人应当到主管税务机关办理纳税申报,并按规定比例预交,待办理决算后,多退少补;凡当地税务机关规定不预征土地增值税的,也应在取得收入时先到税务机关登记或备案。

(二)纳税地点

土地增值税纳税地点的确定,根据纳税人性质不同有两种情况:

(1)法人纳税人。转让的房地产坐落地与其机构所在地一致的,以办理税务登记的原管辖税务机关为纳税地点;转让的房地产坐落地与其机构所在地或经营所在地不一致的,以房地产坐落地所管辖的税务机关为纳税地点。

(2)自然人纳税人。转让的房地产坐落地与其居住所在地一致的,以住所所在地税务机关为纳税地点；转让的房地产坐落地与其居住所在地或经营所在地不一致的，以办理过户手续所在地税务机关为纳税地点。

（三）纳税申报

土地增值税的纳税申报表分为从事房地产开发纳税人和其他纳税人两种类型，纳税人应按照规定期限办理纳税申报，并如实填写土地增值税纳税申报表。

【职业能力判断与选择】

一、判断题

1. 土地、房屋权属转移时，承受方（购买方）缴纳契税，转让方（出售方）缴纳增值税、土地增值税。（　）

2. 评估增值的房地产应征收土地增值税。（　）

3. 土地增值税纳税人应在转让房地产合同签订后的15日内，到房地产所在地主管税务机关办理纳税申报。（　）

4. 某工业企业利用一块闲置的土地使用权换取某房地产公司的新建商品房，作为本单位职工的居民用房，由于没有取得收入，所以，该企业不需要缴纳土地增值税。（　）

5. 在计算土地增值税时，对从事房地产开发的纳税人销售使用过的旧房及建筑物，仍可按取得土地使用权所支付的金额和房地产开发成本金额之和的20%加计扣除。（　）

二、选择题（第1～3题为单项选择题，第4～5题为多项选择题）

1. 下列各项中，应当缴纳土地增值税的是（　）。

A. 继承房地产　　B. 以房地产作抵押向银行贷款

C. 出售房屋　　D. 出租房屋

2. 我国现行土地增值税实行的税率属于（　）。

A. 比例税率　　B. 超额累进税率

C. 定额税率　　D. 超率累进税率

3. 土地增值税计算过程中，不准按实际发生额扣除的项目是（　）。

A. 房地产开发成本　　B. 地价款

C. 房地产开发费用　　D. 城市维护建设税税金

4. 下列各项中，属于土地增值税纳税人的有（　）。

A. 建造房屋的施工单位　　B. 出售房产的中外合资房地产公司

C. 转让国有土地使用权的事业单位　　D. 房地产管理的物业公司

5. 计算土地增值税额时可以扣除的项目包括（　）。

A. 取得土地使用权所支付的金额　　B. 建筑安装工程费

C. 公共配套设施费　　D. 转让房地产有关的税金

【任务训练】

1. 某房地产开发公司开发建造一幢写字楼，取得销售收入10 000万元（不含增值税），允许扣除项目金额为4 500万元。

要求：计算该开发公司应缴纳的土地增值税税额。

2.2017 年 6 月，某房地产开发公司销售其新建商品房一幢，取得销售收入 1.47 亿元(含增值税)，已知该公司支付与商品房相关的土地使用权费及开发成本合计为 4 800 万元；该公司没有按房地产项目计算分摊银行借款利息；该商品房所在地的省政府规定计征土地增值税时房地产开发费用扣除比例为 10%；销售商品房缴纳的增值税 700 万元，城市维护建设税及教育费附加 70 万元。

要求：计算该公司销售该商品房应缴纳的土地增值税，并作会计处理。

任务七　城镇土地使用税会计核算与申报

任务引例

某县地方税务局稽查局于 2017 年 8 月对位于城郊的国有企业名帆远洋公司 2017 年 1—6 月的纳税情况进行了检查。在检查城镇土地使用税纳税情况时，检查人员发现名帆远洋公司提供的政府部门核发的土地使用证书显示该公司实际占用土地面积 80 000 平方米。其中：

(1)公司内学校和医院共占地 2 000 平方米。

(2)公司区域外公共绿化用地 5 000 平方米，公园区域内生活小区的绿化用地 1 000 平方米。

(3)2017 年 1 月 1 日，公司将一块 1 000 平方米的土地对外出租给另一公司，用以生产经营。

(4)2017 年 3 月 1 日，将一块 1 500 平方米的土地无偿借给某国家机关作公务使用。

(5)除上述土地外，其余土地均为公司生产经营用地(该公司所在地适用税额为 5 元/平方米)。

该公司不同用途的土地都需要缴纳城镇土地使用税吗？该企业 2017 年上半年实际需要缴纳多少城镇土地使用税？

【知识准备与业务操作】

一、纳税人和征税对象的确定

城镇土地使用税是对城市、县城、建制镇和工矿区范围内使用土地的单位和个人，按实际占用土地面积所征收的一种税。城镇土地使用税是一种资源税性质的税种。城镇土地使用税的征收有利于合理使用城镇土地，用经济手段加强对土地的控制和管理，变土地的无偿使用为有偿使用；调节不同地区、不同地段之间的土地级差收入，使纳税人的收入水平大体均衡；促进全社会节约使用土地，提高土地使用效益。

城镇土地使用税的纳税人是我国境内城市、县城、建制镇范围内使用土地的单位和个人。拥有土地使用权的纳税人不在土地所在地的，由该土地的代管人或实际使用人缴纳；土地使用权未确定或权属纠纷未解决的，由实际使用人纳税；土地使用权为多方共有的，由共有各方分别纳税。

城镇土地使用税的课税对象是土地。征税范围为城市、县城、建制镇范围内的国家所有和集体所有的土地，不包括农村集体所有的土地。

自2009年1月1日起，公园、名胜古迹内的索道公司经营用地，应按规定缴纳城镇土地使用税。自2009年12月1日起，单独建造的地下建筑用地，按规定征收城镇土地使用税。

二、城镇土地使用税的计算

（一）计税依据的确定

城镇土地使用税以纳税人实际占用的土地面积为计税依据，土地面积计量标准为每平方米，按下列办法确定：

（1）由省、自治区、直辖市人民政府确定的单位组织测定土地面积的，以测定的面积为准。

（2）尚未组织测量，但纳税人持有政府部门核发的土地使用证书的，以证书确认的土地面积为准。

（3）尚未核发土地使用证书的，应由纳税人据实申报土地面积，据以纳税，待核发土地使用证以后再作调整。

（二）税率的选择

城镇土地使用税采用定额税率，即采用有幅度的差别税额，按大、中、小城市和县城、建制镇、工矿区分别规定每平方米土地使用税年应纳税额。城镇土地使用税税率见表7-5。

表7-5 城镇土地使用税税率表

级　别	人口（人）	每平方米税额（元）
大城市	50万以上	1.5～30
中等城市	20万～50万	1.2～24
小城市	20万以下	0.9～18
县城、建制镇、工矿区	—	0.6～12

各省、自治区、直辖市人民政府可根据市政建设情况和经济繁荣程度在规定幅度内，确定所辖地区的适用税额幅度。经济落后地区，土地使用税的适用税额标准可适当降低，但降低额不得超过上述规定最低税额的30%，经济发达地区的适用税额标准可以适当提高，但须报财政部批准。

（三）优惠政策的运用

下列土地免征城镇土地使用税：

（1）国家机关、人民团体、军队自用的土地。

（2）由国家财政部门拨付事业经费的单位自用土地。

（3）宗教寺庙、公园、名胜古迹自用的土地。

（4）市政街道、广场、绿化地带等公共用地。

（5）直接用于农、林、牧、渔业的生产用地。

（6）经批准开山填海整治的土地和改造的废弃土地，从使用之月起免交土地使用税5年至10年。

（7）非营利性医疗机构、疾病控制机构和妇幼保健机构自用的土地，自2000年7月起免征城镇土地使用税。对营利性医疗机构自用的土地自取得执照之日起免征城镇土地使用税3年。

(8)企业办学校、医院、托儿所、幼儿园，其用地能与企业其他用地明确区分的，免征城镇土地使用税。

(9)免税单位无偿使用纳税单位的土地。如公安、海关等单位使用铁路、民航等单位的土地免税；但纳税单位无偿使用免税单位的土地，纳税单位应依法缴纳城镇土地使用税。

(10)部分特殊行业用地暂免征收土地使用税的规定：①高校后勤实体用地；②企业的铁路专用线及公路等用地；③企业厂区以外的公共绿化用地和向社会开放的公园用地；④港口的码头用地；⑤盐场的盐滩和盐矿的矿井用地；⑥水利设施管护用地；⑦机场飞行区。

(11)从2015年7月1日起，下列用地暂免征城镇土地使用税：①石油天然气(含页岩气、煤层气)生产建设用地(包括地质勘探、钻井、井下作业、油气田地面工程等施工临时用地；企业厂区以外的铁路专用线、公路及输油、输气、输水管道用地；油气长输管线用地)。②在城市、县城、建制镇以外工矿区内的消防、防洪排涝、防风、防沙设施用地。

(12)下列土地由省级地方税务局确定减免土地使用税：①个人所有的居住房屋及院落用地；②单位职工家属的宿舍用地；③集体和个人办的学校、医院、托儿所及幼儿园用地；④基建项目在建期间使用的土地以及城镇集贸市场用地等。

(四)应纳税额的计算

城镇土地使用税的应纳税额可以通过纳税人实际占用的土地面积乘以该土地所在地段适用税额求得，其计算公式为：

全年应纳税额＝实际占用应税土地面积(平方米)×适用税额

【做中学7-14】 物美企业坐落于某中等城市，占用土地20 000平方米，其中企业自办的托幼机构占用土地1 000平方米，当地政府核定的城镇土地使用税税额每平方米4元。

要求：计算该企业当年应纳的土地使用税税额。

分析：

全年应纳土地使用税税额＝(20 000－1 000)×4＝76 000(元)

三、城镇土地使用税的核算

城镇土地使用税的会计核算应设置“应交税费——应交城镇土地使用税”账户。该账户贷方登记本期应缴纳的城镇土地使用税税额；借方登记企业实际缴纳的城镇土地使用税；期末贷方余额表示企业应交而未交的城镇土地使用税税额。

核算时，企业按规定计算应交城镇土地使用税，借记“税金及附加”账户，贷记“应交税费——应交城镇土地使用税”账户；上交土地使用税时，借记“应交税费——应交城镇土地使用税”账户，贷记“银行存款”账户。

【做中学7-15】 接【做中学7-14】资料进行会计处理。

(1)计提城镇土地使用税时：

借：税金及附加——城镇土地使用税　　76 000

　　贷：应交税费——应交城镇土地使用税　　76 000

(2)交纳城镇土地使用税时：

借：应交税费——应交城镇土地使用税　　76 000

贷：银行存款　　76 000

任务引例解析

(1)名帆远洋公司办的学校、医院自用的2 000平方米土地，免征城镇土地使用税。

(2)公司区域以外的5 000平方米公共绿化用地，免征城镇土地使用税；公园区域以内的1 000平方米生活小区绿化用地，应按规定征收城镇土地使用税。

(3)公司用于土地使用权出租的1 000平方米土地，由承租方缴纳城镇土地使用税，名帆远洋公司不缴税。

(4)公司在3月1日，将一块1 500平方米的土地无偿借给某国家机关作公务使用，在这种情况下，该公司只需缴纳1—2月自己使用时间的城镇土地使用税，3月以后就不要缴税。同时，国家机关使用土地时也不需要缴纳城镇土地使用税。

(5)名帆远洋公司自己使用的用于生产经营的土地需要缴纳城镇土地税，具体计算如下：

名帆远洋公司上半年应缴纳的城镇土地使用税税额＝(80 000－2 000－5 000－1 000－1 500)×5÷2＋1 500×5÷6＝177 500(元)

计提时会计处理如下：

借：税金及附加——城镇土地使用税　　177 500

　贷：应交税费——应交城镇土地使用税　　177 500

四、城镇土地使用税的缴纳

(一)纳税期限

城镇土地使用税实行按年计算、分期缴纳的征收方法，具体纳税期限由省、自治区、直辖市人民政府确定。

(二)纳税义务发生时间

(1)纳税人购置新建商品房，自房屋交付使用之次月起，缴纳城镇土地使用税。

(2)纳税人购置存量房，自办理房屋权属转移、变更登记手续，房地产权属登记机关签发房屋权属证书之次月起，缴纳城镇土地使用税。

(3)纳税人出租出借房产，自交付出租、出借房产之次月起，缴纳城镇土地使用税。

(4)纳税人新征用的耕地，自批准征用之日起满1年时开始缴纳城镇土地使用税。

(5)纳税人新征用的非耕地，自批准征用次月起缴纳城镇土地使用税。

(6)纳税人以出让或转让方式有偿取得城镇土地使用权的，应由受让方从合同约定交付土地时间的次月起缴纳城镇土地使用税；合同未约定交付时间的，由受让方从合同签订的次月起缴纳城镇土地使用税。

提示：

只有第四种情况从“征用之日起满1年”时缴纳城镇土地使用税，其余都是从“次月”起缴纳城镇土地使用税。

(三)纳税地点

城镇土地使用税的纳税地点为土地所在地，由土地所在地地方税务机关征收。

纳税人使用的土地不属于同一省、自治区、直辖市管辖的，由纳税人分别向土地所在地的税务机关申报缴纳;在同一省、自治区、直辖市管辖范围内,纳税人跨地区使用土地,其纳税地点由各省、自治区、直辖市税务机关确定。

(四)纳税申报

城镇土地使用税的纳税人应按照有关规定及时办理纳税申报,如实填写城镇土地使用税纳税申报表。

【职业能力判断与选择】

一、判断题

1. 城镇土地使用税的征收范围是城市、县城、建制镇、工矿区范围的国家所有的土地。(　　)

2. 城镇土地使用税采取有幅度的差别税额,按大、中、小城市和县城、建制镇、工矿区分别确定每平方米土地使用税年应纳税额。(　　)

3. 凡在中华人民共和国境内拥有土地使用权的单位和个人,均应依法缴纳城镇土地使用税。(　　)

4. 纳税单位无偿使用免税单位的土地免征城镇土地使用税;免税单位无偿使用纳税单位的土地照章征收城镇土地使用税。(　　)

5. 某工厂于8月份购买一处旧厂房,于9月份在房地产权属管理部门办理了产权证书,该厂新增土地计算征收城镇土地使用税的时间是9月。(　　)

二、选择题(第1～3题为单项选择题,第4～5题为多项选择题)

1. 城镇土地使用税的计税依据是(　　)。

A. 纳税人使用土地而产生的收益

B. 纳税人因地理位置不同而产生的级差收入

C. 纳税人出租场地而取得的租金收入

D. 纳税人实际占用的土地面积

2. 城镇土地使用税的税率采用(　　)。

A. 有幅度差别的比例税率　　B. 有幅度差别的定额税率

C. 全国统一定额　　D. 税务机关确定的定额

3. 城镇土地使用税的纳税办法是(　　)。

A. 按日计算,按期缴纳　　B. 按季计算,按期缴纳

C. 按年计算,分期缴纳　　D. 按年计算,按期缴纳

4. 根据《中华人民共和国城镇土地使用税暂行条例》规定,下列地区中,开征城镇土地使用税的有(　　)。

A. 城市　　B. 县城建制镇　　C. 农村　　D. 工矿区

5. 下列各项中,可以免征城镇土地使用税的有(　　)。

A. 机场飞行区用地

B. 财政部门拨付事业经费单位的食堂用地

C. 中外合资企业用地

D. 名胜古迹场所设立的照相馆用地

【任务训练】

1. 好友超级市场与某娱乐中心共同使用一块面积为1 800平方米的土地，其中超级市场实际使用的土地面积占这块土地总面积的2/3，另外1/3归娱乐中心使用。当地每平方米土地使用税年税额为5元，税务机关每半年征收一次城镇土地使用税。

要求：计算该超级市场每季度应纳城镇土地使用税。

2. 某市某购物中心实行统一核算，土地使用证上载明，该企业实际占用土地情况为：中心店占地面积8 200平方米，一分店占地3 600平方米，二分店占地5 800平方米，企业仓库占地6 300平方米，企业自办托儿所占地360平方米。经税务机关确认，该企业所占用土地分别适用市政府确定的以下税额：中心店位于一等地段，每平方米年税额7元；一分店和托儿所位于二等地段，每平方米年税额5元；二分店位于三等地段，每平方米年税额4元；仓库位于五等地段，每平方米年税额1元。另外，该市政府规定，企业自办托儿所、幼儿园、学校用地免征城镇土地使用税。

要求：计算该购物中心年应纳城镇土地使用税税额。

任务八　资源税会计核算与申报

任务引例

税务人员审查某煤矿第一季度资源税缴纳情况时，根据"库存商品"账户记载，计算出产品出库量，将此数字与该煤矿的"主营业务收入"账户所记的销售数量相核对，发现销售收入数量比产品出库量少1 000吨。审查"应交税费——应交资源税"账户贷方发生额，发现企业全部按"主营业务收入"账户记载的销售金额申报纳税，对减少的原因，税务人员进一步审查"库存商品"记账凭证，从中发现有一笔分录如下：

借：固定资产　　250 000

　　贷：库存商品　　250 000

经查证核实，该煤矿用1 000吨原煤换取了固定资产，未计算缴纳资源税。

请问：该煤矿用原煤换取固定资产的行为是否要缴纳资源税？

【知识准备与业务操作】

一、纳税人和征税范围的确定

（一）纳税人和扣缴义务人的确定

资源税是对在我国领域及管辖海域从事应税矿产品开采或生产盐的单位和个人征收的一种税。2011年9月30日国务院对《中华人民共和国资源税暂行条例》进行了修订，2011年11月1日起实施。从2016年7月1日起按照"清费立税、合理负担、适度分权、循序渐进"的原则，全面推进资源税的改革。

在我国领域及管辖海域开采应税矿产品或生产盐的单位和个人为资源税的纳税人，包括各类企业、行政单位、事业单位、军事单位、社会团体及个人。收购未税矿产品的单位为资源税的扣缴义务人，包括独立矿山、联合企业和其他收购未税矿产品的单位。

(二)征税范围的确定

资源税的课税对象是各种自然资源，我国目前只选择对矿产品和盐两类资源征收资源税。具体征税范围如下：

(1)原油，是指开采的天然原油，不包括人造石油。

(2)天然气，是指专门开采或者与原油同时开采的天然气，煤矿生产的天然气暂不征资源税。

(3)煤炭，包括原煤和以未税原煤加工的洗选煤。

(4)其他非金属矿原矿、精矿，指原油、天然气、煤炭和井矿盐、湖盐以外的非金属矿原矿、精矿。其包括石墨、硅藻土、高岭土、萤石、石灰石、硫铁矿、磷矿、氯化钾、硫酸钾、煤层气、黏土、砂石等原矿、精矿。

(5)金属矿原矿、精矿，指纳税人开采后自用、销售金属矿原矿、精矿。其包括铁矿、金矿、铜矿、铅锌矿、铝土矿、钨矿、锡矿、镍矿、稀土矿、钼矿等原矿、精矿。

(6)盐，包括湖盐、井矿盐、提取地下卤水晒制的盐和海水晒制的盐。

未列举名称且未确定具体适用税率的其他非金属矿原矿、精矿和金属矿原矿、精矿，由省、自治区、直辖市人民政府根据实际情况确定，报财政部和国家税务总局备案。

开展水资源税改革试点工作，自 2016 年 7 月 1 日起先在河北省试点；逐步将森林、草场、滩涂等其他自然资源纳入征收范围。

任务引例解析

该煤矿用自产产品换取固定资产，虽然没有直接销售，但在税法上属于视同销售，要征收增值税和资源税，同时也不能按售价结转成本，应确认主营业务收入。要补缴资源税、增值税，并接受相应处罚。

二、资源税的计算

(一)计税依据的确定

资源税按照从价定率为主、从量定额为辅的办法征收，其计税依据规定如下：

1.计税销售额的确定

销售额为纳税人销售应税产品向购买方收取的全部价款和价外费用，但不包括收取的增值税销项税额。价外费用，包括价外向购买方收取的手续费、补贴、基金、集资费、返还利润、奖励费、违约金、滞纳金、延期付款利息、赔偿金、代收款项、代垫款项、包装费、包装物租金、储备费、优质费、运输装卸费以及其他各种性质的价外收费。但下列项目不包括在内：

(1)同时符合以下条件的代垫运输费用：①承运部门的运输费用发票开具给购买方的；②纳税人将该项发票转交给购买方的。

(2)同时符合以下条件代为收取的政府性基金或者行政事业性收费：①由国务院或者财政部批准设立的政府性基金，由国务院或者省级人民政府及其财政、价格主管部门批准设立的行政事业性收费；②收取时开具省级以上财政部门印制的财政票据；③所收款项全额上缴财政。

(3)运杂费用,指应税产品从坑口或洗选(加工)地到车站、码头或购买方指定地点的运输费用、建设基金以及随运销产生的装卸、仓储、港杂费用。运杂费用应与销售额分别核算,凡未取得相应凭据或不能与销售额分别核算的,应当一并计征资源税。

纳税人以人民币以外的货币结算销售额的,应当折合成人民币计算。其销售额的人民币折合率可以选择销售额发生的当天或者当月1日的人民币汇率中间价。纳税人应事先确定采用何种折合率计算方法,确定后1年内不得变更。

为公平原矿与精矿之间的税负,对同一种应税产品,征税对象为精矿的,纳税人销售原矿时,应将原矿销售额换算为精矿销售额缴纳资源税;征税对象为原矿的,纳税人销售自采原矿加工的精矿,应将精矿销售额折算为原矿销售额缴纳资源税。换算比或折算率原则上应通过原矿售份、精矿售价和选矿比计算,也可通过原矿销售额、加工环节平均成本和利润计算。金矿以标准金锭为征税对象,纳税人销售金原矿、金精矿的,应比照上述规定将其销售额换算为金锭销售额缴纳资源税。换算比或折算率应按简便可行、公平合理的原则,由省级财税部门确定,并报财政部、国家税务总局备案。

纳税人申报的应税产品销售额明显偏低并且无正当理由的、有视同销售应税产品行为而无销售额的,除财政部、国家税务总局另有规定外,按下列顺序确定销售额:

①按纳税人最近时期同类产品的平均销售价格确定。

②按其他纳税人最近时期同类产品的平均销售价格确定。

③按组成计税价格确定。组成计税价格为:

$$组成计税价格=成本\times(1+成本利润率)\div(1-税率)$$

公式中的成本是指应税产品的实际生产成本。公式中的成本利润率由省、自治区、直辖市税务机关确定。

2. 课税数量的确定

(1)各种应税产品,凡直接对外销售的,以实际销售数量为课税数量。

(2)各种应税产品,凡产品自用的,以移送自用数量为课税数量。

(3)纳税人不能准确提供应税产品销售数量的,以应税产品的产量或者主管税务机关确定的折算比换算成的数量为计征资源税的销售数量。

(二)税目与税率的选择

从2016年7月1日起,资源税实行幅度的比例税率为主和定额税率为辅的计征方式,具体适用税率由财政部会同国务院有关部门,根据纳税人所开采或者生产应税产品的资源品位、开采条件等情况确定。具体如表7-6所示。

表7-6　资源税税目税率表

税　目	税　率
一、原油	5%～10%
二、天然气	5%～10%
三、煤炭	2%～10%

续表 7-6

税　目			税　率
四、金属矿	铁矿	精矿	1%～6%
	金矿	金锭	1%～4%
	铜矿	精矿	2%～8%
	铝土矿	原矿	3%～9%
	铅锌矿	精矿	2%～6%
	镍矿	精矿	2%～6%
	锡矿	精矿	2%～6%
	稀土	精矿	7.5%～27%
	钨	精矿	6.5%
	钼	精矿	11%
	未列举名称的其他金属矿产品	原矿或精矿	税率不超过 20%
五、非金属矿	石墨	精矿	3%～10%
	硅藻土	精矿	1%～6%
	高岭土	原矿	1%～6%
	萤石	精矿	1%～6%
	石灰石	原矿	1%～6%
	硫铁矿	精矿	1%～6%
	磷矿	原矿	3%～8%
	氯化钾	精矿	3%～8%
	硫酸钾	精矿	6%～12%
	井矿盐	氯化钠初级产品	1%～6%
	湖盐	氯化钠初级产品	1%～6%
	提取地下卤水晒制的盐	氯化钠初级产品	3%～15%
	煤层(成)气	原矿	1%～2%
	黏土、砂石	原矿	每吨或立方米 0.1～5 元
	未列举名称的其他非金属矿产品	原矿或精矿	从量税率每吨或立方米不超过 30 元;从价税率不超过 20%
六、海盐		氯化钠初级产品	1%～5%

纳税人开采或者生产不同税目应税产品的,应当分别核算,不能准确提供不同税目应税产品的销售额或者销售数量的,从高适用税率。

(三)优惠政策的运用

(1)原油、天然气资源税优惠政策:①对油田范围内运输稠油过程中用于加热的原油、天然气免征资源税;②对稠油、高凝油和高含硫天然气资源税减征 40%;③对三次采油资源税减征 30%;④对低丰度油气田资源税暂减征 20%;⑤对深水油气田资源税减征 30%。

(2)对符合条件的采用充填开采方式采出的矿产资源,资源税减征 50%;对符合条件的衰竭期矿山开采的矿产资源,资源税减征 30%。

(3)对鼓励利用的低品位矿、废石、尾矿、废渣、废水、废气等提取的矿产品,由省级人民政府根据实际情况确定是否减税或免税,并制定具体办法。

(4)纳税人开采或生产应税产品过程中,因意外事故或自然灾害等原因遭受重大损失的,由省、自治区、直辖市人民政府酌情决定减税或免税。

(5)国务院规定的其他减税、免税项目。

(四)应纳税额的计算

资源税按照从价定率为主、从量定额为辅的办法征收,分别以应税产品的销售额乘以纳税人具体适用的比例税率或者以应税产品的销售数量乘以纳税人具体适用的定额税率计算。

资源税在应税产品的销售或自用环节计算缴纳。以自采原矿加工精矿产品的,在原矿移送使用时不缴纳资源税,在精矿销售或自用时缴纳资源税。纳税人以自采原矿加工金锭的,在金锭销售或自用时缴纳资源税。纳税人销售自采原矿或者自采原矿加工的金精矿、粗金,在原矿或者金精矿、粗金销售时缴纳资源税,在移送使用时不缴纳资源税。以应税产品投资、分配、抵债、赠与、以物易物等,视同销售,计算缴纳资源税。

实行从价计征的,其应纳税额计算公式如下:

应纳税额=计税销售额×适用税率

实行从量计征的,其应纳税额计算公式如下:

应纳税额=课税数量×定额税率

【做中学 7-16】 某冶金联合企业附属的矿山,2017 年 7 月开采铅锌精矿 6 000 吨,销售 5 000吨,每吨销售价格 8 000 元,铅锌精矿适用资源税税率为 5%。

要求:计算该矿山 7 月份应纳资源税税额。

分析:

应纳税额=5 000×8 000×5%=2 000 000(元)

三、资源税的核算

企业核算资源税应设置"应交税费——应交资源税"账户。根据资源矿产品用途不同,其会计核算存在差异,具体内容如下:

对外销售应税产品应缴资源税,应借记"税金及附加"账户,贷记"应交税费——应交资源税"账户;自产自用应税产品应缴资源税,应借记"生产成本""制造费用"等账户,贷记"应交税费——应交资源税"账户;企业外购液体盐加工成固体盐,在购入液体盐时,按允许抵扣的资源税,借记"应交税费——应交资源税"账户,按外购价款扣除允许抵扣资源税后的数额,借记"材料采购"等账户,按应支付的全部价款,贷记"银行存款"等账户;企业加工成固体盐销售时,按销售固体盐应缴资源税,借记"税金及附加"账户,贷记"应交税费——应交资源税"账户,将销售固体盐应纳资源税扣抵液体盐已纳资源税后的差额上交时,借记"应交税费——应交资源税"账户,贷记"银行存款"账户;纳税人按规定缴纳资源税时,借记"应交税费——应交资源税"账户,贷记"银行存款"账户。

【做中学 7-17】 某煤矿为增值税一般纳税人,2016 年 12 月生产原煤 12 万吨,全部对外销售,不含税价款为 6 000 万元;另外该煤矿当月还生产销售天然气 3 000 万立方米,开具增值税专用发票,不含税价款为 7 500 万元。已知该煤矿原煤适用的税率为 5%,煤矿邻近的石油管理局天然气适用税率为 6%。

要求:计算该矿山应纳资源税税额,并作会计处理。

分析:

根据税法规定,煤矿生产的天然气暂不征税。

应纳税额＝6 000×5%＝300(万元)

计提资源税时，编制会计分录：

借：税金及附加　3 000 000

　贷：应交税费——应交资源税　3 000 000

四、资源税的缴纳

（一）纳税期限

资源税的纳税期限为1日、3日、5日、10日、15日或1个月，具体由主管税务机关根据实际情况核定。不能按固定期限计算纳税的，可以按次计算纳税。

纳税人以1个月为一期纳税的，自期满之日起10日内申报纳税；以1日、3日、5日、10日或15日为一期纳税的，自期满之日起5日内预缴税款，于次月1日起10日内申报纳税并结清上月税款。

扣缴义务人解缴税款期限，比照上述规定执行。

（二）纳税义务发生时间

（1）纳税人销售应税产品，其纳税义务发生时间是：①纳税人采取分期收款结算方式的，其纳税义务发生时间，为销售合同规定的收款日期的当天。②纳税人采取预收货款结算方式的，其纳税义务发生时间，为发出应税产品的当天。③纳税人采取其他结算方式的，其纳税义务发生时间，为收讫销售款或者取得索取销售款凭据的当天。

（2）纳税人自产自用应税产品的纳税义务发生时间，为移送使用应税产品的当天。

（3）扣缴义务人代扣代缴税款的纳税义务发生时间，为支付货款的当天。

（三）纳税地点

（1）纳税人应纳的资源税，应当向应税产品的开采或者生产所在地主管税务机关缴纳。

（2）纳税人在本省、自治区、直辖市范围内开采或者生产应税产品，其纳税地点需要调整的，由省、自治区、直辖市税务机关决定。

（3）纳税人跨省、自治区、直辖市开采或者生产应税产品，其下属生产单位与核算单位不在同一省、自治区、直辖市的，对其开采或者生产的应税产品，一律在开采地或者生产地纳税。实行从价计征的应税产品，其应纳税款一律由独立核算的单位按照每个开采地或者生产地的销售量、单位销售价格及适用税率计算划拨；实行从量计征的应税产品，其应纳税款一律由独立核算的单位按照每个开采地或者生产地的销售量及适用税率计算划拨。

扣缴义务人代扣代缴的资源税，应当向收购地主管税务机关缴纳。

（四）纳税申报

纳税人填制资源税纳税申报表时，首先，应对其开采或生产的资源产品，按税法规定区分应税和非应税、免税项目，并确定应税产品的适用税率；其次，根据“库存商品”等账户及有关会计凭证，核实应税产品的销售金额、销售数量、自用数量，或按规定的办法折算原矿数量；最后，根据核实后的应税数量和确定的税率计算应缴纳的资源税税额，并与“应交税费——应交资源税”账户资料核对相符，填制资源税纳税申报表，并办理签章手续。

【职业能力判断与选择】

一、判断题

1. 资源税是对在中国境内开采、生产以及进口的矿产品和盐的单位和个人征收。 （ ）

2. 销售有色金属的贸易公司既是增值税纳税人又是资源税纳税人。 （ ）

3. 凡是缴纳资源税的纳税人，都应当向应税产品的开采或生产所在地主管税务机关缴纳税款。 （ ）

4. 纳税人以外购液体盐加工固体盐，其加工固体盐所耗用液体盐的已纳资源税税款准予抵扣。 （ ）

5. 外商投资企业开采或者生产资源税应税产品，其自用的部分，暂不征收资源税。 （ ）

二、选择题（第1～3题为单项选择题，第4～5题为多项选择题）

1. 下列各项中应征收资源税的是（ ）。

A. 开采原油过程中用于加热修井的原油

B. 天然矿泉水

C. 液体盐

D. 人造石油

2. 下列各项中不属于资源税征税范围的是（ ）。

A. 与原油同时开采的天然气　　B. 煤矿生产的天然气

C. 开采的天然原油　　D. 生产的海盐原盐

3. 资源税的纳税地点都应当是应税资源产品的（ ）。

A. 使用地　　B. 销售地　　C. 交付地　　D. 开采地

4. 下列各项中，属于资源税纳税义务的人有（ ）。

A. 进口盐的外贸企业　　B. 开采原煤的私营企业

C. 生产盐的外商投资企业　　D. 中外合作开采石油的企业

5. 某铜矿2017年7月销售铜精矿20 000吨，每吨不含税售价300元，当地铜精矿资源税税率为5%，应纳资源税和增值税税额为（ ）万元。

A. 资源税16.8　　B. 资源税30

C. 增值税78　　D. 增值税102

【任务训练】

1. 甲县某独立矿山2017年7月份开采铜精矿3万吨，当月销售80%，每吨售价（不含增值税）300元。甲县铜精矿资源税税率为5%。

要求：计算该独立矿山7月份应向甲县税务机关缴纳的资源税税额。

2. 位于县城的某内资原煤生产企业为增值税一般纳税人，2016年12月发生以下业务：

（1）开采原煤10 000吨。采取分期收款方式销售原煤9 000吨，每吨不含税单价500元，购销合同约定，本月应收取 1/3 的价款，但实际只收取不含税价款 120 万元。另支付运费取得增值税专用发票，注明运输费 6 万元，增值税税额 6 600 元，支付装卸费取得增值税专用发票，注明装卸费 2 万元，增值税税额 1 200 元。

(2)为职工宿舍供暖，使用本月开采的原煤 200 吨；另将本月开采的原煤 500 吨无偿赠送给某有长期业务往来的客户。

(3)销售开采原煤过程中产生的天然气 125 千立方米，取得不含税销售额 25 万元。

(假设该煤矿所在地原煤的资源税税率为 5%，天然气资源税税率为 5%。)

要求：计算该企业当月应缴纳的资源税并作会计处理。

项目小结

本项目介绍了我国现行的城市维护建设税、房产税、印花税、车船税、契税、土地增值税、城镇土地使用税和资源税等税种的纳税人、征税范围、税率以及应纳税额的计算、会计处理和纳税申报等相关业务。

参考文献

[1]梁伟祥.税务会计[M].4版.北京:高等教育出版社,2016.
[2]梁伟祥.税费计算与申报[M].2版.北京:高等教育出版社,2014.
[3]梁伟祥.税务会计实务[M].2版.北京:科学出版社,2014.
[4]梁伟祥.企业纳税实务[M].2版.北京:清华大学出版社,2015.
[5]中国注册会计师协会.税法[M].北京:经济科学出版社,2015.
[6]中国注册会计师协会.会计[M].北京:中国财政经济出版社,2015.
[7]财政部会计资格评价中心.经济法基础[M].北京:经济科学出版社,2016.
[8]财政部会计资格评价中心.经济法[M].北京:中国财政经济出版社,2015.
[9]财政部会计资格评价中心.初级会计实务[M].北京:中国财政经济出版社,2016.
[10]财政部会计资格评价中心.中级会计实务[M].北京:经济科学出版社,2015.